Langenscheidt

Grundwortschatz Italienisch

Ein nach Sachgebieten geordnetes
Lernwörterbuch mit Satzbeispielen

von

Monica Boraso
Annalisa Covi-Peisert
Susanne Godon

Langenscheidt

Berlin · München · Wien · Zürich · New York

Herausgegeben von der Langenscheidt-Redaktion
Durchgeführt von Veronika Schnorr, Büro für Lexikographie, Stuttgart
Sprachdatenverarbeitung: Raimund Drewek, Biberach

2. 3. 4. 5. 06 05 04 03

Satz: Druckhaus „Thomas Müntzer“ Bad Langensalza
Druck: Druckhaus Langenscheidt, Berlin
Bindung: Schöneberger Buchbinderei, Berlin
*Printed in Germany · ISBN 3-468-**20182**-6*

INHALT

Zum neuen Grundwortschatz Italienisch

Bewährte Konzeption

Eine Fremdsprache erlernt man am besten, indem man zunächst einen Grundwortschatz erwirbt und diesen dann nach und nach erweitert. Diese Tatsache ist heute bei allen, die sich wissenschaftlich und praktisch mit dem Fremdsprachenerwerb befassen, anerkannt und spiegelt sich auch in den Forderungen der Lehrpläne und der Wortschatzauswahl moderner Lehrwerke wider. Langenscheidts Grundwortschatz Italienisch, der nun in einer völligen Neubearbeitung vorliegt, hält sich in den Grundprinzipien an seine bewährte Konzeption, die es Anfängern wie Fortgeschrittenen leichter macht, einen Grundwortschatz zu erwerben bzw. zu wiederholen und zu vertiefen:

- Anordnung der Wörter nicht alphabetisch, sondern nach Themenbereichen und Fachgebieten
- Lautschrift zur korrekten Aussprache
- für jedes Wort mindestens ein Beispielsatz mit Übersetzung ins Deutsche
- bei den möglichst lebensnahen Beispielsätzen Beschränkung auf den vorliegenden Wortschatz
- Grundwortschatz bestehend aus 3300 besonders wichtigen italienischen Wörtern mit insgesamt rund 4000 Grundbedeutungen
- Unterteilung der 4000 Grundbedeutungen in zwei Wichtigkeitsstufen, nämlich «1–2000» und «2001–4000»
- keine Ausrichtung auf bestimmte Lehrwerke oder spezielle Altersgruppen, weder zu kindlich noch zu „abgehoben"
- geeignet für alle Lernenden von der Sekundarstufe I bis zu Erwachsenen, die VHS-Kurse belegen, das Telekolleg absolvieren oder Italienisch in Urlaub oder Beruf brauchen.

Benutzerfreundliche Neuerungen

Das Grundprinzip der Benutzerfreundlichkeit wurde im neuen Grundwortschatz Italienisch weiterentwickelt, verbessert und ergänzt.

Die Wortschatzauswahl wurde nach Kriterien wie Häufigkeit, Aktualität und Gebrauchswert gründlich revidiert. Der Wortschatz wurde grundlegend modernisiert und ergänzt. Die Welt von heute erforderte es auch, durch zusätzliche Kapitel, wie z. B. „Umweltprobleme" und „Kommunikationstechnik", bestimmte Sachgebiete zu erweitern bzw. zu ergänzen.

Die Satzbeispiele sind vollständig durch neue ersetzt worden mit dem Ziel, die Bedeutung auch ohne Hilfe der deutschen Übersetzung möglichst eindeutig zu vermitteln, die Wörter in typischen Zusammenhängen (Kollokationen) zu präsentieren, den jeweiligen Themenbereichen gerecht zu werden und durch die Auswahl der Beispiele die Benutzer zu interessieren und zur Weiterarbeit zu motivieren.

Auch innerhalb eines Kapitels sind die Stichwörter nicht alphabetisch, sondern nach inhaltlichen Gesichtspunkten angeordnet. Dies wird durch Trennlinien in blauer Farbe kenntlich gemacht, welche Wortfelder, Wortfamilien und andere bedeutungsmäßig zusammenhängende Wortgruppen optisch zusammenfassen. So können Sie auch in kleineren „Portionen" lernen und wiederholden.

Ebenfalls ganz neu ist eine Reihe von Lernhilfen, die den besonderen Schwierigkeiten Deutscher, die Italienisch lernen, Rechnung trägt. So wird zum Beispiel eine vereinfachte Lautschrift verwendet und mit Hilfe des Warndreiecks auf grammatische Besonderheiten und typische Fehler hingewiesen. Außerdem geben farbig hervorgehobene TIPPs zusätzliche Informationen zu häufigen Fehlern bei der Aussprache, zur Schreibung, zum richtigen Gebrauch, zur Unterscheidung von leicht verwechselbaren Wörtern, zu wichtigen landeskundlichen Fakten sowie zur Wortbildung.

Wo es sinnvoll erscheint, werden zu den italienischen Stichwörtern auch Synonyme (Wörter mit gleicher oder sehr ähnlicher Bedeutung) und Antonyme (Wörter mit entgegengesetzter Bedeutung) gegeben, soweit sie Bestandteil dieses Wortschatzes sind, weil diese für den aktiven Umgang mit der Sprache wichtig sind und ihre Kenntnis zu den Anforderungen in Unterricht und Prüfung gehört.

Im neuen Register ist mit einem Blick erkennbar, ob ein aufgeführtes Wort zur Wichtigkeitsstufe 1–2000 oder zur Stufe 2001–4000 gehört. Die Stichwörter der Wichtigkeitsstufe 1–2000 sind fett gedruckt, die anderen mager.

Das Lernen mit dem Grundwortschatz

Eine angemessene Lerntechnik ist die Voraussetzung für den Lernerfolg. Wir möchten Ihnen dazu einige Anregungen geben:

1. Nutzen Sie den Vorteil der Gliederung nach Sachgebieten und arbeiten Sie nicht Seiten, sondern Sachgebiete durch (z. B. 1.6.1 „Energie und Technik"). Zwischen den Wörtern eines Sachgebietes bestehen Assoziationen. Die Sachgebiete spiegeln inhaltliche Zusammenhänge wider. Auch die Sachgebietsbezeichnungen sind bereits Merkhilfen. Es ist experimentell erwiesen, dass Wortschatz, der thematisch zusammenhängend erlernt wird, besser behalten wird.

2. Sie können sich in jedem Sachgebiet zuerst die Wörter der Wichtigkeitsstufe 1–2000 aneignen. Zu einem späteren Zeitpunkt nehmen Sie dann die der Wichtigkeitsstufe 2001–4000 durch.
3. Wenn Sie *einzelne* Sachgebiete durcharbeiten, fangen Sie vielleicht zuerst mit denen an, die Sie besonders interessieren, dann die anderen. Vergessen Sie aber nicht, sich nach und nach *alle* Sachgebiete anzueignen.
4. Wir empfehlen Ihnen, den Ablauf des Lernvorgangs zu systematisieren und portionsweise zu lernen. Lesen Sie ein Kästchen (fett gedrucktes Stichwort und Anwendungsbeispiel) und prägen Sie sich die Wortgleichung ein. Gehen Sie mehrere Kästchen auf diese Weise durch und decken Sie dann von diesem „Block" die linke Spalte ab. Sprechen Sie sich nun das verdeckte Stichwort laut vor – wenn Sie wollen, auch das Anwendungsbeispiel. Dann kontrollieren Sie sich durch Aufdecken der linken Spalte. Wörter, die Sie noch nicht beherrschen, können Sie am Rand kennzeichnen – vielleicht durch ein Kreuzchen – und nochmals gesondert lernen. Abschließend nochmalige Kontrolle (Sprechen und Schreiben) des ganzen „Blocks".
5. Lernvarianten: Sie können die rechte (statt linke) Spalte abdecken und entsprechend wie unter 4 beschrieben arbeiten. Sie können auch nur die Anwendungsbeispiele lernen, um vom Zusammenhang her die Bedeutung eines Wortes im Gedächtnis zu fixieren oder den Grundwortschatz „umzuwälzen".
6. Über ein einzelnes Wort, das Sie im alphabetischen Register nachschlagen, können Sie auch zu einem bestimmten Sachgebiet kommen und so in einem sinnvollen Zusammenhang lernen.
7. Es empfiehlt sich, täglich (mit Pausen!) ein bestimmtes Pensum zu lernen. In einigen Wochen beherrschen Sie dann einen systematisch aufgebauten Grundwortschatz – den Wortschatz, auf den es ankommt. Diesen sollten Sie in gewissen zeitlichen Abständen wiederholen und überprüfen.
8. „Langenscheidt Grundwortschatz Italienisch" ist lehrbuchunabhängig. Trotzdem eignet er sich auch zur Aktivierung, Wiederholung und Systematisierung des Wortschatzes im Unterricht, z. B.
   - zur Bereitstellung des entsprechenden Wortschatzes vor kommunikativen Übungen oder der Durchnahme bestimmter Texte;
   - zur Wortfeldarbeit nach der Durcharbeitung eines bestimmten Textes, der wesentliche Teile dieses Wortfeldes enthielt;
   - zur Erschließung und zum Aufbau eines Sachgebiets vom Einzelwort aus (über das Register).

Wir wünschen Ihnen bei der Arbeit mit diesem Wortschatz viel Spaß und Erfolg!

1 THEMENBEZOGENE BEGRIFFE

1.1 Der Mensch

1.1.1 KÖRPER UND WESEN

1.1.1.1 Körper

«1–2000»

il **corpo** ['kɔrpo] Bisogna prendersi cura del proprio **corpo**.	**Körper** *m* Man muss sich um seinen Körper kümmern.
la **testa** ['tɛsta] Cos'hai fatto? Sei bagnata dalla **testa** ai piedi.	**Kopf** *m* Was hast du gemacht? Du bist ja von Kopf bis Fuß nass.
il **viso** ['viːzo] *syn:* faccia Ogni mattina mi metto un po' di crema sul **viso**.	**Gesicht** *n* Ich trage jeden Morgen ein wenig Creme auf mein Gesicht auf.
la **faccia** ['fattʃa] ⚠ *pl* **cce** Perché hai una **faccia** così triste?	**Gesicht** *n* Warum machst du so ein trauriges Gesicht?

***TIPP:* viso** *benutzt man vor allem, wenn man vom Teil des Körpers redet,* **faccia** *beschreibt eher den Gesichtsausdruck. Man spricht das „i" nicht aus, sondern die ganze Buchstabenfolge* **ccia** *wie „tscha", wobei die Betonung auf „fa" liegt. Im Plural wird entsprechend das* **cce** *wie „tsche" ausgesprochen.*

il **capello** [ka'pello] In estate mi taglio sempre i **capelli** corti corti.	**Haar** *n* Im Sommer lasse ich mir die Haare immer ganz kurz schneiden.

TIPP: *Im Italienischen macht man einen Unterschied zwischen Kopfhaar* **capello** *und Körperhaar* **pelo**.

il **naso** ['naːso] Luca ha sempre il **naso** rosso.	**Nase** *f* Luca hat immer eine rote Nase.
l'**occhio** ['ɔkkio] ⚠ *pl* **cchi** Su, chiudi gli **occhi** e dormi.	**Auge** *n* Mach die Augen jetzt zu und schlafe!

TIPP: *Die Buchstabenfolge „ch" oder „cch" wird wie „k" ausgesprochen, die Betonung liegt auf dem ersten „o".*

l'**orecchio** [o'rekkio] ⚠ *pl* **le orecchie, gli orecchi**	**Ohr** *n*
C'è così tanto rumore che mi fanno male le **orecchie**. → *dito*	Hier ist so viel Krach, dass mir die Ohren wehtun.

***TIPP:** Das **io** sowie das **ia** am Ende eines Substantivs werden meist als einsilbiges „jo" bzw. „ja" ausgesprochen und die Betonung liegt, wie es die Regel ist, auf der vorletzten Silbe, also hier auf „re".*

la **bocca** ['bokka] ⚠ *pl* **cche**	**Mund** *m*
E' rimasto a **bocca** aperta per la sorpresa.	Ihm blieb vor Überraschung der Mund offen stehen.
il **dente** ['dɛnte]	**Zahn** *m*
Dopo mangiato bisogna lavarsi i **denti**.	Nach dem Essen muss man sich die Zähne putzen.
la **lingua** ['liŋgua]	**Zunge** *f*
La parola non mi viene, ma ce l'ho sulla punta della **lingua**.	Ich komme nicht auf das Wort, aber es liegt mir auf der Zunge.

il **collo** ['kɔllo]	**Hals** *m*
D'inverno ho sempre una sciarpa al **collo**.	Im Winter trage ich immer einen Schal um den Hals.
la **gola** ['goːla]	**Rachen** *m*
Laura ha mal di **gola**.	Laura hat Halsweh.

***TIPP:** **collo** ist der Hals von außen gesehen, **gola** ist der Hals von innen, also der Rachen.*

il **petto** ['pɛtto]	**Brust** *f*
L'ha stretta forte al **petto**.	Er drückte sie fest an die Brust.
la **schiena** [ski'ɛːna]	**Rücken** *m*
Da quando ho questa sedia nuova in ufficio, non ho più mal di **schiena**.	Seit ich im Büro diesen neuen Stuhl habe, habe ich keine Rückenschmerzen mehr.

***TIPP:** Die Buchstabenfolge **sch** wird wie „sk" ausgesprochen, das „i" wie „j" und die Betonung liegt auf dem „e".*

il **braccio** ['brattʃo] ⚠ *pl* **le braccia**	**Arm** *m*
I nostri amici ci accolgono sempre a **braccia** aperte. → *dito*	Unsere Freunde empfangen uns immer mit offenen Armen.

***TIPP:** Der Plural **i bracci** bezeichnet Seitenarme und Verzweigungen eines Flusses. Die Buchstabenfolge **ccio** und **ccia** wird wie „tscho" und „tscha" ausgesprochen, wobei die Betonung hier auf „bra" liegt.*

la **mano** ['maːno] ⚠ *pl* **le mani** Mi ha stretto la **mano** e mi ha dato un bacio sulla guancia.	**Hand** *f* Er hat mir die Hand gedrückt und mir einen Kuss auf die Wange gegeben.
il **dito** ['diːto] ⚠ *pl* **le dita** Con questo freddo ho le **dita** gelate.	**Finger** *m;* **Zehe** *f* Bei dieser Kälte habe ich eiskalte Finger.

***TIPP:** Das Substantiv **dito** wird sowohl für die Finger als auch für die Fußzehen verwendet. Man beachte, dass im Italienischen bei vielen Körperteilen wie **l'orecchio, il braccio, il dito** der Singular männlich ist und der Plural weiblich.*

l'**unghia** *m* ['uŋgia] ⚠ *pl* **le unghie** Si mangia le **unghie** dal nervoso. → *orecchio TIPP*	**Nagel** *m* Er kaut aus Nervosität an den Nägeln.
la **gamba** ['gamba] Gina ha le **gambe** lunghe.	**Bein** *n* Gina hat lange Beine.
il **piede** [pi'ɛːde] In treno non c'era posto, sono dovuta rimanere in **piedi**.	**Fuß** *m* Im Zug war kein Platz, so dass ich stehen musste.
il **sangue** ['saŋgue] Devo andare in ospedale a fare le analisi del **sangue**.	**Blut** *n* Ich muss ins Krankenhaus zur Blutuntersuchung.
la **pelle** ['pɛlle] In inverno ho spesso la **pelle** secca.	**Haut** *f* Im Winter habe ich oft trockene Haut.
la **pancia** ['pantʃa] ⚠ *pl* **ce** Ho mangiato troppo, ho la **pancia** piena.	**Bauch** *m* Ich habe zu viel gegessen, mein Bauch ist ganz voll.

***TIPP:** Die Buchstabenfolge **cia** und **ce** wird „tscha“ und „tsche“ ausgesprochen.*

lo **stomaco** ['stɔːmako] Ho mangiato in fretta, mi è rimasto tutto sullo **stomaco**.	**Magen** *m* Ich habe zu schnell gegessen, und nun liegt mir alles im Magen.

***TIPP:** Man beachte, dass bei **stomaco** die Artikel **lo** und **gli** gebraucht werden, die man immer dann benützt, wenn bei maskulinen Substantiven ein Anfangs-s von einem Konsonanten gefolgt wird. → un, uno TIPP*

il **cuore** [ku'ɔːre] Dopo la corsa ho sempre il fiato grosso e mi batte forte il **cuore**.	**Herz** *n* Nach dem Rennen bin ich immer außer Atem und mein Herz rast.

«2001–4000»

il **pelo** ['peːlo] Gli uomini hanno molti più **peli** delle donne. → *capello*	**(Körper)haar** *n* Männer haben viel mehr Körperbehaarung als Frauen.
il **muscolo** ['muskolo] Ieri ho fatto ginnastica e oggi ho male ai **muscoli**.	**Muskel** *m* Ich habe gestern Gymnastik gemacht und habe heute Muskelkater.
il **nervo** ['nɛrvo] Quando ti comporti così, mi dai proprio sui **nervi**.	**Nerv** *m* Wenn du dich so aufführst, gehst du mir richtig auf die Nerven.
l'**osso** ['ɔsso] ⚠ *pl* **le ossa** Mi sento a pezzi, ho tutte le **ossa** rotte. → *dito*	**Knochen** *m* Ich fühle mich wie zerschlagen, mir tun alle Knochen weh.

TIPP: *Der Plural* ***le ossa*** *wird beim menschlichen Körper gebraucht, während* ***gli ossi*** *für Tiere verwendet wird.* ***Gli ossi*** *sagt man auch bei Früchten, zum Beispiel* ***gli ossi delle ciliegie*** *Kirschkerne oder* ***gli ossi delle pesche*** *Pfirsichsteine.*

il **cervello** [tʃer'vɛllo] Pensaci bene, usa il **cervello**!	**Gehirn** *n;* **Verstand** *m* Überdenke es gut, gebrauche deinen Verstand.
la **fronte** ['fronte] Credo che tu abbia la febbre, hai la **fronte** calda.	**Stirn** *f* Ich glaube, du hast Fieber, deine Stirn ist heiß.
il **mento** ['mento] Quell'anziana signora è così grassa che ha il doppio **mento**.	**Kinn** *n* Die alte Frau ist so dick, dass sie ein Doppelkinn hat.
la **guancia** [gu'antʃa] ⚠ *pl* **ce** Che belle **guance** rosse che hai!	**Wange** *f*, **Backe** *f* Was für schöne rote Backen du hast!

TIPP: *Man spricht* ***guance*** *etwa wie „guantsche" aus, wobei die Betonung auf dem „a" liegt.*

il **labbro** ['labbro] ⚠ *pl* **le labbra** Daniela ha un viso interessante con delle **labbra** molto sottili. → *dito*	**Lippe** *f* Daniela hat ein interessantes Gesicht mit sehr schmalen Lippen.
il **seno** ['seːno] Sulle spiaggie italiane moltissime donne prendono il sole a **seno** nudo.	**Busen** *m* An italienischen Stränden sonnen sich viele Frauen oben ohne.
il **ventre** ['vɛntre] Ho dei forti dolori al **ventre**. → *pancia*	**Bauch** *m* Ich habe starke Bauchschmerzen.
il **sedere** [se'deːre] Non so perché, ma mi ha dato un calcio nel **sedere**.	**Hintern** *m* Ich weiß zwar nicht warum, aber er hat mir einen Tritt in den Hintern gegeben.
il **polmone** [pol'moːne] Respiro l'aria fresca di montagna a pieni **polmoni**.	**Lunge** *f* Ich atme die frische Bergluft in kräftigen Zügen ein.
il **respiro** [res'piːro] *syn:* fiato Trattieni il **respiro** per qualche istante.	**Atem** *m* Halte die Luft für ein paar Momente an.
respirare [respi'raːre] *v* I bambini stanno già dormendo, **respirano** tutti profondamente.	**atmen** Die Kinder schlafen schon, sie atmen alle tief.

***TIPP:** Im Italienischen werden viele Adverbien durch Anhängen von „mente" an die weibliche Form des Adjektivs gebildet.*

il **fiato** [fi'aːto] *syn:* respiro Non correre così veloce, non ho più **fiato**.	**Atem** *m* Lauf nicht so schnell, ich bin außer Atem.

***TIPP:** Der Plural **i fiati** bezeichnet die Familie der Blasinstrumente wie etwa Trompete und Flöte.*

il **sudore** [su'doːre] Per la fatica il contadino era bagnato di **sudore**.	**Schweiß** *m* Durch die Anstrengung war der Bauer schweißgebadet.

sudare [su'daːre] *v*
Faccio la sauna perché **sudare** mi fa bene.

schwitzen
Ich gehe in die Sauna, weil mir das Schwitzen gut tut.

---

la **spalla** ['spalla]
Il papà cammina lungo la spiaggia con il suo bambino sulle **spalle**.

Schulter *f*
Der Papa geht mit seinem Kind auf seinen Schultern am Strand entlang.

---

il **gomito** ['goːmito]
Cadendo mi sono fatto male al **gomito**.

Ellbogen *m*
Bei dem Sturz habe ich mir am Ellbogen wehgetan.

***TIPP:** Die Betonung liegt auf „go".*

---

il **polso** ['polso]
Guarda che bell'orologio d'oro ha al **polso**!

Handgelenk *n*
Sieh mal, was für eine schöne goldene Armbanduhr er am Handgelenk trägt.

---

il **pugno** ['puːɲo]
Guai a te se gli dai un **pugno**.

Faust *f*
Wehe du verpasst ihm einen Fausthieb.

---

il **pollice** ['pɔllitʃe]
Il **pollice** verso l'alto è il simbolo dell'autostop e di "o.k.", "va tutto bene".

Daumen *m*
Der Daumen nach oben gehalten ist das Zeichen für Autostopp und okay, alles klar.

***TIPP:** Die Betonung liegt auf „po". Die anderen Finger heißen **l'indice, il medio, l'anulare, il mignolo**, der Zeigefinger, der Mittelfinger, der Ringfinger und der kleine Finger. Diese Bezeichnungen werden auch für die Zehen benützt. Die große Zehe jedoch heißt **alluce**.*

---

la **caviglia** [ka'viːʎa] ⚠ *pl* **glie**
Ha una **caviglia** gonfia, bisogna mettergli del ghiaccio.

Knöchel *m*
Er hat einen geschwollenen Knöchel, man muss Eis drauf tun.

---

il **ginocchio** [dʒi'nɔkkio]
⚠ *pl* **le ginocchia, i ginocchi**
Mi tremano le **ginocchia** dalla paura. → *dito*

Knie *n*
Mir zittern vor Angst die Knie.

1.1.1.2 Aussehen

«1–2000»

l'**aspetto** [as'pɛtto] Gli italiani curano molto il loro **aspetto**.	**Aussehen** *n* Die Italiener achten sehr auf ihr Aussehen.
stare ['sta:re] *v* ⚠ *irr* 76 Questo vestito ti **sta** benissimo.	**stehen; passen** Dieses Kleid steht dir sehr gut.

TIPP: Der absolute Superlativ wird gebildet, indem man „-issimo" an das um den Endvokal gekürzte Adjektiv anhängt.

carino, a [ka'ri:no] *adj* *syn:* bello Non c'è che dire, questa ragazza è proprio **carina**.	**hübsch** Dieses Mädchen ist zweifelsohne richtig hübsch.
bello, a ['bɛllo] *adj ant:* brutto Secondo me gli occhi di Maria sono molto **belli**.	**schön** Ich finde, dass Maria sehr schöne Augen hat.

***TIPP:** Wenn **bello** vor dem Substantiv steht, hat es dieselben Endungen wie der bestimmte Artikel: **un bel signore, dei bei regali, un bell'abito**. → 1.1.5.2.4 buono TIPP*

brutto, a ['brutto] *adj* *ant:* bello Ti piace questo quadro? Io non lo trovo affatto **brutto**.	**hässlich** Gefällt dir dieses Bild? Ich finde es gar nicht so übel.
la **bellezza** [bel'lettsa] Anna è una vera **bellezza**, anche senza trucco.	**Schönheit** *f* Anna ist eine echte Schönheit, auch ohne Make-up.
alto, a ['alto] *adj* *ant:* piccolo, basso Incredibile, mio figlio ha solo undici anni ed è già più **alto** di me.	**hoch; groß** Unglaublich, mein Sohn ist erst 11 Jahre alt und schon größer als ich.

***TIPP:** **alto** bezieht sich auf die räumliche Größe, während **grande** auch für groß im Sinne von bedeutsam und älter gebraucht wird.*

grande ['grande] *adj*	**groß**
ant: piccolo	
Oh, come sei diventato **grande**!	Wie groß du geworden bist!
Michelangelo era un **grande** artista. → *alto*	Michelangelo war ein großer Künstler.

> ***TIPP:*** *Der Plural von Adjektiven, die auf e enden wird mit i gebildet, also* ***i grandi occhi*** *und* ***le grandi foreste****.* ***Grande*** *wird in bestimmten Wendungen zu* ***grand'*** *bzw.* ***gran*** *verkürzt:* ***un grand'uomo****.*

grosso, a ['grɔsso] *adj*	**kräftig**
Era un uomo grande e **grosso** che mi faceva paura.	Er war ein großer, kräftiger Mann, der mir Angst einflößte.

> ***TIPP:*** ***grosso*** *bezeichnet jemanden, der kräftig gebaut ist, während* ***grasso*** *jemanden bezeichnet, der dick, also fett ist.*

piccolo, a ['pikkolo] *adj*	**klein**
ant: grande	
Sono il più **piccolo** della famiglia.	Ich bin der Kleinste in der Familie.
Da **piccolo** avevo paura del buio. → *basso*	Als Kind hatte ich Angst vor der Dunkelheit.

> ***TIPP:*** ***piccolo*** *wird für die Größe wie auch für das Alter (jung) verwendet. Die Betonung liegt auf „pi".*

basso, a ['basso] *adj*	**klein**
syn: piccolo, *ant:* alto	
No, non è alto, è di **bassa** statura.	Nein, er ist nicht groß, er ist klein.

> ***TIPP:*** ***piccolo*** *und* ***basso*** *sind Synonyme. Allerdings ist* ***basso*** *sehr abschätzig und kann bei Menschen eigentlich nur in der Wendung* ***essere di bassa statura*** *gebraucht werden.* ***piccolo*** *kann für alles verwendet werden, was klein ist, also auch Gegenstände, während* ***basso*** *noch im Sinne von niedrig verwendet wird.*

grasso, a ['grasso] *adj*	**dick**
ant: magro	
Crede di essere troppo **grassa**. → *grosso*	Sie glaubt, dass sie zu dick ist.
ingrassare [iŋgras'saːre] *v*	**zunehmen**
Mangia ancora un po', o hai paura di **ingrassare**?	Iss noch etwas, oder hast du Angst zuzunehmen?

magro, a ['ma:gro] *adj* — **mager**
ant: grasso
In giardino c'è un gattino così **magro** che è praticamente pelle e ossa. — Im Garten ist ein Kätzchen, das praktisch nur aus Haut und Knochen besteht.

«2001–4000»

l'**apparenza** [appa'rɛntsa] — **(An)schein** *m*, **Aussehen** *n*
All'**apparenza** sembra molto sicura di sé. — Allem Anschein nach ist sie sehr selbstsicher.

abbronzato, a [abbron'dzato] *adj ant:* pallido — **braun (gebrannt)**
Carla è sempre **abbronzata**. — Carla ist immer braun gebrannt.

affascinante [affaʃʃi'nante] *adj* — **faszinierend, anziehend**
Trovo gli uomini in uniforme così **affascinanti**! — Ich finde uniformierte Männer so anziehend!

attraente [attra'ɛnte] *adj* — **attraktiv**
Nonostante non sia più giovanissima, rimane una donna molto **attraente**. — Obwohl sie nicht mehr die Jüngste ist, ist sie noch immer eine sehr attraktive Frau.

la **linea** ['li:nea] — **Figur** *f*
Fa di tutto per mantenere la **linea**. — Sie tut alles, um ihre Figur zu halten.

TIPP: *Die Betonung liegt auf „li".*

il **fisico** ['fi:ziko] ⚠ *pl* **ci** — **Körperbau** *m*
Massimo ha un gran bel **fisico**. — Massimo hat einen gut gebauten Körper.

TIPP: il fisico *heißt auch der Physiker. Die Betonung liegt auf „fi".*

pallido, a ['pallido] *adj* — **bleich**
Sono diventate **pallide** dallo spavento. — Sie wurden bleich vor Schreck.

TIPP: *Die Betonung liegt auf „pa".*

biondo, a [bi'ondo] *adj*	**blond**
Bionda e occhi azzurri? Non è il mio tipo.	Blond mit blauen Augen? Nicht mein Typ.
castano, a [kas'taːno] *adj*	**braun, brünett**
syn: marrone	
Ho i capelli **castani**.	Ich habe brünettes Haar.
marrone [mar'roːne] *adj*	**braun**
Cinzia ha gli occhi **marroni**.	Cinzia hat braune Augen.

TIPP: ***marrone*** *sagt man für Augen während man für Haare* ***castano*** *sagt.*

chiaro, a [ki'aːro] *adj*	**hell**
ant: scuro	
Sono stata al mare e i miei capelli sono diventati ancora più **chiari**.	Ich war am Meer und meine Haare sind noch heller geworden.
scuro, a ['skuːro] *adj*	**dunkel**
ant: chiaro	
Gli piace Concetta per la sua bella pelle **scura**.	An Concetta gefällt ihm ihre schöne dunkle Haut.
la **barba** ['barba]	**Bart** *m*
Per farmi la **barba** uso il rasoio elettrico.	Ich rasiere mich mit einem elektrischen Rasierapparat.
i **baffi** ['baffi]	**Schnurrbart** *m*
Stai bene con i **baffi**!	Der Schnurrbart steht dir gut!

1.1.1.3 Geist und Verstand

«1–2000»

la **mente** ['mente]	**Geist** *m*
Che cosa hai in **mente** di fare?	Was hast du vor zu tun?
l'**idea** [i'dɛːa]	**Idee** *f;* **Ahnung** *f;* **Vorstellung** *f*
Hai sempre delle **idee** geniali.	Du hast immer geniale Ideen.
Dov'è il telecomando? — Non ne ho **idea**.	Wo ist die Fernbedienung? — Ich habe keine Ahnung.
Non farti strane **idee** su di lui, è una persona a posto.	Mach dir keine falschen Vorstellungen von ihm, er ist o. k.

pensare [pen'saːre] *v*	**denken; glauben; meinen**
Quando vedo delle arance, non posso non **pensare** alla Sicilia.	Wenn ich Orangen sehe, muss ich an Sizilien denken.
Telefona a Marco, **penso** che venga volentieri con noi.	Ruf Marco an, ich glaube, dass er gerne mit uns kommt.
Scusi, ma Lei cosa ne **pensa**?	Entschuldigung, aber was halten Sie davon?
capire [ka'piːre] *v syn:* comprendere ⚠ **capisco**	**begreifen; verstehen**
Ho **capito**, non occorre che insisti.	Ich habe verstanden! Du musst nicht darauf bestehen.
Che lingua parla? Non **capisco** una parola.	Welche Sprache spricht er? Ich verstehe kein Wort.
comprendere [kom'prɛndere] *v syn:* capire ⚠ *irr* 54	**verstehen; begreifen**
Non **comprendo** il significato del suo discorso.	Ich verstehe nicht, wovon er redet.

***TIPP:** Die Betonung liegt auf „pren".*

ricordare [rikor'daːre] *v*	**sich erinnern; daran denken**
Non **ricordo** dove ci siamo incontrate.	Ich kann mich nicht erinnern, wo wir uns begegnet sind.
Ricordati di mandarmi una cartolina dalla Calabria.	Denke daran, mir eine Karte aus Kalabrien zu schicken.
interessarsi [interes'sarsi] *v*	**sich interessieren**
Mi interesso non solo della storia di un paese, ma anche dei suoi usi e costumi.	Ich interessiere mich nicht nur für die Geschichte eines Landes, sondern auch für seine Sitten und Bräuche.

«2001–4000»

l'intelligenza [intelli'dʒɛntsa]	**Intelligenz** *f*
L'**intelligenza** dell'uomo è superiore a quella degli animali.	Die Intelligenz des Menschen ist der der Tiere überlegen.
intelligente [intelli'dʒɛnte] *adj ant:* stupido	**intelligent**
Manuela è molto **intelligente** e sa quello che vuole.	Manuela ist sehr intelligent und weiß, was sie will.

astuto, a [as'tuːto] *adj* — **schlau, listig**
syn: furbo
Quando una persona è particolarmente intelligente, si dice che è **astuta** come una volpe.
Wenn ein Mensch besonders intelligent ist, sagt man, er ist „schlau wie ein Fuchs".

---

saggio, a ['saddʒo] *adj* — **weise, vernünftig**
⚠ *pl* **ggi, gge**
Non è **saggio** fare il bagno subito dopo mangiato.
Es ist nicht vernünftig, kurz nach dem Essen zu baden.

> ***TIPP:*** *Die Buchstabenfolgen* ***ggio****,* ***ggi*** *und* ***gge*** *werden mit einem stimmhaften „dscho", „dschi" und „dsche" ausgesprochen. Die Betonung liegt auf „a".*

---

il **senso** ['sɛnso] — **Sinn** *m*
Oggi non c'è un filo di vento sul lago di Garda, non ha **senso** andare in barca a vela.
Heute weht kein Lüftchen auf dem Gardasee, es hat keinen Sinn, segeln zu gehen.

---

la **ragione** [ra'dʒoːne] — **Verstand** *m*
Spesso negli stadi i tifosi perdono la **ragione** e l'entusiasmo si trasforma in violenza.
Oft verlieren die Fans in den Sportstadien den Verstand, und die Begeisterung schlägt in Gewalt um.

---

ragionevole [radʒo'neːvole] — **vernünftig**
adj ant: stupido
Mi sembra una proposta **ragionevole**.
Das scheint mir ein vernünftiger Vorschlag zu sein.

> ***TIPP:*** *Das* ***gio*** *wird mit einem stimmhaften „dsch" ausgesprochen, die Betonung liegt auf „ne".*

---

riflettere [ri'flɛttere] *v* ⚠ *irr* 59 — **nachdenken, überlegen**
Ho parlato senza **riflettere**.
Ich habe geredet ohne nachzudenken.

> ***TIPP:*** *Die Betonung liegt auf* ***fle****.*

---

la **riflessione** [riflessi'oːne] — **Überlegung** *f*, **Nachdenken** *n*
Si è preso un periodo di **riflessione**.
Er hat sich Zeit zum Nachdenken gelassen.

---

la **concentrazione** [kontʃentratsi'oːne] — **Konzentration** *f*
Per studiare ho bisogno di **concentrazione**.
Zum Lernen muss ich mich konzentrieren.

ritenere [rite'neːre] *v* ⚠ *irr* 80 — **halten für**
Ritieni che sia proprio necessario? — Hältst du das wirklich für nötig?

TIPP: *Die Betonung liegt auf „ne".*

pensarci [pen'sartʃi] *v* — **nachdenken; denken; überlegen**
syn: riflettere
Prima di accettare quello che ti propongono, devi **pensarci** a fondo. — Bevor du das, was sie dir vorschlagen, akzeptierst, solltest du gründlich darüber nachdenken.

il **pensiero** [pensi'ɛːro] — **Gedanke** *m*
Al solo **pensiero** mi viene la pelle d'oca. — Beim bloßen Gedanken daran bekomme ich eine Gänsehaut.

il **principio** [prin'tʃiːpio] ⚠ *pl* **pi** — **Prinzip** *n*
Lo faccio per **principio**! — Das mache ich aus Prinzip.

l'**impressione** [impressi-'oːne] *f* — **Eindruck** *m*
Spero di aver fatto una buona **impressione**. — Ich hoffe, einen guten Eindruck gemacht zu haben.

la **memoria** [me'mɔːria] ⚠ *pl* **rie** — **Gedächtnis** *n*, **Erinnerung** *f*
Ma come fai a ricordarti sempre tutto, hai una **memoria** di ferro! — Wie schaffst du es nur, dich an alles zu erinnern? Du hast ein Supergedächtnis!
Sa a **memoria** i numeri di telefono di tutti i suoi amici. — Er weiß alle Telefonnummern seiner Freunde auswendig.

***TIPP:* le memorie** *kann auch Memoiren heißen.*

lo **spirito** ['spiːrito] — **Geist** *m*, **Sinn** *m*
Sarà senza dubbio una bellissima serata: in quella compagnia sono tutte persone di **spirito**. — Es wird zweifelsohne ein wunderschöner Abend, in der Gesellschaft sind lauter geistvolle Menschen.

TIPP: *Die Betonung liegt auf „spi".*

l'**interesse** [inte'rɛsse] *m* — **Interesse** *n*
La musica classica è uno dei miei tanti **interessi**. — Klassische Musik ist eine meiner vielen Interessen.

appassionato, a [appassio'naːto] *adj* — **leidenschaftlich**

Nella mia famiglia siamo tutti **appassionati** di Formula uno. — In meiner Familie begeistern sich alle für Formel 1.

---

immaginare [immadʒi'naːre] *v* — **sich vorstellen; annehmen**

Immaginati che bello, se domani durante la gita in mare riusciamo a vedere un delfino! — Stell dir vor, wie schön es wäre, wenn wir morgen beim Ausflug ans Meer einen Delfin sehen könnten!

Immagino che sappiate già tutti cosa è successo. — Ich nehme an, dass ihr alle schon wisst, was passiert ist.

---

l'immaginazione [immadʒinatsi'oːne] *f* — **Fantasie** *f*, **Einbildungskraft** *f*

Le storie inventate dai nostri bambini sono così ricche di **immaginazione**. — Die Geschichten, die sich unsere Kinder ausdenken, sind so fantasievoll.

---

figurarsi [figu'rarsi] *v* — **sich vorstellen**

Ha detto che ci aiuta, ma **figurarsi** se è vero. — Sie hat gesagt, sie würde uns helfen, aber ich kann mir nicht vorstellen, dass sie das macht.

Non La disturbo?
— Ma no, **si figuri**!

Störe ich Sie?
— Aber nein doch.

> *TIPP:* ***figurarsi*** *wird häufig in Ausrufen benützt wie* ***ma figurati*** *oder* ***si figuri*** *oder* ***figuriamoci****, in denen die Bedeutung „sich vorstellen“ verblasst ist, und man „denke nur“ oder „denkste“ oder gar nichts übersetzen würde.*

---

considerare [konside'raːre] *v* — **erwägen; berücksichtigen; bedenken**

syn: prendere in considerazione

Tutto **considerato**, la cosa si può fare. — Wenn man alles berücksichtigt, lässt sich das machen.

---

prendere in considerazione ['prɛndere in konsideratsi'oːne] *v syn:* considerare — **in Erwägung ziehen**

⚠ *irr* 54

Hai mai **preso in considerazione** l'idea di trasferirti? — Hast du jemals daran gedacht umzuziehen?

accorgersi [ak'kɔrdʒersi] *v* ⚠ *irr* 2 — **bemerken**

Ti sei accorto che hai un calzino nero e uno blu? — Hast du bemerkt, dass du eine schwarze und eine blaue Socke anhast?

> ***TIPP:*** *Das Perfekt von reflexiven Verben wird mit* ***essere*** *gebildet. Das Partizip richtet sich in Geschlecht und Zahl nach dem Subjekt. Im obigen Satz ist also die angesprochene Person ein männliches Wesen. Die Betonung liegt auf „co“.*

---

prevedere [preve'deːre] *v* ⚠ *irr* 84 — **vorhersehen**

Abbiamo già **previsto** tutto, stai tranquilla. — Wir haben schon an alles gedacht, du kannst beruhigt sein.

---

l'abilità [abili'ta] — **Fähigkeit** *f*, **Geschick** *n*

Per poter ottenere questo posto di lavoro, devi dimostrare di avere una certa **abilità** come rappresentante. — Um diese Stelle zu bekommen, musst du zeigen, dass du ein gewisses Geschick als Vertreter hast.

> ***TIPP:*** *Der Plural von allen Substantiven, die mit „à“ oder einem anderen Vokal mit Akzent enden, bleibt unverändert, also* ***le abilità****.*

---

abile ['aːbile] *adj* — **fähig; tüchtig; gewandt**

Gli affreschi della Cappella Sistina sono stati restaurati da **abili** artisti. — Die Fresken der Sixtinischen Kapelle sind von fähigen Künstlern restauriert worden.

> ***TIPP:*** *Die Betonung liegt auf „a“.*

---

capace [ka'paːtʃe] *adj* — **fähig**

Non voglio, non sono **capace**! — Ich will nicht, ich kann das nicht.

---

furbo, a ['furbo] *adj* — **schlau, clever**

E' la più piccola ma anche la più **furba** di tutti. — Sie ist die Kleinste, aber auch die Cleverste von allen.

---

stupido, a ['stuːpido] *adj* — **dumm, blöd**

syn: sciocco, *ant:* intelligente, ragionevole

Su, bambine non fate le **stupide**! — He, Mädchen, macht keinen Blödsinn!

> ***TIPP:*** *Die Betonung liegt auf „stu“.*

sciocco, a ['ʃɔkko] *adj* — **dumm, blöd**
⚠ *pl* **cchi, cche**
Adesso si lavora, basta fare gli **sciocchi**. — Jetzt wird gearbeitet und nicht mehr geblödelt.

> ***TIPP:*** *Die Buchstabenfolge* **scio** *wird wie „scho" ausgesprochen.*

---

la **sciocchezza** [ʃɔk'kettsa] — **Dummheit** *f*
Sii serio, non dire **sciocchezze**. — Sei ernst und hör auf, Dummheiten zu erzählen.

> ***TIPP:*** *Das „z" wird im Italienischen so wie im Deutschen ausgesprochen.*

---

pazzo, a ['pattso] *adj* — **verrückt, wahnsinnig**
syn: matto
Se lo fai, sei **pazzo**. — Wenn du das machst, bist du verrückt.

---

matto, a ['matto] *adj* — **verrückt; wahnsinnig**
Sei **matto**? — Bist du verrückt?

---

scemo, a ['ʃeːmo] *adj* — **dumm; blöd; idiotisch**
Che **scema**, perché non ci ho pensato prima? — Wie dumm von mir, warum habe ich nicht eher daran gedacht?

1.1.1.4 Charakter

«1–2000»

buono, a [bu'ɔːno] *adj* — **lieb; gut**
ant: cattivo
Non ha mai fatto del male a nessuno, è una persona molto **buona**. — Er hat nie jemandem etwas zu Leide getan, er ist ein sehr guter Mensch.
→ *1.1.5.2.4 buono TIPP*

---

bravo, a ['braːvo] *adj* — **lieb; gut**
Mi raccomando bambini, fate i **bravi** mentre sono fuori. — Ich bitte euch, Kinder, seid lieb, solange ich weg bin.

gentile [dʒen'tiːle] *adj* — **freundlich; nett**
ant: sgarbato
E' stato molto **gentile** a venire, prego si accomodi. — Es war sehr freundlich von Ihnen zu kommen, nehmen Sie Platz!
E' la prima volta che lavoriamo insieme e sono tutti molto **gentili**. — Dies ist das erste Mal, dass wir zusammen arbeiten, und alle sind unheimlich nett.

---

amichevole [ami'keːvole] *adj* — **freundschaftlich**
syn: gentile
Fortunatamente c'era un'atmosfera **amichevole**. — Glücklicherweise herrschte eine freundschaftliche Atmosphäre.

***TIPP:** Die Betonung liegt auf „che".*

---

caro, a ['kaːro] *adj* — **lieb**
Cara zia Maria, ti scrivo per raccontarti che … — Liebe Tante Maria, ich schreibe dir, um dir zu erzählen …

---

orgoglioso, a [orgo'ʎoːso] *adj* — **stolz**
Capisco che avete litigato, ma a cosa serve fare le **orgogliose**? — Ich verstehe, dass ihr euch gestritten habt, aber was nützt es, die Stolzen zu spielen?

---

pigro, a ['piːgro] *adj* — **faul**
Oggi sono **pigra**, non ho voglia di far niente. — Heute bin ich faul, ich habe zu nichts Lust.

---

paziente [patsi'ɛnte] *adj* — **geduldig**
Sii **paziente** e cerca di spiegarglielo ancora una volta. — Sei geduldig und versuche, es ihm noch einmal zu erklären.

---

la **pazienza** [patsi'ɛntsa] — **Geduld** *f*
Ragazzi, se continuate così mi fate perdere la **pazienza**! — Jungs, wenn ihr so weitermacht, verliere ich die Geduld!

---

attento, a [at'tɛnto] *adj* — **vorsichtig; aufmerksam**
ant: sbadato
Attento, arriva una macchina! — Achtung, da kommt ein Auto!
Dopo due ore di lezione nessuno era più **attento**. — Nach zwei Stunden Unterricht war niemand mehr aufmerksam.

«2001–4000»

la **qualità** [kuali'ta] — **Eigenschaft** *f*, **Qualität** *f*
Ho dei bravi genitori, con molte buone **qualità**. → *abilità* — Ich habe liebe Eltern mit vielen guten Eigenschaften.

il **carattere** [ka'rattere] Mamma mia, che brutto **carattere**!	**Charakter** *m* Meine Güte, was für ein übler Charakter!

> ***TIPP:*** *Die Betonung liegt auf „ra".*

la **tendenza** [ten'dɛntsa] Guido ha la **tendenza** a ingrassare.	**Neigung** *f* Guido neigt dazu, dick zu werden.
onesto, a [o'nɛsto] *adj* Non aver paura di essere imbrogliato, è una persona **onesta**.	**ehrlich** Hab keine Angst betrogen zu werden, er ist ehrlich.
sincero, a [sin'tʃɛːro] *adj* *ant:* falso Congratulazioni e **sinceri** auguri per il lieto evento.	**ehrlich, aufrichtig** Herzlichen Glückwunsch und die besten Wünsche zum freudigen Ereignis.
giusto, a ['dʒusto] *adj* *ant:* ingiusto Non siamo state noi, non è **giusto** che ci dai la colpa!	**gerecht; fair** Wir warens nicht, es ist nicht fair, dass du uns die Schuld gibst!
fedele [fe'deːle] *adj* *ant:* infedele Il cane è l'amico più **fedele** dell'uomo.	**treu** Der Hund ist der treueste Freund des Menschen.
generoso, a [dʒene'roːso] *adj* *ant:* avaro I miei nonni sono molto **generosi**, mi fanno un regalo ogni volta che vado a trovarli.	**großzügig** Meine Großeltern sind sehr spendabel, sie schenken mir bei jedem Besuch etwas.
cortese [kor'teːze] *adj* *syn:* gentile Quella commessa è sempre molto **cortese**.	**höflich; freundlich** Die Verkäuferin da ist immer sehr freundlich.

timido, a ['tiːmido] *adj* E' davvero molto **timida**.	**schüchtern** Sie ist wirklich sehr schüchtern.

> ***TIPP:*** *Die Betonung liegt auf „ti".*

allegro, a [al'leːgro] *adj* *ant:* triste Sei sempre **allegra**.	**fröhlich; heiter** Du bist immer fröhlich.
simpatico, a [sim'paːtiko] *adj* ⚠ *pl* **ci, che** Carletto ha una faccia **simpatica**.	**sympathisch** Carletto hat ein sympathisches Gesicht.

TIPP: *Die Betonung liegt auf „pa".*

divertente [diver'tɛnte] *adj* *ant:* noioso Ragazzi, andiamo al cinema? C'è un film **divertentissimo**.	**unterhaltsam, amüsant** Leute, gehen wir ins Kino? Es läuft ein sehr amüsanter Film.
vivace [vi'vaːtʃe] *adj* *ant:* calmo I tuoi bambini sono davvero **vivaci**.	**lebhaft** Deine Kinder sind wirklich lebhaft.
serio, a ['sɛːrio] *adj* ⚠ *pl* **ri, rie** Hai un'espressione molto **seria**, che cosa ti è successo?	**ernst** Du machst so ein ernstes Gesicht, was ist passiert?
l'umore [u'moːre] *m* Oggi c'è bel tempo, siamo tutti di buon **umore**.	**Laune** *f* Heute ist schönes Wetter, wir haben alle gute Laune.
l'umorismo [umo'rizmo] Preparatevi a ridere, hanno un gran senso dell'**umorismo**.	**Humor** *m* Ihr werdet viel zu lachen haben, sie haben sehr viel Humor.
il morale [mo'raːle] Oggi sono un po' giù di **morale**.	**Stimmung** *f* Heute bin ich etwas niedergeschlagen.
ridicolo, a [ri'diːkolo] *adj* Come sei **ridicola** con quel cappello!	**lächerlich** Mit dem Hut siehst du lächerlich aus.

TIPP: *Die Betonung liegt auf „di".*

comico, a ['kɔːmiko] *adj* ⚠ *pl* **ci, che** Ci siamo ritrovati in una situazione davvero **comica**.	**komisch** Wir sind in eine wirklich komische Situation geraten.

> ***TIPP:* comico** *bedeutet komisch im Sinne von lustig und nicht im Sinne von eigenartig. Die Betonung liegt auf „co“.*

curioso, a [kuri'oːso] *adj* Siamo proprio **curiose** di vedere il suo nuovo ragazzo.	**neugierig** Wir sind sehr neugierig, ihren neuen Freund zu sehen.
la **curiosità** [kuriosi'ta] Toglimi una **curiosità**, quanto l'hai pagato?	**Neugierde** *f* Darf ich mal ganz neugierig fragen, wieviel du dafür bezahlt hast?
l'**orgoglio** [or'gɔːʎo] Voglio vincere il primo premio, è questione d'**orgoglio**.	**Stolz** *m* Ich möchte den ersten Preis gewinnen, das ist eine Frage des Stolzes.
il **coraggio** [ko'raddʒo] **Coraggio**, vedrai che la prossima volta andrà meglio.	**Mut** *m* Nur Mut, du wirst sehen, dass es das nächste Mal besser läuft.
coraggioso, a [korad'dʒoːso] *adj* Daniele è **coraggioso**, non ha paura di niente.	**mutig** Daniele ist mutig, er hat vor nichts Angst.
antipatico, a [anti'paːtiko] *adj ant:* simpatico ⚠ *pl* **ci, che** Lucia mi è proprio **antipatica**.	**unsympathisch** Lucia ist mir wirklich unsympathisch.

> ***TIPP:*** *Die Betonung liegt auf „pa“.*

attivo, a [at'tiːvo] *adj* *ant:* passivo Monica è una ragazza molto **attiva**.	**aktiv** Monica ist eine sehr aktive junge Frau.
passivo, a [pas'siːvo] *adj* *ant:* attivo Su, non essere così **passivo**, datti da fare!	**passiv** Komm, sei nicht so passiv, unternimm etwas!
avaro, a [a'vaːro] *adj* *ant:* generoso Il nostro vicino di casa è molto **avaro**.	**geizig** Unser Nachbar ist sehr geizig.

sbadato, a [zba'da:to] *adj*	**unachtsam; unüberlegt**
ant: attento	
Che **sbadato**, ho dimenticato a casa il portafoglio.	Wie unachtsam, ich habe die Brieftasche zu Hause vergessen.
sgarbato, a [zgar'ba:to] *adj*	**unhöflich; grob**
ant: gentile	
Sono stati molto **sgarbati** a risponderci con quel tono.	Sie waren sehr unhöflich, uns in diesem Ton zu antworten.
crudele [kru'dɛ:le] *adj*	**grausam**
Lascia libera quella povera bestia, non essere **crudele**!	Lass das arme Tier frei, sei nicht so grausam!

1.1.1.5 Fühlen und Empfinden

«1–2000»

sentirsi [sen'tirsi] *v*	**sich fühlen**
⚠ **mi sento**	
Sono stanca, ma dopo una bella doccia mi **sentirò** subito meglio.	Ich bin müde, aber nach einer schönen Dusche werde ich mich gleich besser fühlen.
piacere [pia'tʃe:re] *v* ⚠ *irr* 50	**gefallen; schmecken**
Mi **piace** quella ragazza, è un tipo interessante.	Mir gefällt dieses Mädchen, sie ist ein interessanter Typ.
Mi **piacciono** gli spaghetti al pomodoro.	Ich mag Spagetti mit Tomatensoße.
amare [a'ma:re] *v*	**lieben; mögen**
Ti **amo** con tutto il cuore.	Ich liebe dich von ganzem Herzen.
volere bene [vo'le:r 'bɛ:ne] *v*	**lieb haben; mögen**
⚠ *irr* 88	
Ti **voglio** tanto **bene**.	Ich habe dich sehr lieb.

*TIPP: **amare** und **voler bene** sind die geläufigen Ausdrücke für Zuneigung. **amare** bezieht sich auf den Lebenspartner und ist intensiver, **voler bene** ist weniger intim und wird für Freunde, Verwandte und Tiere verwendet.*

contento, a [kon'tɛnto] *adj*	**zufrieden**
Sono stati molto **contenti** del risultato ottenuto.	Sie waren mit dem Erreichten sehr zufrieden.

felice [fe'liːtʃe] *adj ant:* infelice Siamo una famiglia **felice**.	**glücklich** Wir sind eine glückliche Familie.
la **gioia** [dʒ'ɔːia] *syn:* felicità ⚠ *pl* **ie** Partecipiamo con **gioia** alla nascita di vostro figlio.	**Freude** *f;* **Glück** *n* Wir freuen uns mit euch über die Geburt eures Sohnes.
la **felicità** [felitʃi'ta] *ant:* tristezza Vi auguriamo tanta **felicità**.	**Glück** *n* Wir wünschen euch viel Glück.
il **divertimento** [diverti'mento] Buon **divertimento** a tutti!	**Unterhaltung** *f,* **Vergnügen** *n* Viel Vergnügen allerseits!
l'**allegria** [alle'griːa] *ant:* tristezza Questa musica mi mette **allegria**.	**Fröhlichkeit** *f* Diese Musik stimmt mich fröhlich.

TIPP: *Die Betonung liegt auf dem „i".*

il **piacere** [pia'tʃeːre] Che **piacere** sentirti dopo tanto tempo! Mi fai un **piacere**?	**Freude** *f;* **Gefallen** *m* Was für eine Freude, von dir nach so langer Zeit zu hören. Tust du mir einen Gefallen?
piacevole [pia'tʃeːvole] *adj* Dalla cucina arriva un **piacevole** profumo di pizza.	**angenehm, erfreulich** Aus der Küche kommt ein angenehmer Pizzageruch.

TIPP: *Die Betonung liegt auf „ce", das wie „tsche" ausgesprochen wird.*

la **speranza** [spe'rantsa] Mio zio gioca sempre al lotto con la **speranza** di vincere molti soldi.	**Hoffnung** *f* Mein Onkel spielt immer Lotto in der Hoffnung, viel Geld zu gewinnen.
sperare [spe'raːre] *v* Sei stata promossa? — **Speriamo**!	**hoffen** Hast du die Prüfung bestanden? — Hoffen wirs.
la **sorpresa** [sor'preːsa] A Pasqua i bambini ricevono uova di cioccolata che contengono una **sorpresa**.	**Überraschung** *f* Zu Ostern bekommen die Kinder Schokoladenostereier, die eine Überraschung enthalten.

domandarsi [doman'darsi] *v* **Mi domando** dove sia finito il giornale che ho comprato ieri.	**sich fragen** Ich frage mich, wo die Zeitung geblieben ist, die ich gestern gekauft habe.
triste ['triste] *adj ant:* allegro Non essere **triste**, vedrai che ritroviamo la tua bambola.	**traurig** Sei nicht traurig, du wirst sehen, wir finden deine Puppe wieder.
preoccuparsi [preokku'parsi] *v* Non è niente di grave, non **si preoccupi**!	**sich Sorgen machen** Es ist nichts Schlimmes, machen Sie sich keine Sorgen.
preoccupato, a [preokku'pa:to] *adj* Non essere così **preoccupato**, vedrai che andrà tutto bene.	**beunruhigt, besorgt** Mach dir keine Sorgen, es wird schon gut gehen.
il **problema** [pro'blɛ:ma] ⚠ *pl* **mi** Abbiamo comprato una macchina usata e abbiamo avuto molti **problemi** con il motore.	**Problem** *n* Wir haben einen Gebrauchtwagen gekauft und hatten große Probleme mit dem Motor.
l'**odio** ['ɔ:dio] *ant:* amore L'**odio** è sempre stato causa di guerre.	**Hass** *m* Hass war schon immer ein Grund für Krieg.
l'**amore** [a'mo:re] *m ant:* odio Quasi tutte le canzoni di musica leggera parlano d'**amore**.	**Liebe** *f* Fast alle Popsongs handeln von Liebe.

«2001–4000»

il **sentimento** [senti'mento] L'amore è un **sentimento** molto forte.	**Gefühl** *n* Die Liebe ist ein sehr starkes Gefühl.
la **sensazione** [sensatsi'o:ne] *syn:* impressione Ho la **sensazione** che ci sia qualcosa che non va.	**Empfindung** *f;* **Eindruck** *m;* **Gefühl** *n* Ich habe den Eindruck, dass irgendetwas nicht stimmt.
calmo, a ['kalmo] *adj* *ant:* nervoso Non agitarti, stai **calmo**.	**ruhig** Reg dich nicht auf, bleib ruhig.

tranquillo, a [traŋku'illo] *adj* *syn:* calmo	**ruhig, still; unbesorgt**
Questo è un posto **tranquillo**.	Das ist ein ruhiger Fleck.
State **tranquilli**, non è successo niente.	Seid unbesorgt, es ist nichts passiert.
pronto, a ['pronto] *adj*	**bereit, fertig**
Non sei ancora **pronta**?	Bist du noch nicht fertig?
tendere a ['tɛndere a] *v* ⚠ *irr* 79	**neigen zu**
Non credere a tutto quello che ti racconta, **tende** a dire bugie.	Glaub nicht alles was er dir erzählt, er neigt dazu zu lügen.

TIPP: *Die Betonung liegt auf „te".*

sensibile [sen'siːbile] *adj*	**empfindlich, sensibel**
Parlane con Lucio, è una persona molto **sensibile**.	Sprich mit Lucio darüber, er ist ein sehr sensibler Mensch.

TIPP: *Die Betonung liegt auf „si". Das Pronominaladverb „ne" wird zur Bezeichnung einer Teilmenge (davon) gebraucht und beim Imperativ angehängt.*

nervoso, a [ner'voːso] *adj syn:* ansioso, *ant:* calmo, tranquillo	**nervös**
E' impossibile lavorare con te, sei troppo **nervoso**.	Es ist unmöglich, mit dir zu arbeiten, du bist zu nervös.
ansioso, a [ansi'oːso] *adj*	**gespannt; beunruhigt**
Sono veramente **ansioso** di conoscere i tuoi parenti australiani.	Ich bin wirklich sehr gespannt auf deine australischen Verwandten.
Non essere così **ansiosa**, stanno per arrivare.	Mach dir nicht so viele Sorgen, sie kommen gleich.
la **paura** [pa'uːra]	**Angst** *f*
Mamma, ho **paura** del buio, accendi la luce.	Mama, ich hab Angst im Dunkeln, mach das Licht an!
sorprendere [sor'prɛndere] *v* ⚠ *irr* 54	**überraschen, erstaunen**
Riesci sempre a **sorprendermi**.	Es gelingt dir immer, mich zu überraschen.

TIPP: *Die Betonung liegt auf „pren".*

solo, a ['soːlo] *adj*	**allein, einsam**
Mi sento un po' **sola** stasera, quasi quasi telefono ad Andrea. → *pronto*	Ich fühle mich heute Abend ein wenig einsam, vielleicht rufe ich Andrea an.

la **tristezza** [tris'tettsa] *ant:* allegria Queste giornate grigie mi mettono **tristezza**.	**Traurigkeit** *f* Diese nassgrauen Tage machen mich traurig.
infelice [infe'liːtʃe] *adj* *ant:* felice Rita, cosa ti rende così **infelice**?	**unglücklich** Rita, was macht dich so unglücklich?
la **lacrima** ['laːkrima] Luisa ha gli occhi pieni di **lacrime**.	**Träne** *f* Luisa hat Tränen in den Augen.

***TIPP:** Die Betonung liegt auf „la“.*

disperato, a [dispe'raːto] *adj* Le ricerche continuano nel **disperato** tentativo di trovare qualcuno ancora in vita. Purtroppo non c'è più niente da fare, è un caso **disperato**.	**verzweifelt; hoffnungslos** Die Suche wird fortgesetzt in der verzweifelten Hoffnung, noch einen Überlebenden zu finden. Leider kann man nichts mehr machen, es ist ein hoffnungsloser Fall.
la **delusione** [deluzi'oːne] Simone si è preso una brutta **delusione** d'amore.	**Enttäuschung** *f* Simone hat eine bittere Enttäuschung hinter sich.

***TIPP:** Im Italienischen gibt es viele Männernamen, die auf den ersten Blick wie Frauennamen aussehen, wie zum Beispiel Andrea, Simone, Gabriele, Luca und Nicola.*

stanco, a ['staŋko] *adj* ⚠ *pl* **chi, che** Siamo **stanchi**, non possiamo fermarci qualche minuto?	**müde** Wir sind müde, können wir eine kurze Pause machen?
stancarsi [staŋ'karsi] *v* Veronica non **si stanca** mai di lavorare.	**ermüden** Veronica arbeitet unermüdlich.
arrabbiato, a [arrabbi'aːto] *adj* Credo che sia **arrabbiato** perché ha preso un'altra multa.	**böse, sauer, zornig, wütend** Ich glaube, dass er wütend ist, weil er wieder einen Strafzettel bekommen hat.
la **rabbia** ['rabbia] Che **rabbia**, piove e io ho appena steso la biancheria.	**Ärger** *m*, **Wut** *f*, **Zorn** *m* Wie ärgerlich, es regnet, und ich habe gerade die Wäsche aufgehängt.

arrabbiarsi [arrabi'arsi] *v*	**zornig werden, wütend werden**
Se non spegni la televisione e finisci i compiti per casa, **mi arrabbio**.	Schalte den Fernseher aus und mach deine Hausaufgaben fertig, sonst werde ich wütend.
lo **spavento** [spa'vɛnto] *syn:* paura	**Schreck** *m*
Ah sei tu, mi sono preso uno **spavento**!	Ach, du bist es, hab ich mich erschreckt!
spaventarsi [spaven'tarsi] *v*	**erschrecken**
Certo che **ti spaventi** proprio per nulla.	Du erschrickst wirklich bei jeder Kleinigkeit.
contrariato, a [kontrari'aːto] *adj*	**verärgert**
Non hai fatto il lavoro per bene, il capo è **contrariato** e vuole parlarti.	Du hast die Arbeit nicht ordentlich gemacht, der Chef ist verärgert und will dich sprechen.
trattenere [tratte'neːre] *v* ⚠ *irr* 80	**zurückhalten**
Non è riuscito a **trattenere** le lacrime.	Er konnte die Tränen nicht zurückhalten.
geloso, a [dʒe'loːso] *adj*	**eifersüchtig**
Suo marito è molto **geloso**.	Ihr Mann ist sehr eifersüchtig.
invidiare [invidi'aːre] *v*	**beneiden**
Lisa ha una linea da **invidiare**.	Lisa hat eine beneidenswerte Figur.
soddisfatto, a [soddis'fatto] *adj*	**befriedigt, zufrieden**
Ha funzionato tutto perfettamente, siamo estremamente **soddisfatti**.	Es hat alles reibungslos geklappt, wir sind überaus zufrieden.
la **soddisfazione** [soddisfatsi'oːne]	**Befriedigung** *f*, **Genugtuung** *f*
Abbiamo assistito all'esame di laurea di nostro figlio, che **soddisfazione**!	Wir waren beim Staatsexamen unseres Sohnes dabei, was für eine Freude!
eccitato, a [ettʃi'tato] *adj*	**aufgeregt, erregt**
Stanno per entrare in campo i giocatori, il pubblico è molto **eccitato**.	Die Spieler kommen gerade aufs Feld, und die Zuschauer sind sehr aufgeregt.

eccitante [ettʃi'tante] *adj*	**aufregend, erregend**
Viaggiare in moto, che sensazione **eccitante**!	Ist das aufregend, Motorrad zu fahren!
l'**entusiasmo** [entuzi'azmo]	**Begeisterung** *f*, **Enthusiasmus** *m*
Sei sempre così piena di **entusiasmo**.	Du bist immer so voller Enthusiasmus.
entusiasta [entuzi'asta] *adj* ⚠ *pl* **sti, ste**	**begeistert**
Siamo **entusiasti** della nostra vacanza in Val d'Aosta.	Wir sind von unserem Urlaub im Aostatal begeistert.

***TIPP:** Die Form **entusiasta** wird im Singular sowohl für männliche wie weibliche Substantive gebraucht.*

lieto, a [li'ɛːto] *adj* *syn:* contento	**froh**
Siamo veramente **lieti** di rivederLa.	Wir sind wirklich sehr froh, Sie wiederzusehen.
la **vergogna** [ver'goːɲa]	**Schande** *f*
E' una **vergogna** vedere tutti questi rifiuti lungo le strade.	Es ist eine Schande, diesen ganzen Abfall entlang der Straßen zu sehen.
la **compassione** [kompassi'oːne] *syn:* pietà	**Mitleid** *n*, **Erbarmen** *n*
Quando l'ho vista, ho provato **compassione** per lei.	Als ich sie sah, hatte ich Mitleid mit ihr.
la **pietà** [pie'ta] *syn:* compassione	**Mitleid** *n*, **Erbarmen** *n*
Vi prego, abbiate **pietà** di me, non fatemi del male.	Ich bitte euch, habt Erbarmen (mit mir), tut mir nichts Böses.
la **pena** ['peːna]	**Kummer** *m*, **Leid** *n*
Poverino, mi fa una **pena**!	Der Arme! Er tut mir so Leid!

***TIPP:** **poverino** ist eine Verkleinerung von **povero**. Man kann im Italienischen durch Anhängen von „ino“ und „ina“ ein Wort verniedlichen und durch Anhängen von „one“ und „ona“ vergrößern.*

il **cordoglio** [kor'dɔːʎo] ⚠ *pl* **gli**	**Beileid** *n*
Ho espresso il mio **cordoglio** alla vedova.	Ich habe der Witwe mein Beileid ausgesprochen.

commuovere [kommu'ɔːvere] *v* ⚠ *irr* 44 — **bewegen, ergreifen, rühren**

Le tue parole ci **hanno commosso**. — Wir sind von deinen Worten gerührt.

TIPP: *Die Betonung liegt auf dem zweiten „o“.*

---

innamorarsi [innamo'rarsi] *v* — **sich verlieben**

Ci siamo innamorati a prima vista. — Bei uns war es Liebe auf den ersten Blick.

---

innamorato, a [innamo'raːto] *adj* — **verliebt**

Sono **innamorato** di te. — Ich bin in dich verliebt.

---

la **nostalgia** [nostal'dʒiːa] — **Sehnsucht** *f*; **Heimweh** *n*

Ho **nostalgia** della mia famiglia. — Ich habe Sehnsucht nach meiner Familie.

Vivo all'estero, quanta **nostalgia** di casa! — Ich lebe im Ausland und habe schreckliches Heimweh.

TIPP: *Die Betonung liegt auf dem „i“ von „gia“.*

---

la **passione** [passi'oːne] — **Leidenschaft** *f*

L'ha baciata con **passione**. — Er hat sie leidenschaftlich geküsst.

---

fare l'amore ['faːre la'moːre] *v* ⚠ *irr* 37 — **miteinander schlafen**

Abbiamo fatto l'amore. — Wir haben miteinander geschlafen.

---

tenero, a ['tɛːnero] *adj* — **zart, zärtlich**

ant: duro

Mio marito è un padre molto **tenero**. — Mein Mann ist ein sehr zärtlicher Vater.

TIPP: *Die Betonung liegt auf „te“.*

---

omosessuale [omosessu'aːle] *adj* — **homosexuell**

Mio fratello è **omosessuale**. — Mein Bruder ist homosexuell.

1.1.1.6 Gesundheit und Krankheit

«1–2000»

la **salute** [sa'luːte] *ant:* malattia Ha dei seri problemi di **salute**.	**Gesundheit** *f* Er hat ernste gesundheitliche Probleme.

TIPP: *Wenn jemand niest, sagt man auf Italienisch* ***salute!***

stare bene ['staːre 'bɛːne] *v* *ant:* stare male ⚠ *irr* 76 **Stiamo** tutti **bene**, grazie.	**gut gehen** Danke, es geht uns allen gut.
guarito, a [gua'riːto] *adj* *ant:* ammalato Non sei ancora **guarito** del tutto, meglio che stai a casa ancora un giorno.	**genesen** Du bist noch nicht ganz genesen, es ist besser, wenn du noch einen Tag zu Hause bleibst.
forte ['fɔrte] *adj ant:* debole Hanno un bambino **forte** e sano.	**stark, kräftig** Sie haben ein kräftiges und gesundes Kind.
debole ['deːbole] *adj ant:* forte Mi sento molto **debole**.	**schwach** Ich fühle mich sehr schwach.

TIPP: *Die Betonung liegt auf „de“.*

ammalato, a [amma'laːto] *adj* *ant:* sano Non sono andata a scuola perché ero **ammalata**.	**krank, erkrankt** Ich bin nicht zur Schule gegangen, weil ich krank war.
stare male ['staːre 'maːle] *v* *ant:* stare bene ⚠ *irr* 76 Che cos'hai? — **Sto male.**	**schlecht gehen** Was hast du? — Mir gehts schlecht.
il **male** ['maːle] *syn:* dolore Con questo tempo ho sempre **mal** di testa.	**Schmerz** *m* Bei diesem Wetter habe ich immer Kopfschmerzen.

TIPP: *Um Schmerzempfinden auszudrücken, gebraucht man den Ausdruck* ***mal di*** *(wörtlich übersetzt: Schmerz von), z. B.* ***mal di testa, denti, orecchie, gola, stomaco, pancia*** *Kopf-, Zahn-, Ohren-, Hals-, Magen- und Bauchschmerzen.*

fare male ['faːre 'maːle] *v* ⚠ *irr* 37 Ti **fa male** se tocco qui?	**wehtun** Tut es weh, wenn ich hier hinfasse?
fare bene ['faːre 'bɛːne] *v* ⚠ *irr* 37 Mangia un po' di miele, ti **farà bene**.	**gut tun** Iss etwas Honig, das wird dir gut tun.
farsi male ['faːrsi 'maːle] *v* ⚠ *irr* 37 Bambini, attenti a non **farvi male**!	**sich wehtun** Kinder, passt auf, dass ihr euch nicht wehtut.
ammalarsi [amma'larsi] *v* **Ci siamo ammalati** tutti.	**krank werden** Wir sind alle krank geworden.
il **dolore** [do'loːre] *syn:* male Prendi questa pastiglia e non sentirai più **dolore**.	**Schmerz** *m* Nimm diese Pille und du wirst keinen Schmerz mehr spüren.
soffrire [sof'friːre] *v* ⚠ *irr* 48, **soffro** Non sopporto di vederla **soffrire** così.	**leiden** Ich ertrage es nicht, sie so leiden zu sehen.
il **raffreddore** [raffred'doːre] Si è preso un forte **raffreddore**.	**Erkältung** *f* Er hat sich eine starke Erkältung geholt.
la **tosse** ['tosse] La **tosse** non mi fa dormire.	**Husten** *m* Ich kann wegen des Hustens nicht schlafen.
la **febbre** ['fɛbbre] *syn:* temperatura Hai la **febbre** alta.	**Fieber** *n* Du hast hohes Fieber.
misurare [mizu'raːre] *v* L'infermiera ci **ha misurato** la febbre.	**messen** Die Krankenschwester hat bei uns Fieber gemessen.
il **termometro** [ter'mɔːmetro] Mamma, ho rotto il **termometro**.	**Thermometer** *n* Mama, ich hab das Thermometer kaputtgemacht.

TIPP: *Die Betonung liegt auf „mo".*

l'**incidente** [intʃi'dɛnte] *m* Hanno fatto un **incidente**, ma per fortuna non si è fatto male nessuno.	**Unfall** *m* Sie hatten einen Unfall, aber zum Glück wurde niemand verletzt.

ferirsi [fe'riːrsi] *v* ⚠ **mi ferisco** Alcuni operai **si sono** leggermente **feriti**.	**sich verwunden, sich verletzen** Einige Handwerker haben sich leicht verletzt.
la **ferita** [fe'riːta] E' solo una **ferita** da poco.	**Wunde** *f;* **Verletzung** *f* Es ist nur eine kleine Wunde.

«2001–4000»

la **malattia** [malat'tiːa] ⚠ *pl* **ttie** E' piena di puntini rossi, di che **malattia** si tratta?	**Krankheit** *f* Sie hat lauter rote Flecken, was ist das für eine Krankheit?
mentale [men'taːle] *adj* *ant:* fisico Giorgio ha dei problemi **mentali**.	**geistig; psychisch** Giorgio hat psychische Probleme.
fisico, a ['fiːziko] *adj* ⚠ *pl* **ci, che** Ci siamo allenati a lungo, siamo in perfetta forma **fisica**.	**körperlich** Wir haben lange trainiert und sind in Topform.

***TIPP:** Die Betonung liegt auf „fi“*

l'**infezione** [infetsi'oːne] *f* Bisogna sempre pulire le ferite, altrimenti può venire un'**infezione**.	**Infektion** *f* Wunden sollte man immer reinigen, sonst bekommt man eine Infektion.
sano, a ['saːno] *adj ant:* malato Sono tutti **sani** e salvi.	**gesund** Sie sind alle gesund und munter.
la **forma** ['forma] *syn:* condizione Facciamo parecchio sport per tenerci in **forma**.	**Form** *f* Wir treiben viel Sport, um in Form zu bleiben.
la **forza** ['fɔrtsa] Gioca a tennis, perciò ha molta **forza** nel braccio destro.	**Kraft** *f* Er hat viel Kraft im rechten Arm, weil er Tennis spielt.
curare [ku'raːre] *v* Martina **è stata curata** da uno specialista.	**behandeln** Martina wurde von einem Facharzt behandelt.

riprendersi [ri'prɛndersi] *v* *syn:* guarire ⚠ *irr* 54	**sich erholen**
Dopo una lunga malattia **si è ripreso** completamente.	Nach einer langen Krankheit hat er sich wieder völlig erholt.

***TIPP:** Die Betonung liegt auf „pre“.*

guarire [gua'riːre] *v syn:* riprendersi, *ant:* ammalarsi ⚠ **guarisco**	**wieder gesund werden; verheilen**
Ti auguro di **guarire** presto.	Ich hoffe, dass du bald wieder gesund wirst.
La ferita non **è** ancora **guarita**.	Die Wunde ist noch nicht verheilt.

***TIPP:** **guarire** wird mit **essere** konjugiert.*

cieco, a ['tʃɛːko] *adj* ⚠ *pl* **chi, che**	**blind**
E' **cieco** dalla nascita.	Er ist von Geburt an blind.
sordo, a ['sordo] *adj*	**taub**
Il nonno è un po' **sordo**.	Opa hört etwas schlecht.
tremare [tre'maːre] *v*	**zittern**
Puoi accendere il riscaldamento? **Stiamo tremando** dal freddo.	Kannst du die Heizung anmachen? Wir zittern vor Kälte.
sanguinare [saŋgui'naːre] *v*	**bluten**
Presto, passami il cotone, gli **sanguina** il naso.	Schnell, gib mir die Watte, er hat Nasenbluten.
gonfiarsi [gonfi'arsi] *v*	**anschwellen, schwellen**
Un'ape mi ha punta sul braccio, che **si è** subito **gonfiato**.	Eine Biene hat mich in den Arm gestochen, und er ist sofort angeschwollen.
l'influenza [influ'ɛntsa]	**Grippe** *f*
I miei bambini quest'inverno non hanno mai preso l'**influenza**.	Diesen Winter hatten meine Kinder kein einziges Mal Grippe.
il cancro ['kaŋkro]	**Krebs** *m*
E' malato di **cancro**.	Er hat Krebs.

1.1.1.7 Leben und Tod

«1–2000»

vivere ['viːvere] *v* *ant:* morire ⚠ *irr* 87 Mi piace vedere come la gente **vive** in altre parti del mondo.	**leben** Ich finde es interessant zu sehen, wie die Menschen in anderen Erdteilen leben.

> ***TIPP:*** *Die Betonung liegt auf „vi". **Vivere** wird sowohl mit **essere** als auch mit **avere** konjugiert.*

la **vita** ['viːta] *ant:* morte Una biografia è la storia della **vita** di una persona.	**Leben** *n* Eine Biografie ist die Lebensgeschichte eines Menschen.
vivo, a ['viːvo] *adj ant:* morto Il mio bisnonno è ancora **vivo**.	**lebend, lebendig** Mein Urgroßvater lebt noch.
esserci ['ɛssertʃi] *v* Insomma, cosa **c'è**? Non **c'erano** più albicocche.	**da sein, vorhanden sein** Also, was gibts? Es gab keine Aprikosen mehr.

> ***TIPP:*** *Die Betonung liegt auf „es"*

esistere [e'zistere] *v* La Befana non **esiste**!	**existieren** Die Befana gibts nicht!

> ***TIPP:*** *Die Betonung liegt auf „si". Die **Befana** ist eine Frauengestalt, die am Dreikönigstag artigen Kindern Geschenke bringt und bösen Kohle. **esistere** wird mit **essere** konjugiert.*

l'**esistenza** [esis'tɛntsa] *syn:* vita Ha trascorso tutta la sua **esistenza** nel suo paese natale. Credo nell'**esistenza** di altre forme di vita nell'universo.	**Leben** *n;* **Existenz** *f* Er hat sein ganzes Leben in seinem Geburtsort verbracht. Ich glaube, dass es im Universum andere Lebensformen gibt.
nascere ['naʃʃere] *v* *ant:* morire ⚠ *irr* 45 **Sono nata** a Salerno, il 20 luglio 1970.	**geboren werden** Ich bin am 20. Juli 1970 in Salerno geboren.

> ***TIPP:*** *Die Betonung liegt auf „na". **nascere** wird mit **essere** konjugiert.*

il **compleanno** [komple'anno] Quand'è il tuo **compleanno**?	**Geburtstag** *m* Wann hast du Geburtstag?
compiere gli anni ['kompiere ʎi 'anni] *v* ⚠ *irr* 14 Quando **compi gli anni**?	**Geburtstag haben** Wann hast du Geburtstag?
giovane ['dʒoːvane] *adj* *ant:* vecchio Ho moltissimi bei ricordi di quando ero **giovane**.	**jung, jugendlich** Ich habe viele schöne Erinnerungen an meine Jugend.

TIPP: *Die Betonung liegt auf „gio".*

vecchio, a ['vɛkkio] *adj* *syn:* anziano, *ant:* giovane ⚠ *pl* **cchi, cchie** Tutti diventiamo **vecchi** prima o poi.	**alt** Jeder wird einmal alt.
anziano, a [antsi'aːno] *adj* *syn:* vecchio Bisogna aiutare le persone **anziane**.	**alt** Alten Menschen soll man helfen.
morto, a ['mɔrto] *adj ant:* vivo Riportatemelo, vivo o **morto**.	**tot** Bringt ihn zurück, tot oder lebendig.
morire [mo'riːre] *v* *ant:* nascere ⚠ *irr* 43 Abbiamo sofferto tutti molto quando **è morto** il nostro cane.	**sterben** Als unser Hund starb, haben wir alle sehr gelitten.

TIPP: ***morire*** *wird mit* ***essere*** *konjugiert.*

«2001–4000»

la **nascita** ['naʃʃita] *ant:* morte Mi dica il suo anno di **nascita**.	**Geburt** *f* Sagen Sie mir Ihr Geburtsjahr.

TIPP: *Die Betonung liegt auf „na".*

la **gioventù** [dʒoven'tu] La sera, le piazze e le strade delle città italiane si riempiono di **gioventù**.	**Jugend** *f* Jugendliche bevölkern abends die Plätze und Straßen italienischer Städte.

crescere ['kreʃʃere] *v* ⚠ *irr* 22 — **wachsen; aufwachsen**

Io e il mio amico **siamo cresciuti** insieme. — Mein Freund und ich sind zusammen aufgewachsen.

> ***TIPP:*** *Die Betonung liegt auf „cre". **crescere** wird mit **essere** konjugiert.*

---

l'**adulto** [a'dulto] — **Erwachsene(r)** *f(m)*

Questo è un film per soli **adulti**. — Dieser Film ist nur für Erwachsene.

> ***TIPP:*** ***adulto** gibt es als Substantiv nur in der männlichen Form, sowohl Singular als auch Plural. Die weibliche Form wird durch die Verwendung des Adjektivs ausgedrückt, z. B. **una tigre adulta, alcune persone adulte**.*

---

la **vecchiaia** [vekki'aːia] — **Alter** *n*

La **vecchiaia** non mi spaventa affatto. — Ich habe keine Angst vor dem Altwerden.

---

la **morte** ['mɔrte] — **Tod** *m*

ant: nascita, vita

Solo oggi abbiamo saputo della sua **morte**. — Wir haben erst heute von seinem Tod erfahren.

---

uccidere [ut'tʃiːdere] *v* ⚠ *irr* 82 — **töten, umbringen**

Quel povero gatto **è stato ucciso** da una macchina. — Die arme Katze ist totgefahren worden.

> ***TIPP:*** *Die Betonung liegt auf „ci".*

---

il **cadavere** [ka'daːvere] — **Leiche** *f*

La polizia non ha ancora identificato il **cadavere** trovato nell'auto. — Die Polizei hat die Leiche, die man im Auto gefunden hat, noch nicht identifiziert.

> ***TIPP:*** *Die Betonung liegt auf „da".*

---

il **funerale** [fune'raːle] — **Beerdigung** *f*, **Beisetzung** *f*

I **funerali** di Stato si svolgeranno questo pomeriggio nel Duomo di Milano. — Das Staatsbegräbnis wird heute Nachmittag im Mailänder Dom stattfinden.

Pochissime persone erano presenti al suo **funerale**. — Nur wenige fanden sich zu seiner Beerdigung ein.

> ***TIPP:*** *Das Substantiv **funerale** verwendet man sowohl im Plural (bei feierlichen Anlässen) als auch im Singular.*

sopravvivere [soprav'viːvere] *v* ⚠ *irr* 87	**überleben**
E' un vero miracolo che **sia sopravvissuto** all'incidente aereo.	Es ist ein Wunder, dass er den Flugzeugabsturz überlebt hat.

*TIPP: Die Betonung liegt auf „vi". **sopravvivere** wird mit **essere** konjugiert.*

1.1.2 AKTIVITÄTEN

1.1.2.1 Wachen und Schlafen

«1–2000»

andare a letto [an'daːre a 'lɛtto] *v ant:* alzarsi ⚠ *irr* 3	**ins Bett gehen**
E' ora di **andare a letto**!	Es ist Zeit, ins Bett zu gehen.
dormire [dor'miːre] *v* ⚠ **dormo**	**schlafen**
Buongiorno tesoro, **hai dormito** bene?	Guten Morgen, mein Schatz, hast du gut geschlafen?
addormentarsi [addormen'tarsi] *v*	**einschlafen**
Se non riesci ad **addormentarti** prova a contare le pecore.	Wenn du nicht einschlafen kannst, versuch Schäfchen zu zählen.
il **sonno** ['sonno]	**Schlaf** *m*
Ho **sonno**, non riesco a tenere gli occhi aperti.	Ich bin so müde, dass ich kaum die Augen offen halten kann.
il **sogno** ['soːɲo]	**Traum** *m*
Buonanotte e **sogni** d'oro!	Gute Nacht und träum was Schönes!
sognare [so'ɲaːre] *v*	**träumen**
Non mi ricordo mai quello che **ho sognato**.	Ich kann mich nie an das erinnern, was ich geträumt habe.
svegliare [zve'ʎaːre] *v*	**wecken, aufwecken**
Svegliami alle sette.	Weck mich um sieben.
svegliarsi [zve'ʎarsi] *v ant:* addormentarsi	**aufwachen, erwachen**
Se vogliamo partire, domattina dobbiamo **svegliarci** presto.	Wenn wir morgen früh abfahren wollen, müssen wir beizeiten aufstehen.

sveglio, a ['zveːʎo] *adj ant:* addormentato ⚠ *pl* **gli, glie**	**wach**
Non sono ancora **sveglia** del tutto.	Ich bin noch nicht ganz wach.
alzarsi [al'tsarsi] *v* *ant:* andare a letto	**aufstehen**
Sono già le sette e un quarto, **alzati**, è tardi.	Es ist schon Viertel nach sieben, steh auf, es ist spät.

«2001–4000»

andare a dormire [an'daːre a dor'miːre] *v* ⚠ *irr* 3	**schlafen gehen**
Buonanotte, io **vado a dormire.**	Gute Nacht, ich gehe schlafen.
il **pigiama** [pi'dʒaːma] ⚠ *pl* **mi**	**Schlafanzug** *m*
Lavati i denti e mettiti il **pigiama**.	Putz dir die Zähne und zieh deinen Schlafanzug an.

1.1.2.2 Sinneswahrnehmungen

«1–2000»

guardare [guar'daːre] *v*	**sehen; ansehen; nachsehen**
Guarda che bel tramonto!	Sieh mal, was für ein schöner Sonnenuntergang!
Se hai voglia possiamo **guardare** le foto del nostro viaggio in Umbria.	Wenn du magst, können wir die Fotos von unserer Reise nach Umbrien ansehen.
Accidenti, non trovo più le chiavi della macchina. — **Hai guardato** anche nelle tasche del cappotto?	Verdammt, ich finde die Autoschlüssel nicht. — Hast du auch in den Manteltaschen nachgesehen?
l'**occhiata** [okki'aːta]	**Blick** *m*
Dai un'**occhiata** se in cucina è tutto pronto, gli ospiti stanno per arrivare.	Sieh mal nach, ob in der Küche alles fertig ist, die Gäste kommen gleich.
vedere [ve'deːre] *v* ⚠ *irr* 84	**sehen; treffen**
Che buio, accendi la luce, non **vedo** niente!	Ist das dunkel hier! Mach das Licht an, ich kann nichts sehen.
Alla festa ho **visto** molti vecchi amici che avevo perso di vista.	Auf der Party habe ich viele alte Freunde getroffen, die ich aus den Augen verloren hatte.

sembrare [sem'braːre] *v*	**scheinen; glauben**
Mi **sembrate** preoccupati, è successo qualcosa di grave?	Ihr scheint besorgt zu sein, ist etwas Schlimmes passiert?
Sembra proprio che sia andata così.	Es scheint wirklich so passiert zu sein.
Mi **sembra** di conoscerlo.	Ich glaube, ich kenne ihn.
suonare [suo'naːre] *v*	**vorkommen**
Questa faccenda mi **suona** strana.	Diese Geschichte kommt mir komisch vor.
la **vista** ['vista]	**Aussicht** *f;* **Blick** *m;* **Sehen** *n*
Dal balcone c'è una bella **vista**.	Vom Balkon aus hat man eine tolle Aussicht.
Se hai problemi di **vista**, devi andare da un oculista.	Wenn du Probleme mit den Augen hast, solltest du zum Augenarzt gehen.
A prima **vista** sembra tutto a posto.	Auf den ersten Blick scheint alles in Ordnung zu sein.
Ci conosciamo solo di **vista**.	Wir kennen uns nur vom Sehen.
sentire [sen'tiːre] *v* ⚠ **sento**	**hören**
Per favore parli più forte, non **sento** niente.	Sprechen Sie bitte etwas lauter, ich kann nichts hören.
ascoltare [askol'taːre] *v*	**hören; zuhören**
Ascoltiamo la radio o preferisci un CD?	Sollen wir Radio oder eine CD hören?
Ascoltami bene, non ho intenzione di ripetertelo un'altra volta.	Hör gut zu, ich will das nicht noch mal sagen.

TIPP: *Das Verb* ***sentire*** *verwendet man bei einer Sinneswahrnehmung, während* ***ascoltare*** *bewusstes Zu- oder Hinhören bezeichnet.*

il **rumore** [ru'moːre]	**Krach** *m*
ant: silenzio	
Cos'è stato questo **rumore**?	Was war das für ein Krach?
piano [pi'aːno] *adv*	**leise**
syn: a bassa voce	
Parlate **piano**, i nonni dormono.	Sprecht leise, die Großeltern schlafen.
alto, a ['alto] *adj ant:* basso	**laut**
Santo cielo, abbassa il volume, è troppo **alto**.	Du lieber Himmel, dreh die Lautstärke runter, das ist viel zu laut.

toccare [tok'kaːre] *v* Pittura fresca: non **toccare**.	**berühren** Vorsicht, frisch gestrichen.
il **tatto** ['tatto] Questo tessuto è molto ruvido al **tatto**.	**Tastsinn** *m* Dieser Stoff fühlt sich sehr rau an.
l'**odore** [o'doːre] *m* Secondo te questa pianta ha un cattivo **odore**?	**Geruch** *m* Was meinst du, riecht diese Pflanze schlecht?
il **profumo** [pro'fuːmo] Questo sapone ha un buonissimo **profumo**.	**Duft** *m* Diese Seife duftet wunderbar.
il **gusto** ['gusto] *syn:* sapore Questa panna ha un **gusto** strano.	**Geschmack** *m* Diese Schlagsahne hat einen merkwürdigen Geschmack.
sapere [sa'peːre] *v syn:* avere il gusto di ⚠ *irr* 64 Uhm buona, questa uva **sa** di fragola.	**schmecken (nach)** Lecker, diese Trauben schmecken nach Erdbeeren.

«2001–4000»

il **senso** ['sɛnso] L'uomo è dotato di cinque **sensi**.	**Sinn** *m;* **Empfindung** *f* Der Mensch hat fünf Sinne.
l'**olfatto** [ol'fatto] I cani hanno un ottimo **olfatto**.	**Geruchssinn** *m* Hunde haben einen sehr guten Geruchssinn.
annusare [annu'saːre] *v* I cani **annusano** sempre tutto.	**beschnuppern** Hunde beschnuppern immer alles.
riconoscere [riko'noʃʃere] *v* ⚠ *irr* 18 Ma come, non mi **riconosci**? Sono Elena.	**wieder erkennen** Erkennst du mich etwa nicht? Ich bins, Elena.

***TIPP:** Die Betonung liegt auf „no“.*

osservare [osser'vaːre] *v* Se lo **osservi** da vicino vedi anche i particolari.	**beobachten, betrachten** Wenn du es von nahem betrachtest, siehst du auch die Einzelheiten.

lo **sguardo** [zgu'ardo] Mi sono innamorata del suo dolce **sguardo**.	**Blick** *m* Ich habe mich in seinen sanften Blick verliebt.

1.1.2.3 Körperpflege

«1–2000»

lavarsi [la'varsi] *v* Ragazzi, **lavatevi** le mani, è quasi ora di pranzo.	**sich waschen** Los Kinder, wascht euch die Hände, wir essen gleich.
il **bagno** ['baːɲo] Mi piace fare il **bagno** con l'acqua molto calda.	**Bad** *n* Ich bade gerne in sehr warmem Wasser.
la **doccia** ['dottʃa] ⚠ *pl* **cce** Che caldo oggi, non vedo l'ora di fare una **doccia**.	**Dusche** *f* Ist das eine Hitze heute, hoffentlich kann ich bald duschen.
la **vasca da bagno** ['vaska da 'baːɲo] ⚠ *pl* **sche** Ho riempito la **vasca da bagno** di acqua tiepida.	**Badewanne** *f* Ich habe die Badewanne mit lauwarmem Wasser voll laufen lassen.
il **sapone** [sa'poːne] Devo ricordarmi di mettere in valigia il **sapone**.	**Seife** *f* Ich muss daran denken, die Seife in den Koffer zu tun.
l'**asciugamano** [aʃʃuga'maːno] Usa pure questo **asciugamano**, è pulito.	**Handtuch** *n* Du kannst ruhig dieses Handtuch benutzen, es ist sauber.
asciugarsi [aʃʃu'garsi] *v* **Asciugati** bene le mani e metti un po' di crema.	**abtrocknen** Trockne dir die Hände gut ab und creme sie ein bisschen ein.
il **pettine** ['pɛttine] Mi presti il **pettine**?	**Kamm** *m* Leihst du mir deinen Kamm?

TIPP: *Die Betonung liegt auf „pe".*

pettinarsi [petti'narsi] *v* Ma **ti sei pettinata** questa mattina?	**sich kämmen** Hast du dich heute Morgen schon gekämmt?

la **crema** ['krɛːma] Vorrei una **crema** per pelli secche, per favore.	**Creme** *f* Ich hätte gerne eine Creme für trockene Haut.

«2001–4000»

il **trucco** ['trukko] ⚠ *pl* **cchi** Un po' di **trucco** ti sta bene, ma così è troppo.	**Make-up** *n*, **Schminke** *f* Ein wenig Make-up steht dir gut, aber das ist zu viel.
truccarsi [truk'karsi] *v* Non esco mai di casa senza **truccarmi**.	**sich schminken** Ich gehe nie ungeschminkt aus dem Haus.
farsi la barba ['farsi la 'barba] *v* ⚠ *irr* 37 Adriano preferisce **farsi la barba** a mano piuttosto che usare il rasoio elettrico.	**sich rasieren** Adriano rasiert sich lieber nass als mit dem Rasierappa-rat.
il **rasoio** [ra'soːio] ⚠ *pl* **oi** Il **rasoio** di papà non funziona più.	**Rasierer** *m* Papas Rasierer ist kaputt.

TIPP: *Die Betonung liegt auf „so".*

il **taglio** ['taːʎo] ⚠ *pl* **gli** Vorrei un **taglio** e un colore di capelli più alla moda.	**Schnitt** *m* Ich hätte gerne einen modi-scheren Haarschnitt und auch eine modischere Haarfarbe.
l'**asciugacapelli** [aʃʃugaka'pelli] *m* Visto che viaggia spesso, le regaliamo un **asciugacapelli** portatile.	**Haartrockner** *m*, **Föhn** *m* Weil sie oft verreist, schenken wir ihr einen Reiseföhn.
il **dentifricio** [denti'friːtʃo] ⚠ *pl* **ci** Questo **dentifricio** ha un buon gusto.	**Zahnpasta** *f* Diese Zahnpasta hat einen guten Geschmack.
lo **spazzolino da denti** [spattso'liːno da 'dɛnti] Bisogna cambiare spesso lo **spazzolino da denti**.	**Zahnbürste** *f* Zahnbürsten sollte man öfters wechseln.
lo **smalto** ['zmalto] Ho messo lo **smalto** rosso sulle unghie.	**Nagellack** *m* Ich habe roten Nagellack auf-getragen.

1.1.2.4 Tätigkeiten

«1–2000»

agire [a'dʒiːre] *v* ⚠ **agisco** **Abbiamo agito** senza riflettere.	**handeln, tun** Wir haben es getan, ohne darüber nachzudenken.
l'azione [atsi'oːne] *syn:* atto Ognuno è responsabile delle proprie **azioni**. Il regista Sergio Leone ha girato dei bellissimi film d'**azione**.	**Tat** *f* Jeder ist für sein Tun selbst verantwortlich. Der Regisseur Sergio Leone hat gute Actionfilme gedreht.
l'atto ['atto] *syn:* azione I Carabinieri lo hanno sorpreso nell'**atto** di rubare.	**Handlung** *f*, **Tat** *f* Die Karabinieri haben ihn auf frischer Tat beim Stehlen ertappt.
fare ['faːre] *v* ⚠ *irr* 37 E adesso che cosa pensi di **fare**? Voglio provare a **fare** un dolce con la ricotta.	**tun, machen** Was gedenkst du jetzt zu tun? Ich möchte versuchen, einen Kuchen mit Ricottakäse zu backen.
lavorare [lavo'raːre] *v* **Lavoriamo** fino a venerdì, dopodiché chiudiamo per ferie.	**arbeiten** Wir arbeiten bis Freitag, danach machen wir Betriebsferien.
il lavoro [la'voːro] *syn:* occupazione Che **lavoro** fai?	**Arbeit** *f* Was arbeitest du?
essere solito, (di) fare ['ɛssere 'sɔːlito (di) 'faːre] *v* ⚠ *irr* 36 Di domenica **siamo soliti** andare in chiesa.	**gewöhnlich tun** Sonntags gehen wir gewöhnlich in die Kirche.
l'opera ['ɔːpera] *syn:* lavoro La Divina Commedia è un'**opera** di Dante Alighieri.	**Arbeit** *f*; **Werk** *n* Die Göttliche Komödie ist ein Werk von Dante Alighieri.

***TIPP:** Die Betonung liegt auf „o“.*

il posto ['pɔsto] Se la fabbrica chiude, almeno un centinaio di operai perderanno il loro **posto** di lavoro.	**Stelle** *f* Falls die Fabrik schließt, werden an die hundert Arbeiter ihre Stelle verlieren.

provare [pro'vaːre] *v* *syn:* tentare Allora **proviamo** a entrare da una finestra. **Hai provato** ad assaggiare questa marmellata?	**versuchen; probieren** Dann versuchen wir eben, durch ein Fenster reinzukommen. Hast du diese Marmelade schon probiert?
il **progetto** [pro'dʒɛtto] *syn:* piano Stiamo facendo **progetti** per le vacanze di Natale.	**Plan** *m* Wir schmieden Pläne für die Weihnachtsferien.
preparare [prepa'raːre] *v* L'architetto **ha preparato** una serie di progetti per il nuovo edificio.	**vorbereiten** Der Architekt hat für das neue Gebäude einige Pläne vorbereitet.
lo **sforzo** ['sfɔrtso] Ho fatto uno **sforzo** e ora mi fa male la schiena.	**Anstrengung** *f* Ich habe mich angestrengt, und jetzt tut mir der Rücken weh.

«2001–4000»

darsi da fare ['darsi da 'faːre] *v* ⚠ *irr* 24 Daniela è una che **si dà** sempre **da fare**.	**sich bemühen** Daniela bemüht sich immer sehr.
l'**impiego** [impi'ɛːgo] ⚠ *pl* **ghi** Da due mesi ho un nuovo **impiego**. Questo oggetto ha vari **impieghi**.	**Stelle** *f*; **Verwendung** *f* Seit zwei Monaten habe ich eine neue Stelle. Dieser Gegenstand hat verschiedene Verwendungsmöglichkeiten.
la **collaborazione** [kollaboratsi'oːne] Grazie a tutti per la **collaborazione**.	**Mitarbeit** *f* Vielen Dank für eure Mitarbeit.
l'**occupazione** [okkupatsi'oːne] *f* Da quando siamo in pensione, l'**occupazione** preferita da me e mia moglie è viaggiare.	**Beschäftigung** *f* Seit wir pensioniert sind, ist für meine Frau und mich Reisen unsere Lieblingsbeschäftigung.

l'**intenzione** [intentsi'oːne] *f* Non ho nessuna **intenzione** di fare sempre quello che vuoi tu.	**Vorhaben** *n*, **Absicht** *f* Ich habe wirklich nicht vor, immer das zu tun, was du willst.
intendere [in'tɛndere] *v* ⚠ *irr* 79 Cosa **intendete** fare a questo punto?	**vorhaben** Was wollt ihr jetzt tun?

TIPP: *Die Betonung liegt auf „ten".*

lo **scopo** ['skɔːpo] Lo **scopo** di questa manifestazione è far conoscere al pubblico nuovi gruppi musicali.	**Zweck** *m*, **Ziel** *n* Der Zweck dieser Vorführung ist, dem Publikum neue Musikgruppen vorzustellen.
il **preparativo** [prepara'tiːvo] A che punto siete con i **preparativi** per la festa?	**Vorbereitung** *f* Wie weit seid ihr mit den Vorbereitungen für das Fest?
decidere [de'tʃiːdere] *v* ⚠ *irr* 25 Non **abbiamo** ancora **deciso** se lo compriamo oppure no.	**entscheiden** Wir haben noch nicht entschieden, ob wir es kaufen oder nicht.

TIPP: *Die Betonung liegt auf „ci"*

riuscire [riuʃ'ʃiːre] *v* ⚠ *irr* 83 **Siamo riuscite** finalmente a risolvere il problema di geometria. **Riusciranno** i nostri eroi a trovare la soluzione?	**gelingen; schaffen; erreichen** Es ist uns endlich gelungen, die Geometrieaufgabe zu lösen. Werden unsere Helden es schaffen, die Lösung zu finden?

***TIPP:* riuscire** *wird mit* **essere** *konjugiert.*

il **tentativo** [tenta'tiːvo] *syn:* prova Al secondo **tentativo** l'atleta ha battuto il record mondiale.	**Versuch** *m* Beim zweiten Versuch hat der Athlet den Weltrekord gebrochen.
la **misura** [mi'zuːra] Il Governo ha preso le necessarie **misure** per risolvere la crisi.	**Maßnahme** *f* Die Regierung hat die notwendigen Maßnahmen ergriffen, um die Krise zu bewältigen.

1.1.2.5 Umgang mit Dingen

«1–2000»

aver bisogno di [a'veːr bi'zoːɲo di] *v* ⚠ *irr* 8	**brauchen, benötigen**
Hai bisogno d'aiuto?	Brauchst du Hilfe?
cercare [tʃer'kaːre] *v*	**suchen**
ant: trovare	
Ti **abbiamo cercata** dappertutto, dove sei stata?	Wir haben dich überall gesucht, wo warst du?
trovare [tro'vaːre] *v*	**suchen; finden**
Giochiamo? Nicola si nasconde e tu lo devi **trovare**.	Wollen wir spielen? Nicola versteckt sich und du musst ihn suchen.
Al mercato delle pulci puoi **trovare** cose davvero particolari.	Auf dem Flohmarkt findet man wirklich Ausgefallenes.
prendere ['prɛndere] *v*	**nehmen; mitnehmen**
ant: lasciare ⚠ *irr* 54	
Andiamo a piedi o **prendiamo** l'autobus?	Gehen wir zu Fuß, oder nehmen wir den Bus?
Ho preso con me solo lo stretto necessario.	Ich habe nur das Allernotwendigste mitgenommen.

***TIPP:** Die Betonung liegt auf „pre".*

formare [for'maːre] *v*	**bilden, entwickeln**
syn: sviluppare	
Ti devi **formare** una tua opinione.	Du sollst dir deine eigene Meinung bilden.
usare [u'zaːre] *v*	**benutzen**
syn: utilizzare	
Che colori **hai usato** per questi disegni?	Was für Farben hast du für diese Zeichnungen benutzt?
l'uso ['uːzo]	**Gebrauch** *m*
Seguire attentamente le istruzioni per l'**uso**.	Bitte beachten Sie genau die Gebrauchsanweisung.
svolgere ['zvoldʒere] *v* ⚠ *irr* 81	**lösen; entwickeln**
Ragazzi, avete tre ore per **svolgere** il compito.	Leute, ihr habt drei Stunden Zeit, die Aufgabe zu lösen.
Tutto **si è svolto** secondo i nostri piani.	Alles hat sich so entwickelt, wie wir es geplant hatten.

***TIPP:** Die Betonung liegt auf „svo".*

collezionare [kollettsio'naːre] *v*	**sammeln**
Io e mio fratello **collezioniamo** cartoline.	Mein Bruder und ich sammeln Postkarten.
la **collezione** [kollettsi'oːne]	**Sammlung** *f*
Ti ho mai mostrato la mia **collezione** di conchiglie?	Habe ich dir schon meine Muschelsammlung gezeigt?
tenere [te'neːre] *v* ⚠ *irr* 80	**halten**
Mi **tieni** il posto, per cortesia?	Hältst du mir bitte den Platz frei?
cogliere ['kɔːʎere] *v*	**nehmen, (er)greifen**
syn: prendere ⚠ *irr* 13	
E' un'occasione da **cogliere** al volo.	Diese Gelegenheit sollte man beim Schopfe ergreifen.

TIPP: *Die Betonung liegt auf „co".*

aggiungere [ad'dʒundʒere] *v* ⚠ *irr* 38	**hinzufügen, ergänzen**
Aggiungi il nome di Tommaso alla lista dei partecipanti.	Ergänze Tommasos Namen auf der Teilnehmerliste.

TIPP: *Die Betonung liegt auf „giu".*

bastare [bas'taːre] *v*	**genügen, ausreichen**
Il pane non **basta** per tutti.	Das Brot reicht nicht für alle.
cambiare [kambi'aːre] *v*	**wechseln**
Questo programma non ci piace, **cambia** canale per favore.	Dieses Programm gefällt uns nicht, bitte schalte um.
aprire [a'priːre] *v*	**öffnen**
ant: chiudere ⚠ *irr* 5, **apro**	
E mi raccomando, chiedete sempre chi è, prima di **aprire** la porta.	Seid vorsichtig, wenn ihr die Tür öffnet. Fragt vorher immer, wer draußen ist.
chiudere [ki'uːdere] *v*	**schließen**
ant: aprire ⚠ *irr* 12	
C'è corrente, **chiudi** la finestra.	Hier ziehts, mach das Fenster zu.

TIPP: *Die Betonung liegt auf „u".*

riempire [riem'piːre] *v* ⚠ **riempio**	**(auf)füllen; ausfüllen**
Vieni, **riempiamo** tutte le bottiglie d'acqua fresca.	Lass uns alle Flaschen mit frischem Wasser auffüllen.
Riempite il modulo e consegnatelo in ufficio.	Füllen Sie das Formular aus und geben Sie es im Büro ab.
agitare [adʒi'taːre] *v*	**schütteln**
Agitare prima dell'uso.	Vor Gebrauch schütteln!
tagliare [ta'ʎaːre] *v*	**schneiden**
Soffia sulle candele che poi la mamma **taglia** la torta.	Blas die Kerzen aus, damit die Mama die Torte anschneiden kann.
rompere ['rompere] *v* ⚠ *irr* 62	**brechen, zerbrechen**
Oh scusami, **ho rotto** un bicchiere.	Oh, entschuldige, ich habe ein Glas zerbrochen.

***TIPP:** Die Betonung liegt auf „ro".*

bruciare [bru'tʃaːre] *v*	**verbrennen; brennen**
Accidenti, **ho bruciato** tutto!	Verdammt, mir ist alles angebrannt!
La legna asciutta **brucia** molto bene.	Trockenes Holz brennt sehr gut.

«2001–4000»

conservare [konser'vaːre] *v*	**aufbewahren; lagern**
Sulla bottiglia c'era scritto: **conservare** in luogo fresco.	Auf der Flasche stand: kühl lagern.
mancare [maŋ'kaːre] *v*	**verfehlen**
Attento, mi **hai mancato** per un pelo!	Pass auf, du hast mich um ein Haar verfehlt!
evitare [evi'taːre] *v*	**vermeiden**
Se posso **evito** di incontrarla.	Wo möglich versuche ich zu vermeiden, sie zu treffen.
occorrere [ok'korrere] *v* ⚠ *irr* 21	**brauchen**
Vi **occorre** qualcosa?	Braucht ihr etwas?

***TIPP:** Die Betonung liegt auf „co". **occorrere** wird mit **essere** konjugiert.*

utilizzare [utilid'dzaːre] *v* *syn:* usare **Utilizziamo** tutto, anche la buccia.	**benutzen, verwenden** Wir verwenden alles, auch die Schale.
servirsi di [ser'virsi di] *v* *syn:* usare ⚠ **servo** In caso d'incendio **servirsi** delle scale.	**(be)nutzen** Bei Feuer Treppe benutzen!
maneggiare [maned'dʒaːre] *v* Fragile, **maneggiare** con cura.	**handhaben, umgehen mit** Vorsicht, zerbrechlich!
esagerare [ezadʒe'raːre] *v* Quando Enrico racconta qualcosa, **esagera** sempre.	**übertreiben** Enrico übertreibt immer, wenn er etwas erzählt.
sprecare [spre'kaːre] *v* *ant:* conservare Per non **sprecare** energia elettrica, spegniamo le luci quando non servono.	**verschwenden** Wenn wir das Licht nicht brauchen, schalten wir es aus, um keinen Strom zu verschwenden.
rovinare [rovi'naːre] *v* *syn:* danneggiare Molti edifici **sono rovinati** dalla pioggia acida.	**zerstören** Viele Gebäude wurden vom sauren Regen zerstört.
rompersi ['rompersi] *v* ⚠ *irr* 62 La radio **si è rotta**, bisogna farla aggiustare.	**zerbrechen, kaputtgehen** Das Radio ist kaputtgegangen, wir müssen es reparieren lassen.

***TIPP:** Die Betonung liegt auf „ro“.*

danneggiare [danned'dʒaːre] *v syn:* rovinare Le forti pioggie possono **danneggiare** il raccolto.	**beschädigen** Die starken Regenfälle können die Ernte beschädigen.
cambiare [kambi'aːre] *v* *syn:* sostituire Sì signora, posso **cambiare** la merce, ma solo se ha conservato lo scontrino.	**ändern; umtauschen** Ja, ich kann Ihnen Ihre Ware umtauschen, aber nur wenn Sie noch den Kassenzettel haben.
sostituire [sostitu'iːre] *v* *syn:* cambiare ⚠ **sostituisco** L'allenatore vuole **sostituire** un giocatore in campo.	**ersetzen, auswechseln** Der Trainer will einen Feldspieler auswechseln.

trasformare [trasfor'maːre] *v*	**verändern**
syn: cambiare	
Tutte queste case **hanno trasformato** il paesaggio.	All diese Häuser haben die Landschaft verändert.
liberarsi (da/di) [libe'rarsi (da/di)] *v*	**loswerden, sich befreien von**
Abbiamo molti mobili vecchi e non sappiamo come **liberarcene**.	Wir haben viele alte Möbel und wissen nicht, wie wir sie loswerden sollen.
accendere [at'tʃɛndere] *v*	**einschalten; anzünden**
ant: spegnere ⚠ *irr* 1	
Vorrei vedere il telegiornale, **accendi** la televisione.	Ich möchte die Nachrichten sehen, mach bitte den Fernseher an.
Mi serve un fiammifero o un accendino per **accendere** la candela.	Ich brauche ein Streichholz oder ein Feuerzeug, um die Kerze anzuzünden.

***TIPP:** Die Betonung liegt auf „cen".*

spegnere ['spɛːɲere] *v*	**ausmachen**
ant: accendere ⚠ *irr* 73	
Non ricordo se **ho spento** il ferro da stiro, devo tornare a casa a controllare.	Ich weiß nicht mehr, ob ich das Bügeleisen ausgemacht habe. Ich muss noch einmal nach Hause, um nachzusehen.

***TIPP:** Die Betonung liegt auf „spe".*

collegare [kolle'gaːre] *v*	**verbinden**
Costruiscono una nuova strada che **collega** il centro con la periferia.	Sie bauen eine neue Straße, die das Zentrum mit den Vororten verbindet.
fissare [fis'saːre] *v*	**festmachen, fixieren**
Devi **fissare** le viti di questo scaffale, prima che cada.	Dreh die Schrauben dieses Regals fest, sonst fällt es um.
promuovere [promu'ɔːvere] *v*	**unterstützen, fördern**
⚠ *irr* 44	
Questo progetto **è promosso** dalla UE.	Dieses Projekt wird von der EU gefördert.
coprire [ko'priːre] *v* ⚠ *irr* 19, **copro**	**(zu)decken**
Se stanotte avete freddo, **copritevi** con queste coperte.	Wenn ihr heute Nacht friert, deckt euch mit diesen Decken zu.

appendere [ap'pɛndere] *v* ⚠ *irr* 27	**aufhängen**
Voglio **appendere** questo quadro ma non so piantare i chiodi!	Ich möchte dieses Bild aufhängen, kann aber keine Nägel in die Wand schlagen.

TIPP: *Die Betonung liegt auf „pe".*

la **decorazione** [dekoratsi'oːne]	**Dekoration** *f*
Alle **decorazioni** per la sala ci penso io.	Ich werde mich um die Saaldekoration kümmern.
piegare [pie'gaːre] *v*	**falten; biegen**
Il poster è molto delicato, cerca di tenerlo diritto e di non **piegarlo**.	Das Poster ist sehr empfindlich, versuch es gerade zu halten und es nicht zu knicken.
avvolgere [av'vɔldʒere] *v* ⚠ *irr* 81	**(ein)wickeln**
Avvolgete le patate in carta di alluminio e mettetele nel forno.	Die Kartoffeln in Alufolie einwickeln und in den Backofen tun.

TIPP: *Die Betonung liegt auf „vo".*

incollare [iŋkol'laːre] *v*	**kleben; zusammenkleben**
Con cosa possiamo **incollare** questi pezzi di plastica?	Womit können wir diese Plastikteile zusammenkleben?
stendere ['stɛndere] *v* ⚠ *irr* 79	**aufhängen; ausrollen**
Ho steso la biancheria ad asciugare.	Ich habe die Wäsche zum Trocknen aufgehängt.
Stendete la pasta della pizza molto sottile.	Rollt den Pizzateig sehr dünn aus.

TIPP: *Die Betonung liegt auf „en".*

stringere ['strindʒere] *v* ⚠ *irr* 77	**enger machen; drücken**
Il cappotto è da **stringere** un po' qui.	Der Mantel muss hier etwas enger gemacht werden.
Sandro mi **ha stretto** la mano con forza.	Sandro hat mir kräftig die Hand gedrückt.

TIPP: *Die Betonung liegt auf „in".*

premere ['prɛːmere] *v*	**drücken**
Premere qui per aprire.	Zum Öffnen hier drücken.

TIPP: Die Betonung liegt auf „pre“.

pressare [pres'saːre] *v* *syn:* premere L'olio si fa **pressando** le olive.	**drücken, ausdrücken** Öl wird durch Pressen von Oliven hergestellt.
bussare [bus'saːre] *v* Mi sembra che qualcuno **abbia bussato** alla porta.	**klopfen** Hat da gerade jemand an die Tür geklopft?
strappare [strap'paːre] *v* Enzo **sta strappando** la sua foto in pezzi, devono aver litigato.	**zerreißen** Enzo zerreißt gerade ihr Foto. Sie müssen sich gestritten haben.

*TIPP: **stare** und Gerundium bezeichnet einen Vorgang, der gerade geschieht. Man verwendet diese Konstruktion auch, um die Dauer eines Geschehens zu betonen. Das Gerundium wird aus dem Infinitiv gebildet. Es bleibt immer unverändert.*

1.1.2.6 Bewegen von Gegenständen

«1–2000»

mettere ['mettere] *v* ⚠ *irr* 41 Oggi **metto** tutti i libri nella nuova libreria. **Mettiti** il berretto, fa un freddo cane oggi.	**stellen; legen; setzen** Heute stelle ich alle Bücher ins neue Bücherregal. Setz deine Mütze auf, draußen ist es schweinekalt.

TIPP: Die Betonung liegt auf „me“.

togliere ['tɔːʎere] *v* ⚠ *irr* 81 Non riesco a **togliere** questa macchia. **Togliti** pure la giacca.	**entfernen; ausziehen** Ich krieg diesen Fleck nicht weg. Zieh ruhig die Jacke aus.

TIPP: Die Betonung liegt auf „to“.

separare [sepa'raːre] *v* *syn:* dividere Dobbiamo **separare** il vetro e la plastica dal resto dei rifiuti.	**trennen** Wir müssen Glas und Plastik vom Rest des Mülls trennen.

portare [por'taːre] *v*	**(mit)bringen; mitnehmen; tragen**
Se vai a trovare la nonna, **portale** questo regalo da parte mia.	Wenn du die Oma besuchst, bring ihr von mir dieses Geschenk mit.
Dai, **portami** con te!	Komm, nimm mich mit!
Ce la fate a **portare** una valigia così pesante?	Schafft ihr es, diesen so schweren Koffer zu tragen?
Le **porto** i saluti di mia moglie.	Meine Frau lässt Sie grüßen.
spedire [spe'diːre] *v* ⚠ **spedisco**	**schicken**
Ho incaricato la mia segretaria di **spedire** i fax.	Ich habe meine Sekretärin beauftragt, die Faxe zu schicken.
tirare [ti'raːre] *v ant:* spingere	**ziehen**
Non essere sciocco, se vedi che **tirare** non serve, allora spingi.	Sei nicht so dumm, wenn ziehen nicht hilft, dann drücke eben!
spingere ['spindʒere] *v* *ant:* tirare ⚠ *irr* 75	**drücken; schieben**
Spingi tu il carrello!	Schieb du den Einkaufswagen!

***TIPP:** Die Betonung liegt auf „spi“.*

girare [dʒi'raːre] *v*	**drehen, wenden**
Per aprire **girare** il rubinetto in senso orario.	Den Wasserhahn im Uhrzeigersinn aufdrehen.
raccogliere [rak'kɔːʎere] *v* ⚠ *irr* 13	**sammeln; aufheben**
Abbiamo raccolto un cesto pieno di funghi.	Wir haben einen Korb voller Pilze gesammelt.
Alberto **raccogli** la carta e buttala nel cestino.	Alberto, heb das Papier auf und wirf es in den Papierkorb.

***TIPP:** Die Betonung liegt auf „co“.*

sollevare [solle'vaːre] *v* *syn:* raccogliere	**aufheben**
Col mal di schiena non puoi **sollevare** pesi.	Mit Rückenschmerzen kannst du keine schweren Sachen heben.

appoggiare [appod'dʒaːre] *v* La borsa pesa, dove la posso **appoggiare**? Il tavolo è sporco, non **appoggiarti**.	**(ab)stellen; lehnen, stützen** Die Tasche ist schwer, wo kann ich sie hinstellen? Der Tisch ist schmutzig, stütze dich nicht darauf.
far cadere ['faːr ka'deːre] *v* ⚠ *irr* 37 Mi fido di te, ma non **farlo cadere**.	**fallen lassen** Ich vertraue dir, aber lass es nicht fallen.
rovesciare [roveʃ'ʃaːre] *v* *syn:* far cadere Oh che disastro, **ho rovesciato** tutto per terra.	**umschütten, verschütten** Was für ein Ärger, ich habe alles umgeschüttet.
staccarsi [stak'karsi] *v* *ant:* attaccare Con questa colla vedrai che non **si stacca** più.	**sich lösen** Du wirst sehen, dass es mit diesem Klebstoff nicht mehr abgeht.
levare [le'vaːre] *v* *syn:* togliere, rimuovere, *ant:* mettere Chi **ha levato** tutte le mie cose dal cassetto?	**wegnehmen** Wer hat alle meine Sachen aus der Schublade genommen?
gettare [dʒet'taːre] *v* *syn:* lanciare Vietato **gettare** oggetti dal finestrino.	**wegwerfen** Es ist verboten, Gegenstände aus dem Fenster zu werfen.

«2001–4000»

caricare [kari'kaːre] *v* Quando **avete caricato** tutto, potete partire.	**aufladen, einladen** Wenn ihr alles eingeladen habt, könnt ihr abfahren.
il **carico** ['kaːriko] ⚠ *pl* **chi** La Guardia di Finanza sta controllando il **carico**.	**Ladung** *f* Die Zollbeamten kontrollieren die Ladung.

***TIPP:** Die Betonung liegt auf „ca".*

il **trasporto** [tras'pɔrto] Nel prezzo è incluso il **trasporto**.	**Transport** *m* Der Preis versteht sich inklusive Transportkosten.

portatile [por'taːtile] *adj*	**tragbar**
Se lo desidera, signore, c'è anche in versione **portatile**.	Das gibt es auch in tragbarer Ausführung, wenn Sie möchten.

***TIPP:** Die Betonung liegt auf „ta".*

rimuovere [rimu'ɔːvere] *v*	**entfernen, wegnehmen**
syn: togliere, levare ⚠ *irr* 44	
Prima di mettere il pavimento nuovo, dobbiamo **rimuovere** quello vecchio.	Vor dem Verlegen des neuen Fußbodens müssen wir den alten entfernen.

***TIPP:** Die Betonung liegt auf „o".*

posare [po'saːre] *v*	**legen; stellen**
syn: mettere, stendere	
Come pesa, dove posso **posare** questa borsa?	Diese Tasche ist so schwer, wo kann ich sie hinlegen?
alzare [al'tsaːre] *v*	**hochheben; erhöhen**
ant: abbassare	
Alzi la mano chi pensa di venire.	Wer kommen möchte, soll die Hand heben.
Alzano ogni anno i prezzi dei generi alimentari.	Die Lebensmittelpreise werden jedes Jahr erhöht.
abbassare [abbas'saːre] *v*	**senken, herunterlassen**
ant: alzare	
Fa un caldo tremendo in macchina, **abbassa** il finestrino.	Im Auto ist eine furchtbare Hitze, dreh das Fenster runter.

1.1.2.7 Geben und Nehmen

«1–2000»

avere [a'veːre] *v*	**haben**
ant: dare ⚠ *irr* 8	
Abbiamo una casa in campagna.	Wir haben ein Haus auf dem Land.
Quanti anni **avete**?	Wie alt seid ihr?
dare ['daːre] *v*	**geben**
ant: prendere ⚠ *irr* 24	
Per questo lavoro mi **danno** quindicimila lire all'ora.	Bei dieser Arbeit verdiene ich 15.000 Lire in der Stunde.
Mi **dai** una mano per piacere?	Hilfst du mir bitte?

regalare [rega'laːre] *v* *syn:* dare	**schenken**
Per il mio compleanno Renzo mi **regala** sempre un meraviglioso mazzo di fiori.	Zu meinem Geburtstag schenkt Renzo mir immer einen herrlichen Blumenstrauß.
lasciare [laʃ'ʃaːre] *v*	**lassen; verlassen; überlassen**
Se piove, **lascia** la bicicletta in stazione e prendi un taxi.	Wenn es regnet, lass das Fahrrad am Bahnhof und nimm ein Taxi.
Sono appena le 8 e vuoi già **lasciarci**?	Es ist gerade 8 und du willst schon gehen?
Quando è morto, ci ha **lasciato** la casa.	Als er starb, hat er uns das Haus vermacht.
ricevere [ri'tʃeːvere] *v* *ant:* dare	**erhalten**
Non **ho** ancora **ricevuto** la lettera di invito, forse arriva con la posta di domani.	Ich habe die Einladung noch nicht bekommen, vielleicht ist sie morgen in der Post.

TIPP: *Die Betonung liegt auf „ce".*

da parte di [da 'parte di] *prep*	**von**
Ho un messaggio da darti **da parte di** Carlotta.	Ich soll dir von Carlotta etwas ausrichten.
accettare [attʃet'taːre] *v* *ant:* rifiutare	**annehmen**
Accetto le tue scuse, ma ciò non deve ripetersi.	Ich nehme deine Entschuldigung an, aber es sollte nicht noch mal vorkommen.
rendere ['rɛndere] *v* *syn:* restituire ⚠ *irr* 57	**zurückgeben**
Giovanni mi deve **rendere** alcuni CD.	Giovanni muss mir noch einige CDs zurückgeben.

TIPP: *Die Betonung liegt auf „ren".*

abbandonare [abbando'naːre] *v syn:* lasciare	**verlassen; aufgeben**
Non ti **abbandonerò** mai.	Ich werde dich nie verlassen.
ridursi [ri'dursi] *v* ⚠ *irr* 17	**zurückgehen**
Gli abitanti del paese **si sono ridotti** a poche migliaia.	Die Einwohnerzahl des Ortes ist auf wenige Tausend zurückgegangen.

aumentare [aumen'ta:re] *v* *syn:* alzare, crescere, *ant:* diminuire	**steigern, erhöhen; zunehmen, steigen**
Dobbiamo far **aumentare** le entrate e diminuire le uscite.	Wir müssen die Einnahmen steigern und die Ausgaben senken.
La temperatura **è aumentata** molto.	Die Temperatur ist stark gestiegen.

***TIPP:* aumentare** *wird mit* **essere** *konjugiert, wenn es intransitiv ist und mit* **avere**, *wenn es transitiv ist.*

diminuire [diminu'i:re] *v* *syn:* ridurre, *ant:* aumentare ⚠ **diminuisco**	**verringern; sinken**
Entro sera la temperatura **diminuisce** di almeno altri cinque gradi.	Im Laufe des Abends sinkt die Temperatur noch einmal um mindestens fünf Grad.

ridurre [ri'durre] *v* ⚠ *irr* 17	**verringern; senken**
Il governo ha promesso di **ridurre** alcune tasse.	Die Regierung hat versprochen, einige Steuern zu senken.

riportare [ripor'ta:re] *v* *syn:* accompagnare	**begleiten**
Ti **riporto** a casa io stasera, se vuoi.	Wenn du willst, begleite ich dich heute Abend nach Hause.

ottenere [otte'ne:re] *v* ⚠ *irr* 80	**erreichen**
Sei contento, **hai ottenuto** ciò che volevi!	Du kannst zufrieden sein, du hast erreicht, was du wolltest!

disporre [dis'porre] *v* ⚠ *irr* 52	**ordnen; anordnen; verfügen**
Secondo te, come è meglio **disporre** i tavoli?	Was meinst du, wie sollten wir die Tische anordnen?
Il capoufficio **ha disposto** nuove regole di lavoro.	Der Chef hat neue Arbeitsvorschriften angeordnet.
L'albergo **dispone** anche di una piscina.	Das Hotel hat auch ein Schwimmbad.

la **disposizione** [dispozitsi'o:ne]	**Verfügung** *f*
E' tutto a vostra completa **disposizione**.	Es steht euch alles zur freien Verfügung.

tenere [te'ne:re] *v* ⚠ *irr* 80	**behalten**
Tenga pure il resto.	Behalten Sie den Rest.

«2001–4000»

riservare [riser'vaːre] *v* *syn:* prenotare Ti porto fuori a cena, **ho riservato** un tavolo in un bel ristorante.	**reservieren, vorbestellen** Ich lade dich zum Abendessen ein. Ich habe in einem schönen Restaurant einen Tisch reserviert.
prenotare [preno'taːre] *v* *syn:* riservare Vorrei **prenotare** un posto sul Pendolino per Roma, prima classe, non fumatori.	**reservieren, vormerken** Ich möchte gern einen Erster-Klasse-Sitzplatz im Nichtraucherabteil des Pendolinos nach Rom reservieren.
prestare [pres'taːre] *v* *syn:* dare in prestito Mi **presti** la penna?	**leihen** Leihst du mir den Stift?
prendere in prestito ['prɛndere in 'prɛstito] *v ant:* dare in prestito, prestare ⚠ *irr* 54 Questo vocabolario non è mio, l'**ho preso in prestito** da Silvia.	**(sich) ausleihen** Dieses Wörterbuch gehört mir nicht, ich habe es mir von Silvia ausgeliehen.
passare [pas'saːre] *v* Fammi un favore, senza che mi alzi, **passami** l'elenco telefonico.	**reichen, geben** Reich mir doch bitte das Telefonbuch, damit ich nicht aufstehen muss.
distribuire [distribu'iːre] *v* ⚠ **distribuisco** A Natale, per i poveri **hanno distribuito** un pasto caldo.	**verteilen** An Weihnachten wurde an die Armen warmes Essen verteilt.
consegnare [konse'ɲaːre] *v* L'insegnante oggi ci **consegna** i compiti corretti.	**übergeben** Die Lehrerin gibt uns heute die korrigierten Arbeiten zurück.
dividere [di'viːdere] *v* *ant:* unire ⚠ *irr* 33 Compriamo una pizza e **dividiamola** a metà. **Divido** un appartamento con altri studenti.	**teilen** Lass uns eine Pizza kaufen und sie halbieren. Ich teile mit anderen Studenten eine Wohnung.

TIPP: *Die Betonung liegt auf „vi".*

la **parte** ['parte] *syn:* quota Ho letto una gran **parte** dei classici italiani.	**Teil** *m* Ich habe einen großen Teil der italienischen Klassiker gelesen.
il **particolare** [partiko'laːre] Da vicino si possono osservare meglio tutti i **particolari** dell'affresco.	**Besonderheit** *f;* **Einzelheit** *f* Von nahem kann man die Einzelheiten des Freskos viel besser betrachten.
occupare [okku'paːre] *v* *ant:* liberare In questi giorni, gli studenti per protesta **occupano** le sale dell'università. Alcuni extracomunitari **occupano** gli edifici abbandonati in periferia.	**besetzen; bewohnen** Dieser Tage besetzen die Studenten aus Protest die Unilehrsäle. Einige Ausländer bewohnen die verfallenen Häuser am Stadtrand.
restituire [restitu'iːre] *v* *syn:* rendere ⚠ **restituisco** Grazie degli attrezzi, te li **restituisco** domani.	**zurückgeben** Danke fürs Werkzeug, ich gebe es dir morgen wieder.

1.1.3 LERNEN UND WISSEN

«1–2000»

imparare [impa'raːre] *v* *syn:* studiare L'azienda organizza un corso per gli impiegati per **imparare** a usare i nuovi programmi.	**lernen** Die Firma bietet ihren Angestellten einen Kurs an, damit sie lernen, die neuen Programme anzuwenden.
sapere [sa'peːre] *v* ⚠ *irr* 64 Mi piacerebbe **sapere** il russo. Mi dispiace, non lo **so**. **Sanno** a memoria tutte le canzoni di Lucio Dalla. → *potere*	**können; wissen** Ich würde gerne Russisch können. Tut mir Leid, ich weiß es nicht. Sie kennen alle Lieder von Lucio Dalla auswendig.

TIPP: *Für können sagt man* ***sapere****, wenn man sich eine bestimmte Fähigkeit angeeignet hat,* ***potere*** *benützt man, wenn man gerade dazu in der Lage ist.*

conoscere [ko'noʃʃere] *v* ⚠ *irr* 18	**kennen; kennen lernen**
Conosci veramente Mauro di persona?	Kennst du Mauro wirklich persönlich?
Alla festa **ho conosciuto** tanta gente nuova.	Auf der Party habe ich viele neue Leute kennen gelernt.

TIPP: *Die Betonung liegt auf „no".*

leggere ['lɛddʒere] *v* ⚠ *irr* 40	**lesen; vorlesen**
Prima dell'uso, **leggere** attentamente le istruzioni.	Vor dem Gebrauch aufmerksam die Gebrauchsanweisung lesen.
Se fate i bravi, la nonna vi **legge** una storia.	Wenn ihr brav seid, liest euch die Oma eine Geschichte vor.

TIPP: *Die Betonung liegt auf „le".*

scrivere ['skriːvere] *v* ⚠ *irr* 69	**schreiben**
A scuola ho imparato a **scrivere** a macchina a dieci dita.	In der Schule habe ich gelernt, mit dem Zehnfingersystem Schreibmaschine zu schreiben.

TIPP: *Die Betonung liegt auf „i".*

copiare [kopi'aːre] *v*	**abschreiben, kopieren**
Ognuno guardi il proprio foglio senza **copiare** dagli altri.	Jeder soll auf sein Blatt schauen, ohne von den anderen abzuschreiben.
la **copia** ['kɔːpia] ⚠ *pl* **pie**	**Kopie** *f*
Fai sempre una **copia** dei documenti per la segretaria.	Mach immer eine Kopie der Unterlagen für die Sekretärin.
l'**esempio** [e'zempio] ⚠ *pl* **pi**	**Beispiel** *n*
Scusa non capisco bene, fammi degli **esempi**.	Entschuldige, ich verstehe es nicht ganz, gib mir ein paar Beispiele.
l'**esercizio** [ezer'tʃiːtsio] ⚠ *pl* **zi**	**Übung** *f*, **Aufgabe** *f*
Non ci riesco, questi **esercizi** sono troppo difficili.	Diese Aufgaben sind zu schwer, ich schaffe sie nicht.
calcolare [kalko'laːre] *v*	**rechnen**
Calcola quanti chilometri sono da qui a Bologna.	Rechne die Entfernung von hier nach Bologna aus.

il **compito** ['kɔmpito] *syn:* esercizio Oggi ho un sacco di **compiti** per casa e domani **compito** in classe di geografia.	**Aufgabe** *f;* **Arbeit** *f* Heute habe ich viele Hausaufgaben und morgen eine Geografiearbeit in der Schule.

TIPP: *Die Betonung liegt auf „co".*

la **storia** ['stɔːria] *syn:* racconto ⚠ *pl* **rie** Nessuno crederà a questa **storia**.	**Geschichte** *f* Niemand wird diese Geschichte glauben.
il **libro** ['liːbro] *syn:* testo Il mio sogno è scrivere un **libro** e pubblicarlo.	**Buch** *n* Mein Traum ist es, ein Buch zu schreiben und es zu veröffentlichen.
lo **scrittore**, la **scrittrice** [skrit'toːre, -'triːtʃe] Alessandro Baricco è il mio **scrittore** italiano preferito.	**Schriftsteller** *m,* **Schriftstellerin** *f* Alessandro Baricco ist mein italienischer Lieblingsautor.
il **racconto** [rak'konto] *syn:* storia Regalale un bel libro di **racconti** per bambini.	**Erzählung** *f* Schenke ihr ein schönes Buch mit Kindergeschichten.
il **titolo** ['tiːtolo] Non mi ricordo il **titolo** di quel racconto.	**Titel** *m* Ich kann mich nicht an den Titel der Erzählung erinnern.

TIPP: *Die Betonung liegt auf „ti".*

la **libreria** [libre'riːa] ⚠ *pl* **rie** Ho ordinato un libro in **libreria**.	**Buchhandlung** *f* Ich habe in der Buchhandlung ein Buch bestellt.

TIPP: *Die Betonung liegt auf dem i von „ria".*

la **biblioteca** [biblio'tɛːka] ⚠ *pl* **che** Non hanno trovato il libro che cercavano neppure in **biblioteca**. Leggere è la sua passione e possiede una **biblioteca** molto fornita.	**Bücherei** *f;* **Bibliothek** *f* Sie haben das gesuchte Buch nicht einmal in der Bücherei gefunden. Lesen ist seine Leidenschaft, er besitzt eine sehr umfangreiche Bibliothek.

la **lettera** ['lɛttera] — **Buchstabe** *m*
L'alfabeto italiano ha ventuno **lettere**. — Das italienische Alphabet hat 21 Buchstaben.

TIPP: *Die Betonung liegt auf „le". Die Buchstaben J, K, W, X und Y sind nicht Bestandteil des italienischen Alphabets, da sie nur in Fremdwörtern vorkommen.*

la **linea** ['liːnea] — **Linie** *f*
Sul fax ci sono solo **linee** nere. — Auf dem Fax sind nur schwarze Linien.

la **pagina** ['paːdʒina] — **Seite** *f*
Mi mancano circa un centinaio di **pagine** per finire il libro. — Mir fehlen noch etwa hundert Seiten, um das Buch zu Ende zu bringen.

TIPP: *Die Betonung liegt auf „pa".*

il **foglio** ['fɔːʎo] ⚠ *pl* **gli** — **Blatt** *n*
Piegate i **fogli** e metteteli nelle buste. — Faltet die Blätter und steckt sie in die Umschläge.

TIPP: *Vorsicht: Nicht das Substantiv **foglio** (in Zusammenhang mit Papier) mit **foglia** (in Bezug auf Bäume) verwechseln!*

il **quaderno** [kua'dɛrno] — **Heft** *n*
Ho un **quaderno** per ogni materia. — Ich habe für jedes Fach ein Heft.

«2001–4000»

studiare [studi'aːre] *v* — **lernen; studieren**
Facciamo una breve pausa e poi riprendiamo a **studiare**. — Wir machen jetzt eine kurze Pause und lernen dann weiter.
Ho studiato medicina. — Ich habe Medizin studiert.

TIPP: *Das italienische **studiare** hat eine viel weitere Bedeutung als das deutsche „studieren". Für studieren würde man sagen **frequentare l'università**, für das Fach, das man studiert, wird **studiare** verwendet.*

imparare [impa'raːre] *v* — **lernen**
syn: apprendere
Hai imparato a memoria la poesia per domani? — Hast du für morgen das Gedicht auswendig gelernt?

scoprire [sko'priːre] *v* ⚠ *irr* 19, **scopro** Voglio **scoprire** da dove vengono queste informazioni.	**entdecken** Ich will herausfinden, woher diese Informationen stammen.
il **tema** ['tɛːma] *syn:* soggetto Organizzano una conferenza sul **tema**: Italia e cultura.	**Thema** *n* Sie organisieren eine Veranstaltung zum Thema Italien und seine Kultur.
il **soggetto** [sod'dʒɛtto] Il **soggetto** dei suoi quadri è sempre il mare.	**Thema** *n* Das Thema seiner Bilder ist immer das Meer.
riguardare [riguar'daːre] *v* Queste sono cose che non ti **riguardano**!	**betreffen, angehen** Diese Dinge gehen dich nichts an!
la **conoscenza** [konoʃ'ʃɛntsa] Cerchiamo una segretaria con buona **conoscenza** del francese. Piacere di fare la sua **conoscenza**.	**Kenntnis** *f;* **Bekanntschaft** *f* Wir suchen eine Sekretärin mit guten Französischkenntnissen. Angenehm, ihre Bekanntschaft zu machen.
l'**esperto**, l'**esperta** [es'pɛrto] *syn:* specialista All'incontro partecipano anche degli **esperti** del settore.	**Experte** *m,* **Expertin** *f,* **Fachmann** *m,* **Fachfrau** *f* Bei diesem Treffen werden auch Fachleute anwesend sein.
intendersi di [in'tɛndersi di] *v* ⚠ *irr* 79 Roberto **si intende** molto **di** barche e di pesca.	**sich auskennen mit** Roberto kennt sich gut mit Booten und dem Angeln aus.

TIPP: *Die Betonung liegt auf „te“.*

l'**esperimento** [esperi'mento] Per migliorare i nostri prodotti, facciamo giornalmente **esperimenti**.	**Experiment** *n* Um unsere Produkte zu verbessern, machen wir täglich Versuche.
testare [tɛ'staːre] *v* *syn:* provare Non compro prodotti **testati** su animali.	**testen** Ich kaufe keine Produkte, die an Tieren getestet wurden.
la **scienza** ['ʃɛntsa] I progressi della **scienza** sono incredibili.	**Wissenschaft** *f* Die Fortschritte in der Wissenschaft sind unglaublich.

lo **scienziato**, la **scienziata** [ʃentsiˈaːto] Leonardo da Vinci è uno dei più famosi **scienziati** del Rinascimento italiano.	**Wissenschaftler** *m*, **Wissenschaftlerin** *f* Leonardo da Vinci ist einer der berühmtesten Wissenschaftler der italienischen Renaissance.
l'**esperienza** [esperiˈɛntsa] Non ho ancora molta **esperienza**, ma posso imparare.	**Erfahrung** *f* Ich habe noch nicht sehr viel Erfahrung, kann aber dazulernen.
la **pratica** [ˈpraːtika] *ant:* teoria E' solo questione di **pratica**.	**Übung** *f;* **Praxis** *f* Es ist nur eine Frage der Übung.

TIPP: *Die Betonung liegt auf „pra".*

la **teoria** [teoˈriːa] *ant:* pratica ⚠ *pl* **rie** Quello che dici va bene in **teoria**, ma non in pratica.	**Theorie** *f* Was du sagst, funktioniert gut in der Theorie, aber nicht in der Praxis.

TIPP: *Die Betonung liegt auf „i".*

descrivere [desˈkriːvere] *v* ⚠ *irr* 69 In queste pagine l'autore **descrive** la sua esperienza in Africa.	**beschreiben** Auf diesen Seiten beschreibt der Autor seine Afrika-Erfahrungen.

TIPP: *Die Betonung liegt auf „i".*

l'**inchiostro** [iŋkiˈɔstro] Questa macchia d'**inchiostro** non viene via con niente.	**Tinte** *f* Dieser Tintenfleck geht mit nichts weg.
l'**appunto** [apˈpunto] Prendete **appunti** mentre spiego e copiate ciò che scrivo alla lavagna.	**Notiz** *f* Macht euch Notizen, während ich erkläre und notiert, was ich auf die Tafel schreibe.
il **blocchetto** [blɔkˈketto] Ricordo di aver scritto l'indirizzo in un **blocchetto** d'appunti.	**Notizblock** *m* Ich erinnere mich, dass ich die Adresse auf einem Notizblock notiert habe.

la **tabella** [ta'bɛlla] La seguente **tabella** mostra tutti i risultati degli esperimenti.	**Tabelle** *f* Die folgende Tabelle zeigt alle Untersuchungsergebnisse.
il **testo** ['tɛsto] Ascolta bene le parole di questa canzone, il **testo** è molto bello. Questa è la lista ufficiale dei **testi** da preparare per l'esame di Stato.	**Text** *m;* **Buch** *n* Hör genau auf den Text des Liedes, der ist sehr schön. Das ist die offizielle Liste der Bücher, mit denen man sich auf das Staatsexamen vorbereiten muss.

la **letteratura** [lettera'tuːra] A scuola abbiamo studiato tanta **letteratura** italiana.	**Literatur** *f* In der Schule haben wir viel italienische Literatur gelernt.

TIPP: *Beachten Sie die Schreibung mit e und zwei t.*

l'**autore**, l'**autrice** [au'toːre, -'tritʃe] *syn:* scrittore, scrittrice L'**autrice**, con il suo ultimo romanzo è diventata famosa in tutto il mondo.	**Autor** *m,* **Autorin** *f,* **Schriftsteller** *m,* **Schriftstellerin** *f* Die Schriftstellerin ist mit ihrem letzten Roman weltbekannt geworden.
il **poeta**, la **poetessa** [po-'ɛːta, poe'tessa] ⚠ *pl* **i poeti** Giacomo Leopardi è uno dei più famosi **poeti** del 19° secolo.	**Dichter** *m,* **Dichterin** *f* Giacomo Leopardi ist einer der bekanntesten Dichter des 19. Jahrhunderts.
il **romanzo** [ro'mandzo] Ci piace leggere **romanzi** e libri gialli.	**Roman** *m* Wir lesen gerne Romane und Krimis.
la **poesia** [poe'ziːa] ⚠ *pl* **sie** Mi hanno regalato un volume di **poesie** del poeta Giovanni Pascoli.	**Poesie** *f,* **Dichtung** *f* Sie haben mir einen Gedichtband von Giovanni Pascoli geschenkt.

TIPP: *Die Betonung liegt auf „i".*

il **volume** [vo'luːme] E' un'enciclopedia composta da dodici **volumi**.	**Band** *m* Das ist eine zwölfbändige Enzyklopädie.
il **lettore**, la **lettrice** [let'toːre, -'triːtʃe] In famiglia siamo appassionati **lettori** di fumetti.	**Leser** *m,* **Leserin** *f* In unserer Familie sind wir alle leidenschaftliche Comicleser.

scoprire [sko'pri:re] *v* *syn:* trovare ⚠ **scopro** Non **è** ancora **stata scoperta** una cura contro il cancro.	**entdecken, finden** Es ist noch kein Mittel gegen Krebs gefunden worden.
la **scoperta** [sko'pɛrta] Gli archeologi hanno fatto un'altra straordinaria **scoperta**.	**Entdeckung** *f* Die Archäologen haben noch eine außerordentliche Entdeckung gemacht.
introdurre [intro'durre] *v* ⚠ *irr* 17 Pensiamo di **introdurre** nell'azienda un nuovo orario di lavoro.	**einführen** Wir planen die Einführung einer neuen Arbeitszeitregelung in unserer Firma.
inventare [inven'ta:re] *v* *syn:* scoprire Con un po' di fantasia, si possono **inventare** ricette deliziose.	**erfinden** Mit etwas Fantasie kann man wunderbare Kochrezepte kreieren.
l'**invenzione** [inventsi'o:ne] *f* *syn:* scoperta La posta elettronica è un'**invenzione** importantissima nel campo della comunicazione.	**Entdeckung** *f*, **Erfindung** *f* E-Mails sind eine sehr wichtige Erfindung auf dem Kommunikationssektor.
creare [kre'a:re] *v* *ant:* distruggere Modigliani **ha creato** delle belle opere d'arte.	**schaffen** Modigliani hat schöne Kunstwerke geschaffen.
la **cultura** [kul'tu:ra] Viaggiando si impara a conoscere altre **culture**.	**Kultur** *f* Beim Reisen lernt man andere Kulturen kennen.

1.1.4 VERHALTEN

1.1.4.1 Allgemeines Verhalten

«1–2000»

l'**affare** [af'fa:re] *m* Dobbiamo discutere di **affari** di famiglia.	**Angelegenheit** *f*, **Sache** *f* Wir müssen über Familienangelegenheiten sprechen.

la **faccenda** [fat'tʃɛnda] *syn:* questione Purtroppo è una **faccenda** abbastanza grave.	**Angelegenheit** *f*, **Sache** *f* Leider handelt es sich um eine ziemlich ernste Angelegenheit.
la **questione** [kuesti'oːne] Non te lo compro, è una **questione** di principio.	**Frage** *f* Ich kaufe dir das nicht, das ist eine Frage des Prinzips.
il **dovere** [do'veːre] *syn:* compito Luigi è nostro dipendente da molti anni e svolge seriamente il suo **dovere**.	**Pflicht** *f* Luigi ist seit vielen Jahren unser Angestellter und erledigt pflichtbewusst seine Arbeit.
essere in grado ['ɛssere in 'graːdo] *v* *syn:* potere ⚠ *irr* 36 Non so se **sono in grado** di fare ciò che mi chiedi.	**können** Ich weiß nicht, ob ich tun kann, was du von mir verlangst.
l'**abitudine** [abi'tuːdine] *f* Ognuno ha le proprie **abitudini**.	**Gewohnheit** *f* Jeder hat so seine Angewohnheiten.

TIPP: *Die Betonung liegt auf „tu".*

abituato, a [abitu'aːto] *adj* Siamo **abituati** a bere il caffè dopo mangiato.	**gewohnt** Wir haben die Gewohnheit, nach dem Essen einen Kaffee zu trinken.
dipendere da [di'pɛndere da] *v* ⚠ *irr* 27 L'economia di molti paesi asiatici **dipende dagli** aiuti dall'Occidente. L'elezione del presidente **dipende dall'**esito delle elezioni.	**abhängig sein von; abhängen von** Viele asiatische Länder sind wirtschaftlich gesehen auf die finanzielle Unterstützung des Westens angewiesen. Ob der Präsident gewählt wird, hängt vom Ausgang der Wahlen ab.

TIPP: *Die Betonung liegt auf „pen".* ***dipendere*** *wird mit* ***essere*** *konjugiert.*

aspettare [aspet'taːre] *v* *syn:* attendere Finalmente sei arrivato, è un'ora che ti **aspetto**.	**warten auf** Endlich bist du da, ich warte schon seit einer Stunde auf dich.

aspettarsi [aspet'tarsi] *v* Da te non **me l'aspettavo**!	**erwarten, rechnen mit** Von dir hätte ich das nicht erwartet.
notare [no'taːre] *v* *syn:* osservare Qualcuno **ha notato** qualcosa di strano?	**bemerken** Hat jemand etwas Seltsames bemerkt?
bisognare [bizo'ɲaːre] *v* *syn:* dovere **Bisogna** comprare del formaggio. **Bisogna** che qualcuno vada da loro.	**müssen** Wir müssen Käse kaufen. Jemand muss zu ihnen gehen.

*TIPP: Das Verb **bisognare** wird nur in der dritten Person Singular und Plural verwendet. Das Verb, das auf **che** folgt, steht im Konjunktiv.*

l'**attenzione** [attentsi'oːne] *f* Monica ci ascolta sempre con **attenzione**. **Attenzione** al terzo binario, treno in arrivo.	**Aufmerksamkeit** *f* Monica hört uns immer aufmerksam zu. Achtung an Gleis drei, der Zug fährt ein.
fare attenzione ['faːre attentsi'oːne] *v* ⚠ *irr* 37 **Fate attenzione**, per favore.	**aufpassen** Passt bitte auf!
la **cura** ['kuːra] *syn:* precisione Avete bisogno di concentrarvi per svolgere questo lavoro con **cura**.	**Sorgfalt** *f* Um diese Arbeit mit Sorgfalt durchzuführen, müsst ihr euch konzentrieren.
prendersi cura di ['prɛndersi 'kuːra di] *v* ⚠ *irr* 54 La mia vicina di casa **si prende cura delle** mie piante, quando sono in ferie.	**sich kümmern um** Meine Nachbarin kümmert sich um meine Pflanzen, während ich im Urlaub bin.

TIPP: Die Betonung liegt auf „pre".

la **responsabilità** [responsabili'ta] Mi prendo io tutta la **responsabilità**.	**Verantwortung** *f* Ich übernehme jegliche Verantwortung.
il **merito** ['mɛːrito] Se ce l'abbiamo fatta, è anche **merito** vostro.	**Verdienst** *n* Dass wir es geschafft haben, ist auch euer Verdienst.

TIPP: Die Betonung liegt auf „me“.

---

proteggere [pro'tɛddʒere] *v*
⚠ *irr* 55
Il portico ci **protegge** dalla pioggia.

schützen, beschützen
Der Säulenvorbau bietet uns Schutz vor dem Regen.

TIPP: Die Betonung liegt auf „te“.

---

la **protezione** [protetsi'oːne]
Avete la pelle chiara e delicata, vi consiglio una **protezione** alta.

Schutz *m*
Ihr habt eine helle und empfindliche Haut, da empfehle ich euch einen hohen Lichtschutzfaktor.

---

nascondere [nas'kondere] *v*
⚠ *irr* 46
Dove **hai nascosto** i miei occhiali?

verstecken
Wo hast du meine Brille versteckt?

TIPP: Die Betonung liegt auf „sco“.

---

dimenticare [dimenti'kaːre] *v*
ant: ricordare
Non **dimenticare** ciò che ti ho detto.

vergessen
Vergiss nicht, was ich dir gesagt habe.

TIPP: Man kann im Italienischen den Imperativ der du-Form mit einem ***non*** *+ Infinitiv ausdrücken.*

---

attendere [at'tɛndere] *v*
syn: aspettare ⚠ *irr* 79
Attenda un attimo, per favore.
Signor Guidi, **attenda** in linea per cortesia.

warten
Warten Sie bitte einen Moment.
Herr Guidi, bleiben Sie bitte am Apparat.

TIPP: Die Betonung liegt auf „ten“.

---

il **sorriso** [sor'riːso]
Non essere così triste, fammi un **sorriso**.

Lächeln *n*
Sei nicht so traurig, schenk mir ein Lächeln.

---

sorridere [sor'riːdere] *v*
⚠ *irr* 58
Che bel bambino e come **sorride** a tutti!

lächeln
Ist das ein schönes Kind, und sieh mal, wie es jedem zulächelt!

TIPP: Die Betonung liegt auf „ri".

ridere ['riːdere] *v ant:* piangere ⚠ *irr* 58	**lachen**
Piero racconta sempre barzellette che ci fanno morire dal **ridere**.	Piero erzählt immer Witze, über die wir uns totlachen.

TIPP: Die Betonung liegt auf „ri".

piangere [pi'andʒere] *v* ⚠ *irr* 51	**weinen**
Il film era molto triste e molte persone **hanno pianto**.	Der Film war sehr traurig, viele Leute haben geweint.

TIPP: Die Betonung liegt auf „an".

«2001–4000»

il **modo** ['mɔːdo] *syn:* maniera	**Art** *f,* **Weise** *f*
Ma ti sembra il **modo** di parlare con tuo padre!	Ist das eine Art, mit deinem Vater zu reden?
Non preoccuparti, in un **modo** o nell'altro ce la faremo.	Mach dir keine Sorgen, wir werden es schon irgendwie schaffen.
il **comportamento** [komporta'mento]	**Verhalten** *n,* **Benehmen** *n*
Il preside vuole parlarci a causa del **comportamento** in classe di nostro figlio.	Der Rektor will wegen des Verhaltens unseres Sohnes im Unterricht mit uns sprechen.
comportarsi [kompor'tarsi] *v*	**sich benehmen**
Ieri alla festa **ti sei comportato** molto male.	Du hast dich gestern auf dem Fest sehr schlecht benommen.
trattare [trat'taːre] *v*	**behandeln**
Non è giusto che **tratti** tua sorella così.	Es ist nicht richtig, dass du deine Schwester so behandelst.
la **maniera** [mani'ɛːra] *syn:* comportamento, educazione	**Benehmen** *n*
Si metta in fila come tutti gli altri, che razza di **maniere**!	Stellen Sie sich hinten an, wie die anderen auch, was ist denn das für ein Benehmen?

il **sistema** [sis'tɛːma] *syn:* modo ⚠ *pl* **mi** Ho trovato il **sistema** per aggiustarlo.	**Art** *f*, **Weise** *f* Ich habe herausgefunden, wie man es reparieren kann.
la **soluzione** [solutsi'oːne] Secondo me, questa è l'unica **soluzione**.	**Lösung** *f* Meiner Meinung nach ist das die einzige Lösung.
l'**educazione** [edukatsi'oːne] *f* La scuola non può sostituire l'**educazione** dei genitori. Per **educazione** chiedile prima se è d'accordo.	**Erziehung** *f* Die Schule kann die Erziehung durch die Eltern nicht ersetzen. Frag sie aus Höflichkeit vorher, ob sie einverstanden ist.
educare [edu'kaːre] *v* E' compito dei genitori **educare** i figli.	**erziehen** Es ist die Aufgabe der Eltern, ihre Kinder zu erziehen.
abituarsi a [abitu'arsi a] *v* Non riesco ad **abituarmi al** rumore del traffico.	**sich gewöhnen an** Ich kann mich nicht an den Verkehrslärm gewöhnen.
badare a [ba'daːre] *v* *syn:* fare attenzione Questa è la ricevuta del pagamento, **bada** bene **a** non perderla. Nelle coppie moderne sono spesso gli uomini a **badare ai** figli e alla casa.	**aufpassen auf; sich kümmern um** Hier ist die Quittung. Pass gut auf, dass du sie nicht verlierst. In einer modernen Partnerschaft kümmert sich oft der Mann um den Haushalt und die Kinder.
risolvere [ri'sɔlvere] *v* ⚠ *irr* 6 Dobbiamo **risolvere** questa faccenda al più presto.	**lösen** Wir müssen dieses Problem so schnell wie möglich lösen.

TIPP: *Die Betonung liegt auf „sol".*

il **compito** ['kɔmpito] I vigili del fuoco hanno il **compito** di spegnere gli incendi.	**Aufgabe** *f* Die Aufgabe der Feuerwehr ist es, Brände zu löschen.

TIPP: *Die Betonung liegt auf „com".*

incaricare [iŋkari'kaːre] *v* L'**ho incaricato** di versare dei soldi in banca sul mio conto.	**beauftragen** Ich habe ihn beauftragt, auf der Bank Geld auf mein Konto einzuzahlen.

osare [o'zaːre] *v* *syn:* avere il coraggio Come **osi** parlarmi così!	**wagen** Wie kannst du es wagen, so mit mir zu reden!
sopportare [soppor'taːre] *v* *syn:* soffrire Uffa, non ti **sopporto** più.	**ertragen** Oh Gott, ich kann dich nicht mehr ertragen.
l'**impegno** [im'peːɲo] *syn:* sforzo E' un progetto molto difficile, ma se ci mettiamo tutti un po' d'**impegno**, ce la possiamo fare.	**Anstrengung** *f* Es ist ein sehr schwieriges Projekt, aber wenn wir uns alle ein bisschen anstrengen, können wir es schaffen.
trascurare [trasku'raːre] *v* *ant:* prendersi cura di Hai ragione, ti **ho** un po' **trascurata**.	**vernachlässigen** Du hast Recht, ich habe dich etwas vernachlässigt.
lasciarsi andare [laʃ'ʃarsi an'daːre] *v* Capisco che sei triste, ma non **ti** devi **lasciare andare**.	**sich gehen lassen** Ich verstehe ja, dass du traurig bist, aber du darfst dich nicht so hängen lassen.
mancare [maŋ'kaːre] *v* Amore mio, mi **manchi** tanto. Ci siamo tutti? — No, **manca** ancora Massimo.	**fehlen** Mein Liebling, du fehlst mir sehr. Sind alle da? — Nein, Massimo fehlt noch.
il **ricordo** [ri'kɔrdo] Parlando, ci sono venuti in mente tanti **ricordi**.	**Erinnerung** *f* Während wir redeten, wurden viele Erinnerungen wach.
ricordarsi [rikor'darsi] *v* *ant:* dimenticarsi Questo è un regalo da parte mia, così **ti ricorderai** di me.	**sich erinnern** Das ist ein Geschenk von mir als Erinnerung an mich.
la **risata** [ri'zaːta] Che divertente quel film, ci siamo fatti delle belle **risate**.	**Lachen** *n*, **Gelächter** *n* Der Film war sehr lustig, wir haben richtig viel gelacht.

1.1.4.2 Verhalten gegen Menschen

«1–2000»

il **potere** [po'teːre] E' una famiglia che ha molto **potere**.	**Macht** *f*, **Einfluss** *m* Das ist eine sehr einflussreiche Familie.
l'**aiuto** [ai'uːto] *syn:* collaborazione Avete bisogno d'**aiuto**?	**Hilfe** *f* Braucht ihr Hilfe?
aiutare [aiu'taːre] *v* Cercate qualcuno che venga ad **aiutarci**.	**helfen** Sucht jemanden, der uns helfen kann.

***TIPP:* *aiutare* ist ein transitives Verb, jemandem helfen heißt *aiutare qualcuno*.**

ricordare [rikor'daːre] *v* La sua faccia mi **ricorda** qualcuno.	**erinnern** Sein Gesicht erinnert mich an jemanden.
promettere [pro'mettere] *v* ⚠ *irr* 41 Mi **hai promesso** di portarmi fuori a cena stasera.	**versprechen** Du hast mir versprochen, heute Abend mit mir essen zu gehen.

TIPP: *Die Betonung liegt auf „me".*

la **promessa** [pro'messa] Le **promesse** vanno sempre mantenute.	**Versprechen** *n* Wenn man etwas verspricht, muss man es auch halten.
ringraziare [riŋgratsi'aːre] *v* Vi **ringrazio** per la vostra attenzione.	**danken** Ich danke Ihnen für Ihre Aufmerksamkeit.

TIPP:* *ringraziare *ist ein transitives Verb!*

scusare [sku'zaːre] *v* Mi **scusi**, ho sbagliato numero.	**entschuldigen** Entschuldigen Sie bitte, ich habe mich verwählt.
la **scusa** ['skuːza] Non cercare delle **scuse**, ormai è troppo tardi. Ti ha almeno chiesto **scusa**?	**Ausrede** *f*; **Entschuldigung** *f* Hör auf, nach einer Ausrede zu suchen, es ist zu spät. Hat er sich wenigstens bei dir entschuldigt?

seguire [segu'iːre] *v* ⚠ **seguo**	**folgen**
Seguite gli altri se non sapete da che parte andare.	Folgt den anderen, wenn ihr nicht wisst, wo ihr hingehen müsst.

*TIPP: **seguire** ist ein transitives Verb, während man im Deutschen „jemandem" folgt.*

disturbare [distur'baːre] *v*	**stören**
Mentre guido non mi dovete **disturbare**.	Beim Autofahren dürft ihr mich nicht stören.
silenzioso, a [silentsi'oːso] *adj*	**leise**
I nuovi motori sono più **silenziosi**.	Die neuen Motoren sind leiser.
il **silenzio** [si'lɛntsio]	**Ruhe** *f*
ant: rumore	
In chiesa c'è sempre molto **silenzio**.	In der Kirche ist es immer sehr still.
tacere [ta'tʃeːre] *v syn:* fare silenzio, *ant:* parlare ⚠ *irr* 78	**schweigen**
Non vuole parlare, continua a **tacere**.	Er will nicht reden, er schweigt immer noch.
zitto, a ['tsitto] *adj*	**still**
Zitti, per favore!	Seid bitte still!

«2001–4000»

l'**influenza** [influ'ɛntsa]	**Einfluss** *m*
In questa regione si sente molto l'**influenza** del mare sul clima.	Der Einfluss des Meeres auf das Klima ist hier in dieser Gegend deutlich zu spüren.
influenzare [influen'tsaːre] *v*	**beeinflussen**
Non farti **influenzare**, decidi da te.	Lass dich nicht beeinflussen, entscheide selber.
contribuire [kontribu'iːre] *v* ⚠ **contribuisco**	**beitragen, sich beteiligen**
Contribuiscono anche Toni e Ida con centomila lire.	Auch Toni und Ida beteiligen sich mit hunderttausend Lire.
persuadere [persua'deːre] *v* *syn:* convincere	**überreden**
Il medico **ha persuaso** la nonna a farsi operare.	Der Arzt hat Oma dazu überredet, sich operieren zu lassen.
il **controllo** [kon'trɔllo]	**Kontrolle** *f*
E' tutto sotto **controllo**.	Es ist alles unter Kontrolle.

confondere [kon'fondere] *v* *syn:* scambiare	**verwirren, durcheinander bringen; verwechseln**
Tutta questa gente mi **confonde**, andiamo via.	Lass uns gehen, all diese Leute bringen mich ganz durcheinander.
Confondo sempre "caldo" con "kalt".	Ich verwechsle immer die beiden Wörter „caldo" und „kalt".

***TIPP:** Die Betonung liegt auf „fon".*

la **confusione** [konfuzi'oːne]	**Durcheinander** *n;* **Unordnung** *f*
Per le strade c'è una gran **confusione**.	Auf den Straßen herrscht ein großes Chaos.
Non sopporto la **confusione**. → *disordine*	Ich ertrage keine Unordnung.
scambiare per [skambi'aːre per] *v* *syn:* confondere	**verwechseln mit**
Non sono Luca, mi **hai scambiato** per qualcun'altro.	Ich bin nicht Luca, du musst mich mit jemandem verwechseln.

rappresentare [rapprezen'taːre] *v*	**darstellen**
Questo quadro **rappresenta** la nascita di Gesù.	Dieses Bild stellt die Geburt Jesu dar.
condurre [kon'durre] *v* ⚠ *irr* 17	**führen, leiten; moderieren**
Il padre è andato in pensione e ora i figli **conducono** l'azienda.	Der Vater hat sich zur Ruhe gesetzt, und nun leiten die Kinder die Firma.
Una ragazza molto giovane **conduce** la trasmissione dei bambini.	Eine sehr junge Frau moderiert die Kindersendung.
guidare [gui'daːre] *v* *syn:* condurre	**führen**
Un nostro dipendente vi **guiderà** durante la visita.	Einer unserer Angestellten wird euch während eures Besuches durchs Haus führen.
imitare [imi'taːre] *v*	**nachahmen**
In questo gioco dovete **imitare** un personaggio famoso.	In diesem Spiel müsst ihr eine bekannte Persönlichkeit nachahmen.

il **favore** [fa'voːre] *syn:* cortesia, piacere	**Gefallen** *m*
Apri tu la porta, fammi il **favore**.	Tu mir den Gefallen und öffne du die Tür.

incoraggiare [iŋkorad'dʒaːre] *v*	**ermutigen**
I miei genitori mi **incoraggiano** a continuare gli studi.	Meine Eltern ermuntern mich dazu, mein Studium fortzusetzen.
la **fiducia** [fi'duːtʃa]	**Vertrauen** *n*
I signori Bruni hanno molta **fiducia** in voi.	Herr und Frau Bruni setzen sehr viel Vertrauen in euch.
fidarsi di [fi'darsi di] *v*	**vertrauen**
syn: avere fiducia in	
Ricordati di non **fidarti** mai **di** nessuno.	Denke dran, keinem zu vertrauen.
contare su [kon'taːre su] *v*	**zählen auf, sich verlassen auf**
syn: fidarsi	
Contiamo sull'aiuto di tutti.	Wir verlassen uns darauf, dass uns alle helfen werden.
rispettare [rispet'taːre] *v*	**respektieren, achten**
Se non vuoi venire, d'accordo, **rispetto** la tua decisione.	Wenn du nicht mitkommen willst, ist das in Ordnung. Ich respektiere deinen Entschluss.
Nel Meridione si **rispettano** molto le tradizioni.	In Süditalien wird noch sehr an den Traditionen festgehalten.
il **rispetto** [ris'pɛtto]	**Respekt** *m*, **Achtung** *f*
Devi avere più **rispetto** per le persone anziane.	Du solltest alten Menschen mehr Achtung entgegenbringen.
l'**onore** [o'noːre] *m*	**Ehre** *f*
E' un **onore** conoscerLa.	Es ist mir eine Ehre, Sie kennen zu lernen.
vergognarsi [vergo'ɲarsi] *v*	**sich schämen**
Non **si vergogna** a mostrarsi nuda.	Sie schämt sich nicht, sich nackt zu zeigen.
la **vergogna** [ver'goːɲa]	**Scham** *f*
Nicoletta è diventata rossa per la **vergogna**.	Nicoletta ist vor Scham errötet.
scusarsi [sku'zarsi] *v*	**sich entschuldigen**
syn: chiedere scusa	
Figurati, non c'è niente da **scusarsi**.	Ich bitte dich, du brauchst dich doch nicht entschuldigen.
perdonare [perdo'naːre] *v*	**verzeihen**
Va bene, per questa volta ti **perdono**.	Na gut, dieses Mal verzeihe ich dir noch.

il **pettegolezzo** [pettego'lettso]	**Klatsch** *m*
Racconta **pettegolezzi** su tutti i suoi vicini di casa.	Sie erzählt Klatsch über alle ihre Nachbarn.
il **segreto** [se'greːto]	**Geheimnis** *n*
Non posso dirtelo, è un **segreto**.	Ich darf es dir nicht sagen, es ist ein Geheimnis.
la **bugia** [bu'dʒiːa] ⚠ *pl* **gie**	**Lüge** *f*
Perché mi hai detto una **bugia**?	Warum hast du mich angelogen?

***TIPP:** Die Betonung liegt auf dem „i".*

mentire [men'tiːre] *v*	**lügen**
syn: dire bugie ⚠ **mento**	
Non credo a una sola parola di quello che dicono, **mentono**.	Ich glaube ihnen kein einziges Wort, die lügen doch.
dannato, a ['dannaːto] *adj*	**verdammt**
syn: maledetto	
Vuoi abbassare quella **dannata** televisione?	Kannst du endlich den verdammten Fernseher leiser machen?
offendersi [of'fɛndersi] *v* ⚠ *irr* 47	**beleidigt sein**
Dobbiamo invitarli a cena prima o poi, altrimenti **si offendono**.	Wir müssen sie irgendwann zum Abendessen einladen, sonst sind sie beleidigt.

***TIPP:** Die Betonung liegt auf „fen".*

offendere [of'fɛndere] *v*	**beleidigen**
syn: insultare ⚠ *irr* 47	
Le tue parole ci **hanno offese**.	Was du da gesagt hast, hat uns beleidigt.

***TIPP:** Die Betonung liegt auf „fen".*

seccare [sek'kaːre] *v*	**stören, belästigen**
Ti **secca** se porto un'amica?	Stört es dich, wenn ich eine Freundin mitbringe?
insultare [insul'taːre] *v*	**beschimpfen, beleidigen**
syn: offendere	
I tifosi **hanno insultato** l'arbitro.	Die Fans haben den Schiedsrichter beschimpft.

il **trucco** ['trukko] ⚠ *pl* **cchi** Eh sì, conosce tutti i **trucchi** del mestiere.	**Trick** *m* Oh ja, er kennt alle Tricks, die es in seinem Beruf gibt.
imbrogliare [imbro'ʎaːre] *v* Controlla il conto, spesso **imbrogliano**.	**betrügen** Überprüfe die Rechnung, oft wird man betrogen.
minacciare ['minattʃaːre] *v* Anche quest'estate le alghe **minacciano** le spiaggie dell'Adriatico.	**bedrohen, drohen** Auch in diesem Sommer droht den Adriastränden wieder die Algenpest.
la **lite** ['liːte] Abbiamo avuto una **lite**, ma abbiamo già fatto pace.	**Streit** *m* Wir haben uns gestritten aber inzwischen wieder versöhnt.
litigare [liti'gaːre] *v* **Litigo** spesso con mio fratello.	**streiten** Ich streite oft mit meinem Bruder.
combattere [kom'battere] *v* *syn:* lottare Mio nonno **ha combattuto** durante la prima guerra mondiale.	**kämpfen** Mein Opa hat im Ersten Weltkrieg gekämpft.

***TIPP:** Die Betonung liegt auf „ba".*

1.1.5 SPRACHE UND SPRECHABSICHTEN

1.1.5.1 Sprache

«1–2000»

parlare [par'laːre] *v* *ant:* tacere Lei **parla** anche lo spagnolo? Pronto, chi **parla**?	**sprechen** Sprechen Sie auch Spanisch? Hallo, wer ist da?
dire ['diːre] *v* *syn:* raccontare ⚠ *irr* 29 Non ho capito cos'**ha detto**. Può ripetere, per favore?	**sagen** Ich habe nicht verstanden, was Sie gesagt haben. Können Sie es bitte wiederholen?
raccontare [rakkon'taːre] *v* Allora **raccontaci**, come va il lavoro?	**erzählen** Also, erzähl doch mal! Wie läuft es in deiner Arbeit?

il **discorso** [dis'korso] Dopo un lungo **discorso**, ci siamo finalmente capiti. Il presidente vuole fare un **discorso**.	**Gespräch** *n;* **Rede** *f* Nach einem langen Gespräch haben wir uns endlich verstanden. Der Präsident will eine Rede halten.
gridare [gri'daːre] *v* *syn:* urlare Se vedi uscire del fumo, **grida** subito "al fuoco"!	**schreien** Wenn du Rauch siehst, dann schrei sofort „Feuer"!
la **parola** [pa'rɔːla] In questa pagina ci sono tante **parole** che non conosco.	**Wort** *n* Auf dieser Seite stehen viele Wörter, die ich nicht kenne.
il **sostantivo** [sostan'tiːvo] Non ci sono **sostantivi** neutri in italiano.	**Substantiv** *n* Im Italienischen gibt es keine sächlichen Substantive.
l'**aggettivo** [addʒet'tivo] "Simpatico" è un **aggettivo**.	**Adjektiv** *n* „Sympathisch" ist ein Adjektiv.
l'**avverbio** [av'vɛrbio] ⚠ *pl* **bi** Le parole che finiscono in "-mente" sono quasi sempre **avverbi**.	**Adverb** *n* Wörter, die auf -„mente" enden, sind fast immer Adverbien.
il **verbo** ['vɛrbo] Essere e avere sono **verbi** ausiliari.	**Verb** *n* Sein und haben sind Hilfsverben.
femminile [femmi'niːle] *adj* *ant:* maschile "Mamma" è un sostantivo **femminile**.	**weiblich** „Mama" ist ein weibliches Substantiv.
maschile [mas'kiːle] *adj* *ant:* femminile Andrea è un nome **maschile**. → *delusione TIPP*	**männlich** Andrea ist ein männlicher Vorname.
il **singolare** [siŋgo'laːre] *ant:* plurale "Vado" è la prima persona **singolare** del verbo "andare".	**Singular** *m,* **Einzahl** *f* „Ich gehe" ist die Form des Verbes „gehen" in der ersten Person Singular.
il **plurale** [plu'raːle] *ant:* singolare Il **plurale** di "dito" è "dita".	**Plural** *m,* **Mehrzahl** *f* Der Plural von „dito" ist „dita".
la **frase** ['fraːze] In una **frase** c'è sempre un soggetto e un verbo.	**Satz** *m* Ein Satz besteht immer aus einem Subjekt und einem Verb.

«2001–4000»

il **linguaggio** [liŋgu'addʒo] ⚠ *pl* **ggi** Per usare il computer bisogna conoscere il **linguaggio** dell'informatica.	**(Fach)sprache** *f* Um einen Computer zu benutzen, muss man sich in der Computersprache auskennen.
esprimere [es'priːmere] *v* ⚠ *irr* 35 Un aggettivo **esprime** una qualità.	**ausdrücken** Ein Adjektiv drückt eine Eigenschaft aus.

***TIPP:** Die Betonung liegt auf „pri".*

l'**espressione** [espressi'oːne] *f* L'**espressione** "fare quattro chiacchiere" significa conversare.	**Ausdruck** *m* Der Ausdruck „ein Schwätzchen halten" bedeutet „sich unterhalten".
la **conversazione** [konversatsi'oːne] Abbiamo avuto una piacevole **conversazione**.	**Gespräch** *n* Wir haben uns angenehm unterhalten.
chiacchierare [kiakkie'raːre] *v* Io e Marina abbiamo **chiacchierato** per ore.	**sich unterhalten, plaudern** Marina und ich haben uns stundenlang unterhalten.
fare quattro chiacchiere ['faːre ku'attro ki'akkiere] *v* ⚠ *irr* 37 Ci incontriamo ogni venerdì sera per **fare quattro chiacchiere**.	**sich unterhalten, plaudern** Wir treffen uns jeden Freitag Abend, um ein bisschen zu plaudern.
discutere [dis'kuːtere] *v* ⚠ *irr* 31 Tu vieni con noi e senza **discutere**! Prima di cambiare lavoro vorrei **discuterne** con mio padre. **Discutono** e basta, non riescono a mettersi d'accordo.	**diskutieren; (be)sprechen; streiten** Du kommst mit uns mit ohne zu diskutieren! Bevor ich mir eine andere Stelle suche, möchte ich mit meinem Vater darüber sprechen. Sie tun nichts als streiten und können sich nicht einigen.

***TIPP:** Die Betonung liegt auf „cu".*

la **discussione** [diskussi'oːne] Fra compagni di classe abbiamo avuto un'interessante **discussione** sull'energia nucleare. Ho avuto una **discussione** col mio capo per un aumento di stipendio.	**Diskussion** *f;* **Streit** *m* Wir hatten mit Klassenkameraden eine interessante Diskussion über die Atomenergie. Mein Chef und ich hatten eine Meinungsverschiedenheit wegen einer Gehaltserhöhung.
dichiarare [dikia'raːre] *v* *syn:* dire Il presidente **ha dichiarato** che la situazione economica sta migliorando.	**erklären** Der Präsident hat erklärt, dass sich die wirtschaftliche Lage bessert.
urlare [ur'laːre] *v syn:* strillare Ragazzi, non **urlate** tutti insieme!	**schreien** He Leute, schreit doch nicht alle durcheinander!
strillare [stril'laːre] *v* *syn:* urlare, gridare Forse il bambino **strilla** perché ha fame.	**schreien** Vielleicht schreit das Kind, weil es Hunger hat.
la **voce** ['voːtʃe] Ha una bella **voce** e le piace cantare.	**Stimme** *f* Sie hat eine schöne Stimme, und sie singt gerne.
sussurrare [sussur'raːre] *v* *ant:* urlare Le **sussurrò** qualcosa all'orecchio.	**flüstern** Er flüsterte ihr etwas ins Ohr.
la **grammatica** [gram'maːtika] ⚠ *pl* **che** La **grammatica** italiana ha molte regole.	**Grammatik** *f* Die italienische Grammatik umfasst viele Regeln.

***TIPP:** Die Betonung liegt auf „ma".*

pronunciare [pronun'tʃaːre] *v* Come si **pronuncia** questa parola?	**aussprechen** Wie spricht man dieses Wort aus?

***TIPP:** Das „i" wird hier nicht ausgesprochen, es dient lediglich dazu, dass das „c" wie „tsch" ausgesprochen wird.*

la **pronuncia** [pro'nuntʃa] ⚠ *pl* **cie** Dovete migliorare la **pronuncia**.	**Aussprache** *f* Ihr müsst eure Aussprache verbessern.

l'accento [at'tʃɛnto] — **Akzent** *m*
Hai un forte **accento**. — Du hast einen starken Akzent.

> ***TIPP:*** *L'accento* *wird auch benützt für den Akzent auf einem Buchstaben und für die Betonung.*

---

l'alfabeto [alfa'bɛːto] — **Alphabet** *n*
L'**alfabeto** italiano è diverso da quello tedesco. — Das italienische Alphabet unterscheidet sich vom deutschen.

> ***TIPP:*** *Das italienische Alphabet besteht aus 21 Buchstaben. Die Buchstaben j, k, w, x, y fehlen und sind nur in Wörtern fremden Ursprungs, wie „kidnapping“ oder „würstel“ zu finden. Sie werden buchstabiert mit* ***i lunga, kappa, vu doppia, iks, ipsilon****.*

---

sillabare [silla'baːre] *v* — **buchstabieren**
Mi può **sillabare** il suo cognome, per favore? — Können Sie bitte Ihren Nachnamen buchstabieren?

> ***TIPP:*** *Wenn man deutsche Wörter mit Umlauten oder ß auf Italienisch buchstabieren will, sagt man für Umlaute* ***a/o/u con i puntini*** *für ß* ***doppia s****.*

1.1.5.2 Sprechabsichten

1.1.5.2.1 Auskunft

«1–2000»

chiedere [ki'ɛːdere] *v* — **fragen**
syn: domandare ⚠ *irr* 11
Se volete **chiedere** qualcosa, alzate la mano. — Wenn ihr eine Frage habt, dann hebt die Hand.

---

la **domanda** [do'manda] — **Frage** *f*
ant: risposta
Rispondi quando ti faccio una **domanda**. — Antworte, wenn ich dich etwas frage.

---

rispondere [ris'pondere] *v* — **antworten**
⚠ *irr* 61
Devo **rispondere** a molte lettere. — Ich muss viele Briefe beantworten.

> ***TIPP:*** *Die Betonung liegt auf „spon“.*

la **risposta** [ris'posta]	**Antwort** *f*
ant: domanda	
Stiamo ancora aspettando una **risposta**.	Wir warten immer noch auf eine Antwort.
mostrare [mos'tra:re] *v*	**zeigen**
ant: nascondere	
Mostrami come fai tu.	Zeig mir, wie du das machst.
l'**informazione** [informatsi'o:ne] *f*	**Information** *f*
Può darmi un'**informazione** per cortesia?	Könnte ich von Ihnen bitte eine Information erhalten?
il **telegiornale** [teledʒor'na:le]	**Nachrichten** *pl*
syn: notizie	
Alle otto c'è il **telegiornale**.	Um acht Uhr kommen die Nachrichten.
la **notizia** [no'ti:tsia] ⚠ *pl* **zie**	**Nachricht** *f*
Hai sentito le ultime **notizie**?	Hast du schon die neuesten Nachrichten gehört?
spiegare [spie'ga:re] *v*	**erklären**
Ve lo **spiego** di nuovo, se non è chiaro.	Ich erkläre es euch noch mal, wenn es nicht klar ist.
cioè [tʃo'ɛ:] *adv*	**also; das heißt; nämlich**
Siamo io, te e Sofia, **cioè** in tre.	Es sind Sofia, du und ich, wir sind also zu dritt.
significare [siɲifi'ka:re] *v*	**bedeuten**
syn: voler dire	
Che cosa **significa** quel simbolo?	Was bedeutet dieses Zeichen?
il **simbolo** ['simbolo]	**Zeichen** *n*
syn: segno	
Questo simbolo significa "lavare a secco".	Dieses Zeichen bedeutet „chemisch reinigen".

***TIPP:** Die Betonung liegt auf „si".*

il **significato** [siɲifi'ka:to]	**Bedeutung** *f*
syn: senso	
Controlliamo il **significato** di queste parole nel vocabolario.	Sehen wir im Wörterbuch nach, was diese Wörter bedeuten.

il **consiglio** [kon'siːʎo] *syn:* suggerimento ⚠ *pl* **gli** E tu cosa ne pensi? Dammi un **consiglio**.	**Rat(schlag)** *m* Und was denkst du darüber? Gib mir einen Rat.

«2001–4000»

domandare [doman'daːre] *v* *syn:* chiedere **Domandiamo** al vigile da che parte andare.	**fragen** Lass uns den Polizisten nach dem Weg fragen.

TIPP: *Achtung, jemanden fragen heißt* ***domandare a qualcuno.***

informarsi [infor'marsi] *v* Qui potete **informarvi** sui traghetti per la Sicilia.	**sich informieren** Hier könnt ihr euch über die Fähren nach Sizilien informieren.
la **dichiarazione** [dikiaratsi'oːne] Questo pomeriggio il ministro fa una **dichiarazione** in televisione.	**Erklärung** *f* Heute Nachmittag wird der Minister im Fernsehen eine Erklärung abgeben.
l'**osservazione** [osservatsi'oːne] *f* Bianca ha fatto un'**osservazione** intelligente.	**Bemerkung** *f* Bianca hat eine intelligente Bemerkung gemacht.
il **messaggio** [mes'saddʒo] ⚠ *pl* **ggi** Ci sono due **messaggi** sulla segreteria telefonica.	**Nachricht** *f*, **Mitteilung** *f* Auf dem Anrufbeantworter sind zwei Mitteilungen.
informare [infor'maːre] *v* Si **informano** i gentili passeggeri che il treno è in ritardo di dieci minuti.	**informieren, mitteilen** Sehr geehrte Fahrgäste, wir müssen Ihnen mitteilen, dass der Zug mit zehn Minuten Verspätung eintrifft.
la **spiegazione** [spiegatsi'oːne] Calmati, posso darti una **spiegazione**.	**Erklärung** *f* Beruhige dich, ich kann es erklären.

il **senso** ['sɛnso] *syn:* significato Non capisco il **senso** di questa frase.	**Sinn** *m* Ich verstehe den Sinn dieses Satzes nicht.

segnare [se'ɲaːre] *v*	**zeigen**
syn: indicare	
L'orologio del campanile **segna** le quattro.	Die Kirchturmuhr zeigt vier Uhr.
indicare [indi'kaːre] *v*	**zeigen; empfehlen**
syn: segnare, mostrare	
Può **indicarmi** la strada per piazza San Marco, per favore?	Können Sie mir bitte den Weg zum Markusplatz zeigen?
Il segnale stradale **indica** "Caorle 30 km".	Auf dem Straßenschild steht „Caorle 30 km".
Può **indicarmi** un buon ristorante vicino al centro, per favore?	Können Sie mir bitte ein gutes Restaurant in der Nähe des Zentrums empfehlen?
riferirsi [rife'rirsi] *v*	**sich beziehen**
⚠ **mi riferisco**	
Ci riferiamo alla vostra lettera del venti luglio.	Wir beziehen uns auf Ihr Schreiben vom 20. Juli.
consigliare [konsi'ʎaːre] *v*	**raten, empfehlen**
Vi **consigliamo** di telefonare prima di andarci.	Wir raten euch dort anzurufen, bevor ihr hingeht.

1.1.5.2.2 Zustimmung und Ablehnung

«1–2000»

l'**opinione** [opini'oːne] *f*	**Meinung** *f*
syn: idea	
Io non la penso come voi, ho le mie **opinioni**.	Ich denke darüber anders als ihr, ich habe meine eigene Meinung.
intendere [in'tɛndere] *v*	**meinen**
⚠ *irr* 79	
Non capisco, cosa **intendi** dire?	Ich verstehe dich nicht, was meinst du damit?
Ehi, Lei! — Scusi, **intende** me?	He, Sie! — Entschuldigung, meinen Sie mich?

***TIPP:** Die Betonung liegt auf „ten".*

per [per] *prep ant:* contro	**für**
Sono **per** le elezioni.	Ich bin für Wahlen.

sì [si] *adv ant:* no Stai bene? — **Sì**, grazie. Penso di **sì**. Non siete andati a scuola oggi? — **Sì** che siamo andati.	**ja; doch** Geht es dir gut? — Ja, danke. Ich denke schon. Wart ihr heute nicht in der Schule? — Doch.
certo ['tʃɛrto] *adv* Siete sicuri? — Sì, **certo**.	**natürlich, sicher(lich)** Seid ihr sicher? — Ja natürlich.
no [no] *adv ant:* sì Viene anche lei? — **No**, lei non viene. Hai detto di **no**.	**nein** Kommt sie auch? — Nein, sie kommt nicht. Du hast Nein gesagt.
non [non] *adv* Perché **non** mi hai telefonato? — **Non** ho avuto tempo.	**nicht** Warum hast du mich nicht angerufen? — Ich hatte keine Zeit.
contro ['kontro] *prep ant:* per Il Governo è **contro** gli esperimenti atomici.	**gegen** Die Regierung ist gegen Atomtests.

giusto, a ['dʒusto] *adj* *syn:* corretto, *ant:* sbagliato Spero di aver dato la risposta **giusta**.	**richtig** Ich hoffe, dass ich richtig geantwortet habe.
corretto, a [kor'rɛtto] *adj* *syn:* giusto E' **corretto** scrivere acqua con la q?	**richtig, korrekt** Ist es richtig, wenn ich acqua mit q schreibe?
preciso, a [pre'tʃiːzo] *adj* Ho bisogno delle misure **precise** della stanza.	**genau, präzise** Ich brauche die genauen Maße des Zimmers.
vero, a ['veːro] *adj ant:* falso Non tutto ciò che ci ha detto è **vero**.	**wahr** Nicht alles, was er uns erzählt hat, ist wahr.
la **verità** [veri'ta] *ant:* bugia Credimi, è la pura **verità**.	**Wahrheit** *f* Glaub mir, das ist die reine Wahrheit.
avere ragione [a'veːr ra'dʒoːne] *v ant:* avere torto ⚠ *irr* 8 Sì, niente da dire, **avete ragione**.	**Recht haben** Ja, ist schon gut, ihr habt Recht.

chiaro e tondo [ki'aːro e 'tondo] *adv* Dimmi **chiaro e tondo** cosa vuoi.	**klipp und klar** Sag mir klipp und klar, was du willst.
ammettere [am'mettere] *v* *ant:* negare ⚠ *irr* 41 Dobbiamo **ammettere** che sono proprio bravi.	**zugeben** Wir müssen zugeben, dass sie wirklich gut sind.

***TIPP:** Die Betonung liegt auf „me".*

sbagliare [zba'ʎaːre] *v* **Ho sbagliato** a scrivere questa parola.	**einen Fehler machen** Ich habe das Wort falsch geschrieben.
sbagliarsi [sba'ʎarsi] *v* *ant:* aver ragione No signora, guardi che **si sbaglia**.	**sich irren** Nein, glauben Sie mir, Sie irren sich.
sbagliato, a [sba'ʎaːto] *adj* *ant:* giusto I conti sono **sbagliati**.	**falsch** Die Rechnungen sind nicht richtig.
l'**errore** [er'roːre] *m* Nei tuoi esercizi, ci sono un paio d'**errori** di grammatica.	**Fehler** *m* In deinen Übungen sind ein paar Grammatikfehler.
avere torto [a'veːr 'tɔrto] *v* *ant:* avere ragione ⚠ *irr* 8 Non insistere, **hai torto**.	**Unrecht haben** Besteh nicht darauf, du hast Unrecht.

«2001–4000»

il **parere** [pa'reːre] *syn:* opinione Ognuno è libero di esprimere il proprio **parere**.	**Meinung** *f*, **Ansicht** *f* Jeder hat das Recht, seine Meinung frei zu äußern.
il **punto di vista** ['punto di 'vista] *syn:* parere Dal mio **punto di vista**, è giusto dargli un'altra possibilità.	**Ansicht** *f*, **Meinung** *f*, **Standpunkt** *m* Meiner Meinung nach ist es richtig, ihm noch eine Chance zu geben.

a favore di [a fa'voːre di] *prep syn:* per, pro, *ant:* contro	**für**
La maggioranza degli operai è **a favore dello** sciopero.	Die Mehrheit der Arbeiter ist für den Streik.
pro [prɔ] *prep syn:* per, a favore di, *ant:* contro	**für**
Voi siete **pro** o contro la nuova legge?	Seid ihr für oder gegen das neue Gesetz?
l'accordo [ak'kɔrdo]	**Einigung** *f*, **Übereinkunft** *f*
I sindacati si incontrano oggi per trovare un **accordo**.	Die Gewerkschaften kommen heute zusammen, um eine Einigung zu erzielen.
essere d'accordo ['ɛssere dak'kɔrdo] *v* ⚠ *irr* 36	**einverstanden sein**
Chi **è d'accordo** con la mia proposta?	Wer ist mit meinem Vorschlag einverstanden?
Non **sono** affatto **d'accordo** con voi.	Ich bin absolut nicht eurer Meinung.
E' troppo rischioso, **sono d'accordo**.	Du hast Recht, das ist zu riskant.
mettersi d'accordo ['mettersi dak'kɔrdo] *v* ⚠ *irr* 41	**sich einigen**
Tu e Giorgio **vi siete messi d'accordo** per domani?	Hast du dich mit Giorgio wegen morgen geeinigt?

***TIPP:** Die Betonung liegt auf „me".*

esporre [es'porre] *v* ⚠ *irr* 52	**darlegen**
Il presidente ci **ha esposto** la situazione finanziaria della ditta.	Der Geschäftsführer hat uns die finanzielle Situation der Firma dargelegt.
raccomandare [rakkoman'daːre] *v syn:* consigliare	**empfehlen**
Non sei il primo che ci **raccomanda** quel ristorante.	Du bist nicht der Erste, der uns dieses Restaurant empfiehlt.
ammirare [ammi'raːre] *v*	**bewundern**
Vi **ammiriamo** per il vostro coraggio.	Wir bewundern euren Mut.
l'ammirazione [ammiratsi'oːne] *f*	**Bewunderung** *f*
Provo molta **ammirazione** per te, Walter.	Ich bewundere dich sehr, Walter.

correggere [kor'rɛddʒere] *v* ⚠ *irr* 20	**korrigieren**
Ho scritto una lettera in italiano, me la puoi **correggere**?	Ich habe einen Brief auf Italienisch geschrieben. Kannst du ihn korrigieren?

> ***TIPP:*** *Die Betonung liegt auf „re".*

dispiacere [dispia'tʃeːre] *v* ⚠ *irr* 50	**Leid tun; stören; dagegen haben**
Mi **dispiace**, domani sono già impegnata.	Tut mir Leid, morgen bin ich schon beschäftigt.
Le **dispiace** se fumo?	Stört es Sie, wenn ich rauche?
Se non ti **dispiace**, adesso vado.	Wenn du nichts dagegen hast, gehe ich jetzt.
Devo confessarti che questo posto non mi **dispiace**.	Ich muss zugeben, dass mir dieser Ort ganz gut gefällt.

> ***TIPP:*** *In der Verneinung nimmt das Verb* ***dispiacere*** *eine positive Bedeutung an.*

lamentarsi [lamen'tarsi] *v*	**sich beklagen**
Va tutto bene grazie, non possiamo **lamentarci**.	Danke, es ist alles in Ordnung, wir können uns nicht beklagen.
criticare [kriti'kaːre] *v*	**kritisieren**
Perché non proponi qualcosa tu, invece di **criticare** e basta.	Warum schlägst du nicht etwas vor, anstatt immer nur zu kritisieren.
lo **sbaglio** ['zbaːʎo] *syn:* errore ⚠ *pl* **gli**	**Fehler** *m*
Forse è stato uno **sbaglio** dirlo anche a Dario.	Vielleicht war es ein Fehler, es auch Dario zu sagen.
protestare [protes'taːre] *v*	**protestieren**
Oggi in piazza i lavoratori **protestano** contro le nuove tasse.	Die Arbeiter protestieren heute auf dem Platz gegen die neuen Steuern.
la **protesta** [pro'tɛsta]	**Protest** *m*
Gli studenti alzano il pugno in segno di **protesta**.	Zum Zeichen ihres Protestes strecken die Studenten ihre Faust hoch.
rifiutare [rifiu'taːre] *v*	**ablehnen, zurückweisen**
Rifiutano il nostro aiuto.	Sie lehnen unsere Hilfe ab.

rifiutarsi [rifiu'tarsi] *v* A queste condizioni, **mi rifiuto** di accettare.	**sich weigern** Unter diesen Bedingungen weigere ich mich, das zu akzeptieren.
il **rifiuto** [rifi'uːto] Il tuo **rifiuto** di firmare il documento ci ha sorpresi molto.	**Ablehnung** *f*, **Weigerung** *f* Deine Weigerung, das Dokument zu unterschreiben, hat uns sehr gewundert.
opporsi a [op'porsi a] *v* ⚠ *irr* 52 Il principale **si oppone al** nostro progetto.	**sich widersetzen** Unser Chef widersetzt sich unserem Projekt.

1.1.5.2.3 Gewissheit und Zweifel

«1–2000»

la **prova** ['prɔːva] La Polizia ha le **prove** per arrestarli.	**Beweis** *m*, **Nachweis** *m* Die Polizei verfügt über die notwendigen Beweise, um sie festzunehmen.
sicuro, a [si'kuːro] *adj* *syn:* certo Sei **sicuro** di sentirti bene?	**sicher** Bist du sicher, dass es dir gut geht?
esatto, a [e'zatto] *adj* *syn:* preciso Ti dico che queste sono le sue **esatte** parole. Sono le tre, ora **esatta**.	**genau** Ich sage dir doch, dass das genau ihre Worte waren. Es ist genau drei Uhr.
certamente [tʃerta'mente] *adv syn:* sicuramente Posso prendere un'altra fetta di pane? — Sì, **certamente**.	**sicher(lich), natürlich** Kann ich noch eine Scheibe Brot haben? — Ja, natürlich.
supporre [sup'porre] *v syn:* pensare, credere ⚠ *irr* 52 **Supponiamo** che rifiuti la nostra proposta, cosa facciamo a quel punto?	**annehmen, vermuten** Angenommen er lehnt unseren Vorschlag ab, was machen wir dann?
forse ['forse] *adv* Vieni anche tu stasera? — **Forse**!	**vielleicht** Kommst du heute Abend auch? — Vielleicht.

probabile [pro'baːbile] *adj* *ant:* improbabile	**wahrscheinlich**
Cara, è **probabile** che resti fuori a cena con dei colleghi stasera.	Mein Schatz, wahrscheinlich werde ich heute Abend mit Kollegen zum Essen gehen.

***TIPP:** Die Betonung liegt auf „ba". Im Italienischen kann man Adjektive oft dadurch verneinen, indem man die Vorsilbe „im" oder „in" benutzt, wie bei **probabile, improbabile** und **certo, incerto**.*

probabilmente [probabil'mente] *adv*	**wahrscheinlich**
Non risponde nessuno, **probabilmente** sono già usciti.	Es meldet sich niemand. Wahrscheinlich sind sie schon weg.
possibile [pos'siːbile] *adj syn:* probabile, *ant:* impossibile	**möglich**
Ai mercati dell'usato è **possibile** trovare le cose più strane.	Auf dem Flohmarkt kann man die eigenartigsten Dinge finden.

***TIPP:** Die Betonung liegt auf „si".*

impossibile [impos'sibile] *adj* *ant:* possibile	**unmöglich**
E' **impossibile**, non ci credo!	Das ist unmöglich, das glaube ich nicht!

***TIPP:** Die Betonung liegt auf „si".*

«2001–4000»

certo, a ['tʃɛrto] *adj* *syn:* sicuro, *ant:* incerto	**sicher**
Elena, sono **certa** che domani andrà meglio.	Elena, ich bin sicher, dass es morgen besser geht.
incerto, a [in'tʃɛrto] *adj* *ant:* insicuro	**unsicher**
La situazione politica del paese è **incerta**.	Die politische Lage des Landes ist unsicher.
ovvio, a ['ɔvvio] *adj* ⚠ *pl* **vi, vie**	**offensichtlich; klar**
E' **ovvio** che ha qualcosa da nascondere.	Es ist offensichtlich, dass er etwas zu verbergen hat.
Fuma come un turco, **ovvio** che ha la tosse.	Er raucht wie ein Schlot, ist ja klar, dass er Husten hat.

chiaro, a [ki'aːro] *adj*	**klar**
syn: ovvio	
Da come si comporta è **chiaro** che ha qualcosa in mente.	Seinem Verhalten nach zu urteilen, hat er ganz eindeutig etwas vor.
Non voglio ripeterlo, ho parlato **chiaro**?	Ich will es nicht wiederholen, ich habe mich klar ausgedrückt?
provare [pro'vaːre] *v*	**beweisen**
Posso **provare** che ero in un'altra città la notte del delitto.	Ich kann beweisen, dass ich in der Nacht, in der das Verbrechen geschah, in einer anderen Stadt war.
il **fatto** ['fatto]	**Ereignis** *n*
syn: avvenimento	
Buonasera signori telespettatori, ecco i **fatti** del giorno.	Guten Abend verehrte Zuschauer, es folgen die Ereignisse des Tages.
la **decisione** [detʃizi'oːne]	**Entscheidung** *f*, **Beschluss** *m*
Il gruppo si riunisce oggi per prendere alcune **decisioni**.	Die Gruppe trifft sich heute, um einige Entscheidungen zu treffen.
evidente [evi'dɛnte] *adj*	**offensichtlich**
syn: chiaro	
E' **evidente** che non lo sa neanche il presidente.	Es ist offensichtlich, dass nicht einmal der Präsident etwas davon weiß.
effettivamente [effettiva'mente] *adv*	**tatsächlich, in Wirklichkeit**
Hanno previsto duemila concorrenti, ma **effettivamente** saranno molti di più.	Die Zahl der Teilnehmer am Wettbewerb wurde im Voraus auf zweitausend geschätzt, in Wirklichkeit werden es weitaus mehr sein.
convincere [kon'vintʃere] *v*	**überzeugen**
⚠ *irr* 86	
Questa versione dei fatti non mi **convince**.	Diese Darstellung der Ereignisse überzeugt mich nicht.

***TIPP:** Die Betonung liegt auf „vin".*

affermare [affer'maːre] *v*	**behaupten**
Gli scienziati **affermano** che sulla Luna c'è l'acqua.	Die Wissenschaftler behaupten, dass es auf dem Mond Wasser gibt.

la **certezza** [tʃer'tettsa] *ant:* dubbio Sappiamo con **certezza** che arrivano alle sette.	**Sicherheit** *f*, **Gewissheit** *f* Wir wissen mit Sicherheit, dass sie um sieben Uhr kommen.
confermare [konfer'maːre] *v* Se non mi credi, mio marito può **confermare** ciò che dico.	**bestätigen** Mein Mann kann es bestätigen, wenn du mir nicht glaubst.
garantire [garan'tiːre] *v* ⚠ **garantisco** Il nostro pesce è fresco signora, lo **garantisco**!	**garantieren, versichern** Unser Fisch ist ganz frisch, das garantiere ich Ihnen!
apparire [appa'riːre] *v* *syn:* sembrare ⚠ *irr* 4 A prima vista tutto **appare** normale.	**scheinen** Auf den ersten Blick scheint alles in Ordnung zu sein.
la **possibilità** [possibili'ta] Mi dispiace, non abbiamo questo pezzo di ricambio ma c'è la **possibilità** di ordinarlo.	**Möglichkeit** *f* Es tut mir Leid, wir haben dieses Ersatzteil nicht hier, aber wir können es bestellen.
indovinare [indovi'naːre] *v* **Indovina** chi ho incontrato oggi!	**(er)raten** Rate mal, wen ich heute getroffen habe!
il **dubbio** ['dubbio] *ant:* certezza ⚠ *pl* **bbi** E' lui l'uomo che mi ha rubato il portafoglio, non ho **dubbi**.	**Zweifel** *m* Das ist der Mann, der mir die Brieftasche gestohlen hat, da habe ich keinen Zweifel.
dubitare [dubi'taːre] *v* *ant:* essere certo Pensi che abbiano capito? — Ne **dubito**.	**bezweifeln** Meinst du, dass sie verstanden haben? — Ich bezweifle das.

***TIPP:** Bei **dubitare che** steht der Konjunktiv.*

1.1.5.2.4 Wertung und Urteil

«1–2000»

scegliere [ˈʃeːʎere] *v* ⚠ *irr* 65 Per le vacanze devi **scegliere** tra il mare e la montagna.	**aussuchen, (aus)wählen** Für die Ferien musst du zwischen dem Meer und dem Gebirge wählen.

> ***TIPP:** Die Buchstabenfolge **sce** wird wie „sche" ausgesprochen, die Betonung liegt auf dem ersten „e".*

preferire [prefeˈriːre] *v* ⚠ **preferisco** Volete un passaggio? — No grazie, **preferiamo** andare a piedi.	**vorziehen, lieber mögen** Soll ich euch mitnehmen? — Nein danke, wir gehen lieber zu Fuß.
buono, a [buˈɔːno] *adj* Che **buone** queste pesche!	**gut** Diese Pfirsiche schmecken aber gut!

> ***TIPP:** Der Komparativ von **buono** heißt **migliore**, der Superlativ heißt **ottimo** oder **il/la migliore**. Das Adjektiv steht im Allgemeinen nach dem Substantiv. Einige häufig gebrauchte, kurze Adjektive wie **buono, bello, brutto, grande, bravo, piccolo** usw. stehen gewöhnlich vor dem Substantiv. Sie werden jedoch nachgestellt, wenn die Eigenschaft als Unterscheidungsmerkmal hervorgehoben werden soll. Die Endungen von **buono** sind dieselben wie beim unbestimmten Artikel. **buona** wird vor Vokal oft apostrophiert, z. B. **di buon'ora**.*

bravo, a [ˈbraːvo] *adj* E' molto **brava** a scuola.	**gut, tüchtig** Sie ist sehr gut in der Schule.

> ***TIPP:** Mit **buono** beschreibt man die Eigenschaft einer Person (oder einer Sache), mit **bravo** hingegen eine Fähigkeit.*

migliore [miˈʎoːre] *adj* *ant:* peggiore L'uva di quest'anno è **migliore** di quella dell'anno scorso.	**besser** Die Trauben sind dieses Jahr besser als letztes Jahr.
ottimo [ˈɔttimo] *adj* *ant:* pessimo Brava, questo dessert è **ottimo**. → *buono*	**sehr gut, ausgezeichnet** Bravo, der Nachtisch ist ausgezeichnet.

> ***TIPP:*** *Die Betonung liegt auf „ot“. Es heißt* ***brava****, weil man zu einer Frau spricht.*

bene ['bɛːne] *adv ant:* male	**gut**
Non ci sono stati incidenti, è andato tutto **bene**.	Es hat keine Zwischenfälle gegeben, alles ist gut gegangen.

> ***TIPP:*** *Der Komparativ von* ***bene*** *ist* ***meglio****, der Superlativ* ***benissimo*** *oder* ***il meglio****.*

meglio ['mɛːʎo] *adv* *ant:* peggio	**besser**
Come ti senti? — Grazie, sto **meglio**. → *bene*	Wie fühlst du dich? — Danke, es geht mir besser.
eccellente [ettʃel'lɛnte] *adj*	**hervorragend**
Congratulazioni, avete fatto un lavoro davvero **eccellente**.	Gratuliere! Das war wirklich hervorragende Arbeit!
magnifico, a [ma'ɲiːfiko] *adj* ⚠ *pl* **ci, che**	**herrlich**
Il paesaggio è davvero **magnifico**.	Die Landschaft ist wirklich herrlich!

> ***TIPP:*** *Die Betonung liegt auf „gni“.*

meraviglioso, a [meravi'ʎoːso] *adj*	**wunderbar, wunderschön**
Dei fiori per me? Oh, che pensiero **meraviglioso**!	Blumen für mich? Was für eine wunderschöne Überraschung!
positivo, a [pozi'tiːvo] *adj* *ant:* negativo	**positiv**
Dai, cerca di guardare il lato **positivo** della faccenda!	Komm, versuch die Sache doch mal positiv zu sehen!
cattivo, a [kat'tiːvo] *adj* *ant:* buono	**schlecht; böse**
Nel film lui fa la parte del **cattivo**.	In dem Film spielt er die Rolle des Bösewichts.

> ***TIPP:*** *Der Komparativ von* ***cattivo*** *ist* ***peggiore****, der Superlativ ist* ***pessimo****.*

peggiore [ped'dʒoːre] *adj* *ant:* migliore	**schlimmer; schlechter**
E' il libro **peggiore** che abbia mai letto. → *cattivo*	Das ist das schlechteste Buch, das ich je gelesen habe.

> ***TIPP:*** ***peggiore, migliore, peggio*** *und* ***meglio*** *sind eigentlich Komparativformen, werden aber zum Superlativ, wenn sie mit dem bestimmten Artikel gebraucht werden.*

pessimo ['pɛssimo] *adj* *ant:* ottimo	**sehr schlecht**
Vi è piaciuto il film? — No, è **pessimo** e siamo persino usciti prima della fine. → *cattivo*	Hat euch der Film gefallen? — Nein, er war sehr schlecht, wir haben ihn nicht einmal zu Ende gesehen.

> ***TIPP:*** *Die Betonung liegt auf „pe".*

male ['maːle] *adv ant:* bene Ti sento **male**, fai di nuovo il numero.	**schlecht** Ich verstehe dich schlecht, ruf mich noch mal an.

> ***TIPP:*** *Der Komparativ von* ***male*** *ist* ***peggio****, der Superlativ ist* ***malissimo****.*

peggio ['pɛddʒo] *adv* *ant:* meglio	**schlechter, schlimmer**
Oggi va tutto di male in **peggio**. → *male*	Heutzutage wird alles immer schlimmer.
terribile [ter'riːbile] *adj* Vivono in un posto **terribile**, dove c'è sempre nebbia.	**schrecklich, furchtbar** Sie leben in einer schrecklichen Gegend, wo es immer neblig ist.

> ***TIPP:*** *Die Betonung liegt auf „ri".*

lo **schifo** ['skiːfo] Un verme, che **schifo**!	**Ekel** *m* Igitt, ein Wurm!
interessante [interes'sante] *adj ant:* noioso	**interessant**
A Palazzo Grassi a Venezia, c'è un'**interessante** mostra sui Maya.	Im Palazzo Grassi in Venedig gibt es eine interessante Ausstellung über die Maya.
importante [impor'tante] *adj* Abbiamo delle cose **importanti** da dirvi.	**wichtig** Wir haben euch etwas Wichtiges zu sagen.
prezioso, a [pretsi'oːso] *adj* Nei periodi di gran caldo l'acqua è **preziosa** e non va sprecata.	**wertvoll** Während großer Hitzeperioden ist Wasser wertvoll und sollte nicht verschwendet werden.

utile ['uːtile] *adj ant:* inutile
Il computer portatile è molto **utile** per chi viaggia spesso.

nützlich
Ein Laptop ist sehr praktisch für jemanden, der viel unterwegs ist.

***TIPP:** Die Betonung liegt auf „u“.*

---

la **funzione** [funtsi'oːne]
Qual è la **funzione** di questa cosa?
La lavatrice è in **funzione**.

Funktion *f*
Was hat dieses Teil für eine Funktion?
Die Waschmaschine läuft gerade.

---

facile ['faːtʃile] *adj*
syn: semplice, *ant:* difficile
Sciare con lo snowboard non è **facile** come sembra!

leicht, einfach
Snowboard fahren ist nicht so leicht, wie es aussieht.

***TIPP:** Die Betonung liegt auf „fa“.*

---

semplice ['semplitʃe] *adj*
syn: facile, *ant:* difficile
Ti spiego la strada per arrivare a casa mia, è **semplice**.

einfach, leicht
Ich erkläre dir, wie du zu mir kommst, das ist einfach.

***TIPP:** Die Betonung liegt auf „sem“.*

---

difficile [dif'fiːtʃile] *adj*
ant: facile, semplice
Se questa traduzione è troppo **difficile**, prova a farne una più facile.

schwierig, schwer
Wenn diese Übersetzung zu schwierig ist, versuch eine leichtere.

***TIPP:** Die Betonung liegt auf „fi“.*

---

la **fatica** [fa'tiːka] ⚠ *pl* **che**
Non ci siamo ancora riposati dopo le **fatiche** del viaggio.
Faccio **fatica** a respirare.

Anstrengung *f*
Wir haben uns von den Strapazen der Reise noch nicht erholt.
Das Atmen fällt mir schwer.

---

strano, a ['straːno] *adj*
ant: normale
Sentite anche voi questo **strano** odore?

seltsam, eigenartig, merkwürdig
Riecht ihr auch diesen seltsamen Geruch?

---

troppo ['trɔppo] *adv ant:* poco
E' **troppo** tardi per andare a fare la spesa, i negozi sono già chiusi.

zu
Es ist zu spät, um einkaufen zu gehen. Die Geschäfte sind schon zu.

«2001–4000»

la **scelta** [ˈʃelta] La frutta di prima **scelta** è la più cara.	**Wahl** *f*, **Auswahl** *f* Obst erster Wahl ist am teuersten.
risultare [risulˈtaːre] *v* *syn:* dimostrarsi Alla fine **è risultato** che aveva ragione Andrea. Il test **è risultato** negativo.	**sich herausstellen als** Am Ende stellte sich heraus, dass Andrea Recht hatte. Das Ergebnis des Tests war negativ.
dimostrarsi [dimosˈtrarsi] *v* *syn:* risultare **Si è dimostrata** una persona onesta.	**sich herausstellen als** Es hat sich herausgestellt, dass sie ein ehrlicher Mensch ist.
meritare [meriˈtaːre] *v* Dopo tanti mesi di duro lavoro **meritiamo** una vacanza.	**verdienen** Nach so vielen Monaten harter Arbeit haben wir uns einen Urlaub verdient.
controllare [kontrolˈlaːre] *v* Ho fatto **controllare** i freni dell'auto.	**kontrollieren, (über)prüfen** Ich habe die Bremsen des Autos überprüfen lassen.
il **risultato** [risulˈtaːto] Ragazzi, ricordate che ciò che conta sono i **risultati**.	**Ergebnis** *n* Jungs, denkt dran: das Einzige, was zählt, sind die Ergebnisse.
efficace [effiˈkaːtʃe] *adj* *syn:* valido Ascoltami, il miele è molto **efficace** contro la tosse.	**wirksam** Hör auf mich! Honig ist sehr gut gegen Husten.
concludere [koɲˈkluːdere] *v* *syn:* finire, terminare ⚠ *irr* 16 E prima di **concludere**, un grazie a tutti.	**beenden, abschließen** Und bevor ich zum Ende komme, möchte ich allen danken.

TIPP: *Die Betonung liegt auf „clu".*

la **conclusione** [koɲkluziˈoːne] *syn:* fine Cosa avete deciso, in **conclusione**?	**(Ab)schluss** *m*, **Ende** *n* Wofür habt ihr euch letztendlich entschieden?

visto che ['visto ke] *conj* *syn:* dato che Iniziamo, **visto che** ci siamo tutti.	**da** Wir sind vollzählig, also fangen wir an.
la **critica** ['kriːtika] ⚠ *pl* **che** Il film con Massimo Troisi "Il postino" ha ricevuto un'eccellente **critica**.	**Kritik** *f* Der Film „Der Postbote" von Massimo Troisi hat hervorragende Kritiken bekommen.

TIPP: *Die Betonung liegt auf „cri".*

critico, a ['kriːtiko] *adj* ⚠ *pl* **ci, che** E' sempre molto **critico** nei confronti di tutto ciò che facciamo.	**kritisch** Er ist immer sehr kritisch gegenüber allem, was wir tun.

TIPP: *Die Betonung liegt auf „cri".*

soddisfacente [soddisfa'tʃɛnte] *adj* Se studiate di più, in poco tempo raggiungerete un livello **soddisfacente**.	**zufriedenstellend, befriedigend** Wenn ihr mehr lernt, werdet ihr innerhalb kurzer Zeit einen zufriedenstellenden Wissensstand erreichen.
migliorare [miʎo'raːre] *v* *ant:* peggiorare Devi **migliorare** la tua pronuncia. Speriamo che il tempo **migliori**.	**verbessern; besser werden** Du musst deine Aussprache verbessern. Hoffentlich wird das Wetter besser.
stupendo, a [stu'pɛndo] *adj* Ho conosciuto un uomo **stupendo**!	**herrlich, wunderbar, toll** Ich habe einen tollen Mann kennen gelernt!
perfetto, a [per'fɛtto] *adj* *ant:* imperfetto Siete migliorati molto, ma la vostra pronuncia non è ancora **perfetta**. → *probabile TIPP*	**perfekt, vollkommen** Ihr habt große Fortschritte gemacht, aber eure Aussprache ist noch nicht perfekt.
ideale [ide'aːle] *adj* Trovato, questo è il regalo **ideale** per Stefano.	**ideal, perfekt** Ich habs! Das ist das ideale Geschenk für Stefano.
incredibile [iŋkre'diːbile] *adj* C'è una fila **incredibile** per fare i biglietti.	**unglaublich** Am Kartenschalter stehen unglaublich viele Menschen an.

TIPP: Die Betonung liegt auf „di“.

fenomenale [fenɔme'naːle] *adj*	**phänomenal, großartig**
Il passaggio di una cometa è un evento **fenomenale**.	Es ist ein großartiges Ereignis, einen Kometen zu beobachten.
splendido, a ['splɛndido] *adj* *syn:* stupendo	**herrlich, großartig, toll**
Finesettimana a Perugia: che **splendida** idea!	Ein Wochenende in Perugia. Das ist eine tolle Idee!

TIPP: Die Betonung liegt auf „splen“.

noioso, a [noi'oːso] *adj* *ant:* divertente	**langweilig**
Che **noioso** questo film, cerca qualcosa di più divertente.	Ist dieser Film aber langweilig, such mal etwas Lustigeres.
la **noia** ['nɔːia]	**Langeweile** *f*
Datemi qualcosa da fare, sto morendo di **noia**.	Kann ich nicht etwas tun? Ich sterbe vor Langeweile.
annoiarsi [annoi'arsi] *v* *ant:* divertirsi	**sich langweilen**
Mi annoio tanto, andiamo da un'altra parte.	Mir ist ganz schön langweilig, lass uns woanders hingehen.
stancare [staŋ'kaːre] *v*	
Questo lavoro mi **ha stancato**, vorrei fare qualcos'altro.	Ich habe diese Arbeit satt und würde gern etwas anderes machen.
pratico, a ['praːtiko] *adj* ⚠ *pl* **ci, che**	**praktisch; geschickt**
Trovo che questo capo sia molto **pratico**, è caldo e leggero.	Ich finde dieses Kleidungsstück sehr praktisch, es ist warm und leicht.
Risolve qualsiasi problema, è molto **pratico**.	Er ist sehr geschickt, er löst jedes Problem.

TIPP: Die Betonung liegt auf „pra“.

adatto, a [a'datto] *adj*	**geeignet, passend**
Giocattolo non **adatto** a bambini inferiori ai due anni.	Dieses Spielzeug ist ungeeignet für Kinder unter zwei Jahren.

andare bene [an'da:re 'bɛ:ne] *v* ⚠ *irr* 3
Fissiamo un appuntamento per domani, se per te **va bene**.

passen
Wenn es dir passt, machen wir für morgen einen Termin aus.

---

favorevole [favo're:vole] *adj ant:* contrario
Quanti sono **favorevoli** e quanti contrari?
Offriamo **favorevoli** condizioni di pagamento.

zustimmend; günstig
Wie viele sind dafür und wie viele dagegen?
Wir bieten günstige Zahlungsbedingungen.

TIPP: *Die Betonung liegt auf „re“.*

---

l'**importanza** [impor'tantsa]
Il turismo ha una grande **importanza** per l'economia italiana.

Bedeutung *f*, **Wichtigkeit** *f*
Der Tourismus ist von großer Bedeutung für die italienische Wirtschaft.

---

leggero, a [led'dʒɛ:ro] *adj*
Ho un **leggero** mal di testa.

leicht, geringfügig
Ich habe leichte Kopfschmerzen.

---

falso, a ['falso] *adj ant:* vero
Io credo che ci sia del vero in ciò che dice, non può essere tutto **falso**.

falsch
Ich glaube, dass etwas Wahres dran ist, an dem was er sagt. Es kann doch nicht alles falsch sein.

---

la **colpa** ['kolpa]
Lo ammetto, è **colpa** mia.

Schuld *f*
Ich gebe zu, es ist meine Schuld.

---

prendere per ['prɛndere per] *v syn:* scambiare ⚠ *irr* 54
Mi **prendono** sempre **per** mia sorella.

(irrtümlich) halten für, verwechseln mit
Ich werde immer mit meiner Schwester verwechselt.

TIPP: *Die Betonung liegt auf „pren“.*

---

inutile [i'nu:tile] *adj ant:* utile
Cosa te ne fai di tutte queste cose **inutili**?
E' **inutile** che insisti, non cambierò idea.

nutzlos; zwecklos, sinnlos
Was machst du mit all diesem nutzlosen Zeug?
Es ist sinnlos, darauf zu bestehen, ich werde meine Meinung nicht ändern.

TIPP: *Die Betonung liegt auf „u“.*

servire [ser'viːre] *v* ⚠ **servo**	**nützen**
Urlare non **serve** a niente, smettila!	Schreien nützt auch nichts, hör auf!

1.1.5.2.5 Befehl und Verbot

«1–2000»

lasciare [laʃ'ʃaːre] *v*	**lassen**
syn: permettere	
Non posso venire, mia mamma non mi **lascia**.	Ich kann nicht kommen, meine Mama lässt mich nicht.
permettere [per'mettere] *v*	**erlauben, gestatten, zulassen**
syn: lasciare, autorizzare, *ant:* vietare, proibire ⚠ *irr* 41	
I miei genitori non mi **permettono** di tenere il cane in casa.	Meine Eltern erlauben mir nicht, den Hund ins Haus zu lassen.
Permesso, posso entrare?	Darf ich eintreten?

***TIPP:** Die Betonung liegt auf „me".*

potere [po'teːre] *v* ⚠ *irr* 53	**dürfen**
Mi dispiace, ma qui voi non **potete** entrare.	Es tut mir Leid, aber ihr dürft hier nicht hereinkommen.
dire ['diːre] *v*	**sagen, befehlen**
syn: ordinare ⚠ *irr* 29	
Ti **ho detto** di stare zitto!	Ich habe gesagt, du sollst still sein!
avvertire [avver'tiːre] *v*	**benachrichtigen; warnen**
syn: avvisare ⚠ **avverto**	
Nessuno **ha avvertito** Ivano?	Hat denn keiner Ivano benachrichtigt?
Hai fatto di testa tua, ma io ti **avevo avvertito**.	Du hast deinen Kopf durchgesetzt, aber ich hatte dich gewarnt.
prevenire [preve'niːre] *v* ⚠ *irr* 85	**vorbeugen**
Prevenire è meglio che curare.	Vorbeugen ist besser als heilen.
impedire [impe'diːre] *v* ⚠ **impedisco**	**hindern**
Non puoi **impedire** a Luigi di andare da Elena.	Du kannst Luigi nicht daran hindern, zu Elena zu gehen.

l'ordine ['ordine] *m* *syn:* comando	**Befehl** *m,* **Anweisung** *f*
Al mio **ordine**, iniziate a correre.	Auf meinen Befehl fangt ihr an zu rennen.

***TIPP:** Die Betonung liegt auf „or“.*

«2001–4000»

il **permesso** [per'messo] *syn:* autorizzazione, *ant:* divieto	**Erlaubnis** *f,* **Genehmigung** *f*
Non potete uscire dall'aula senza il **permesso** dell'insegnante.	Ihr dürft das Klassenzimmer nicht ohne Erlaubnis des Lehrers verlassen.
autorizzare [autorid'dza:re] *v* *syn:* permettere, *ant:* vietare	**erlauben; befugen, autorisieren**
Chi vi **ha autorizzati** a leggere i files?	Wer hat euch erlaubt, die Dateien zu lesen?
Non **siamo autorizzati** a dare informazioni.	Wir sind nicht befugt, Auskünfte zu geben.
proibire [proi'bi:re] *v* *syn:* vietare ⚠ **proibisco**	**verbieten, untersagen**
Oggi mia madre mi **ha proibito** d'uscire.	Heute hat mir meine Mutter verboten rauszugehen.
proibito, a [proi'bi:to] *adj* *syn:* vietato, *ant:* permesso	**verboten**
In questo sport, ci sono alcune mosse **proibite**.	In dieser Sportart sind bestimmte Bewegungen nicht erlaubt.
il **capo** ['ka:po] *syn:* direttore, principale	**Chef(in)** *m(f)*
Il nostro **capo** non ha ancora preso una decisione.	Unser Chef hat noch keine Entscheidung getroffen.
ordinare [ordi'na:re] *v*	**befehlen, anordnen**
Soldato, Le **ordino** di rispondermi!	Soldat, ich befehle Ihnen, mir zu antworten!
ubbidire [ubbi'di:re] *v* ⚠ **ubbidisco**	**gehorchen, (be)folgen**
Se non **ubbidisci** agli ordini, verrai punito.	Wenn du den Befehlen nicht gehorchst, wirst du bestraft.

obbligare [obbli'gaːre] *v* *syn:* forzare Nessuno ti **obbliga** a venire, se non vuoi.	**zwingen** Keiner zwingt dich zu kommen, wenn du nicht willst.
insistere [in'sistere] *v* **Insiste** nel dire che non è colpa sua.	**bestehen auf, beharren auf** Er besteht weiter darauf, dass es nicht seine Schuld ist.

TIPP: *Die Betonung liegt auf „si".*

avvisare [avvi'zaːre] *v* *syn:* avvertire **Avvisa** gli ospiti che fra poco il pranzo è pronto. Ti sei fatto male? Io ti **avevo avvisato**!	**sagen, benachrichtigen; warnen** Sag den Gästen, dass das Essen gleich fertig ist. Hast du dir wehgetan? Ich hatte dich ja gewarnt!
vietare [vie'taːre] *v syn:* proibire, *ant:* permettere Da alcuni giorni, **hanno vietato** la vendita di questo prodotto.	**verbieten, untersagen** Seit ein paar Tagen ist der Verkauf dieses Produktes verboten.
vietato, a [vie'taːto] *adj* *syn:* proibito, *ant:* permesso **Vietato** fumare.	**verboten** Rauchen verboten.

1.1.5.2.6 Wunsch und Bitte

la **volontà** [volon'ta] Non potete obbligarmi a farlo contro la mia **volontà**.	**Wille(n)** *m* Ihr könnt mich nicht zwingen, es gegen meinen Willen zu tun.
volere [vo'leːre] *v* ⚠ *irr* 88 **Vuoi** un'altra fetta di torta?	**wollen, wünschen** Willst du noch ein Stück Torte?
la **voglia** ['vɔːʎa] ⚠ *pl* **glie** Hai **voglia** di un caffè?	**Lust** *f* Hast du Lust auf einen Kaffee?
desiderare [deside'raːre] *v* *syn:* volere Caro Babbo Natale, **desidero** ricevere una bambola.	**(sich) wünschen** Lieber Weihnachtsmann, ich wünsche mir eine Puppe.
proporre [pro'porre] *v* ⚠ *irr* 52 Ho un'idea da **proporvi**.	**vorschlagen** Ich möchte euch etwas vorschlagen.

la **proposta** [pro'posta] Accetto la tua **proposta**, ma a una condizione.	**Vorschlag** *m* Ich nehme deinen Vorschlag an, aber nur unter einer Bedingung.
la **richiesta** [riki'ɛsta] Siamo pronti a soddisfare ogni sua **richiesta**.	**Forderung** *f*, **Bitte** *f* Wir sind bereit, auf alle seine Forderungen einzugehen.
realizzare [realid'dzaːre] *v* Il progetto **è realizzato** dal Comune.	**verwirklichen** Das Projekt wird von der Gemeinde durchgeführt.
rinunciare [rinun'tʃaːre] *v* *ant:* accettare Mi dispiace ma devo **rinunciare**.	**verzichten** Ich muss leider verzichten.

1.1.5.2.7 Begrüßung und Abschied

«1–2000»

buongiorno [buon'dʒorno]	**guten Tag**

> ***TIPP:* Buongiorno** *oder* **buonasera** *können auch als Abschiedsgruß verwendet werden.*

buonasera [buona'seːra]	**guten Abend**
buonanotte [buona'nɔtte]	**gute Nacht**
arrivederLa, arrivederci [arrive'derla], [arrive'dertʃi]	**auf Wiedersehen**

> ***TIPP:* Arriverderci** *sagt man, wenn man sich von mehreren Personen verabschiedet,* **arrivederLa**, *wenn man sich von jemandem verabschiedet, den man siezt.*

ciao ['tʃaːo]	**hallo, grüß dich; tschüss**

> ***TIPP:* ciao** *wird zur zwanglosen Begrüßung und auch zum Abschied verwendet.*

il **signore** [si'ɲoːre]	**Herr** *m*
la **signora** [si'ɲoːra]	**Frau** *f*

> ***TIPP:*** *Man spricht erwachsene Frauen grundsätzlich mit* **signora** *an, ohne den Nachnamen dazu zu sagen. Man sagt* **signora** *und Nachnamen, wenn man diesen kennt.*

la **signorina** [siɲo'riːna]	**Fräulein** *n*

TIPP: *Im Gegensatz zum Deutschen wird die Anrede* ***signorina*** *noch immer verwendet für junge Frauen bis zum Alter von etwa 30.*

«2001–4000»

il **dottore** [dot'toːre]	**Doktor** *m*

TIPP: *Im Italienischen ist es gebräuchlich, Menschen mit ihrem Titel anzureden, z. B. sagt man* ***buongiorno dottore*** *nicht nur zu einem Arzt, sondern zu allen Promovierten. Es ist üblich, Menschen, die studiert haben, mit dem entsprechenden Titel anzureden.*

benvenuto [benve'nuːto]	**willkommen**
molto piacere ['molto pia'tʃeːre]	**sehr erfreut**
addio [ad'diːo]	**leb wohl**

1.1.5.3 Häufige Redewendungen

«1–2000»

come sta/stai? ['koːme 'sta]	**wie geht es Ihnen/dir?**
come va? ['koːme 'va]	**wie gehts?**
bene, grazie ['bɛːne 'graːtsie]	**danke gut**
e Lei/tu? [e 'lɛːi/tu]	**und Sie/du?**
come, prego? ['koːme pre'go]	**wie bitte?**

TIPP: *Sagt man, wenn man etwas nicht verstanden hat.*

mi scusi, scusami [mi 'skuːsi, sku'sami]	**Entschuldigung**

TIPP: ***mi scusi*** *wird gesagt zu Menschen, die man siezt,* ***scusami*** *zu Menschen, die man duzt.*

mi dispiace [mi dispi'aːtʃe]	**es tut mir Leid**

per favore/cortesia/piacere [per fa'voːre/korte'ziːa/ pia'tʃeːre]	**bitte**
Cameriere, il conto **per favore**!	Herr Ober, bitte zahlen!

TIPP: *In Verbindung mit einem Wunsch oder einer Bitte sagt man **per favore. Prego** sagt man als Antwort auf **grazie**.*

grazie, grazie mille, molte grazie ['graːtsie/'graːtsie 'mille, 'molte 'graːtsie] — **danke (schön), vielen Dank, herzlichen Dank**

per piacere [per pia'tʃeːre] — **bitte**

TIPP: *Wird gesagt, wenn man etwas haben möchte.*

prego, di niente, prego non c'è di che [pre'go, di ni'ɛnte, pre'go non 'tʃɛ di ke] — **bitte, keine Ursache, bitte, gern geschehen**

Grazie per l'aiuto! — **Prego, non c'è di che**! — Danke für deine Hilfe! — Bitte, gern geschehen!

---

avanti [a'vanti] — **herein**

vorrei [vor'rɛi] — **ich möchte, ich hätte gerne**

Vorrei un caffè. — Ich möchte bitte einen Kaffee.

TIPP: *Statt **voglio** wird oft der Konjunktiv **vorrei** gebraucht.*

potrei [po'trɛi] — **ich könnte**

Potrei venire domani. — Ich könnte morgen kommen.

vorrebbe [vor'reːbbe] — **er/sie möchte**

Il direttore **vorrebbe** un appuntamento. — Der Direktor möchte einen Termin.

desidera [de'siːdera] — **Sie wünschen**

TIPP: *Die Betonung liegt auf „si".*

desideri [de'siːderi] — **du wünschst**

TIPP: *Die Betonung liegt auf „si".*

---

quanto costa? [ku'anto 'kɔsta] — **was kostet das?**

quant'è? [kuan'tɛ] — **was macht das?**

si serva [si 'sɛrva] — **bedienen Sie sich**

serviti ['sɛrviti] — **bedien dich, nimm dir**

sì, grazie [si 'graːtsie] — **ja, bitte**

Un po' di latte? — **Si, grazie**. — Etwas Milch? — Ja, bitte.

TIPP: *Wenn man gefragt wird, ob man etwas haben möchte, sagt man **sì, grazie** und nicht **sì, prego**.*

no, grazie [no 'graːtsie] — **nein, danke**

penso di sì/no ['penso di si/no] — **ich glaube ja/nicht**

spero di sì, lo spero ['speːro di si, lo 'speːro]	**ich hoffe (es)**
spero di no ['speːro di no]	**ich hoffe nicht**
cosa c'è? ['kɔːza 'tʃɛ]	**was ist los?**
cosa succede? ['kɔːza sut'tʃɛːde]	**was ist los?**
bene, dunque, allora ['bɛːne, 'duŋkue, al'loːra]	**gut, also**
Scusi, dov'è piazza Mazzini? — **Dunque**, prenda la prima strada a destra …	Entschuldigen Sie, wo ist die Piazza Mazzini? — Also, biegen Sie die nächste Straße nach rechts ein …
Ci siamo tutti? **Bene**, allora incominciamo.	Sind alle da? Gut, dann können wir anfangen.
insomma [in'somma]	**also**
Insomma, cosa volete dirci?	Also, was wollt ihr uns sagen?
non importa [non im'porta]	**das macht nichts**
non fa niente [non fa ni'ɛnte]	**das macht nichts**
va bene [va 'bɛːne]	**okay, einverstanden, gut**

«2001–4000»

posso aiutarLa/aiutarti? ['posso aiu'taːrla/aiu'taːrti]	**kann ich Ihnen/dir helfen?**
cosa posso fare per Lei/te? ['kɔːza 'posso 'faːre per 'lɛːi]	**Was kann ich für Sie/dich tun?**
ecco ['ɛkko]	**sieh mal; da ist, da sind**
Ecco Marco finalmente!	Da ist Marco ja endlich!
ecco fatto ['ɛkko 'fatto]	**das wärs, das hätten wir**
basta grazie ['basta 'graːtsie]	**das ist genug, danke, das reicht, danke**
anch'io [aŋ'kiːo]	**ich auch**
neanch'io [neaŋ'kiːo]	**ich auch nicht**
buona giornata [bu'ɔːna dʒor'naːta]	**schönen Tag**
buon divertimento [bu'ɔːn diverti'mento]	**viel Vergnügen**
salute [sa'luːte]	**Prost, zum Wohl**

***TIPP:** Man sagt auch **salute**, wenn jemand niest.*

alla vostra/tua ['alla 'vɔstra/ 'tuːa]	**auf euer/dein Wohl**
buon appetito [bu'ɔn appe'tiːto]	**guten Appetit**
buon lavoro [bu'ɔn la'voːro]	**frohes Schaffen**

lasciami in pace ['laʃami in 'paːtʃe]	**lass mich in Ruhe**

TIPP: *Die Betonung liegt auf „la".*

fuori! [fu'ɔːri]	**raus!**
oh santo cielo [ɔː 'santo 'tʃɛːlo]	**oh Gott, um Himmels willen**
oddio, Dio mio [ɔd'diːo, 'diːo 'miːo]	**oh Gott, mein Gott**

TIPP: *Im Italienischen werden viele Ausrufe gebraucht, wobei oft der Himmel, Gott oder ein Heiliger angerufen wird.*

uffa ['uffa]	**oh Mann**
Uffa, piove anche oggi!	Oh Mann, es regnet heute immer noch!
meno male ['mɛːno 'maːle]	**zum Glück**

ah [aː]	**ah, ach**
eh [eː]	**was, oder**
Adesso basta, **eh**?	Jetzt reichts, oder?
oh [oː]	**oh**
ahi ['aːi]	**aua**
Ahi, che male!	Aua, tut das weh!
ehi ['eːi]	**he**
beh [bɛ]	**nun, also, gut**
Beh, pazienza allora.	Nun, da kann man nichts machen.
mah [maː]	**na ja**
dai ['daːi]	**komm**
Ma **dai**, dici sul serio?	Ach komm, das meinst du doch nicht im Ernst!
mica ['miːka]	**doch nicht, gar nicht**
Non ho **mica** paura io!	Ich habe doch keine Angst!
magari [ma'gaːri]	**schön wärs**

1.1.6 DER MENSCH UND DIE GESELLSCHAFT

1.1.6.1 Identifizierung

«1–2000»

chiamare [kia'maːre] *v* **Ho chiamato** il mio cane Fido.	**nennen** Ich habe meinen Hund Fido genannt.
chiamarsi [kia'marsi] *v* Come **ti chiami**? — **Mi chiamo** Marina.	**heißen** Wie heißt du? — Ich heiße Marina.
il **nome** ['nɔːme] Non mi ricordo il suo **nome**.	**Name** *m* Ich kann mich nicht an seinen Namen erinnern.
il **cognome** [ko'ɲoːme] Scrivete sul foglio il vostro nome e **cognome**.	**Familienname** *m*, **Nachname** *m* Schreibt euren Vor- und Nachnamen auf das Blatt.
l'**età** [e'ta] Organizziamo corsi di ginnastica per bambini e adulti di ogni **età**.	**Alter** *n* Wir bieten Gymnastikkurse für Kinder und Erwachsene jeder Altersklasse an.
il **neonato** [neo'naːto] Il **neonato** dorme tranquillo nel suo lettino.	**Baby** *n*, **Säugling** *m* Das Baby schläft friedlich in seinem Bettchen.
il **bambino** [bam'biːno] *ant:* adulto I nostri **bambini** vanno all'asilo.	**Kind** *n* Unsere Kinder gehen in den Kindergarten.
la **bambina** [bam'biːna] E' una **bambina** molto vivace.	**Mädchen** *n*, **Kind** *n* Sie ist ein sehr lebhaftes Kind.
il **ragazzo** [ra'gattso] Mario è un **ragazzo** molto simpatico.	**Junge** *m* Mario ist ein sehr sympathischer Junge.

TIPP: ragazzo, a *wird oft auch mit der Bedeutung Freund, Freundin gebraucht.*

la **ragazza** [ra'gattsa] Ma tu ce l'hai la **ragazza**?	**Mädchen** *n* Hast du eigentlich eine Freundin?

la **donna** ['dɔnna] *ant:* uomo Per il posto di assistente, assumono sia **donne** che uomini. → *moglie*	**Frau** *f* Als Assistent werden sowohl Frauen als auch Männer eingestellt.
l'**uomo** [u'ɔːmo] *ant:* donna ⚠ *pl* **gli uomini** Gli **uomini** ballano con le loro donne. → *marito*	**Mann** *m* Die Männer tanzen mit ihren Frauen.

***TIPP:* *l'uomo* kann auch der Mensch heißen, *gli uomini* die Menschheit.**

il **signore** [si'ɲoːre] Buonasera gentili **signori** e signore, diamo a tutti il benvenuto. E' sempre elegantissimo, è davvero un **signore**.	**Herr** *m* Guten Abend sehr verehrte Damen und Herren, wir möchten Sie alle willkommen heißen. Er ist immer sehr elegant, er ist wirklich ein feiner Herr.

TIPP:* signore** *wird vor einem Namen zu* ***signor *verkürzt.*

la **signora** [si'ɲoːra] Vorrei parlare con la **signora** Rossi.	**Frau** *f*, **Dame** *f* Ich möchte gerne mit Frau Rossi sprechen.

«2001–4000»

l'**essere umano** ['ɛssere u'maːno] *m syn:* uomo Molti film di fantascienza raccontano di incontri fra **esseri umani** ed extraterrestri.	**Mensch** *m* Viele Sciencefiction-Filme handeln von Menschen, die Außerirdische treffen.

TIPP: *Die Betonung liegt auf „es".*

umano, a [u'maːno] *adj* Non preoccuparti, sbagliare è **umano**.	**menschlich** Keine Sorge, Irren ist menschlich.
la **razza** ['rattsa] La popolazione della Terra è composta da diverse **razze**.	**Rasse** *f* Die Erdbevölkerung setzt sich aus verschiedenen Rassen zusammen.

la **femmina** ['femmina]
Nella mia classe siamo dieci maschi e dieci **femmine**.

Mädchen *n;* **Weibchen** *n*
Wir sind in meiner Klasse zehn Jungen und zehn Mädchen.

> ***TIPP:*** *Die Betonung liegt auf „fem".*

---

il **maschio** ['maskio]
⚠ *pl* **schi**
Il tuo cane è un **maschio** o una femmina?

Junge *m;* **Männchen** *n*
Ist dein Hund ein Männchen oder ein Weibchen?

> ***TIPP:*** *Die Betonung liegt auf „ma".*

---

la **persona** [per'soːna]
Alla festa c'erano parecchie **persone** che non conoscevo.

Person *f*
Auf dem Fest waren viele Leute, die ich nicht kannte.

---

personale [perso'naːle] *adj*
syn: privato
Non voglio parlarne, sono cose **personali**.

persönlich, privat
Ich will nicht darüber reden, das sind private Angelegenheiten.

1.1.6.2 Familie

«1–2000»

la **famiglia** [fa'miːʎa]
⚠ *pl* **glie**
Siamo una **famiglia** numerosa.

Familie *f*
Wir sind eine große Familie.

---

familiare [famili'aːre] *adj*
Devo risolvere alcuni problemi **familiari**.
Credo di averlo già visto, la sua faccia mi è **familiare**.

familiär, Familien-; bekannt
Ich muss ein paar familiäre Probleme lösen.
Ich glaube, ich habe ihn schon mal gesehen, sein Gesicht kommt mir so bekannt vor.

---

i **genitori** [dʒeni'toːri]
I nostri **genitori** vivono in Liguria.

Eltern *pl*
Unsere Eltern leben in Ligurien.

---

la **madre** ['maːdre] *syn:* mamma

Mutter *f*

---

il **padre** ['paːdre] *syn:* papà
Suo **padre** è ingeniere e sua madre insegnante.

Vater *m*
Sein Vater ist Ingenieur und seine Mutter Lehrerin.

la **mamma** ['mamma] *syn:* madre **Mamma**, ho fame.	**Mama** *f*, **Mutti** *f* Mama, ich habe Hunger.
il **papà** [pa'pa] *syn:* padre Il mio **papà** mi ha aggiustato la bicicletta.	**Papa** *m*, **Vati** *m* Mein Papa hat mein Fahrrad repariert.

*TIPP: In manchen Gegenden in Mittelitalien wird **babbo** an Stelle von **padre, papà** gesagt. Ansonsten kommt dieses Wort nur in der Bezeichnung für den Weihnachtsmann **Babbo Natale** vor.*

i **bambini**, i **figli** [bam'biːni, 'fiːʎi] Siamo una coppia senza **figli**.	**Kinder** *pl* Wir sind ein Paar ohne Kinder.
il **figlio** ['fiːʎo] ⚠ *pl* **gli** Mio **figlio** è militare.	**Sohn** *m* Mein Sohn ist Soldat.

*TIPP: Das „gl" wird mouilliert ausgesprochen, etwa wie „lj". Bei Familienmitgliedern im Singular steht vor dem Possessivpronomen kein Artikel. Ausnahmen: **mamma, papà** und Koseformen.*

la **figlia** ['fiːʎa] ⚠ *pl* **glie** Quei due ragazzi laggiù sono il figlio e la **figlia** di Antonella.	**Tochter** *f* Die zwei dort sind der Sohn und die Tochter von Antonella.
il **fratello** [fra'tɛllo] *ant:* sorella Mio **fratello** ha due anni più di me.	**Bruder** *m* Mein Bruder ist zwei Jahre älter als ich.
la **sorella** [so'rɛlla] *ant:* fratello Non ho né fratelli né **sorelle**, sono figlia unica.	**Schwester** *f* Ich habe keine Geschwister, ich bin ein Einzelkind.

*TIPP: **Geschwister** übersetzt man mit **fratelli e sorelle**.*

lo **zio** ['tsiːo] ⚠ *pl* **zii** Lo **zio** Roberto mi porta sempre a pescare. Andiamo a trovare gli **zii**.	**Onkel** *m* Onkel Roberto nimmt mich immer mit zum Angeln. Wir gehen unseren Onkel und unsere Tante besuchen.

*TIPP: Das „z" wird im Italienischen wie im Deutschen ausgesprochen. Bei Maskulina, die mit „z" anfangen, stehen die Artikel **lo** und **gli**.*

la **zia** ['tsiːa] ⚠ *pl* **zie** La **zia** Luisa è la sorella della mamma.	**Tante** *f* Tante Luisa ist die Schwester meiner Mutter.
il **cugino** [ku'dʒiːno]	**Cousin** *m*
la **cugina** [ku'dʒiːna] Ho due **cugine** e tre cugini a Cagliari.	**Cousine** *f* Ich habe in Cagliari zwei Cousinen und drei Cousins.
i **nonni** ['nɔnni] Sono molto affezionata ai miei **nonni**.	**Großeltern** *pl* Ich hänge sehr an meinen Großeltern.
il **nonno** ['nɔnno] Come stai oggi, **nonno**?	**Großvater** *m*, **Opa** *m* Wie gehts dir heute, Opa?
la **nonna** ['nɔnna]	**Großmutter** *f*, **Oma** *f*
il, la **nipote** [ni'poːte] Alla festa ci saranno i **nipoti** dei nonni e degli zii.	**Neffe, Nichte** *m, f;* **Enkel(in)** *m(f)* Zu dem Fest kommen die Enkelkinder der Großeltern und die Neffen und Nichten der Onkel und Tanten.

***TIPP:** Im Italienischen umfasst **nipote** die Bedeutungen Neffe, Nichte, Enkelsohn und Enkeltochter.*

il **fidanzato**, la **fidanzata** [fidan'tsaːto] Mamma, questa è la mia **fidanzata**.	**Verlobte(r)** *f(m)* Mama, das ist meine Verlobte.

***TIPP:** Anstelle von **fidanzato** wird oft das weniger formelle **ragazzo, a** (Freund, Freundin) gebraucht.*

sposato, a [spo'zaːto] *adj* Siamo **sposati** da nove anni.	**verheiratet** Wir sind seit neun Jahren verheiratet.
la **moglie** ['moːʎe] *ant:* marito ⚠ *pl* **gli** Le presento mia **moglie**.	**(Ehe)frau** *f* Darf ich Ihnen meine Frau vorstellen.
il **marito** [ma'riːto] *ant:* moglie Mio **marito** è molto affettuoso con me e i nostri figli.	**(Ehe)mann** *m* Mein Mann ist sehr liebevoll zu mir und unseren Kindern.

«2001–4000»

il **parente** [pa'rɛnte] Per la cena di Natale invitiamo tutti i nostri **parenti**.	**Verwandte(r)** *f(m)* Zum Weihnachtsessen laden wir alle unsere Verwandten ein.
celibe ['tʃɛːlibe] *adj* *ant:* sposato Un uomo non sposato è **celibe**.	**ledig, unverheiratet** Ein unverheirateter Mann ist ledig.

***TIPP:** Die Betonung liegt auf „ce“.*

nubile ['nuːbile] *adj* *ant:* sposata Qual è il suo stato civile, **nubile** o sposata?	**ledig, unverheiratet** Wie ist Ihr Familienstand, ledig oder verheiratet?

***TIPP:** Die Betonung liegt auf „nu“.*

lo **sposo**, la **sposa** ['spɔːzo] La **sposa** è tutta in bianco, lo **sposo** è vestito di blu.	**Bräutigam, Braut** *m, f* Die Braut geht ganz in Weiß, der Bräutigam ist dunkelblau gekleidet.
la **coppia** ['kɔppia] ⚠ *pl* **pie** Formano davvero una bella **coppia**.	**Paar** *n* Sie sind wirklich ein schönes Paar.
il **suocero**, la **suocera** [su'ɔːtʃero] I genitori di mio marito sono i miei **suoceri**.	**Schwiegervater, Schwiegermutter** *m, f* Die Eltern meines Mannes sind meine Schwiegereltern.

***TIPP:** Die Betonung liegt auf dem ersten „o“.*

il **cognato** [ko'ɲaːto]	**Schwager** *m*
la **cognata** [ko'ɲaːta]	**Schwägerin** *f*
la **nuora** [nu'ɔːra]	**Schwiegertochter** *f*
il **genero** ['dʒɛːnero]	**Schwiegersohn** *m*

***TIPP:** Die Betonung liegt auf „ge“.*

il **vedovo**, la **vedova** ['veːdovo] Erano entrambi **vedovi** e si sono risposati.	**Witwe(r)** *f(m)* Sie waren beide verwitwet und haben wieder geheiratet.

TIPP: Die Betonung liegt auf „ve“.

ereditare [eredi'taːre] *v*	**erben**
Ha ereditato una fortuna.	Er hat ein Vermögen geerbt.
il **testamento** [testa'mento]	**Testament** *n*
Prima di morire ha fatto **testamento**.	Bevor er starb, hat er sein Testament gemacht.

1.1.6.3 Soziale Bindungen

«1–2000»

privato, a [pri'vaːto] *adj*	**privat, Privat-**
ant: pubblico	
Sulla porta c'era scritto: **privato**, non entrare.	Auf der Tür stand: privat, kein Zutritt.
pubblico, a ['pubbliko] *adj*	**öffentlich**
⚠ *pl* **ci, che**	
Porto a spasso il cane ai giardini **pubblici**.	Ich führe den Hund im öffentlichen Park aus.

TIPP: Die Betonung liegt auf „pu“.

la **gente** ['dʒɛnte] *syn:* persone	**Leute** *pl*
Il sabato c'è molta più **gente** nei negozi.	Samstags sind viel mehr Leute in den Geschäften.

*TIPP: **gente** wird im Gegensatz zu Leute in der dritten Person Singular gebraucht und hat keinen Plural.*

la **società** [sotʃe'ta]	**Gesellschaft** *f*
La disoccupazione è un grave problema della **società** d'oggi.	Die Arbeitslosigkeit ist ein ernstes Problem der heutigen Gesellschaft.
il **membro** ['mɛmbro]	**Mitglied** *n*
syn: socio	
Oggi si riuniscono i **membri** del Parlamento.	Die Parlamentsmitglieder kommen heute zusammen.

*TIPP: Es gibt zwei Pluralformen von **membro**: **membri** ist die Pluralform von **membro** im Sinne von Mitglied oder Teil eines Ganzen und **le membra** bezeichnet die Gliedmaßen.*

comune [ko'muːne] *adj* *ant:* diverso Abbiamo molto in **comune**.	**gemeinsam** Wir haben vieles gemeinsam.
la **compagnia** [kompa'ɲiːa] ⚠ *pl* **gnie** Ho un sacco di amici, la **compagnia** non mi manca!	**Gesellschaft** *f* Ich habe viele Freunde, es fehlt mir nicht an Gesellschaft.

***TIPP:** Die Betonung liegt auf „i".*

il **tipo** ['tiːpo] *syn:* persona E' un **tipo** in gamba.	**Typ** *m,* **Kerl** *m* Er ist auf Draht.
il **vicino**, la **vicina** [vi'tʃiːno] Conosciamo appena i nostri **vicini**.	**Nachbar(in)** *m(f)* Wir kennen unsere Nachbarn nur flüchtig.
l'**amico**, l'**amica** [a'miːko] ⚠ *pl* **ci, che** Lo conosco da una vita ed è il mio più caro **amico**.	**Freund(in)** *m(f)* Ich kenne ihn schon ewig, und er ist mein bester Freund.

«2001–4000»

statale [sta'taːle] *adj* *syn:* pubblico C'è la possibilità di iscriversi sia in scuole **statali** che private.	**staatlich** Es gibt die Möglichkeit, sich an staatlichen oder privaten Schulen einzuschreiben.
il **circolo** ['tʃirkolo] Tutti i membri del **circolo** hanno una tessera.	**Klub** *m,* **Verein** *m* Alle Klubmitglieder haben einen Ausweis.

***TIPP:** Die Betonung liegt auf „cir".*

il, la **collega** [kol'lɛːga] ⚠ *pl* **ghi, ghe** Di questo se ne occupa la mia **collega**.	**Kollege, Kollegin** *m, f* Darum kümmert sich meine Kollegin.
il **compagno**, la **compagna** [kom'paːɲo] Eravamo **compagni** di scuola.	**Kamerad(in)** *m(f)* Wir waren Schulkameraden.
il **socio**, la **socia** ['sɔːtʃo] *syn:* membro ⚠ *pl* **ci, cie** Siamo **soci** dell'ACI.	**Mitglied** *n* Wir sind Mitglied beim ACI.

***TIPP: ACI** heißt der italienische Automobilklub.*

il **conoscente** [konoʃ'ʃɛnte] Non siamo propriamente amici, è un **conoscente**.	**Bekannte(r)** *f(m)* Wir sind nicht wirklich Freunde, er ist ein Bekannter.

1.1.6.4 Berufe

«1–2000»

il **lavoro** [la'voːro] *syn:* impiego, occupazione, mestiere Che **lavoro** fai?	**Arbeit** *f,* **Beschäftigung** *f* Was machst du beruflich?
il **lavoratore**, la **lavoratrice** [lavora'toːre, -'triːtʃe] I **lavoratori** agricoli al giorno d'oggi usano moderne tecnologie. Non si stanca mai, è un gran **lavoratore**.	**Arbeiter(in)** *m(f)* Landarbeiter wenden heutzutage moderne Technologien an. Er kann ganz schön viel arbeiten und wird nie müde.
il, la **dipendente** [dipen'dɛnte] Questa azienda ha 1500 **dipendenti**.	**Beschäftigte(r)** *f(m),* **Angestellte(r)** *f(m)* Diese Firma hat 1500 Beschäftigte.
l'**operaio**, l'**operaia** [ope'raːio] ⚠ *pl* **rai, raie** In questa fabbrica sono impiegati più di duemila **operai**.	**Arbeiter(in)** *m(f)* In dieser Fabrik sind über zweitausend Arbeiter beschäftigt.
il **contadino**, la **contadina** [konta'diːno] Compriamo verdura fresca direttamente da un **contadino**.	**Bauer, Bäuerin** *m, f* Wir kaufen unser Gemüse direkt beim Bauern.
l'**impiegato**, l'**impiegata** [impie'gaːto] Sono un'**impiegata** di banca.	**Angestellte(r)** *f(m)* Ich bin Bankangestellte.
il **segretario**, la **segretaria** [segre'taːrio] ⚠ *pl* **ri, rie** Fissi un appuntamento con la mia **segretaria**.	**Sekretär(in)** *m(f)* Machen Sie mit meiner Sekretärin einen Termin aus.

«2001–4000»

l'**occupazione** [okkupatsi'oːne] *f syn:* lavoro Qual è la sua presente **occupazione**?	**Beschäftigung** *f*, **Anstellung** *f* Wo sind Sie derzeit beschäftigt?
la **professione** [professi'oːne] *syn:* mestiere Di **professione** è dentista.	**Beruf** *m* Er ist Zahnarzt von Beruf.
il **mestiere** [mesti'ɛːre] *syn:* professione Fidati di lui, conosce il proprio **mestiere**.	**Beruf** *m* Du kannst ihm vertrauen, er kennt sich in seinem Beruf aus.

TIPP: ***professione*** *benützt man für akademische Berufe, während man mit* ***mestiere*** *eher manuelle Berufe bezeichnet.*

il **tecnico** ['tɛkniko] ⚠ *pl* **ci** La televisione si è rotta, bisogna chiamare un **tecnico**.	**Techniker(in)** *m(f)* Der Fernseher ist kaputtgegangen, wir müssen einen Techniker rufen.

TIPP: Die Betonung liegt auf „te". Zur Bezeichnung von Menschen gibt es nur die männliche Form. ***La tecnica*** *ist die Technik.*

l'**assistente** [assis'tɛnte] *m, f* Le mando il mio **assistente**, è molto bravo.	**Assistent(in)** *m(f)* Ich schicke Ihnen meinen Assistenten, er ist sehr gut.
l'**apprendista** [appren'dista] *m, f* ⚠ *pl* **sti, ste** Per imparare il mestiere, ho lavorato due anni come **apprendista**.	**Auszubildende(r)** *f(m)* Um meinen Beruf zu erlernen, habe ich zwei Jahre lang als Auszubildende gearbeitet.
l'**uomo d'affari**, la **donna d'affari** [u'ɔːmo daf'faːri, 'dɔnna daf'faːri] L'**uomo d'affari** tiene con una mano la valigia e con l'altra il cellulare.	**Geschäftsmann, Geschäftsfrau** *m, f* Der Geschäftsmann trägt in der einen Hand einen Koffer und in der anderen das Handy.
l'**imprenditore**, l'**imprenditrice** [imprendi'toːre, -'triːtʃe] Attualmente gli affari vanno bene per gli **imprenditori** di questo settore.	**Unternehmer(in)** *m(f)* Zur Zeit laufen die Geschäfte auf diesem Sektor gut für die Unternehmer.

la **casalinga** [kasa'liŋga] ⚠ *pl* **ghe** Si parla da tanto di uno stipendio per le **casalinghe**.	**Hausfrau** *f* Eine Vergütung für Hausfrauen ist schon länger im Gespräch.

***TIPP:* il casalingo** *„der Hausmann" wird selten oder ironisch gebraucht.*

il, la **rappresentante** [rapprezen'tante] E' **rappresentante** di una ditta di cosmetici.	**Vertreter(in)** *m(f)* Er ist Vertreter für eine Kosmetikfirma.
il **commesso**, la **commessa** [kom'messo] Cercasi **commessa** con esperienza per il reparto giocattoli.	**Verkäufer(in)** *m(f)* Wir suchen für die Spielzeugabteilung eine erfahrene Verkäuferin.
il **meccanico** [mek'ka:niko] ⚠ *pl* **ci** Marta lavora come **meccanico** in un'officina.	**Mechaniker(in)** *m(f)* Marta arbeitet als Mechanikerin in einer Werkstatt.

TIPP: *Die Betonung liegt auf „ca".*

l'**ingegnere** [indʒe'ɲe:re] *m, f* Domani l'**ingegnere** ci consegna il progetto.	**Ingenieur(in)** *m(f)* Morgen bringt uns der Ingenieur den Plan.
l'**elettricista** [elettri'tʃista] *m, f* ⚠ *pl* **sti, ste** L'**elettricista** sta controllando l'impianto elettrico.	**Elektriker(in)** *m(f)* Der Elektriker überprüft gerade die elektrische Anlage.
il **falegname** [fale'ɲa:me] Ho fatto fare la libreria da un **falegname**.	**Tischler(in)** *m(f)* Ich habe das Bücherregal von einem Tischler machen lassen.
il **parrucchiere**, la **parrucchiera** [parrukki'ɛ:re] La mia **parrucchiera** lavora solo per appuntamento.	**Friseur(in)** *m(f)* Meine Friseurin nimmt nur Kunden mit Termin an.
il **barbiere** [barbi'ɛ:re] Va spesso a farsi fare la barba dal **barbiere**.	**Herrenfriseur** *m* Er geht oft zum Friseur, um sich rasieren zu lassen.

il **sarto**, la **sarta** ['sarto] Si è fatta fare il vestito da sposa da una **sarta**.	**Schneider(in)** *m(f)* Sie hat ihr Hochzeitskleid von einer Schneiderin machen lassen.
il **fotografo** [fo'tɔːgrafo] In quell'occasione, i **fotografi** hanno fatto molte foto.	**Fotograf(in)** *m(f)* Bei diesem Anlass haben die Fotografen viele Fotos gemacht.

***TIPP:** Die Betonung liegt auf „to".*

il, la **farmacista** [farma'tʃista] ⚠ *pl* **sti, ste** Voglio chiedere un consiglio su questa medicina al mio **farmacista**.	**Apotheker(in)** *m(f)* Ich werde mich von meinem Apotheker zu diesem Medikament beraten lassen.
il **chimico** ['kiːmiko] ⚠ *pl* **ci** I **chimici** svolgono esperimenti e nuove ricerche.	**Chemiker(in)** *m(f)* Chemiker führen Experimente und neue Untersuchungen durch.

***TIPP:** Die Betonung liegt auf „chi". Zur Bezeichnung von Menschen gibt es nur die männliche Form. **La chimica** ist die Chemie.*

l'**interprete** [in'tɛrprete] *m, f* Al congresso c'erano **interpreti** di varie lingue.	**Dolmetscher(in)** *m(f)* Auf dem Kongress waren Dolmetscher für verschiedene Sprachen.

***TIPP:** Die Betonung liegt auf „ter". Der Plural von Substantiven, die auf „e" enden, wird immer mit „i" gebildet, also **gli interpreti, le interpreti**.*

1.1.6.5 Soziale Situation

«1–2000»

povero, a ['pɔːvero] *adj* *ant:* ricco Alcuni quartieri della città sono molto **poveri**.	**arm** Einige Stadtviertel sind sehr arm.

***TIPP:** Die Betonung liegt auf „po".*

ricco, a ['rikko] *adj* — **reich**
syn: benestante, *ant:* povero
⚠ *pl* **cchi, cche**
Sono **ricchissimi**, possono permettersi tutto quello che vogliono. — Sie sind steinreich, sie können sich alles leisten, was sie wollen.

---

il **servizio** [ser'viːtsio] ⚠ *pl* **zi** — **Dienst** *m*
Oggi sono di **servizio** al pronto soccorso fino a mezzanotte. — Ich habe heute bis Mitternacht Dienst in der Notaufnahme.
Telefono **fuori servizio**. — Telefon außer Betrieb.

---

proprio, a ['prɔːprio] *adj* — **eigen**
⚠ *pl* **pri, prie**
Ha raccolto le **proprie** cose ed è uscito. — Er hat seine Sachen zusammengepackt und ist gegangen.
Mi sono licenziata e ora lavoro in **proprio**. — Ich habe gekündigt und arbeite jetzt selbstständig.

---

il **padrone**, la **padrona** [pa'droːne] — **Chef(in)** *m(f);* **Herr** *m*
Solo il **padrone** dell'azienda può prendere questa decisione. — Nur der Chef des Unternehmens kann diese Entscheidung treffen.

«2001–4000»

civile [tʃi'viːle] *adj* — **zivil, bürgerlich**
Ha scelto di svolgere il servizio **civile**. — Er hat sich für den Zivildienst entschieden.
Il paese è distrutto dalla guerra **civile**. — Der Bürgerkrieg hat das Land zerstört.

---

il **cittadino**, la **cittadina** [tʃitta'diːno] — **Bürger(in)** *m(f)*
I corsi serali sono a disposizione di tutti i **cittadini**. — Abendkurse kann jeder Bürger besuchen.

---

lo **schiavo**, la **schiava** [ski'aːvo] — **Sklave, Sklavin** *m, f*
Nell'antica Roma c'erano molti **schiavi**. — Im alten Rom gab es viele Sklaven.

---

il **prigioniero**, la **prigioniera** [pridʒoni'ɛːro] — **Gefangene(r)** *f(m)*
I **prigionieri** sono stati liberati all'alba. — Die Gefangenen wurden bei Tagesanbruch befreit.

---

liberare [libe'raːre] *v* — **befreien**

libero, a ['liːbero] *adj* — **frei**
Sono finalmente **libera** e indipendente. — Ich bin endlich frei und unabhängig.

TIPP: Die Betonung liegt auf „li".

la **carità** [kari'ta] — **Almosen** *n*
Non faccio la **carità** a chi non ne ha bisogno. — Ich gebe jemandem keine Almosen, wenn er sie nicht wirklich braucht.

il, la **mendicante** [mendi'kante] — **Bettler(in)** *m(f)*
Ho dato un euro a un **mendicante**. — Ich habe einem Bettler einen Euro gegeben.

la **miseria** [mi'zɛːria] ⚠ *pl* **rie** — **Armut** *f*, **Not** *f*, **Elend** *n*
Nei paesi in guerra c'è molta **miseria**. — In Ländern, die sich im Krieg befinden, herrscht viel Not.

benestante [benes'tante] *adj* — **wohlhabend**
syn: ricco
Appartiene a una famiglia **benestante**. — Seine Familie ist wohlhabend.

modesto, a [mo'dɛsto] *adj* — **bescheiden, einfach**
ant: ricco
Elio viene da una famiglia di origini **modeste**. — Elios Familie stammt aus einfachen Verhältnissen.

il, la **principale** [printʃi'paːle] — **Chef(in)** *m(f)*
syn: capo
Gli operai non sono soddisfatti del loro **principale**. — Die Arbeiter sind mit ihrem Chef nicht zufrieden.

il **presidente**, la **presidentessa** [presi'dɛnte, -'dɛntessa] — **Präsident(in)** *m(f)*, **Vorsitzende(r)** *f(m)*
Il signor Bianchi è il **presidente** del circolo. — Herr Bianchi ist der Vereinspräsident.

1.1.6.6 Soziales Verhalten

«1–2000»

sociale [so'tʃaːle] *adj* — **sozial, gesellschaftlich**
A scuola discutiamo spesso dei problemi **sociali** di oggi, come la droga e la disoccupazione. — Wir diskutieren in der Schule oft über gesellschaftliche Probleme unserer Zeit, wie zum Beispiel Drogen und Arbeitslosigkeit.

la **tradizione** [traditsi'oːne]	**Tradition** *f*
Ogni regione d'Italia conserva antiche **tradizioni**.	Jede Region Italiens bewahrt alte Traditionen.
il **proverbio** [pro'vɛrbio] ⚠ *pl* **bi**	**Sprichwort** *n*
Un libro di **proverbi** italiani: che interessante!	Ein italienisches Sprichwörterlexikon, wie interessant!
incontrare [iŋkon'traːre] *v*	**treffen**
Ho incontrato Fabio in città.	Ich habe Fabio in der Stadt getroffen.
l'**incontro** [iŋ'kontro] *syn:* appuntamento, riunione	**Begegnung** *f;* **Treffen** *n,* **Versammlung** *f*
Non dimenticherò mai il nostro primo **incontro** a Pisa.	Ich werde unsere erste Begegnung in Pisa nie vergessen.
L'**incontro** è fissato per oggi pomeriggio alle quattro.	Die Versammlung ist für heute Nachmittag um vier angesetzt.

***TIPP:* incontro** *bedeutet nicht nur Treffen, Versammlung, sondern kann auch ein sportliches Ereignis, ein Spiel bezeichnen.*

l'**appuntamento** [appunta'mento]	**Termin** *m;* **Verabredung** *f*
Mi cancelli l'**appuntamento** di oggi e me ne fissi uno per domani.	Sagen Sie den heutigen Termin ab, und machen Sie einen für morgen aus.
Devo andare, alle undici ho un **appuntamento**.	Ich muss gehen, ich habe um elf eine Verabredung.
partecipare [partetʃi'paːre] *v*	**teilnehmen**
Alla gara **partecipano** duecentoventi persone.	Am Wettbewerb nehmen zweihundertzwanzig Leute teil.
trovarsi [tro'varsi] *v*	**sich treffen**
Per voi va bene se **ci troviamo** alle otto?	Seid ihr damit einverstanden, dass wir uns um acht treffen?
invitare [invi'taːre] *v*	**einladen**
Mario e Carla ci **hanno invitati** a bere un caffè da loro, dopo cena.	Mario und Carla haben uns eingeladen, nach dem Abendessen auf einen Kaffee vorbeizukommen.
andare a trovare [an'daːre a tro'vaːre] *v* ⚠ *irr* 3	**besuchen**
Vado spesso **a trovare** i miei cugini a Verona.	Ich fahre oft nach Verona, um meine Cousins zu besuchen.

visitare [vizi'taːre] *v*	**besichtigen**
Se vai nelle Marche, devi assolutamente **visitare** le grotte di Frasassi.	Wenn du in die Marken fährst, musst du unbedingt die Höhlen von Frasassi besichtigen.
la **visita** ['viːzita]	**Besuch** *m*
La ringrazio della **visita**.	Ich danke Ihnen für Ihren Besuch.

TIPP: *Die Betonung liegt auf „vi".*

l'**ospite** ['ɔspite] *m, f*	**Gast** *m*
Questa sera abbiamo **ospiti** a cena.	Wir haben heute Gäste zum Abendessen.

TIPP: *Die Betonung liegt auf „o".*

la **festa** ['fɛsta]	**Fest** *n*
Speriamo che non piova, abbiamo organizzato una **festa** all'aperto.	Hoffentlich regnet es nicht, wir haben ein Fest im Freien organisiert.
la **congratulazione** [koŋgratulatsi'oːne]	**Glückwunsch** *m*
Ho saputo che sei diventato papà, **congratulazioni**.	Herzlichen Glückwunsch! Ich habe gehört, dass du Vater geworden bist.
il **regalo** [re'gaːlo]	**Geschenk** *n*
Bambini, che **regalo** vi ha portato Babbo Natale?	Na Kinder, was hat euch der Weihnachtsmann gebracht?
festeggiare [fested'dʒaːre] *v*	**feiern**
Festeggiamo l'ottantesimo compleanno del nonno.	Wir feiern Großvaters achtzigsten Geburtstag.
l'**augurio** [au'guːrio] ⚠ *pl* **ri**	**Glückwunsch** *m*
Tanti cari **auguri** di buon compleanno!	Herzlichen Glückwunsch zum Geburtstag!
il **pacchetto** [pak'ketto]	**Päckchen** *n*
Sotto l'albero di Natale ci sono ogni anno molti **pacchetti**.	Unterm Weihnachtsbaum liegen jedes Jahr viele Päckchen.

«2001–4000»

il **contatto** [kon'tatto]	**Kontakt** *m*, **Verbindung** *f*
Non ho più **contatti** con i miei compagni di classe.	Ich habe keinen Kontakt mehr zu meinen Schulkameraden.

aderire [ade'riːre] *v* ⚠ **aderisco**	**beitreten**
Ho deciso di **aderire** anch'io a quel partito.	Ich habe beschlossen, auch dieser Partei beizutreten.
riunirsi [riu'nirsi] *v* ⚠ **mi riunisco**	**sich versammeln, zusammenkommen**
Per le feste tutta la famiglia **si riunisce**.	An den Feiertagen kommt die ganze Familie zusammen.
prendere parte a ['prɛndere 'parte a] *v syn:* partecipare a ⚠ *irr* 54	**teilnehmen an**
Alla manifestazione **prendono parte** anche molti medici.	An der Demonstration nehmen auch viele Ärzte teil.
rimandare [riman'daːre] *v*	**verschieben**
Ho un impegno di lavoro, dobbiamo **rimandare** il nostro incontro.	Ich habe einen Arbeitstermin, daher müssen wir unsere Verabredung verschieben.
accompagnare [akkompa'ɲaːre] *v*	**begleiten**
Avete prenotato? Prego, vi **accompagno** al vostro tavolo.	Haben Sie reserviert? Kommen Sie bitte, ich begleite Sie zu Ihrem Tisch.
la **riunione** [riuni'oːne]	**Versammlung** *f*
Qual è l'ordine del giorno della **riunione**?	Welches Thema steht bei der heutigen Versammlung auf der Tagesordnung?
il **congresso** [koŋ'grɛsso]	**Kongress** *m*, **Tagung** *f*
Ogni anno vado a un **congresso** a Torino.	Ich fahre jedes Jahr auf einen Kongress nach Turin.
la **conferenza** [konfe'rɛntsa]	**Konferenz** *f*
La **conferenza** inizia alle quattro nella sala principale.	Die Konferenz beginnt um vier im Hauptsaal.
l'**invito** [in'viːto]	**Einladung** *f*
Grazie per l'**invito**, accettiamo volentieri.	Danke für die Einladung, wir nehmen sie gerne an.
il **padrone di casa**, la **padrona di casa** [pa'droːne di 'kaːsa]	**Gastgeber(in)** *m(f);* **Hausbesitzer(in)** *m(f)*
Un brindisi per il **padrone di casa** e la sua ospitalità!	Erheben wir unser Glas auf den Gastgeber und seine Gastfreundschaft!
Devo parlare con il **padrone di casa** per l'affitto di questo mese.	Ich muss wegen der Miete für diesen Monat mit dem Hausbesitzer sprechen.

il **benvenuto** [benve'nuːto] La padrona di casa dà il **benvenuto** a tutti i presenti.	**Willkommensgruß** *m* Die Gastgeberin heißt alle Anwesenden willkommen.
accogliere [ak'kɔːʎere] *v* *syn:* ricevere ⚠ *irr* 13 Il presidente **ha accolto** gli ospiti con un discorso.	**empfangen, begrüßen** Der Präsident hat die Gäste mit einer Rede begrüßt.

***TIPP:** Die Betonung liegt auf „co".*

salutare [salu'taːre] *v* Arrivederci e **salutami** Raffaele. E' andato via senza **salutare** nessuno.	**(be)grüßen; sich verabschieden** Auf Wiedersehen, und grüß mir Raffaele. Er ist gegangen, ohne sich zu verabschieden.
il **saluto** [sa'luːto] Ti porto i **saluti** di Elena.	**Gruß** *m* Ich soll dich von Elena grüßen.
presentare [prezen'taːre] *v* Le posso **presentare** il signor Rossi?	**vorstellen** Darf ich Ihnen Herrn Rossi vorstellen?
il **cenno** ['tʃenno] Mi ha fatto **cenno** con la mano di andare da lei.	**Zeichen** *n*, **Wink** *m* Er hat mir mit einem Zeichen zu verstehen gegeben, dass ich zu ihr gehen soll.
il **gesto** ['dʒɛsto] *syn:* segno Marco vuole dirti qualcosa, fa degli strani **gesti** con le mani.	**Geste** *f* Marco will dir etwas sagen, er macht seltsame Handzeichen.
congratularsi con [koŋgratu'larsi kon] *v* **Ci congratuliamo con** te per la tua promozione!	**gratulieren, beglückwünschen** Wir gratulieren dir zu deiner Beförderung!

***TIPP:** Man beachte, dass sich die Konstruktion vom Deutschen unterscheidet: **congratularsi con qualcuno per qualcosa**.*

celebrare [tʃele'braːre] *v* *syn:* festeggiare Il 25 aprile in Italia si **celebra** l'anniversario della Liberazione.	**feiern** In Italien feiert man am 25. April den Jahrestag der Befreiung.

l'amicizia [ami'tʃiːtsia] ⚠ *pl* **zie** Credo molto nell'**amicizia**.	**Freundschaft** *f* Ich glaube fest an die Freundschaft.
il bacio ['baːtʃo] ⚠ *pl* **ci** Se non mi dai il **bacio** della buonanotte, non vado a dormire!	**Kuss** *m* Wenn du mir keinen Gutenachtkuss gibst, gehe ich nicht ins Bett!
baciarsi [ba'tʃarsi] *v* Gli innamorati **si baciano** teneramente.	**sich küssen** Das verliebte Pärchen küsst sich zärtlich.
baciare [ba'tʃaːre] *v* Coraggio, **baciala**!	**küssen** Komm schon, gib ihr einen Kuss!
sposarsi [spo'zarsi] *v* **Ci sposiamo** la prossima estate.	**heiraten** Wir heiraten nächsten Sommer.
il matrimonio [matri'mɔːnio] ⚠ *pl* **ni** Alcune coppie scelgono il **matrimonio** civile, altre quello religioso in chiesa.	**Hochzeit** *f*, **Trauung** *f* Manche Paare entscheiden sich für die standesamtliche Trauung, andere für die kirchliche.
separarsi [sepa'rarsi] *v* *syn:* lasciarsi Abbiamo deciso di comune accordo di **separarci**.	**sich trennen** Wir haben im gegenseitigen Einvernehmen beschlossen, uns zu trennen.
divorziare [divortsi'aːre] *v* Il loro matrimonio non ha funzionato, **hanno divorziato**.	**sich scheiden lassen** Ihre Ehe hat nicht funktioniert, sie haben sich scheiden lassen.
divorziato, a [divortsi'aːto] *adj* Teresa è **divorziata**.	**geschieden** Teresa ist geschieden.

1.1.7 SCHICKSAL UND ZUFALL

«1–2000»

succedere [sut'tʃɛːdere] *v* *syn:* accadere ⚠ *irr* 15 Cosa **è successo**?	**passieren, geschehen** Was ist passiert?

> ***TIPP:*** *Die Betonung liegt auf „ce".*

sicuro, a [si'kuːro] *adj* *ant:* pericoloso Io salgo in macchina con lui, ha una guida molto **sicura**.	**sicher** Ich fahre bei ihm mit, er fährt sehr sicher.
la **fortuna** [for'tuːna] *ant:* sfortuna Per **fortuna** ho trovato un parcheggio in centro. Buona **fortuna**!	**Glück** *n* Zum Glück habe ich im Zentrum einen Parkplatz gefunden. Viel Glück!

> ***TIPP:*** *Oft wird das Antonym dadurch gebildet, dass man ein „s" vor das Wort stellt, z. B.* ***fortuna, sfortuna****;* ***fiducia, sfiducia****;* ***contento, scontento****;* ***cotto, scotto****. → probabile*

essere fortunato, a ['ɛssere fortu'naːto] *v* ⚠ *irr* 36 **E'** molto **fortunata** al gioco.	**Glück haben** Sie hat sehr viel Glück im Spiel.
salvare [sal'vaːre] *v* Il casco gli **ha salvato** la vita.	**retten** Der Helm hat ihm das Leben gerettet.
il **successo** [sut'tʃɛsso] Gianna Nannini è una cantante di **successo**.	**Erfolg** *m* Gianna Nannini ist eine erfolgreiche Sängerin.
famoso, a [fa'moːso] *adj* Il tenore Luciano Pavarotti è **famoso** in tutto il mondo per la sua voce.	**berühmt** Der Tenor Luciano Pavarotti ist wegen seiner Stimme weltberühmt.
farcela ['fartʃela] *v* *syn:* riuscire ⚠ *irr* 37 Sono indietro col lavoro, non credo di **farcela** a finire entro stasera.	**es schaffen** Ich bin mit der Arbeit in Verzug. Ich glaube nicht, dass ich es schaffe, bis heute Abend fertig zu werden.

> ***TIPP:*** *Die Betonung liegt auf „fa". Bei einigen Verben steht in bestimmten Wendungen das Objektpronomen* ***la*** *ohne Bezug auf ein Substantiv, z. B.* ***farcela, smetterla, sentirsela****. Es wird manchmal nicht übersetzt, z. B.* ***Non ce la faccio più.*** *Ich kann nicht mehr, oder man übersetzt mit „es".*

la **difficoltà** [diffikol'ta] — **Schwierigkeit** *f*, **Problem** *n*
syn: problema
Avete ancora delle **difficoltà** con la grammatica russa. — Ihr habt noch Schwierigkeiten mit der russischen Grammatik.

il **pericolo** [pe'riːkolo] — **Gefahr** *f*
syn: rischio
Guida come un pazzo, è un **pericolo** pubblico. — Er fährt wie ein Irrer, er ist eine öffentliche Gefahr.

***TIPP:** Die Betonung liegt auf „ri".*

pericoloso, a [periko'loːso] *adj* — **gefährlich**
E' **pericoloso** sporgersi dal finestrino. — Es ist gefährlich, sich aus dem Fenster zu lehnen.

perdere ['pɛrdere] *v* ⚠ *irr* 49 — **verlieren; verlegen**
Sbrighiamoci, **abbiamo perso** già abbastanza tempo. — Beeilen wir uns, wir haben schon genug Zeit verloren.
Ho **perso** gli occhiali. — Ich habe meine Brille verlegt.

***TIPP:** Die Betonung liegt auf „pe".*

l'**incendio** [in'tʃɛndio] ⚠ *pl* **di** — **Brand** *m*, **Feuer** *n*
In estate in Italia si verificano numerosi **incendi**. — In Italien kommt es im Sommer zu zahlreichen Bränden.

***TIPP:** Die Betonung liegt auf „cen".*

«2001–4000»

il **destino** [des'tiːno] — **Schicksal** *n*
syn: sorte
Era **destino** che le cose andassero così. — Es war Schicksal, dass es so gekommen ist.

il **mistero** [mis'tɛːro] — **Geheimnis** *n*
syn: segreto
Insomma, non fare tanti **misteri** e dimmi quello che devi dirmi! — Jetzt komm, tu nicht so geheimnisvoll und sag, was du mir zu sagen hast!

la **sorte** ['sɔrte] *syn:* destino — **Schicksal** *n*, **Los** *n*
La **sorte** è stata molto amara con tutti loro. — Ihnen allen wurde vom Schicksal übel mitgespielt.

accadere [akka'deːre] *v*	**geschehen, passieren**
syn: succedere ⚠ *irr* 10	
Ogni tanto in quella casa **accade** qualcosa di strano.	Ab und zu passiert in dem Haus etwas Ungewöhnliches.

***TIPP:* accadere** *wird, wie auch* **succedere**, *mit* **essere** *konjugiert.*

la **situazione** [situatsi'oːne]	**Situation** *f*, **Lage** *f*
La **situazione** nei paesi colpiti dal terremoto è drammatica.	Die Lage in den Erdbebengebieten ist dramatisch.
affrontare [affron'taːre] *v*	**angehen, herangehen an; ins Auge sehen; sich stellen**
Non è questo il modo di **affrontare** un problema.	So kann man nicht an ein Problem herangehen.
Abbiamo affrontato il pericolo a sangue freddo.	Wir haben der Gefahr kaltblütig ins Auge gesehen.
Raffaella, prima o poi devi **affrontare** questa situazione.	Raffaella, früher oder später musst du dich dieser Situation stellen.
le **condizioni** [konditsi'oːni]	**Zustand** *m*
syn: stato	
E' una macchina usata, ma il motore è in ottime **condizioni**.	Es ist zwar ein Gebrauchtwagen, aber der Motor ist in einem sehr guten Zustand.
lo **stato** ['staːto]	**Zustand** *m*
syn: condizione	
E' in buono **stato** di salute.	Sein Gesundheitszustand ist gut.
l'**opportunità** [opportuni'ta]	**Gelegenheit** *f*, **Möglichkeit** *f*
syn: possibilità	
E' una buona **opportunità** per fare amicizia.	Das ist eine gute Gelegenheit, Freundschaft zu schließen.
l'**occasione** [okkazi'oːne] *f*	**Gelegenheit** *f*, **Anlass** *m*
E' un'**occasione** da non perdere.	Eine solche Gelegenheit darf man sich nicht entgehen lassen.
l'**avvenimento** [avveni'mento]	**Ereignis** *n*
La caduta del muro di Berlino è stato un **avvenimento** molto importante.	Der Fall der Berliner Mauer war ein sehr wichtiges Ereignis.

il **caso** ['kaːso]	**Fall** *m*
Sono i sintomi di un tipico **caso** di bronchite.	Den Symptomen nach zu urteilen, ist es ein typischer Fall von Bronchitis.
Telefonami, in **caso** ci siano dei cambiamenti.	Ruf mich an, falls sich etwas ändert.
l'**evento** [e'vɛnto]	**Ereignis** *n*
syn: avvenimento	
La nascita di un bambino è sempre un **evento** straordinario.	Die Geburt eines Kindes ist immer ein besonderes Ereignis.
il **proposito** [pro'pɔːzito]	**Absicht** *f;* **Vorsatz** *m*
syn: intenzione	
Scusami, non l'ho fatto di **proposito**.	Entschuldige, das war keine Absicht.
A Capodanno si fanno sempre buoni **propositi** per l'anno nuovo.	Zum Jahreswechsel fasst man immer gute Vorsätze für das neue Jahr.

***TIPP:** Die Betonung liegt auf „po".*

l'**avventura** [avven'tuːra]	**Abenteuer** *n*
Da bambino ho letto il libro "Le **avventure** di Tom Sawyer".	Als Kind habe ich das Buch „Die Abenteuer des Tom Sawyer" gelesen.
vincere ['vintʃere] *v* ⚠ *irr* 86	**gewinnen**
Chi **ha vinto** il Giro d'Italia quest'anno?	Wer hat dieses Jahr den Giro d'Italia gewonnen?

***TIPP:** Die Betonung liegt auf „vi".*

approfittare di [approfit'taːre di] *v*	**nutzen**
Approfittiamo del bel tempo e andiamo a fare un giro.	Komm, wir nutzen das gute Wetter und machen einen Ausflug.
avvenire [avve'niːre] *v* ⚠ *irr* 85	**geschehen, sich ereignen**
L'incidente **è avvenuto** due mesi fa.	Der Unfall hat sich vor zwei Monaten ereignet.

***TIPP:** **avvenire** wird mit **essere** konjugiert.*

il **soccorso** [sok'korso]	**Hilfe** *f*
Alcuni passanti gli hanno prestato i primi **soccorsi** e lo hanno accompagnato al pronto **soccorso**.	Ein paar Passanten haben erste Hilfe geleistet und ihn zur Notaufnahme begleitet.

il **vantaggio** [van'taddʒo] ⚠ *pl* **ggi**	**Vorteil** *m*
Il **vantaggio** se andiamo in treno è che risparmiamo, lo svantaggio, che ci impieghiamo di più.	Wenn wir mit dem Zug fahren, hat es den Vorteil, dass wir Geld sparen, aber den Nachteil, dass wir länger brauchen.
battere ['battere] *v*	**schlagen; klopfen**
La pioggia **batte** sui vetri.	Der Regen schlägt gegen die Scheiben.
La nostra squadra **è stata battuta** due a zero.	Unsere Mannschaft ist zwei zu null geschlagen worden.

***TIPP:** Die Betonung liegt auf „ba“.*

fortunatamente [fortunata'mente] *adv syn:* per fortuna	**glücklicherweise, zum Glück**
Fortunatamente la farmacia è ancora aperta.	Zum Glück ist die Apotheke noch offen.
purtroppo [pur'trɔppo] *adv*	**leider**
Purtroppo oggi piove.	Leider regnet es heute.
il **guaio** [gu'aːio] *syn:* difficoltà ⚠ *pl* **ai**	**Schwierigkeit** *f*, **Ärger** *m*
Accidenti, sono proprio nei **guai**.	Verdammt, ich stecke wirklich in Schwierigkeiten.
il **bisogno** [bi'zoːɲo]	**Bedarf** *m*, **Notwendigkeit** *f*
Ho **bisogno** di un paio di scarpe nuove.	Ich brauche ein Paar neue Schuhe.
la **necessità** [netʃessi'ta]	**Notwendigkeit** *f*
Sento la **necessità** di fare quattro passi.	Ich habe jetzt einen Spaziergang nötig.
necessario, a [netʃes'saːrio] *adj* ⚠ *pl* **ri, rie**	**nötig, notwendig**
E' **necessario** decidere al più presto cosa fare.	Es ist notwendig, so schnell wie möglich zu entscheiden, was zu tun ist.
il **necessario** [netʃes'saːrio]	**Nötige(s)** *n*, **Notwendige(s)** *n*
Portate con voi solo lo stretto **necessario**.	Nehmt nur das Notwendigste mit.
cavarsela [ka'varsela] *v*	**es schaffen; davonkommen**
Penso di **cavarmela** in due ore.	Ich denke, ich schaffe es in zwei Stunden.
Ha avuto un incidente ma per fortuna **se l'è cavata** con poco. → *farcela*	Sie hatte einen Unfall, hat aber zum Glück nicht viel abbekommen.

TIPP: Die Betonung liegt auf „var".

la **circostanza** [tʃirkos'tantsa] Viste le **circostanze**, non so cosa è meglio fare.	**Umstand** *m* Unter diesen Umständen weiß ich nicht, was besser ist.
la **mancanza** [maŋ'kantsa] In estate la **mancanza** d'acqua è un grave problema in molte zone. In **mancanza** di meglio, mangiamo quello che c'è!	**Mangel** *m* Im Sommer ist Wassermangel in vielen Gegenden ein großes Problem. Da wir nichts Besseres haben, essen wir das, was da ist.
il **rischio** ['riskio] *syn:* pericolo ⚠ *pl* **schi** Al mercato dammi la mano, non voglio correre il **rischio** di perderti.	**Risiko** *n* Gib mir die Hand, wenn wir auf dem Markt sind, ich will nicht riskieren, dass wir uns verlieren.

TIPP: Die Betonung liegt auf „ri".

il **colpo** ['kolpo] Il divorzio è stato un brutto **colpo** per lei.	**Schlag** *m* Die Scheidung war für sie ein harter Schlag.
la **sfortuna** [sfor'tuːna] *ant:* fortuna Ha avuto la **sfortuna** di farsi male proprio durante le vacanze.	**Unglück** *n*, **Pech** *n* Sie hatte das Pech, sich ausgerechnet in den Ferien zu verletzen.
subire [su'biːre] *v* ⚠ **subisco** La nostra famiglia in passato **ha subito** una triste perdita.	**erleiden** Unsere Familie musste vor einiger Zeit einen schweren Verlust erleiden.
fare male ['faːre 'maːle] *v* ⚠ *irr* 37 Uscire con questo tempo ti **fa** più **male** che bene.	**schaden** Wenn du bei diesem Wetter rausgehst, wird es dir mehr schaden, als nützen.
il **danno** ['danno] Il maltempo ha causato gravi **danni**.	**Schaden** *m* Das Unwetter hat große Schäden verursacht.
negativo, a [nega'tiːvo] *adj* *ant:* positivo Cerchiamo di non guardare solo gli aspetti **negativi**.	**negativ** Versuchen wir, nicht nur die negativen Seiten zu sehen.

grave ['gra:ve] *adj syn:* serio — **ernst; schwer**
La disoccupazione è un **grave** problema. — Die Arbeitslosigkeit ist ein ernstes Problem.
E' malato **grave**. — Er ist schwer krank.

> *TIPP:* ***grave*** *wird hier adverbial gebraucht. Man könnte auch die Adverbform* ***gravemente*** *benutzen und* ***E' gravemente malato*** *sagen.*

---

distruggere [dis'truddʒere] *v* ⚠ *irr* 32 — **zerstören**
L'incendio **ha** completamente **distrutto** l'edificio. — Der Brand hat das Gebäude vollständig zerstört.

> *TIPP: Die Betonung liegt auf „tru".*

---

la **distruzione** [distrutsi'o:ne] — **Zerstörung** *f*
La guerra porta solo morte e **distruzione**. — Ein Krieg bringt nur Tod und Zerstörung.

---

rischiare [riski'a:re] *v* — **riskieren**
L'**hai rischiata** grossa! — Da hast du ja ganz schön was riskiert!

---

rovinare [rovi'na:re] *v* — **ruinieren; kaputtmachen**
Se continui a lavorare con questo ritmo, ti **rovini** la salute. — Wenn du so weiterarbeitest, wirst du noch deine Gesundheit ruinieren.

---

la **disgrazia** [diz'gra:tsia] ⚠ *pl* **zie** — **Unglück** *n*
Per poco non è successa una **disgrazia**. — Es wäre fast ein Unglück passiert.

---

l'**esplosione** [esplozi'o:ne] *f* — **Explosion** *f*
Hanno sentito l'**esplosione** a chilometri di distanza. — Die Explosion war kilometerweit zu hören.

1.2 Alltagswelt

1.2.1 DER MENSCH UND SEIN ZUHAUSE

1.2.1.1 Haus und Wohnung

«1–2000»

la **casa** ['kaːsa] Questa sera voglio restare in **casa**. Se ne è andato da **casa**.	**Haus** *n* Heute Abend will ich zu Hause bleiben. Er ist von zu Hause ausgezogen.
costruire [kostru'iːre] *v* ⚠ **costruisco** Si **stanno costruendo** una nuova casa.	**bauen** Sie bauen sich gerade ein neues Haus.
abitare [abi'taːre] *v* *syn:* vivere Sono di Treviso, ma **abito** a Stoccarda.	**wohnen** Ich bin aus Treviso, aber ich wohne in Stuttgart.
l'**appartamento** [apparta'mento] E' un **appartamento** di cinquanta metri quadri.	**Wohnung** *f* Die Wohnung hat fünfzig Quadratmeter.
il **piano** [pi'aːno] A che **piano** abitate? — Al secondo.	**Stockwerk** *n*, **Stock** *m*, **Etage** *f* In welchem Stock wohnt ihr? — Im zweiten.

TIPP: *Die Stockwerke werden mit Ordnungszahlen bezeichnet:* ***il primo, il secondo, il terzo piano****, usw.*

la **stanza** ['stantsa] *syn:* camera L'appartamento è composto da bagno, cucina e due **stanze**.	**Zimmer** *n* Die Wohnung besteht aus zwei Zimmern, Küche und Bad.
la **camera** ['kaːmera] *syn:* stanza Le **camere** da letto sono molto spaziose.	**Zimmer** *n* Die Schlafzimmer sind sehr geräumig.

TIPP: *Die Betonung liegt auf „ca“.*

la **cucina** [ku'tʃiːna] Dopo pranzo ho pulito tutta la **cucina**.	**Küche** *f* Ich habe nach dem Mittagessen die ganze Küche geputzt.

il **soggiorno** [sod'dʒorno] *syn:* salotto Accomodiamoci in **soggiorno** per un caffè.	**Wohnzimmer** *n* Setzen wir uns ins Wohnzimmer und trinken einen Kaffee.
il **bagno** ['baːɲo] Nel nostro **bagno** c'è sia la doccia che la vasca da **bagno**.	**Bad** *n*, **Badezimmer** *n* Wir haben in unserem Bad sowohl Dusche als auch Badewanne.

TIPP:** Wenn man in Privathäusern nach der Toilette fragen will, sagt man **Dov'è il bagno?** Im Restaurant fragt man **Dov'è la toilette?

il **gabinetto** [gabi'netto] *syn:* toilette Il **gabinetto** è da quella parte, ma è occupato.	**Toilette** *f* Die Toilette ist dort, aber sie ist gerade besetzt.
il **rubinetto** [rubi'netto] Chiudi bene il **rubinetto** dell'acqua calda.	**Wasserhahn** *m* Dreh den Warmwasserhahn gut zu.
l'**ingresso** [iŋ'grɛsso] L'**ingresso** si trova al pianterreno.	**Eingang** *m* Der Eingang befindet sich im Erdgeschoss.

la **cantina** [kan'tiːna] Se la **cantina** è fresca e asciutta, è l'ideale per conservare il vino.	**Keller** *m* Wenn der Keller kühl und trocken ist, ist es der ideale Ort, um Wein zu lagern.
il **tetto** ['tetto] La casa è quasi finita, manca solo il **tetto**.	**Dach** *n* Das Haus ist fast fertig, es fehlt nur noch das Dach.
il **muro** ['muːro] ⚠ *pl* **ri** I **muri** portanti della casa sono molto spessi.	**Mauer** *f*; **Wand** *f* Die tragenden Wände des Hauses sind sehr dick.

***TIPP:** Es gibt zwei Pluralformen von **muro**: **i muri** bezeichnet die Wände eines Gebäudes und **le mura** bezeichnet die Stadtmauern.*

il **pavimento** [pavi'mento] In alcune stanze il **pavimento** è di marmo.	**(Fuß)boden** *m* In manchen Zimmern ist der Fußboden aus Marmor.

la **finestra** [fi'nɛstra] Le **finestre** del soggiorno danno sul giardino.	**Fenster** *n* Die Wohnzimmerfenster gehen auf den Garten.

la **porta** ['pɔrta] Nessuno ha aperto la **porta**.	**Tür** *f* Niemand hat die Tür aufgemacht.
il **cancello** [kan'tʃɛllo] Di notte il **cancello** deve restare chiuso.	**Tor** *n* Nachts muss das Tor zubleiben.
l'**entrata** [en'traːta] *ant:* uscita I campanelli e le cassette della posta sono all'**entrata** principale dell'edificio.	**Eingang** *m* Die Klingeln und Briefkästen sind am Haupteingang des Gebäudes angebracht.
l'**uscita** [u'ʃiːta] *ant:* entrata Ti aspetto all'**uscita** principale della stazione.	**Ausgang** *m* Ich warte am Hauptausgang des Bahnhofs auf dich.
la **scala** ['skaːla] C'è una **scala** buia e ripida che conduce in cantina.	**Treppe** *f* In den Keller führt eine dunkle und steile Treppe hinunter.
l'**ascensore** [aʃʃen'soːre] L'**ascensore** è fuori servizio.	**Aufzug** *m*, **Fahrstuhl** *m* Der Aufzug ist außer Betrieb.
la **luce** ['luːtʃe] L'ultimo che esce spenga la **luce**, per cortesia.	**Licht** *n*; **Lampe** *f* Der Letzte macht bitte das Licht aus.
acceso, a [at'tʃeːso] *adj* *ant:* spento In casa tutte le luci sono **accese**.	**an, eingeschaltet** Im Haus sind alle Lichter an.
spento, a ['spɛnto] *adj* *ant:* acceso Hai controllato che tutte le candele siano **spente**?	**aus(geschaltet)** Hast du nachgesehen, ob alle Kerzen aus sind?
il **riscaldamento** [riskalda'mento] L'affitto è molto caro ma sono compresi **riscaldamento**, luce e acqua.	**Heizung** *f* Die Miete ist sehr hoch, aber Heizung, Licht und Wasser sind inbegriffen.
il **giardino** [dʒar'diːno] Hanno un grande **giardino**.	**Garten** *m* Sie haben einen großen Garten.
il **garage** [ga'raːʒ] Non c'è posto in **garage** per un'altra macchina.	**Garage** *f* In der Garage ist kein Platz für ein zweites Auto.

*TIPP: **garage** wird wie im Deutschen ausgesprochen, allerdings bleibt das „e“ am Ende stumm.*

«2001–4000»

l'**abitazione** [abitatsi'oːne] *f* Al primo piano c'è l'ufficio, al secondo la nostra **abitazione**.	**Wohnung** *f* Im ersten Stock befindet sich das Büro, im zweiten unsere Wohnung.
dentro ['dentro] *adv syn:* in casa, *ant:* fuori, all'aperto Fuori si gela oggi, ma **dentro** si sta proprio bene. Piove, andiamo **dentro**.	**drinnen, im Haus; hinein, herein** Draußen ist es heute eisig, aber im Haus ist es richtig angenehm. Es regnet, gehen wir rein.
all'aperto [alla'pɛrto] *adv syn:* fuori, *ant:* dentro Abbiamo trascorso la giornata **all'aperto**.	**draußen, im Freien** Wir haben den Tag draußen verbracht.
la **facciata** [fat'tʃaːta] *syn:* parete La **facciata** del palazzo ha quattro colonne.	**Fassade** *f* Der Palast hat eine Fassade mit vier Säulen.
il **pianoterra** [pi'aːno'tɛrra] Gli appartamenti al **pianoterra** hanno anche il giardino. → *piano*	**Erdgeschoss** *n*, **Parterre** *n* Die Wohnungen im Erdgeschoss haben auch einen Garten.
la **sala da pranzo** ['saːla da 'prandzo] Mangiamo in cucina o in **sala da pranzo**?	**Esszimmer** *n* Essen wir in der Küche oder im Esszimmer?
il **salotto** [sa'lɔtto] *syn:* soggiorno Sandro è in **salotto** che guarda la televisione.	**Wohnzimmer** *n* Sandro ist im Wohnzimmer und sieht fern.
il **corridoio** [korri'doːio] ⚠ *pl* **doi** In **corridoio** c'è un armadio e uno specchio.	**Flur** *m*, **Diele** *f* Im Flur sind ein Schrank und ein Spiegel.
la **soffitta** [sof'fitta] *ant:* cantina In **soffitta** c'è ancora la scrivania del nonno.	**Dachboden** *m*, **Speicher** *m* Auf dem Dachboden steht noch Großvaters Schreibtisch.

***TIPP:** Vorsicht! **la soffitta** nicht mit **il soffitto** verwechseln.*

il **soffitto** [sof'fitto] *ant:* pavimento Dal **soffitto** pende un bellissimo lampadario di cristallo.	**Decke** *f* An der Decke hängt ein wunderschöner Kristallleuchter.
il **cortile** [kor'tiːle] I bambini giocano in **cortile**.	**Hof** *m* Die Kinder spielen im Hof.
la **terrazza** [ter'rattsa] Che bei fiori hai in **terrazza**!	**Terrasse** *f* Hast du aber schöne Blumen auf der Terrasse!
il **balcone** [bal'koːne] Vorrei una stanza con **balcone**.	**Balkon** *m* Ich hätte gern ein Zimmer mit Balkon.
cambiare casa [kambi'aːre 'kaːsa] *v* Qui stiamo troppo stretti, dobbiamo **cambiare casa**.	**umziehen** Wir haben hier zu wenig Platz, wir müssen umziehen.
trasferirsi [trasfe'rirsi] *v* ⚠ **mi trasferisco** Non abitiamo più in centro città, **ci siamo trasferiti** in periferia.	**(um)ziehen** Wir wohnen nicht mehr im Stadtzentrum, wir sind an den Stadtrand gezogen.
arredare [arre'daːre] *v* *syn:* ammobiliare L'architetto ci consiglia di **arredare** il locale in stile moderno.	**einrichten, möblieren** Der Architekt empfiehlt uns, für die Wohnung eine moderne Einrichtung zu wählen.
ammobiliato, a [ammobili'aːto] *adj ant:* vuoto Ho preso in affitto un appartamento **ammobiliato**.	**möbliert** Ich habe eine möblierte Wohnung gemietet.
la **pittura** [pit'tuːra] *syn:* colore Attenzione, **pittura** fresca.	**Farbe** *f;* **Anstrich** *m* Vorsicht, frisch gestrichen.
chiudere a chiave [ki'uːdere a ki'aːve] *v* ⚠ *irr* 12 Ogni volta che esco, **chiudo a chiave** la porta.	**abschließen, absperren** Ich schließe immer die Tür ab, wenn ich gehe.

***TIPP:** Die Betonung liegt auf „chiu“.*

1.2.1.2 Einrichtung

«1–2000»

il **mobile** ['mɔːbile] — **Möbel(stück)** *n*
Qui mi piacerebbe mettere un **mobile** antico. — Hier würde mir ein antikes Möbelstück gefallen.

> ***TIPP:*** *Die Betonung liegt auf „mo“.*

la **parete** [pa'reːte] *syn:* muro — **Wand** *f*
Su ogni **parete** della sua casa ci sono dei quadri. — In seinem Haus hängen an allen Wänden Bilder.

la **tavola** ['taːvola] — **Tisch** *m*
Sulla **tavola** c'è una tovaglia colorata. — Auf dem Tisch liegt eine bunte Tischdecke.
E' pronto, tutti a **tavola**! — Das Essen ist fertig, kommt alle zu Tisch!

> ***TIPP:*** *Die Betonung liegt auf „ta“. Man beachte den Unterschied zwischen* ***tavola*** *und* ***tavolo. tavola*** *bezeichnet den Tisch, an dem die Mahlzeiten eingenommen werden.* ***tavolo*** *ist ein Tisch, der bestimmten Zwecken dient, z. B.* ***tavolo da gioco, da disegno, operatorio*** *Spiel-, Zeichen-, Operationstisch. Im Restaurant sagt man jedoch* ***riservare un tavolo****.*

il **tavolo** ['taːvolo] — **Tisch** *m*
Gli attrezzi sono sul **tavolo** da lavoro in cantina. — Das Werkzeug liegt auf dem Arbeitstisch im Keller.

apparecchiare la tavola [apparekki'aːre la 'taːvola] *v* — **den Tisch decken**
Cinzia, **apparecchia la tavola** per favore. — Cinzia, deck bitte den Tisch.

sparecchiare [sparekki'aːre] *v* — **(den Tisch) abräumen**
Tocca a te **sparecchiare**! — Du bist dran mit Abräumen!

la **scrivania** [skriva'niːa] ⚠ *pl* **nie** — **Schreibtisch** *m*
Su ogni **scrivania** dell'ufficio c'è un computer. — In dem Büro steht auf jedem Schreibtisch ein Computer.

> ***TIPP:*** *Die Betonung liegt auf dem „i“ von „nia“.*

la **sedia** ['sɛːdia] ⚠ *pl* **die** — **Stuhl** *m*
Ragazzi, se non ci sono abbastanza **sedie** per tutti, sedetevi per terra. — Kinder, setzt euch auf den Boden, wenn nicht genügend Stühle da sind.

la **panchina** [paŋ'kiːna] Tutte le **panchine** nel parco sono occupate.	**Bank** *f* Die Parkbänke sind alle besetzt.
il **letto** ['lɛtto] In questa stanza c'è un **letto** per gli ospiti.	**Bett** *n* In diesem Zimmer steht ein Gästebett.
la **credenza** [kre'dɛntsa] Le posate e i tovaglioli sono nella **credenza**.	**Anrichte** *f* Das Besteck und die Servietten sind in der Anrichte.
comodo, a ['kɔːmodo] *adj* I letti degli alberghi non sono sempre **comodi**.	**bequem** Hotelbetten sind nicht immer bequem.

***TIPP:** Die Betonung liegt auf „co".*

accogliente [akko'ʎɛnte] *adj* E' una casa molto **accogliente**.	**gemütlich, einladend** Es ist ein sehr gemütliches Haus.

«2001–4000»

la **poltrona** [pol'troːna]	**Sessel** *m*
il **divano** [di'vaːno] C'erano persone sedute sul **divano**, sulle poltrone e molte in piedi.	**Sofa** *n*, **Couch** *f* Manche Leute saßen auf dem Sofa, manche auf den Sesseln und viele andere standen.
il **materasso** [mate'rasso] Dormo su un **materasso** duro.	**Matratze** *f* Ich schlafe auf einer harten Matratze.
la **coperta** [ko'pɛrta] Non dovresti avere freddo, sul letto ci sono due **coperte**.	**Decke** *f* Auf dem Bett sind zwei Decken, du dürftest also nicht frieren.
il **cuscino** [kuʃ'ʃiːno] Dormo senza **cuscino**. Sul divano blu stanno bene dei **cuscini** verdi.	**Kissen** *n* Ich schlafe ohne Kissen. Auf das blaue Sofa passen grüne Kissen gut.
il **lenzuolo** [lentsu'ɔːlo] ⚠ *pl* **le lenzuola** Per fare il letto in Italia si usano due **lenzuola** e una coperta.	**Laken** *n* In Italien macht man das Bett mit zwei Laken und einer Decke.

l'**armadio** [ar'maːdio] ⚠ *pl* **di** Piega o appendi i tuoi vestiti nell'**armadio**.	**Schrank** *m* Lege oder hänge deine Kleider in den Schrank.
lo **scaffale** [skaf'faːle] Sugli **scaffali** tengo libri e poche altre cose.	**Regal** *n* Auf meinen Regalen stehen Bücher und ein paar andere Sachen.
il **cassetto** [kas'setto] I fazzoletti sono nel primo **cassetto**.	**Schublade** *f* Die Taschentücher sind in der ersten Schublade.
il **lampadario** [lampa'daːrio] ⚠ *pl* **ri** Questo **lampadario** proviene da una vetreria di Murano.	**Leuchter** *m* Dieser Leuchter ist aus einer Glasfabrik in Murano.
la **lampada** ['lampada] Lascia accesa la **lampada** sul tavolo.	**Lampe** *f* Lass die Lampe auf dem Tisch an.

***TIPP:** Die Betonung liegt auf „la".*

il **forno** ['forno] Oggi si mangia arrosto e patate al **forno**.	**Ofen** *m* Heute gibt es Braten und Ofenkartoffeln.
il **fornello** [for'nɛllo] Sono abituata a cucinare con un **fornello** a gas e non elettrico.	**Herd** *m* Ich bin es gewohnt, mit einem Gasherd und nicht mit einem Elektroherd zu kochen.
il **microonde** [mikro'onde] Col **microonde** è tutto caldo in pochi minuti.	**Mikrowelle** *f* In der Mikrowelle wird alles in wenigen Minuten warm.
il **frigorifero** [frigo'riːfero] Se non metti il latte in **frigorifero**, va a male.	**Kühlschrank** *m* Wenn du die Milch nicht in den Kühlschrank stellst, wird sie sauer.

***TIPP:** Die Betonung liegt auf „ri". Statt **frigorifero** benützt man auch oft die Kurzform **il frigo**.*

il **congelatore** [kondʒela'toːre] Ho messo la carne nel **congelatore**.	**Gefrierschrank** *m* Ich habe das Fleisch in den Gefrierschrank gelegt.

***TIPP:** Statt **congelatore** sagt man auch **il freezer**.*

il **tappeto** [tap'pe:to] Ci hanno portato dalla Turchia un meraviglioso **tappeto**.	**Teppich** *m* Sie haben uns aus der Türkei einen wunderschönen Teppich mitgebracht.
la **tenda** ['tɛnda] Se ti da fastidio il sole, tira la **tenda**.	**Vorhang** *m*, **Gardine** *f* Zieh den Vorhang vor, wenn dich die Sonne stört.

1.2.1.3 Gegenstände und Geräte

«1–2000»

la **cosa** ['kɔ:za] *syn:* roba Prendi con te solo le **cose** necessarie.	**Sache** *f*, **Ding** *n* Nimm nur die nötigsten Sachen mit.
la **roba** ['rɔ:ba] *syn:* cosa Ho messo tutta la tua **roba** sul letto.	**Sachen** *pl* Ich habe all deine Sachen aufs Bett gelegt.
la **scatola** ['ska:tola] Mi serve una **scatola** da scarpe vuota. I biscotti sono in una **scatola** di alluminio in credenza.	**Schachtel** *f*; **Dose** *f* Ich brauche eine leere Schuhschachtel. Die Kekse sind in einer Dose in der Anrichte.

***TIPP:** Die Betonung liegt auf „sca“.*

la **cassa** ['kassa] In soffitta c'è una **cassa** piena di libri vecchi.	**Kiste** *f*, **Kasten** *m* Auf dem Speicher ist eine Kiste mit alten Büchern.
la **borsa** ['borsa] Eccoti la lista e la **borsa** per la spesa.	**Tasche** *f*, **Beutel** *m* Hier hast du die Liste und die Einkaufstasche.
il **cestino** [tʃes'ti:no] Mi serve un **cestino** accanto alla scrivania.	**Korb** *m* Ich brauche neben meinem Schreibtisch einen Papierkorb.
la **borsetta** [bor'setta] E' meglio non lasciare la **borsetta** in macchina.	**Handtasche** *f* Die Handtasche sollte man besser nicht im Auto liegen lassen.
la **chiave** [ki'a:ve] Ricordati che le **chiavi** sono appese accanto al quadro.	**Schlüssel** *m* Denk dran, dass die Schlüssel neben dem Bild hängen.

la **carta** ['karta] La **carta** si può riciclare.	**Papier** *n* Papier kann man recyceln.
il **biglietto** [bi'ʎetto] Le ho spedito un **biglietto** d'auguri per Natale. Eventualmente lasciaci un **biglietto** sul tavolo.	**Karte** *f;* **Zettel** *m* Ich habe ihr zu Weihnachten eine Karte geschickt. Lass uns gegebenenfalls einen Zettel auf dem Tisch zurück.
il **fiammifero** [fiam'miːfero] Qualcuno ha dei **fiammiferi** per accendere le candele?	**Streichholz** *n* Hat jemand Streichhölzer, um die Kerzen anzuzünden?

***TIPP:** Die Betonung liegt auf „mi".*

la **catena** [ka'teːna] Il cancello è chiuso con una **catena**.	**Kette** *f* Das Tor ist mit einer Kette verschlossen.
lo **specchio** ['spɛkkio] ⚠ *pl* **cchi** Si guarda sempre allo **specchio**.	**Spiegel** *m* Sie schaut sich immerzu im Spiegel an.
suonare [suo'naːre] *v* Vai ad aprire, qualcuno **ha suonato** alla porta.	**klingeln, läuten** Geh die Tür öffnen, es hat geklingelt.
il **campanello** [kampa'nɛllo] Quando arrivi, suona il **campanello** e scendo subito.	**Klingel** *f* Klingel an der Tür, wenn du da bist, ich komme dann sofort runter.

***TIPP:** Die Klingel in der Schule heißt **la campanella**.*

la **lancetta** [lan'tʃetta] La **lancetta** corta segna le ore, quella lunga i minuti.	**(Uhr)zeiger** *m* Der kleine Zeiger zeigt die Stunden an, der große die Minuten.
il **giocattolo** [dʒo'kattolo] Gioca sempre col suo **giocattolo** preferito.	**Spielzeug** *n* Sie spielt immer mit ihrem Lieblingsspielzeug.

***TIPP:** Die Betonung liegt auf „ca".*

«2001–4000»

l'**oggetto** [od'dʒɛtto] *syn:* cosa I ladri hanno rubato tutti gli **oggetti** preziosi.	**Gegenstand** *m* Die Diebe haben alle Wertgegenstände gestohlen.
il **contenitore** [konteni'toːre] Versate il contenuto della busta in un **contenitore**.	**Behälter** *m* Schüttet den Inhalt der Tüte in einen Behälter.
il **secchio** ['sekkio] ⚠ *pl* **cchi** Riempi un **secchio** d'acqua fredda.	**Eimer** *m* Fülle einen Eimer mit kaltem Wasser.
la **cassetta** [kas'setta] Compra anche una **cassetta** di arance!	**Kiste** *f* Kauf auch eine Kiste Orangen!
il **cesto** ['tʃesto] Ci ha portato un **cesto** pieno di frutta appena raccolta.	**Korb** *m* Sie hat uns einen vollen Korb mit frisch gepflücktem Obst gebracht.
il **sacco** ['sakko] ⚠ *pl* **cchi** I **sacchi** più pesanti sono pieni di patate.	**Sack** *m* Die schwersten Säcke sind voll mit Kartoffeln.
il **portacenere** [porta'tʃeːnere] Hanno spento le sigarette nel **portacenere**.	**Aschenbecher** *m* Sie haben die Zigaretten im Aschenbecher ausgedrückt.

TIPP: *Die Betonung liegt auf „ce".*

il **sacchetto** [sak'ketto] *syn:* borsa Al supermercato mettono la spesa nei **sacchetti** di carta o plastica.	**Tüte** *f*, **Beutel** *m* Im Supermarkt werden die eingekauften Sachen in Papier- oder Plastiktüten getan.
il **portafoglio** [porta'fɔːʎo] *syn:* portamonete ⚠ *pl* **gli** Dovrei avere un biglietto da visita nel **portafoglio**.	**Brieftasche** *f* Ich müsste in meiner Brieftasche eine Visitenkarte haben.
il **portamonete** [portamo'neːte] Anna ha un piccolo **portamonete** in pelle blù.	**Portemonnaie** *n*, **Geldbeutel** *m* Anna hat einen kleinen Geldbeutel aus blauem Leder.
la **penna** ['penna] Hai carta e **penna** per scrivere?	**Stift** *m* Hast du Papier und Stift zum Schreiben?

la matita [ma'tiːta] — **Bleistift** *m*

Scrivete a penna e non a **matita**. — Schreibt mit dem Kugelschreiber, nicht mit dem Bleistift.

---

la penna biro ® ['penna 'biːro] — **Kugelschreiber** *m*

Compilate il modulo con una **penna biro**. — Das Formular bitte mit Kugelschreiber ausfüllen.

> ***TIPP:*** *Der Kugelschreiber wird auch* ***la penna a sfera*** *oder kurz* ***la biro*** *genannt.*

---

la penna stilografica ['penna stilo'graːfika] — **Füllfederhalter** *m*, **Füller** *m*

⚠ *pl* **penne stilografiche**

Scrivo tutte le mie lettere con la **penna stilografica**. — Ich schreibe alle meine Briefe mit dem Füller.

> ***TIPP:*** *Die Betonung liegt auf „gra".*

---

il pennarello [penna'rɛllo] — **Filzstift** *m*

Ai bambini piace disegnare con i **pennarelli**. — Kinder malen gerne mit Filzstiften.

---

la candela [kan'deːla] — **Kerze** *f*

Cenarono a lume di **candela**. — Sie aßen bei Kerzenschein zu Abend.

> ***TIPP:*** *Die Verkleinerungsform von* ***candela*** *heißt* ***la candelina****. Damit bezeichnet man vor allem die Kerzen auf Geburtstagskuchen.*

---

l'accendino [attʃen'diːno] — **Feuerzeug** *n*

Non ho né fiammiferi né **accendino**. — Ich habe weder Streichhölzer noch ein Feuerzeug.

---

la lampadina [lampa'dina] — **Glühbirne** *f*

Si è bruciata una **lampadina**. — Eine Glühbirne ist durchgebrannt.

---

la presa di corrente ['preːsa di kor'rɛnte] — **Steckdose** *f*

C'è una **presa di corrente** dietro a quel mobile. — Hinter dem Möbelstück ist eine Steckdose.

---

il filo ['fiːlo] — **Faden** *m*, **Garn** *n*

Se non hai la corda, va bene anche del **filo** grosso. — Wenn du keine Schnur hast, geht auch ein dickerer Faden.

---

la corda ['kɔrda] — **Schnur** *f*; **Seil** *n*

legare [le'ga:re] *v* **Lega** bene quei sacchi, altrimenti si aprono.	**(zu)binden, verschnüren** Binde die Säcke gut zu, sonst gehen sie auf.
il **cavo** ['ka:vo] Attento al **cavo** elettrico!	**Kabel** *n* Pass auf das Kabel auf!
la **scala** ['ska:la] Per cambiare la lampadina bruciata devo salire sulla **scala**.	**Leiter** *f* Um die kaputte Glühbirne zu wechseln, muss ich auf eine Leiter steigen.
il **martello** [mar'tɛllo] Che male, mi sono dato il **martello** su un dito.	**Hammer** *m* Tut das weh! Ich habe mir mit dem Hammer auf den Finger gehauen.
il **chiodo** [ki'ɔ:do] Sta piantando nel muro i **chiodi** per appendere il poster.	**Nagel** *m* Sie schlägt gerade die Nägel in die Wand, um das Poster aufzuhängen.
la **vite** ['vi:te]	**Schraube** *f*
il **cacciavite** [kattʃa'vi:te] Dai un altro giro alle viti col **cacciavite**.	**Schraubenzieher** *m* Drehe die Schrauben mit dem Schraubenzieher noch etwas fester.
l'**ago** ['a:go] ⚠ *pl* **ghi** Ho in borsa una busta con **ago** e filo.	**Nadel** *f* Ich habe in meiner Tasche ein Täschchen mit Nadel und Faden.
lo **spillo** ['spillo] Attenta a non pungerti con gli **spilli**.	**(Steck)nadel** *f* Pass auf, dass du dich mit den Stecknadeln nicht stichst!
le **forbici** ['fɔrbitʃi] E adesso tagliamo la stoffa con le **forbici**. Hai visto un paio di **forbici** in giro?	**Schere** *f* Und jetzt schneiden wir den Stoff mit der Schere. Hast du eine Schere herumliegen sehen?

***TIPP:** Die Betonung liegt auf „fo". Das Substantiv wird in der Regel im Plural gebraucht: **le forbici** oder **un paio di forbici**.*

il **gancio** ['gantʃo] ⚠ *pl* **ci** Dietro alla porta ci sono dei **ganci** per i vestiti.	**Haken** *m* Hinter der Tür sind Kleiderhaken.

***TIPP:** **ganci** wird „gantschi" ausgesprochen.*

la **sega** ['seːga] ⚠ *pl* **ghe**	**Säge** *f*
La **sega** del nonno è molto vecchia, ma taglia ancora.	Großvaters Säge ist sehr alt, aber sie schneidet noch.
la **bilancia** [bi'lantʃa] ⚠ *pl* **ce**	**Waage** *f*
Pesa lo zucchero e la farina sulla **bilancia**.	Wiege den Zucker und das Mehl auf der Waage ab.

***TIPP:* la bilancia** *nicht verwechseln mit* **il bilancio** *(die Bilanz).*

la **sveglia** ['zveːʎa] ⚠ *pl* **glie**	**Wecker** *m*
Odio quando suona la **sveglia**!	Ich hasse es, wenn der Wecker klingelt!

1.2.1.4 Eigenschaft von Dingen

«1–2000»

nuovo, a [nu'ɔːvo] *adj*	**neu**
ant: vecchio	
Che bella borsa, è **nuova**?	Was für eine schöne Tasche, ist die neu?
pesante [pe'sante] *adj*	**schwer; dick, warm**
ant: leggero	
Non ce la faccio da sola a spostare questa cassa, è troppo **pesante**.	Ich schaffe es nicht allein, diese Kiste wegzurücken, sie ist zu schwer.
Fa freddo, mettiti un maglione **pesante**!	Es ist kalt, zieh dir einen warmen Pullover an!
leggero, a [led'dʒɛːro] *adj*	**leicht**
ant: pesante	
La valigia è troppo **leggera**, devo aver dimenticato qualcosa.	Der Koffer ist zu leicht, ich muss etwas vergessen haben.

«2001–4000»

spesso, a ['spesso] *adj*	**dick**
syn: grosso	
Questo libro è molto **spesso**, ha più di 400 pagine.	Dieses Buch ist sehr dick, es hat über 400 Seiten.

***TIPP:* spesso** *ist auch ein Adverb der Zeit (oft).*

sottile [sot'ti:le] *adj* *ant:* spesso, grosso Mi tagli il prosciutto crudo a fette **sottili** per favore.	**dünn** Schneiden Sie mir den rohen Schinken bitte dünn auf.
enorme [e'nɔrme] *adj* *ant:* piccolissimo Ieri ho pescato un pesce **enorme**! Qui c'è un'**enorme** differenza di temperatura fra estate e inverno.	**riesig, enorm** Gestern habe ich einen riesigen Fisch gefangen! Hier gibt es enorme Temperaturunterschiede zwischen Sommer und Winter.
usato, a [u'za:to] *adj* *ant:* nuovo Ho comprato una macchina **usata**, un vero affare.	**gebraucht, Gebraucht-** Ich habe einen Gebrauchtwagen gekauft, das war ein echtes Schnäppchen.

1.2.1.5 Sauberkeit

«1–2000»

pulito, a [pu'li:to] *adj* *ant:* sporco E' meglio se metti sulla tavola una tovaglia **pulita**.	**sauber** Es ist besser, wenn du eine saubere Tischdecke auf den Tisch tust.
sporco, a ['spɔrko] *adj* *ant:* pulito ⚠ *pl* **chi, che** Ho gli occhiali **sporchi**.	**schmutzig, dreckig** Meine Brille ist schmutzig.
pulire [pu'li:re] *v* ⚠ **pulisco** **Pulisciti** le scarpe prima di entrare!	**putzen** Trete dir die Schuhe ab, bevor du reinkommst!
la **macchia** ['makkia] ⚠ *pl* **cchie** Ti sei sporcata, hai una **macchia** sulla maglietta.	**Fleck** *m* Du hast dich dreckig gemacht, da ist ein Fleck auf deinem T-Shirt.
lavare [la'va:re] *v* Qualcuno mi aiuta a **lavare** i piatti?	**waschen** Kann mir jemand beim Abwasch helfen?
stirare [sti'ra:re] *v* Devo **stirare** i miei vestiti.	**bügeln** Ich muss meine Kleider bügeln.

«2001–4000»

l'**ordine** ['ordine] *m* — **Ordnung** *f*
ant: disordine
Abbiamo fatto **ordine** in casa, adesso è tutto a posto. — Wir haben im Haus Ordnung gemacht, jetzt ist alles aufgeräumt.
Pensavo di mettere in **ordine** le fotografie. — Ich wollte die Fotos ordnen.

TIPP: Die Betonung liegt auf „or". Neben der Möglichkeit, ein Wort zu verneinen, indem man die Vorsilbe „in" oder ein „s" davor stellt, bewirkt auch manchmal die Vorsilbe ***dis*** *eine Verneinung.*

---

ordinato, a [ordi'naːto] *adj* — **ordentlich, aufgeräumt**
La sua stanza è molto **ordinata**. — Sein Zimmer ist sehr ordentlich.

---

a posto [a 'posto] *adj* — **in Ordnung**
Sì, ho controllato ed è tutto **a posto**, puoi partire tranquilla. — Ja, ich habe nachgesehen, und es ist alles in Ordnung, du kannst beruhigt abreisen.

---

igienico, a [i'dʒɛːniko] *adj* — **hygienisch**
⚠ *pl* **ci, che**
Non è **igienico** usare lo spazzolino di un'altra persona. — Es ist nicht hygienisch, die Zahnbürste eines anderen zu benützen.
E' finita la carta **igienica**. — Das Toilettenpapier ist aus.

TIPP: Die Betonung liegt auf „gie", das „i" wird nicht ausgesprochen.

---

la **pulizia** [puli'tsiːa] — **Sauberkeit** *f;* **Putzen** *n*
ant: sporcizia
Sono molto ordinata e ci tengo alla **pulizia**. — Ich bin sehr ordentlich und lege großen Wert auf Sauberkeit.
Per favore, aiutami a fare le **pulizie**! — Bitte hilf mir beim Putzen!

TIPP: Die Betonung liegt auf dem „i" von „zia".

---

la **sporcizia** [spor'tʃiːtsia] — **Schmutz** *m*, **Dreck** *m*
ant: pulizia
Negli angoli e sotto i mobili c'è molta **sporcizia**. — In den Ecken und unter den Möbeln ist viel Dreck.

la **polvere** ['polvere] Sulla mia scrivania c'è un dito di **polvere**.	**Staub** *m* Auf dem Schreibtisch ist eine fingerdicke Staubschicht.

***TIPP:** Die Betonung liegt auf „pol".*

spolverare [spolve'raːre] *v* **Spolvera** gli scaffali con questo strofinaccio.	**Staub wischen** Staube die Regale mit diesem Tuch ab.
il **disordine** [di'zordine] *ant:* ordine Non sopporto il **disordine**.	**Unordnung** *f*, **Durcheinander** *n* Ich ertrage keine Unordnung.

***TIPP:** Die Betonung liegt auf „or".*

il **casino** [ka'siːno] *syn:* confusione Nella tua stanza c'è un gran **casino**.	**Durcheinander** *n* Dein Zimmer ist ein richtiger Saustall.

***TIPP:** Vorsicht, **casino** bedeutet auch Bordell, während **casinò** ein Spielkasino ist. **casino** ist ein sehr umgangssprachliches Wort.*

asciugare [aʃʃu'gaːre] *v* *ant:* bagnare Oggi **asciugo** io i piatti.	**(ab)trocknen** Heute trockne ich die Teller ab.
smacchiare [zmakki'aːre] *v* Prova a **smacchiare** la giacca con questo prodotto.	**Flecken entfernen aus** Versuch doch mal, mit diesem Mittel die Flecken aus der Jacke zu entfernen.
la **scopa** ['skɔːpa] Prima passa la **scopa**, poi lava con questo strofinaccio.	**Besen** *m* Kehre erst zusammen, und wische dann mit diesem Lappen.
lo **strofinaccio** [strofi'nattʃo] ⚠ *pl* **cci**	**Lappen** *m*
il **detersivo** [deter'siːvo]	**Reinigungsmittel** *n;* **Waschmittel** *n;* **Spülmittel** *n*
la **biancheria** [biaŋke'riːa] ⚠ *pl* **rie** Stendo la **biancheria** in terrazza.	**Wäsche** *f* Ich hänge die Wäsche auf der Terrasse auf.

la **lavatrice** [lava'triːtʃe] Queste cose vanno lavate a mano, non in **lavatrice**.	**Waschmaschine** *f* Diese Sachen gehören in die Handwäsche, nicht in die Waschmaschine.
la **lavastoviglie** [lavasto'viːʎe] ⚠ *pl inv* Quando la **lavastoviglie** è piena, accendila!	**(Geschirr)spülmaschine** *f* Schalte die Spülmaschine ein, wenn sie voll ist.
la **lavanderia** [lavande'riːa] ⚠ *pl* **rie** Quello che non posso lavare in casa, lo porto in **lavanderia**.	**Wäscherei** *f* Was ich zu Hause nicht waschen kann, bringe ich in die Wäscherei.

TIPP: *Die Betonung liegt auf dem „i" von „ria".*

il **ferro da stiro** ['fɛrro da 'stiːro] Il **ferro da stiro** non è ancora ben caldo.	**Bügeleisen** *n* Das Bügeleisen ist noch nicht richtig heiß.
l'**aspirapolvere** [aspira'polvere] *m* Passa l'**aspirapolvere** in ogni stanza.	**Staubsauger** *m* Du musst in jedem Zimmer Staub saugen.

TIPP: *Die Betonung liegt auf „po".*

1.2.2 KLEIDUNG UND SCHMUCK

«1–2000»

l'**abbigliamento** [abbiʎa'mento] Mi piace l'**abbigliamento** sportivo.	**Kleidung** *f* Sportliche Kleidung gefällt mir.
la **moda** ['mɔːda] Sono sempre vestiti all'ultima **moda**.	**Mode** *f* Sie kleiden sich immer nach der neuesten Mode.
elegante [ele'gante] *adj* Gli italiani sono sempre **eleganti**.	**elegant** Italiener sind immer elegant angezogen.

indossare [indos'saːre] *v* *syn:* portare Alla festa **indosserò** un vestito di seta nero.	**tragen** Auf dem Fest werde ich ein schwarzes Seidenkleid tragen.
vestirsi [ves'tirsi] *v* ⚠ **mi vesto** Dai, **vestiti** che usciamo!	**sich anziehen; sich kleiden** Komm, zieh dich an, wir gehen aus!
mettersi ['mettersi] *v syn:* indossare, *ant:* togliersi ⚠ *irr* 41 Non so cosa **mettermi**.	**anziehen** Ich weiß nicht, was ich anziehen soll.

***TIPP:** Die Betonung liegt auf „me".*

spogliarsi [spo'ʎarsi] *v* *ant:* vestirsi Il dottore le ha detto di **spogliarsi**.	**sich ausziehen** Der Doktor hat gesagt, dass sie sich ausziehen soll.
nudo, a ['nuːdo] *adj* *syn:* vestito Mi piace prendere il sole **nuda**.	**nackt** Ich sonne mich gerne nackt.
togliersi ['tɔːʎersi] *v* *ant:* mettersi ⚠ *irr* 81 Non vedo l'ora di **togliermi** le scarpe.	**ausziehen** Ich kann es gar nicht erwarten, meine Schuhe auszuziehen.

***TIPP:** Die Betonung liegt auf „to".*

andare bene *v* ⚠ *irr* 3, **stare bene** [an'daːre 'bɛːne, 'staːre 'bɛːne] *v* ⚠ *irr* 76 Come mi sta questo vestito? — Ti **sta** proprio **bene**.	**stehen** Wie steht mir dieses Kleid? — Das steht dir wirklich gut.
vestire [ves'tiːre] *v* ⚠ **vesto** Mentre la mamma **veste** il bambino, gli parla dolcemente. Mi piace il tuo modo di **vestire**.	**anziehen; sich kleiden** Während die Mutter ihr Kind anzieht, spricht sie zärtlich mit ihm. Mir gefällt es, wie du dich kleidest.

il **vestito** [ves'tiːto] *syn:* abito	**Kleidung** *f;* **Kleid** *n;* **Anzug** *m*
L'armadio è pieno di **vestiti**.	Der Schrank ist voll mit Kleidern.
Maria aveva uno stupendo **vestito** da sposa.	Maria hatte ein herrliches Hochzeitskleid an.
I politici italiani indossano sempre un **vestito** nero o grigio.	Italienische Politiker tragen immer einen schwarzen oder grauen Anzug.
il **cappotto** [kap'pɔtto]	**Mantel** *m*
Entrò e appese il **cappotto** all'attaccapanni.	Er kam herein und hing seinen Mantel an den Kleiderständer.
la **giacca** ['dʒakka] ⚠ *pl* **cche**	**Jacke** *f;* **Jackett** *n,* **Sakko** *m*
Devo sempre andare al lavoro in **giacca** e cravatta.	Ich muss immer mit Sakko und Krawatte zur Arbeit gehen.
l'**impermeabile** [imperme'aːbile] *m*	**Regenmantel** *m*
Se piove l'**impermeabile** è molto pratico.	Ein Regenmantel ist sehr praktisch, wenn es regnet.

***TIPP:** Die Betonung liegt auf dem „a" von „mea".*

l'**abito** ['aːbito] *syn:* vestito	**Kleidung** *f;* **Kleid** *n;* **Anzug** *m*
E' un **abito** di taglio classico. → *vestito*	Der Anzug hat einen klassischen Schnitt.

***TIPP:** Die Betonung liegt auf „a".*

i **pantaloni** [panta'lɔːni]	**Hose** *f*
Prova i **pantaloni**, voglio vedere come ti stanno.	Probier die Hose an, ich will sehen, wie sie dir steht.

***TIPP:** **pantaloni** wird im Plural gebraucht oder man sagt **un paio di pantaloni**.*

la **gonna** ['gonna]	**Rock** *m*
Non so se mettermi una **gonna** o i pantaloni.	Ich weiß nicht, ob ich einen Rock oder eine Hose anziehen soll.
la **camicia** [ka'miːtʃa] ⚠ *pl* **cie**	**Hemd** *n*
Ho fatto una lavatrice con tutte le **camicie** sporche.	Ich habe alle schmutzigen Hemden in der Maschine gewaschen.

la **tasca** ['taska] ⚠ *pl* **sche** Questi pantaloni sono senza **tasche**.	**Tasche** *f* Diese Hose hat keine Taschen.
il **bottone** [bot'to:ne] Mi si è staccato un **bottone**.	**Knopf** *m* Mir ist ein Knopf abgegangen.
il **buco** ['bu:ko] ⚠ *pl* **chi** Ho un **buco** in un calzino.	**Loch** *n* Ich habe ein Loch in der Socke.
la **scarpa** ['skarpa] Ho comprato un paio di **scarpe** di pelle.	**Schuh** *m* Ich habe ein Paar Schuhe aus Leder gekauft.
il **numero** ['nu:mero] Che **numero** di scarpe porti?	**Größe** *f* Welche Schuhgröße hast du?

TIPP: *Die Betonung liegt auf „nu".*

la **taglia** ['ta:ʎa] ⚠ *pl* **glie** Porto la **taglia** 42.	**Größe** *f* Ich trage Größe 42.

TIPP: *Die italienischen Konfektionsgrößen entsprechen nicht den deutschen. Es gibt eine Differenz von 4 bis 6. Die italienische Damengröße 42 entspricht in etwa der deutschen Größe 38, bzw. 46 der deutschen 40.*

il **calzino** [kal'tsi:no] Se hai freddo ai piedi, usa **calzini** di lana.	**Strumpf** *m* Zieh Wollstrümpfe an, wenn du kalte Füße hast.
il **cappello** [kap'pɛllo] Non riesco a stare al sole senza **cappello**.	**Hut** *m* Ich halte es ohne Hut in der Sonne nicht aus.

TIPP: cappello *nicht verwechseln mit* ***capello****, das Haar.*

il **berretto** [ber'retto]	**Mütze** *f*
il **guanto** [gu'anto] Hai preso il berretto e i **guanti** da sci?	**Handschuh** *m* Hast du Mütze und Skihandschuhe dabei?
l'**ombrello** [om'brɛllo] L'**ombrello** non mi serve, ho un impermeabile col cappuccio.	**Schirm** *m* Ich brauche keinen Schirm, mein Regenmantel hat eine Kapuze.
stretto, a ['stretto] *adj* *ant:* largo L'ho provato, è troppo **stretto**.	**eng** Ich habe es anprobiert, es ist zu eng.

largo, a ['largo] *adj* *ant:* stretto ⚠ *pl* **ghi, ghe** Questa gonna è troppo **larga**.	**weit** Dieser Rock ist zu weit.
corto, a ['korto] *adj ant:* lungo I giocatori indossano una maglietta e pantaloni **corti**.	**kurz** Die Spieler tragen ein T-Shirt und kurze Hosen.
lungo, a ['luŋgo] *adj* *ant:* corto ⚠ *pl* **ghi, ghe** Mi faccia provare una taglia più piccola, questo cappotto è troppo **lungo**.	**lang** Dieser Mantel ist zu lang, ich möchte bitte eine kleinere Größe anprobieren.
l'anello [a'nɛllo] Ha un **anello** per dito.	**Ring** *m* Sie trägt an jedem Finger einen Ring.
l'orologio [oro'lɔːdʒo] ⚠ *pl* **gi** Ha al polso un **orologio** d'oro.	**Uhr** *f* Sie trägt eine goldene Armbanduhr.
gli occhiali [okki'aːli] Devo portare gli **occhiali**. Ho trovato su una panchina un paio di **occhiali** da sole.	**Brille** *f* Ich muss eine Brille tragen. Ich habe auf der Bank eine Sonnenbrille gefunden.

***TIPP: occhiali** wird im Plural gebraucht oder auch in Verbindung mit dem Ausdruck **un paio di**.*

il bastone [bas'toːne] E' anziano, deve camminare col **bastone**.	**Stock** *m* Er ist alt, er geht am Stock.

«2001–4000»

portare [por'taːre] *v* *syn:* indossare **Porto** da anni questo cappotto e non mi ha ancora stancato.	**tragen, anhaben** Ich trage diesen Mantel schon seit Jahren, aber er gefällt mir immer noch.
provare [pro'vaːre] *v* *syn:* indossare Posso **provare** questo vestito? — Sì certo, che taglia porta?	**anprobieren** Kann ich dieses Kleid anprobieren? — Ja natürlich, was haben Sie für eine Größe?
cambiarsi [kambi'arsi] *v* Prima devo passare per casa a **cambiarmi**.	**sich umziehen** Erst muss ich nach Hause und mich umziehen.

i **jeans** [dʒiːnz] Porta i **jeans** tagliati sulle ginocchia e sul sedere.	**Jeans** *pl* Sie trägt Jeans, die an den Knien und am Po aufgerissen sind.

*TIPP: **jeans** spricht man wie im Deutschen aus. Wie **pantaloni** steht **jeans** immer im Plural, wobei man für eine Jeans **un paio di jeans** sagen kann.*

la **maglia** ['maːʎa] ⚠ *pl* **glie** E' vestito con i jeans e una **maglia** di cotone.	**Shirt** *n;* **Pulli** *m* Er trägt Jeans und ein Baumwollshirt.
la **maglietta** [ma'ʎetta] E' caldo, si sta bene con una **maglietta**.	**T-Shirt** *n* Es ist warm, im T-Shirt ist es angenehm.
il **maglione** [ma'ʎoːne] Che bel **maglione**, è fatto a mano?	**Pullover** *m* Was für ein schöner Pullover, ist der handgestrickt?
la **camicetta** [kami'tʃetta] Ho deciso di mettermi una **camicetta** bianca.	**Bluse** *f* Ich habe beschlossen, eine weiße Bluse anzuziehen.
il **completo** [kom'plɛːto] In centro ho visto un bellissimo **completo** con giacca a righe e gonna in tinta unita.	**Anzug** *m;* **Kostüm** *n* Ich habe im Zentrum ein wunderschönes Kostüm mit gestreifter Jacke und einfarbigem Rock gesehen.
l'**uniforme** [uni'forme] *f* Le **uniformi** del nostro personale sono grigie e bianche.	**Uniform** *f,* **Dienstkleidung** *f* Die Dienstkleidung unseres Personals ist grau und weiß.

il **colletto** [kol'letto] Il **colletto** di questa camicia va portato aperto.	**Kragen** *m* Der Kragen dieses Hemdes wird offen getragen.
la **manica** ['maːnika] ⚠ *pl* **che** La camicetta senza **maniche** c'è anche in rosso.	**Ärmel** *m* Die ärmellose Bluse gibt es auch in Rot.

TIPP: Die Betonung liegt auf „ma".

la **cerniera (lampo)** [tʃerni'ɛːra] Tirati su la **cerniera**!	**Reißverschluss** *m* Mach deinen Reißverschluss zu!

*TIPP: Man kann entweder sagen **la cerniera** oder **la cerniera lampo** oder **la lampo**.*

il **fiocco** [fi'ɔkko] ⚠ *pl* **cchi** Ha i capelli raccolti con un **fiocco**.	**Schleife** *f* Sie hat ihre Haare mit einer Schleife zusammengebunden.
le **scarpe da ginnastica** ['skarpe da dʒin'nastika] Ho cinque paia di **scarpe da ginnastica**.	**Turnschuhe** *pl* Ich habe fünf Paar Turnschuhe.

TIPP: *Die Betonung liegt auf „na".*

lo **stivale** [sti'vaːle] Vorrei provare quel paio di **stivali** in pelle nera che sono in vetrina.	**Stiefel** *m* Ich möchte diese schwarzen Lederstiefel aus dem Schaufenster anprobieren.

TIPP: stivale *wird meist im Plural verwendet, man kann auch **un paio di stivali** sagen.*

il **tacco** ['takko] ⚠ *pl* **cchi** Le scarpe coi **tacchi** bassi sono più comode.	**Absatz** *m* Schuhe mit flachem Absatz sind bequemer.
la **cravatta** [kra'vatta] Mauro si fa il nodo della **cravatta** davanti allo specchio.	**Krawatte** *f* Mauro bindet seine Krawatte vor dem Spiegel.
la **sciarpa** ['ʃarpa] Chiediamo quanto costa quella bella **sciarpa** di lana.	**Schal** *m* Lass uns fragen, was der schöne Wollschal kostet.
il **fazzoletto** [fattso'letto] Avrei bisogno di un **fazzoletto**.	**Taschentuch** *n* Ich bräuchte ein Taschentuch.
le **mutande** [mu'tande] L'elastico di queste **mutande** stringe troppo.	**Slip** *m*, **Unterhose** *f* Der Gummi an dieser Unterhose ist zu eng.
la **calza** ['kaltsa] Uffa, ho rotto le **calze**!	**Strumpfhose** *f* Mist, ich habe meine Strumpfhose kaputt gemacht!

TIPP: *Eigentlich heißt **la calza** der Strumpf, wird heutzutage aber verwendet für Frauenstrumpfhosen. **La calzamaglia** ist eine Strumpfhose aus Wolle oder dickerem Material. Statt **calza** wird auch oft das französische Wort **il collant** verwendet.*

la **calzamaglia** [kaltsa'maːʎa] ⚠ *pl* **glie**	**Strumpfhose** *f*
Sotto i pantaloni ho una **calzamaglia** di lana.	Ich trage unter der Hose eine Wollstrumpfhose.
la **cintura** [tʃin'tuːra]	**Gürtel** *m*
Se i pantaloni sono troppo larghi, metti una **cintura**.	Zieh einen Gürtel an, wenn dir die Hose zu weit ist.
il **gioiello** [dʒoi'ɛllo]	**Juwel** *n*
Un **gioiello** è un regalo prezioso.	Ein Juwel ist ein wertvolles Geschenk.
il **diamante** [dia'mante]	**Diamant** *m*
Quando è nato il loro bambino, le ha regalato un **diamante**.	Er hat ihr zur Geburt ihres Kindes einen Diamant geschenkt.
la **perla** ['pɛrla]	**Perle** *f*
Sull'abito da sera rosso vanno benissimo le **perle**.	Zu dem roten Abendkleid passen Perlen sehr gut.
il **motivo** [mo'tiːvo]	**Muster** *n*
Quest'anno è di moda questo **motivo**.	Dieses Jahr trägt man dieses Muster.
in tinta unita [in 'tinta u'niːta] *adj*	**einfarbig**
a righe [a 'riːge] *adj*	**gestreift**
a quadri [a ku'aːdri] *adj*	**kariert**
Preferisce una stoffa a righe o **a quadri**?	Möchten Sie lieber einen gestreiften oder karierten Stoff?
lavorare ai ferri [lavo'raːre ai 'fɛrri] *v*	**stricken**
Di sera, davanti alla televisione, **lavoro ai ferri**.	Abends stricke ich vor dem Fernseher.
cucire [ku'tʃiːre] *v* ⚠ *irr* 23	**nähen**
Quando ho tempo voglio **cucire** un nuovo vestito.	Wenn ich Zeit habe, möchte ich ein neues Kleid nähen.

1.2.3 ARBEITSWELT

1.2.3.1 Fabrik und Werkstatt

«1–2000»

la **fabbrica** ['fabbrika] ⚠ *pl* **che**	**Fabrik** *f*
Questa **fabbrica** produce lampadari.	In dieser Fabrik werden Lampen hergestellt.

TIPP: *Die Betonung liegt auf „fa".*

l'**industria** [in'dustria] ⚠ *pl* **rie**	**Industrie** *f*
Nel Norditalia ci sono molte **industrie**.	In Norditalien gibt es viel Industrie.

TIPP: *Die Betonung liegt auf „du".*

l'**attrezzo** [at'trettso]	**Werkzeug** *n*
E' arrivato un operaio con una cassetta degli **attrezzi**.	Ein Arbeiter ist mit seinem Werkzeug gekommen.
riparare [ripa'raːre] *v syn:* aggiustare	**reparieren**
Il meccanico **sta riparando** il motore.	Der Mechaniker repariert gerade den Motor.

«2001–4000»

industriale [industri'aːle] *adj*	**industriell, Industrie-**
A est della città c'è la zona **industriale**.	Im Osten der Stadt liegt das Industriegebiet.
l'**officina** [offi'tʃiːna]	**Werkstatt** *f*
Mio padre è meccanico in un'**officina**.	Mein Vater ist Mechaniker in einer Werkstatt.
aggiustare [addʒus'taːre] *v syn:* riparare	**reparieren**
Finalmente **avete aggiustato** il fax.	Endlich habt ihr das Fax repariert.
montare [mon'taːre] *v*	**zusammenbauen, aufbauen**
Da sola non riesco a **montare** questi pezzi.	Alleine kann ich diese Teile nicht zusammenbauen.
il **pezzo di ricambio** ['pɛttso di ri'kambio]	**Ersatzteil** *n*
Vendono **pezzi di ricambio** per biciclette.	Sie verkaufen Ersatzteile für Fahrräder.

il **servizio di assistenza** [ser'vi:tsio di assis'tɛntsa] In caso di guasto, chiamare il **servizio assistenza** clienti.	**Kundendienst** *m*, **Service** *m* Im Schadensfall wenden Sie sich bitte an den Kundendienst.

1.2.3.2 Wirtschaftsleben

1.2.3.2.1 Allgemeines

«1–2000»

l'**attività** [attivi'ta] Siamo pronti per avviare un'**attività** commerciale in proprio.	**Tätigkeit** *f* Wir sind so weit, eine selbstständige Tätigkeit aufzunehmen.
l'**affare** [af'fa:re] *m* Gli **affari** vanno bene.	**Geschäft** *n* Die Geschäfte gehen gut.
la **ditta**, l'**azienda** ['ditta, adzi'ɛnda] Abbiamo contattato una **ditta** di spedizioni internazionali.	**Firma** *f* Wir haben uns mit einer internationalen Speditionsfirma in Verbindung gesetzt.
l'**impresa** [im'pre:sa] Lavoro come segretaria per una piccola **impresa**.	**Unternehmen** *n* Ich bin Sekretärin in einem kleinen Unternehmen.
organizzare [organid'dza:re] *v* La mia ditta **ha organizzato** una festa in mio onore.	**organisieren** Meine Firma hat mir zu Ehren ein Fest organisiert.
il **posto di lavoro** ['posto di la'vo:ro] Ci sono state venticinque domande per questo **posto di lavoro**.	**Stelle** *f*, **Arbeitsplatz** *m* Um diese Stelle haben sich fünfundzwanzig Personen beworben.
la **disoccupazione** [dizokkupatsi'o:ne] Nell'Italia del sud c'è un alto tasso di **disoccupazione**.	**Arbeitslosigkeit** *f* Die Arbeitslosenquote in Süditalien ist hoch.
disoccupato, a [dizokku'pa:to] *adj* Al momento non ho un lavoro, sono **disoccupato**.	**arbeitslos** Ich habe zur Zeit keine Anstellung, ich bin arbeitslos.

la **paga** ['pa:ga] *syn:* stipendio ⚠ *pl* **ghe** Il ventisette di ogni mese, per molti lavoratori è giorno di **paga**.	**Bezahlung** *f*, **Lohn** *m* Am siebenundzwanzigsten jeden Monats ist für viele Arbeitnehmer Zahltag.
lo **stipendio** [sti'pɛndio] *syn:* paga ⚠ *pl* **di** Gli operai hanno chiesto un aumento di **stipendio**.	**Lohn** *m*, **Gehalt** *n* Die Arbeiter haben eine Lohnerhöhung gefordert.
l'**aumento** [au'mento]	**Erhöhung** *f*
occupato, a [okku'pa:to] *adj* Chieda al mio collega, al momento sono troppo **occupata**. Attualmente è **occupata** presso una scuola privata.	**beschäftigt** Fragen Sie meinen Kollegen, ich bin im Moment zu beschäftigt. Zur Zeit ist sie an einer Privatschule beschäftigt.
l'**offerta** [of'fɛrta] La nostra ultima **offerta** è di cento milioni.	**Angebot** *n* Unser letztes Angebot ist hundert Millionen.
offrire [of'fri:re] *v* ⚠ *irr* 48, **offro** Ho rifiutato il posto di lavoro che mi **hanno offerto** a Milano.	**anbieten** Ich habe die mir angebotene Stelle in Mailand abgelehnt.
l'**ordine** ['ordine] *m* Ci sono arrivati due buoni **ordini** dai nostri clienti.	**Auftrag** *m*, **Bestellung** *f* Wir haben zwei große Aufträge von unseren Kunden erhalten.

***TIPP:** Die Betonung liegt auf „or".*

la **vendita** ['vendita] *ant:* acquisto Hanno messo in **vendita** la casa.	**Verkauf** *m* Sie haben das Haus zum Verkauf angeboten.

***TIPP:** Die Betonung liegt auf „ven".*

la **svendita** ['zvendita] Puoi risparmiare molto se fai acquisti durante le **svendite**.	**Schlussverkauf** *m* Du kannst viel Geld sparen, wenn du zum Schlussverkauf gehst.

***TIPP:** Die Betonung liegt auf „sven".*

la **merce** ['mɛrtʃe] La **merce** è pronta.	**Ware** *f*, **Güter** *pl* Die Ware steht bereit.

«2001–4000»

l'**economia** [ekono'miːa] ⚠ *pl* **mie** Negli anni sessanta ci fu un boom nell'**economia** italiana.	**Wirtschaft** *f* In Italien gab es in den Sechzigerjahren einen Wirtschaftsboom.

***TIPP:** Die Betonung liegt auf dem „i".*

economico, a [eko'nɔːmiko] *adj* ⚠ *pl* **ci, che** Dopo la crisi, la situazione **economica** è in netta ripresa.	**wirtschaftlich, Wirtschafts-** Die Wirtschaft ist nach der Krise wieder deutlich im Aufschwung.

***TIPP:** Die Betonung liegt auf „no".*

gratuito, a [gra'tuːito] *adj* Oggi ingresso **gratuito**.	**kostenlos, gratis, frei** Heute ist der Eintritt frei.

***TIPP:** Die Betonung liegt auf „tu".*

il **commercio** [kom'mɛrtʃo] ⚠ *pl* **ci** Questo prodotto è fuori **commercio**.	**Handel** *m* Dieser Artikel ist im Handel nicht mehr erhältlich.
commerciale [kommer'tʃaːle] *adj* L'ultimo modello prodotto ha avuto un buon successo **commerciale**.	**wirtschaftlich, geschäftlich, Handels-** Geschäftlich gesehen war das zuletzt hergestellte Modell ein großer Erfolg.
fondare [fon'daːre] *v* *syn:* creare La compagnia **è stata fondata** nel 1970.	**gründen** Die Gesellschaft wurde 1970 gegründet.
il **direttore**, la **direttrice** [diret'toːre, -'triːtʃe] E' **direttore** di banca.	**Leiter(in)** *m(f)*, **Direktor(in)** *m(f)* Er ist Bankdirektor.
il **proprietario**, la **proprietaria** [proprie'taːrio, proprie'taːria] ⚠ *pl* **ri, rie** Sono **proprietaria** dell'azienda al cinquanta per cento.	**Besitzer(in)** *m(f)*, **Eigentümer(in)** *m(f)* Ich bin zu fünfzig Prozent Teilhaberin an der Firma.

il **possesso** [pos'sɛsso] E' stato trovato in **possesso** di documenti falsi.	**Besitz** *m*, **Eigentum** *n* Er war im Besitz gefälschter Dokumente.
appartenere [apparte'neːre] *v* ⚠ *irr* 80 Questo orologio è un caro ricordo, **apparteneva** a mio nonno.	**gehören** Diese Uhr ist für mich ein kostbares Andenken, sie gehörte meinem Opa.
la **proprietà** [proprie'ta] *syn:* possesso **Proprietà** privata, vietato l'accesso.	**Eigentum** *n*, **Besitz** *m* Privatbesitz, Zutritt verboten.
finanziario, a [finantsi'aːrio] *adj* ⚠ *pl* **ri, rie** Abbiamo problemi **finanziari**.	**finanziell** Wir haben finanzielle Probleme.
dirigere [di'riːdʒere] *v* ⚠ *irr* 30 **Dirige** una ditta con settanta dipendenti.	**führen, leiten** Sie leitet eine Firma mit siebzig Beschäftigten.

***TIPP:** Die Betonung liegt auf „ri".*

il, la **dirigente** [diri'dʒɛnte] Oggi ci sarà un incontro con i **dirigenti** dell'azienda.	**leitende(r) Angestellte(r)** *f(m)* Heute findet ein Treffen mit den leitenden Angestellten der Firma statt.
la **direzione** [diretsi'oːne] Le presento i membri della **direzione**.	**Geschäftsleitung** *f* Ich möchte Ihnen die Geschäftsleitung vorstellen.
l'**amministrazione** [amministratsi'oːne] *f* Un attimo, Le passo la collega in **amministrazione**.	**Verwaltung** *f* Einen Moment bitte, ich verbinde Sie mit der Verwaltung.
la **manodopera** [mano'dɔːpera] La **manodopera** nei paesi asiatici costa molto meno.	**Arbeitskräfte** *pl* Arbeitskräfte sind in asiatischen Ländern viel billiger.

***TIPP:** Die Betonung liegt auf „do".*

dare lavoro ['daːre la'voːro] *v syn:* impiegare ⚠ *irr* 24 Il nuovo centro commerciale **darà lavoro** a seicento persone.	**beschäftigen, einstellen** Durch das neue Gewerbezentrum entstehen sechshundert neue Arbeitsplätze.

impiegare [impie'gaːre] *v* — **einstellen**
Hanno **impiegato** una nuova commessa al supermercato. — Sie haben im Supermarkt eine neue Verkäuferin eingestellt.

impiegato, a [impie'gaːto] *adj* — **beschäftigt, angestellt**
Sono **impiegata** alle Poste. — Ich bin bei der Post angestellt.

assumere [as'suːmere] *v* ⚠ *irr* 7 — **einstellen, anstellen**
E' stata assunta come segretaria. — Sie ist als Sekretärin eingestellt worden.

TIPP: Die Betonung liegt auf „su".

il **datore di lavoro**, la **datrice di lavoro** [da'toːre di la'voːro, da'triːtʃe di la'voːro] — **Arbeitgeber(in)** *m(f)*
Oggi firmo il contratto con il mio nuovo **datore di lavoro**. — Heute unterschreibe ich den Vertrag mit meinem neuen Arbeitgeber.

la **pensione** [pensi'oːne] — **Rente** *f;* **Ruhestand** *m*
Gli anziani vivono con la **pensione**. — Die Senioren leben von ihrer Rente.
Fra un anno mio padre va in **pensione**. — Mein Vater geht in einem Jahr in den Ruhestand.

licenziare [litʃentsi'aːre] *v* — **entlassen, kündigen**
Se la crisi continua, dovremo **licenziare** alcuni dipendenti. — Wenn sich die Lage nicht bessert, werden wir einige Mitarbeiter entlassen müssen.

TIPP: Jemandem kündigen heißt ***licenziare qualcuno****.*

licenziarsi [litʃentsi'arsi] *v* — **kündigen**
Mi sono licenziata. — Ich habe gekündigt.

il **sindacato** [sinda'kaːto] — **Gewerkschaft** *f*
I **sindacati** difendono i diritti dei lavoratori. — Die Gewerkschaften setzen sich für die Rechte der Arbeitnehmer ein.

lo **sciopero** ['ʃɔːpero] — **Streik** *m*
Oggi i lavoratori metalmeccanici sono in **sciopero**. — Heute streiken die Arbeiter der Metallindustrie.

TIPP: Die Buchstabenfolge ***scio*** *wird „scho" ausgesprochen und ist betont.*

scioperare [ʃope'raːre] *v* — **streiken**
Aeroporti bloccati, gli assistenti di volo **scioperano** fino a martedì. — Auf den Flughäfen geht nichts mehr, die Flugbegleiter streiken bis Dienstag.

la **manifestazione** [manifestatsi'oːne] — **Demonstration** *f*
Oggi a Milano c'è una **manifestazione** per la pace. — In Mailand findet heute eine Friedensdemonstration statt.

produrre [pro'durre] *v* ⚠ *irr* 17 — **herstellen, produzieren**
Molte fabbriche in Italia **producono** automobili. — In vielen italienischen Fabriken werden Autos hergestellt.

il **prodotto** [pro'dotto] — **Produkt** *n*, **Erzeugnis** *n*
Il prosciutto di Parma è un **prodotto** tipico dell'Emilia Romagna. — Der Parmaschinken ist ein typisches Erzeugnis aus der Emilia Romagna.

la **produzione** [produtsi'oːne] — **Produktion** *f*, **Herstellung** *f*
Tutti i nostri prodotti sono di **produzione** propria. — Alle unsere Produkte sind aus eigener Herstellung.

il **produttore**, la **produttrice** [produt'toːre, -'triːtʃe] — **Hersteller(in)** *m(f)*
La regione Veneto è gran **produttrice** di vini. — In der Region Venetien wird sehr viel Wein erzeugt.

il **settore** [set'toːre] — **Sektor** *m*
Il **settore** dell'informatica è in continuo sviluppo. — Der Informatiksektor entwickelt sich ständig weiter.

l'**articolo** [ar'tiːkolo] — **Artikel** *m*
Hanno aperto un nuovo negozio di **articoli** sportivi. — Ein neues Sportartikelgeschäft ist eröffnet worden.

***TIPP:** Die Betonung liegt auf „ti".*

il **modello** [mo'dɛllo] — **Modell** *n*
Nel negozio il commesso ci ha mostrato vari **modelli**. — Der Verkäufer hat uns im Geschäft verschiedene Modelle gezeigt.

disponibile [dispo'niːbile] *adj* — **vorrätig; erhältlich**
Questo articolo è **disponibile** anche in altre taglie e colori. — Dieser Artikel ist auch in anderen Größen und Farben vorrätig.
La merce sarà **disponibile** entro una settimana. — Die Ware ist in einer Woche erhältlich.

***TIPP:** Die Betonung liegt auf „ni".*

la **domanda** [do'manda] — **Nachfrage** *f*
ant: offerta
Il mercato è regolato dalla **domanda** e dall'offerta. — Der Markt wird von Angebot und Nachfrage gesteuert.

***TIPP:** Man beachte die umgekehrte Reihenfolge von Angebot und Nachfrage im Italienischen.*

scarso, a ['skarso] *adj* *ant:* abbondante L'anno scorso il raccolto è stato molto **scarso**.	**knapp, spärlich, dürftig** Im letzten Jahr ist die Ernte sehr dürftig ausgefallen.
fornire [for'niːre] *v* ⚠ **fornisco** **Forniamo** servizio d'assistenza 24 ore su 24.	**liefern, versorgen** Wir bieten Ihnen einen 24-Stunden-Service.
la **riserva** [ri'sɛrva] Abbiamo fatto una buona **riserva** di legna per l'inverno.	**Vorrat** *m*, **Reserve** *f* Wir haben für den Winter einen großen Vorrat an Holz angelegt.
importare [impor'taːre] *v* *ant:* esportare La Germania **importa** generi alimentari dall'Italia.	**einführen, importieren** Deutschland importiert Lebensmittel aus Italien.
esportare [espor'taːre] *v* *ant:* importare Moltissimi prodotti italiani vengono **esportati** in tutto il mondo.	**ausführen, exportieren** Sehr viele italienische Produkte werden in die ganze Welt exportiert.
la **concorrenza** [koŋkor'rɛntsa] Oggigiorno molte compagnie private fanno **concorrenza** alla Telecom.	**Konkurrenz** *f*, **Wettbewerb** *m* Viele private Gesellschaften machen heute der Telekom Konkurrenz.
il **bilancio** [bi'lantʃo] ⚠ *pl* **ci** A fine anno le aziende fanno il **bilancio**. → *bilancia*	**Bilanz** *f* Die Unternehmen erstellen zum Jahresende die Bilanz.

1.2.3.2.2 Geschäft

«1–2000»

il **negozio** [ne'gɔːtsio] ⚠ *pl* **zi** Mi piace guardare le vetrine dei **negozi**.	**Geschäft** *n*, **Laden** *m* Ich sehe mir gerne die Schaufenster der Geschäfte an.
aperto, a [a'pɛrto] *adj* *ant:* chiuso Sono **aperti** oggi i negozi?	**offen, geöffnet** Sind die Läden heute auf?

chiuso, a [ki'uːso] *adj* *ant:* aperto Di domenica è tutto **chiuso**.	**zu, geschlossen** Sonntags ist alles geschlossen.
la **vetrina** [ve'triːna] Vorrei vedere il modello che c'è in **vetrina**.	**Schaufenster** *n* Ich würde gerne das Modell aus dem Schaufenster sehen.
il **grande magazzino** ['grande magad'dziːno] La Standa, Upim e Coin sono i più famosi **grandi magazzini** italiani.	**Kaufhaus** *n*, **Warenhaus** *n* La Standa, Upim und Coin sind die bekanntesten Kaufhäuser in Italien.
il **supermercato** [supermer'kaːto] Mi servono delle monete per il carrello del **supermercato**.	**Supermarkt** *m* Ich brauche Münzen für den Einkaufswagen im Supermarkt.

fare la spesa ['faːre la 'speːsa] *v* ⚠ *irr* 37 Vado al supermercato a **fare la spesa**.	**einkaufen gehen** Ich gehe im Supermarkt einkaufen.

TIPP:* *fare la spesa *sagt man, wenn man Lebensmittel einkauft.* ***fare spese*** *bedeutet allgemein einkaufen gehen.*

comprare [kom'praːre] *v* *ant:* vendere **Compra** un litro di latte.	**kaufen** Kauf einen Liter Milch.
vendere ['vendere] *v* *ant:* comprare Non posso comprare la macchina nuova fino a quando non **vendo** quella vecchia.	**verkaufen** Ich kann das neue Auto erst kaufen, wenn ich das alte verkauft habe.

TIPP: *Die Betonung liegt auf „ven“.*

«2001–4000»

il, la **commerciante** [kommer'tʃante] *syn:* venditore, venditrice I **commercianti** protestano contro le nuove tasse.	**Händler(in)** *m(f)* Die Händler protestieren gegen die neuen Steuern.

l'**ipermercato** [ipermer'kaːto] Gli **ipermercati** mettono in difficoltà i piccoli commercianti.	**Supermarkt** *m* Die Supermärkte bringen die kleinen Geschäfte in Schwierigkeiten.
i **generi alimentari** ['dʒɛːneri alimen'taːri] C'è un negozio di **generi alimentari** dopo la posta.	**Nahrungsmittel** *pl*, **Lebensmittel** *pl* Hinter der Post ist ein Lebensmittelgeschäft.

***TIPP:** Die Betonung liegt auf „ge".*

il **fruttivendolo** [frutti'vendolo] *syn:* negozio di frutta e verdura Oggi la merce del **fruttivendolo** è proprio fresca.	**Obst- und Gemüseladen** *m* Die Ware des Obst- und Gemüseladens ist heute wirklich frisch.

***TIPP:** Die Betonung liegt auf „ven".*

la **latteria** [latte'riːa] ⚠ *pl* **rie** I formaggi di quella **latteria** sono ottimi.	**Molkerei** *f* Der Käse aus dieser Molkerei ist ausgezeichnet.

***TIPP:** Die Betonung liegt auf „i" wie bei allen Geschäften, die auf „ia" enden.*

il **panificio** [pani'fiːtʃo] *syn:* forno ⚠ *pl* **ci** Vai in **panificio** e compra del pane fresco.	**Bäckerei** *f* Geh in die Bäckerei und kauf frisches Brot.
la **macelleria** [matʃelle'riːa] ⚠ *pl* **rie** In **macelleria** devo prendere delle bistecche di manzo.	**Metzgerei** *f* In der Metzgerei muss ich Rindersteaks holen.

***TIPP:** Die Betonung liegt auf „i". In der **macelleria** kann man nur Fleisch und **salsicce** kaufen, aber keine Wurst im deutschen Sinn.*

la **salumeria** [salume'riːa] ⚠ *pl* **rie** Compra due salami in **salumeria**.	**Wurstwarenhandlung** *f* Kauf in der Wurstwarenhandlung zwei Salamis.

***TIPP:** Die Betonung liegt auf „i". Die **salumeria** ist ein Fachgeschäft für Wurstwaren (salumi). Man bekommt dort aber auch Schinken, Käse und Feinkostartikel wie eingelegte Oliven, Pilze usw.*

la **rosticceria** [rostittʃe'riːa] ⚠ *pl* **rie** Oggi per pranzo compro un pollo in **rosticceria**.	**Schnellimbiss** *m* Heute kaufe ich im Schnellimbiss ein Brathähnchen für das Mittagessen.

*TIPP: Die Betonung liegt auf „i", die Buchstabenfolge „cce" wird „tsche" gesprochen. Eine **rosticceria** ist ein Geschäft, in dem man Grillgerichte und Beilagen zum Mitnehmen kaufen kann.*

la **tabaccheria** [tabakke'riːa] ⚠ *pl* **rie** Mi sono fermata in **tabaccheria** a prendere dei francobolli e le sigarette.	**Tabakladen** *m* Ich bin noch auf einen Sprung in den Tabakladen gegangen und habe Briefmarken und Zigaretten gekauft.

TIPP: Die Betonung liegt auf „i".

il **mercato** [mer'kaːto] Nella mia città il sabato c'è il **mercato**.	**Markt** *m* In meiner Stadt ist samstags Markt.
il **reparto** [re'parto] Scusi per favore, dov'è il **reparto** giocattoli?	**Abteilung** *f* Entschuldigen Sie bitte, wo ist die Spielzeugabteilung?
il **carrello** [kar'rɛllo] Per prendere il **carrello** serve una moneta.	**(Einkaufs)wagen** *m* Für den Einkaufswagen braucht man eine Münze.
il, la **cliente** [kli'ɛnte] Finisco di servire i **clienti** e sono subito da Lei.	**Kunde, Kundin** *m, f* Ich bin gleich bei Ihnen, ich bediene nur noch eben diese Kunden.
la **clientela** [klien'tɛːla] Abbiamo una **clientela** fissa.	**Kundschaft** *f* Wir haben einen festen Kundenstamm.
il **consumatore**, la **consumatrice** [konsuma'toːre, -'triːtʃe] Siamo dalla parte del **consumatore**.	**Verbraucher(in)** *m(f)* Wir stehen auf der Seite der Verbraucher.
il **cassiere**, la **cassiera** [kassi'ɛːre] La **cassiera** non mi ha dato il resto.	**Kassierer(in)** *m(f)* Die Kassiererin hat mir kein Wechselgeld herausgegeben.

la **cassa** ['kassa]
C'è una lunga fila alla **cassa**.

Kasse *f*
An der Kasse steht eine lange Schlange.

---

la **pubblicità** [pubblitʃi'ta]
Secondo me, in televisione c'è troppa **pubblicità**.

Werbung *f*
Meiner Meinung nach gibt es im Fernsehen zu viel Werbung.

---

pubblicizzare [pubblitʃi'dzaːre] *v syn:* fare pubblicità
Pubblicizziamo la manifestazione su tutti i giornali locali.

Werbung machen für
Wir machen in allen Lokalzeitungen Werbung für die Veranstaltung.

---

l'**annuncio pubblicitario** [an'nuntʃo pubblitʃi'taːrio]
⚠ *pl* **annunci pubblicitari**
Si possono fare buoni affari mettendo e rispondendo ad **annunci pubblicitari**.

Werbeanzeige *f*, **Werbeannonce** *f*
Wenn man inseriert oder auf Anzeigen antwortet, kann man Schnäppchen machen.

1.2.4 GELD

«1–2000»

i **soldi** ['sɔldi] *syn:* denaro
Ho speso troppo e sono rimasto senza **soldi**.

Geld *n*
Ich habe zu viel ausgegeben, und jetzt habe ich kein Geld mehr.

> ***TIPP: Viel Geld kosten** wird durch **costare molto** ausgedrückt.*

---

il **contante** [kon'tante]
Preferiamo pagare in **contanti**.

Bargeld *n*
Wir ziehen es vor, bar zu bezahlen.

---

pagare [pa'gaːre] *v*
Non mi è costato tanto, l'**ho pagato** cinquanta euro.

zahlen, bezahlen
Es hat nicht viel gekostet, ich habe fünfzig Euro dafür bezahlt.

---

a parte [a 'parte] *adv*
Pago il prosciutto **a parte**.

getrennt
Ich zahle den Schinken getrennt.

---

il **prezzo** ['prɛttso]
Non so quanto costa, non c'è il **prezzo**.

Preis *m*
Ich weiß nicht, wie viel es kostet. Da steht kein Preis.

caro, a ['ka:ro] *adj* La verdura dal fruttivendolo è troppo **cara**, vado al supermercato.	**teuer** Im Obst- und Gemüseladen ist mir das Gemüse zu teuer, ich gehe in den Supermarkt.
a buon prezzo, a buon mercato [a bu'ɔn 'prɛttso, a bu'ɔn mer'ka:to] *adj* *ant:* costoso, caro In questa stagione i meloni sono **a buon mercato**.	**billig, preiswert** Melonen sind in dieser Jahreszeit preiswert.
guadagnare [guada'ɲa:re] *v* *ant:* spendere **Guadagnano** bene, perciò possono anche spendere.	**verdienen** Sie verdienen gut, also können sie auch viel ausgeben.
spendere ['spɛndere] *v* *ant:* guadagnare, risparmiare ⚠ *irr* 74 I soldi per studiare **sono spesi** bene.	**ausgeben** Geld, das man fürs Studium ausgibt, ist sinnvoll angelegt.

***TIPP:** Die Betonung liegt auf „spe“.*

risparmiare [risparmi'a:re] *v* *ant:* spendere Con tutte queste spese è difficile **risparmiare**.	**sparen** Bei all den Ausgaben ist es schwer zu sparen.
il **costo** ['kɔsto] *syn:* spesa Nei **costi** del viaggio calcola anche benzina e autostrada.	**Kosten** *pl* Rechne zu den Reisekosten auch das Benzin und die Autobahngebühren dazu.
costare [kos'ta:re] *v* Quanto **costa** questo modem?	**kosten** Wie viel kostet dieses Modem?
l'**affitto** [af'fitto] Quant'è l'**affitto** al mese?	**Miete** *f* Wie hoch ist die Monatsmiete?
la **tassa** ['tassa] *syn:* imposta Paghiamo troppe **tasse**!	**Steuer** *f* Wir zahlen zu viele Steuern!
la **spesa** ['spe:sa] Ogni mese ci sono così tante **spese**!	**Ausgaben** *pl* Jeden Monat hat man so viele Ausgaben!
il **debito** ['dɛ:bito] *ant:* credito Abbiamo ancora molti **debiti** da pagare.	**Schulden** *pl* Wir haben noch viele Schulden abzubezahlen.

TIPP: Die Betonung liegt auf „de“.

la **banca** ['baŋka] ⚠ *pl* **che** Devo fare un'operazione in **banca**.	**Bank** *f* Ich habe in der Bank etwas zu erledigen.
la **cassa di risparmio** ['kassa di ris'parmio] C'è una filiale della nostra **cassa di risparmio** in ogni città.	**Sparkasse** *f* In jeder Stadt gibt es eine Filiale unserer Sparkasse.
il **denaro** [de'naːro] *syn:* soldi Come preferisce il **denaro**?	**Geld** *n* Wie möchten Sie das Geld haben?
la **banconota** [baŋko'nɔːta] *ant:* moneta	**Geldschein** *m*, **Banknote** *f*
la **moneta** [mo'neːta] Ho bisogno di una moneta da cinpuanta centesimi.	**Münze** *f* Ich brauche eine 50-Cent-Münze.

«2001–4000»

l'**entrata** [en'traːta] *ant:* uscita Quando le **entrate** sono maggiori delle uscite, il bilancio è in attivo.	**Erträge** *pl*, **Einnahmen** *pl* Wenn die Erträge höher sind als die Aufwendungen, hat man einen Jahresüberschuss.
acquistare [akkuis'taːre] *v* *syn:* comprare, *ant:* vendere Con il nuovo anno l'azienda **acquisterà** nuovi macchinari per la produzione.	**kaufen** Anfang nächsten Jahres wird das Unternehmen neue Maschinen für die Produktion kaufen.
l'**acquisto** [akku'isto] Vado in città a fare **acquisti**.	**Kauf** *m* Ich gehe in die Stadt, um Einkäufe zu machen.
il **risparmio** [ris'parmio] ⚠ *pl* **mi** Abbiamo investito i nostri **risparmi**.	**Ersparnis** *f* Wir haben unsere Ersparnisse angelegt.
investire [inves'tiːre] *v* ⚠ **investo**	**anlegen, investieren**

permettersi [per'mettersi] *v* ⚠ *irr* 41	**sich erlauben, sich leisten**
In questo periodo non possiamo **permetterci** molto.	Zur Zeit können wir uns nicht viel leisten.

***TIPP:** Die Betonung liegt auf „me".*

lo **scontrino** [skon'tri:no]	**Kassenzettel** *m*
Possiamo cambiare la merce solo con lo **scontrino**.	Wir können die Ware nur mit dem Kassenzettel umtauschen.
la **ricevuta** [ritʃe'vu:ta]	**Quittung** *f*, **Beleg** *m*
Il conto, con la **ricevuta** per favore.	Die Rechnung mit Quittung bitte.

il **valore** [va'lo:re]	**Wert** *m*
Quel quadro ha un **valore** di diversi milioni.	Das Gemälde hat einen Wert von mehreren Millionen Lire.
costoso, a [kos'to:so] *adj* *syn:* caro, *ant:* economico	**teuer**
Ha scelto il profumo più **costoso**.	Sie hat das teuerste Parfüm ausgesucht.
economico, a [eko'nɔ:miko] *adj syn:* a buon prezzo, a buon mercato, *ant:* costoso, caro ⚠ *pl* **ci, che**	**billig, preiswert**
Di sera le tariffe telefoniche sono più **economiche**.	Abends ist Telefonieren billiger.

***TIPP:** Die Betonung liegt auf „no".*

la **ricchezza** [rik'kettsa]	**Reichtum** *m*
Che ne è stato delle loro **ricchezze**?	Was ist aus ihrem Reichtum geworden?
il **tesoro** [te'zɔ:ro]	**Schatz** *m*
I romani possedevano grandi **tesori**.	Die Römer besaßen große Schätze.

***TIPP:** Wie im Deutschen wird **tesoro** auch als Kosewort für einen Menschen benutzt.*

assicurare [assiku'ra:re] *v*	**versichern**
Siamo assicurati contro furto e incendio.	Wir sind gegen Feuer und Diebstahl versichert.

l'assicurazione [assikuratsi'oːne] *f*	**Versicherung** *f*
L'**assicurazione** pagherà una parte dei danni.	Die Versicherung wird einen Teil des Schadens übernehmen.
noleggiare [noled'dʒaːre] *v*	**mieten, leihen**
All'aeroporto **abbiamo noleggiato** una macchina.	Am Flughafen haben wir ein Auto gemietet.
affittare [affit'taːre] *v*	**mieten**
Affitteranno un appartamento al mare per luglio.	Sie werden für den Juli eine Wohnung am Meer mieten.

***TIPP:** Das Verb **affittare** benutzt man in der Regel im Zusammenhang mit Immobilien (Häuser, Wohnungen), während **noleggiare** für bewegliche Sachen gebraucht wird (Autos, Boote, Liegestühle).*

l'imposta [im'posta]	**Steuer** *f*
syn: tassa	
L'IVA è l'**imposta** sul valore aggiunto.	Die „IVA" ist die Mehrwertsteuer.
lo sconto ['skonto]	**Rabatt** *m*, **Nachlass** *m*
In ottobre **sconti** fino al cinquanta percento.	Im Oktober gibt es Preisnachlässe bis zu fünfzig Prozent.
abbassare [abbas'saːre] *v*	**herabsetzen, reduzieren**
syn: ridurre, *ant:* alzare, aumentare	
Per le svendite **abbassano** i prezzi.	Im Schlussverkauf werden die Preise reduziert.
lordo ['lordo] *adj*	**brutto, Brutto-**
Questa cifra è al **lordo** o al netto di IVA?	Ist in diesem Betrag die Mehrwertsteuer enthalten oder nicht?
netto ['netto] *adj ant:* lordo	**netto, Netto-**
Peso **netto** grammi 250.	Das Nettogewicht beträgt 250 Gramm.
il credito ['kreːdito]	**Kredit** *m*
Non si fa **credito**.	Wir geben keinen Kredit.

***TIPP:** Die Betonung liegt auf „cre".*

l'interesse [inte'rɛsse] *m*	**Zins** *m*
Gli **interessi** sul mio libretto di risparmio sono del 4 percento netto annuo.	Auf meinem Sparbuch bekomme ich jährlich 4 Prozent Zinsen.

il **tasso** ['tasso] I **tassi** di interesse al momento sono buoni.	**Rate** *f*, **Satz** *m* Zur Zeit gibt es günstige Zinsen.
all'ora [all'oːra] *adv* Mi pagano quindici euro **all'ora**.	**pro Stunde, die Stunde** Ich verdiene fünfzehn Euro in der Stunde.
il **percento** [per'tʃɛnto] Il prezzo della benzina è aumentato del due **percento** circa.	**Prozent** *n* Der Benzinpreis ist um etwa zwei Prozent gestiegen.

***TIPP:** Man schreibt normalerweise 2 %.*

dovere [do'veːre] *v* ⚠ *irr* 34 Ricordami che ti **devo** dei soldi.	**schulden** Erinnere mich daran, dass ich dir Geld schulde.
la **perdita** ['pɛrdita] Gli affari vanno male, siamo in **perdita**.	**Verlust** *m* Die Geschäfte gehen nicht gut, wir machen Verluste.

***TIPP:** Die Betonung liegt auf „per".*

l'**operazione** [operatsi'oːne] *f* Devo andare in banca per fare alcune **operazioni**.	**Geschäft** *n*, **Transaktion** *f* Ich muss zur Bank, um einige Geschäfte zu tätigen.
il **versamento** [versa'mento] *ant:* prelievo Ho fatto un **versamento** in banca in data 2 aprile.	**Einzahlung** *f* Ich habe am 2. April etwas einbezahlt.
il **prelievo** [preli'ɛːvo] *ant:* versamento Ho fatto un **prelievo**.	**Abhebung** *f* Ich habe Geld abgehoben.
l'**assegno** [as'seːɲo] Posso farti un **assegno** o preferisci contanti?	**Scheck** *m* Kann ich dir einen Scheck geben, oder willst du es lieber bar haben?
la **carta di credito** ['karta di 'kreːdito] Ho effettuato il pagamento con la **carta di credito**.	**Kreditkarte** *f* Ich habe mit Kreditkarte bezahlt.

***TIPP:** Die Betonung liegt auf „cre".*

il **conto** ['konto] Qual è il suo numero di **conto**?	**Konto** *n* Wie lautet ihre Kontonummer?

il **conto corrente** ['konto kor'rɛnte] Voglio controllare alcune operazioni eseguite sul mio **conto corrente**.	**Girokonto** *n* Ich möchte ein paar Überweisungen auf meinem Girokonto überprüfen.
cambiare [kambi'a:re] *v* Vorrei **cambiare** mille euro in dollari.	**wechseln** Ich möchte Tausend Euro in Dollars wechseln.
il **cambio** ['kambio] ⚠ *pl* **bi** Quant'è il **cambio** del dollaro oggi?	**Wechselkurs** *m* Wie ist der heutige Wechselkurs des Dollar?
l'**euro** ['euro] In Europa è stato introdotto l'**euro**.	**Euro** *m* Der Euro ist in Europa eingeführt worden.
il **bancomat** [baŋko'mat] ⚠ *pl inv* Ho fatto un prelievo al **bancomat**.	**Geldautomat** *m* Ich habe am Automat Geld abgehoben.
la **tessera** ['tɛssera] Se la **tessera** del bancomat non funziona devi andare in banca.	**Scheckkarte** *f* Wenn deine Scheckkarte am Automat nicht funktioniert, musst du in die Bank gehen.

***TIPP:** Die Betonung liegt auf „te".*

1.2.5 ÄMTER UND BEHÖRDEN

«1–2000»

l'**ufficio** [uf'fi:tʃo] ⚠ *pl* **ci** Il direttore è nel suo **ufficio**.	**Büro** *n* Der Direktor ist in seinem Büro.
il **personale** [perso'na:le] *syn:* dipendenti Il nostro **personale** è molto qualificato.	**Personal** *n*, **Mitarbeiter** *pl* Unser Personal ist hoch qualifiziert.
l'**organizzazione** [organiddzatsi'o:ne] *f* E' questione di metodo e **organizzazione**.	**Organisation** *f* Planung und Organisation sind hier gefragt.
firmare [fir'ma:re] *v* **Firmi** qui per favore.	**unterschreiben** Unterschreiben Sie bitte hier.

il **documento** [doku'mento] Metta una firma su questi **documenti**, per favore. Ha un **documento** d'identità, per favore?	**Dokument** *n;* **Ausweis** *m* Unterschreiben Sie bitte diese Dokumente. Haben Sie Ihren Ausweis dabei?
il **contratto** [kon'tratto] Leggi attentamente il **contratto** prima di firmare.	**Vertrag** *m* Lies den Vertrag aufmerksam durch, bevor du unterschreibst.
la **lista** ['lista] *syn:* elenco Il suo nome compare nella **lista** dei candidati.	**Liste** *f* Sein Name steht auf der Liste der Kandidaten.

«2001–4000»

la **carica** ['kaːrika] ⚠ *pl* **che** Nella società occupa un'alta **carica**.	**Amt** *n* Er bekleidet ein hohes Amt in der Gesellschaft.

TIPP: *Die Betonung liegt auf „ca".*

l'**autorità** [autori'ta] Nella sua posizione ha molta **autorità**.	**Befugnis** *f* Er hat in seiner Position viele Befugnisse.
la **guardia** [gu'ardia] ⚠ *pl* **die** Nel negozio c'è stato un controllo della **guardia** di Finanza.	**Wache** *f* Das Geschäft wurde von Finanzbeamten überprüft.
il **dipartimento** [diparti'mento] Il signor Crotti lavora nel **dipartimento** delle finanze.	**Abteilung** *f* Signor Crotti arbeitet in der Finanzabteilung.
ufficiale [uffi'tʃaːle] *adj* Non ci sono ancora notizie **ufficiali**.	**offiziell, amtlich** Es gibt noch keine offiziellen Mitteilungen.
il **funzionario**, la **funzionaria** [funtsio'naːrio] ⚠ *pl* **ri, rie** E' un **funzionario** dello Stato.	**Beamte(r), Beamtin** *m, f* Er ist Staatsbeamter.
nominare [nomi'naːre] *v* **Sono stata nominata** segretaria della nuova associazione sportiva.	**ernennen** Ich bin zur Vorsitzenden des neuen Sportvereins ernannt worden.
responsabile [respon'saːbile] *adj* Siete **responsabili** di tutti i documenti e dei soldi in cassa.	**verantwortlich** Ihr seid für alle Dokumente und das Geld in der Kasse verantwortlich.

TIPP: Die Betonung liegt auf „sa".

l'**elenco** [e'lɛŋko] *syn:* lista ⚠ *pl* **chi** Stanno per comunicare l'**elenco** ufficiale dei partecipanti al corso.	**Liste** *f* Die offizielle Liste der Kursteilnehmer wird gerade bekannt gegeben.
il **modulo** ['mɔːdulo] Prendi un **modulo** anche per me.	**Formular** *n*, **Vordruck** *m* Bring mir auch ein Formular mit.

TIPP: Die Betonung liegt auf „mo".

il **certificato** [tʃertifi'kaːto] Fatti fare in comune un **certificato** di nascita.	**Urkunde** *f* Lass dir auf der Gemeinde eine Geburtsurkunde ausstellen.
compilare [kompi'laːre] *v* *syn:* riempire **Compilare** il modulo a penna.	**ausfüllen** Bitte das Formular mit Kugelschreiber ausfüllen.
la **firma** ['firma] Su questo documento manca la tua **firma**.	**Unterschrift** *f* Auf diesem Dokument fehlt deine Unterschrift.
fare domanda ['faːre do'manda] *v* ⚠ *irr* 37 Ha **fatto domanda** di lavoro in Polizia.	**sich bewerben (um)** Er hat sich bei der Polizei beworben.
il **colloquio** [kol'lɔːkuio] ⚠ *pl* **qui** La settimana prossima Graziella ha un **colloquio** di lavoro.	**Gespräch** *n* Nächste Woche hat Graziella ein Vorstellungsgespräch.
la **domanda d'impiego** [do'manda dimpi'ɛːgo] Nella **domanda d'impiego** includi anche una tua foto.	**Bewerbung** *f* Lege deiner Bewerbung ein Foto von dir bei.
la **fila** ['fiːla] Per fare i biglietti ho dovuto fare la **fila**.	**Schlange** *f* Für die Karten musste ich Schlange stehen.
toccare a [tok'kaːre a] *v* **A** chi **tocca** adesso? — **Tocca a** me.	**an der Reihe sein, dran sein** Wer ist jetzt dran? — Ich bin dran.

1.2.6 POST UND FERNMELDEWESEN

1.2.6.1 Post

«1–2000»

la **posta** ['pɔsta] *syn:* ufficio postale La **posta** è in fondo a questa via. Spediscimelo per **posta**.	**Post** *f* Die Post ist am Ende dieser Straße. Schick es mir mit der Post.
inviare [invi'aːre] *v* *ant:* ricevere Come da vostra richiesta, Le **inviamo** informazioni sui nostri prodotti.	**schicken** Auf Ihre Anfrage übersenden wir Ihnen Informationsmaterial über unsere Produkte.
il **postino**, la **postina** [pos'tiːno] Arriva il **postino** in bicicletta.	**Briefträger(in)** *m(f)* Da kommt der Briefträger auf dem Fahrrad.
la **lettera** ['lɛttera] Ho ricevuto una **lettera**.	**Brief** *m* Ich habe einen Brief bekommen.

***TIPP:** Die Betonung liegt auf „le".*

la **busta** ['busta] Piega il foglio e mettilo in una **busta**.	**Umschlag** *m* Falte das Blatt und lege es in einen Umschlag.
la **cartolina** [karto'liːna] Buone vacanze e scrivici una **cartolina**.	**Postkarte** *f* Schöne Ferien und schreib uns eine Postkarte.
l'**indirizzo** [indi'rittso] Inviate le vostre lettere a questo **indirizzo**.	**Adresse** *f* Schickt eure Briefe an diese Adresse.
il **francobollo** [fraŋko'bollo] Vorrei un **francobollo** per lettera e due per cartolina.	**Briefmarke** *f* Ich hätte gerne Briefmarken: eine für einen Brief und zwei für Postkarten.

***TIPP:** Briefmarken kann man in Postämtern und Tabakläden kaufen.*

il **pacco** ['pakko] ⚠ *pl* **cchi** Vado alla posta a spedire questi **pacchi**.	**Paket** *n* Ich gehe zur Post und gebe diese Pakete auf.

«2001–4000»

la **corrispondenza** [korrispon'dɛntsa]	**Korrespondenz** *f;* **Post** *f*
Sono da anni in **corrispondenza** con una ragazza portoghese.	Ich korrespondiere seit Jahren mit einer Portugiesin.
C'è della **corrispondenza** da spedire.	Wir haben Post, die weggeschickt werden muss.
l'**affrancatura** [affraŋka'tuːra]	**Porto** *n*
Se manca l'**affrancatura**, bisogna pagare la multa.	Wenn die Post nicht frankiert ist, muss man Strafporto bezahlen.
il **mittente** [mit'tɛnte]	**Absender** *m*
C'è una lettera senza **mittente**.	Da ist ein Brief ohne Absender.
il **codice** ['kɔːditʃe]	**Postleitzahl** *f*
Il CAP è il **codice** di avviamento postale.	Die PLZ ist die Postleitzahl.

***TIPP:** Die Betonung liegt auf „co".*

la **cassetta delle lettere** [kas'setta 'delle 'lɛttere]	**(Haus)briefkasten** *m*
La **cassetta delle lettere** è vuota.	Der Briefkasten ist leer.
la **buca delle lettere** ['buːka 'delle 'lɛttere] ⚠ *pl* **che**	**Briefkasten** *m*
In Italia le **buche delle lettere** sono rosse.	In Italien sind die Briefkästen rot.
imbucare [imbu'kaːre] *v*	**einwerfen**
Ho imbucato la lettera.	Ich habe den Brief eingeworfen.
lo **sportello** [spor'tɛllo]	**Schalter** *m*
Le raccomandate si ritirano allo **sportello** due.	Einschreiben werden an Schalter zwei ausgehändigt.
ritirare [riti'raːre] *v*	**abholen**
la **posta aerea** ['pɔsta a'ɛːrea]	**Luftpost** *f*
Mando le lettere in Australia per **posta aerea**.	Briefe nach Australien schicke ich per Luftpost.

***TIPP:** Die Betonung liegt auf dem „e" von „ae".*

le **stampe** ['stampe] Ho ricevuto per posta delle **stampe**.	**Drucksache** *f* Ich habe mit der Post Drucksachen bekommen.
il **telegramma** [tele'gramma] ⚠ *pl* **mi** Mandiamogli un **telegramma** di congratulazioni.	**Telegramm** *n* Schicken wir ihm ein Glückwunschtelegramm.
la **raccomandata** [rakkoman'daːta] E' importante, fai una **raccomandata**.	**Einschreiben** *n* Es ist wichtig, schick es als Einschreiben.
l'**espresso** [es'prɛsso] Se vuoi che arrivi prima fai un **espresso**.	**Eilbrief** *m* Schicke den Brief als Eilbrief, wenn du willst, dass er schneller ankommt.

1.2.6.2 Telefon

«1–2000»

il **telefono** [te'lɛːfono] Se squilla il **telefono**, rispondi tu per favore.	**Telefon** *n* Bitte geh du ran, wenn das Telefon klingelt.

***TIPP:** Die Betonung liegt auf „le". In Italien meldet man sich am privaten Telefon nicht mit dem Namen, sondern mit **pronto**!*

il **cellulare** [tʃɛllu'laːre] Puoi chiamarmi a tutte le ore sul **cellulare**.	**Handy** *n* Du kannst mich jederzeit auf meinem Handy anrufen.

***TIPP:** Das Handy erfreut sich in Italien großer Beliebtheit. Es wird auch **il telefonino** genannt.*

il **numero di telefono** ['nuːmero di te'lɛːfono] Abbiamo cambiato da poco **numero di telefono**. Oh, scusi ho sbagliato **numero**.	**Telefonnummer** *f* Wir haben vor kurzem unsere Telefonnummer ändern lassen. Oh, Entschuldigung! Ich habe mich verwählt.

***TIPP:** Die Betonung liegt auf „nu" und „le".*

il **prefisso** [pre'fisso] Il **prefisso** internazionale per l'Italia è 0039.	**Vorwahl** *f* Die internationale Vorwahl von Italien ist 0039.
telefonare [telefo'naːre] *v* *syn:* chiamare **Ho telefonato** alla mamma.	**anrufen** Ich habe Mama angerufen.

***TIPP:* chiamare** *wird mit dem direkten Objekt angeschlossen, bei* **telefonare** *wird das Objekt mit* **a** *angeschlossen.*

la **telefonata** [telefo'naːta] *syn:* chiamata Devo fare un paio di **telefonate** e poi ho finito.	**Anruf** *m*, **Telefongespräch** *n* Ich muss ein paar Anrufe erledigen, und dann bin ich fertig.
occupato, a [okku'paːto] *adj* *ant:* libero E' da molto che provo a chiamare a casa di Luigi, ma è sempre **occupato**.	**besetzt** Ich versuche schon eine ganze Weile, Luigi zu Hause anzurufen, aber es ist immer besetzt.
la **segreteria telefonica** [segrete'riːa tele'foːnika] ⚠ *pl* **segreterie telefoniche** Giuliana non c'era, ma le ho lasciato un messaggio sulla **segreteria telefonica**.	**Anrufbeantworter** *m* Giuliana war nicht da, aber ich habe ihr auf dem Anrufbeantworter eine Nachricht hinterlassen.

TIPP: *Die Betonung liegt auf dem „i" von „ria" und auf „fo".*

«2001–4000»

chiamare [kia'maːre] *v* *syn:* telefonare Lasciami il tuo numero e ti **chiamo** io domani.	**anrufen** Gib mir deine Nummer, ich rufe dich morgen an.
la **chiamata** [kia'maːta] *syn:* telefonata Il direttore aspetta una **chiamata** importante.	**Anruf** *m* Der Direktor erwartet einen wichtigen Anruf.
rispondere [ris'pondere] *v* ⚠ *irr* 61 Ho lasciato squillare a lungo ma non **ha risposto** nessuno.	**abnehmen, rangehen, ans Telefon gehen** Ich habe es lange klingeln lassen, aber es hat keiner abgenommen.

il **colpo di telefono** ['kolpo di te'lɛːfono] *syn:* chiamata, telefonata	**Anruf** *m*
Quando hai voglia e tempo, dammi un **colpo di telefono**!	Ruf mich an, wenn du Zeit und Lust hast!

***TIPP:** Die Betonung liegt auf „le“.*

squillare [skuil'laːre] *v*	**klingeln**

comporre [kom'porre] *v* *ant:* fare ⚠ *irr* 52	**wählen**
Per chiamare Milano devi **comporre** il prefisso 02, per Roma 06.	Für Mailand musst du die Vorwahl 02 und für Rom die Vorwahl 06 wählen.
passare [pas'saːre] *v*	**geben, verbinden**
Un attimo, Le **passo** il dottore.	Einen Moment, ich gebe Ihnen den Doktor.
l'**elenco telefonico** [e'lɛŋko tele'foːniko] ⚠ *pl* **elenchi telefonici**	**Telefonbuch** *n*
Se non sai il numero, cercalo nell'**elenco telefonico**.	Such die Nummer im Telefonbuch, wenn du sie nicht weißt.

***TIPP:** Die Betonung liegt auf „fo“.*

la **chiamata interurbana** [kia'maːta interur'baːna]	**Ferngespräch** *n*
Quanto costa una **chiamata interurbana** a quest'ora?	Wie viel kostet ein Ferngespräch um diese Zeit?
la **linea** ['liːnea]	**Leitung** *f*
Signor Rossi, resti in **linea** per favore.	Bleiben Sie bitte am Apparat, Herr Rossi.

***TIPP:** Die Betonung liegt auf „li“.*

la **carta telefonica** ['karta tele'foːnika] *syn:* scheda telefonica ⚠ *pl* **carte telefoniche**	**Telefonkarte** *f*
La mia **carta telefonica** è quasi vuota.	Meine Telefonkarte ist fast leer.

***TIPP:** Die Betonung liegt auf „fo“.*

la **cabina telefonica** [ka'biːna tele'foːnika] ⚠ *pl* **cabine telefoniche**	**Telefonzelle** *f*
Fermati al lato della strada quando vedi una **cabina telefonica**.	Halte am Straßenrand, wenn du eine Telefonzelle siehst.
il **fax** [faks] ⚠ *pl inv*	**Fax** *n*
D'accordo, oggi Le mando un **fax** con tutte le informazioni che Le servono.	In Ordnung, ich schicke Ihnen heute ein Fax mit allen Informationen, die Sie brauchen.

1.2.7 RECHTSWESEN

1.2.7.1 Rechtsprechung

«1–2000»

la **legge** ['lɛddʒe]	**Gesetz** *n*
Ogni stato ha le sue **leggi**.	Jeder Staat hat seine Gesetze.
la **Polizia** [poli'tsiːa]	**Polizei** *f*
Fuori dalla banca ci sono diverse macchine della **Polizia**.	Vor der Bank stehen mehrere Polizeiautos.

***TIPP:** Die Betonung liegt auf dem „i" von „ia". Der Notruf für die Polizei ist überall in Italien 113.*

il **poliziotto**, la **poliziotta** [politsi'ɔtto] *syn:* agente di Polizia	**Polizist(in)** *m(f)*, **Polizeibeamte(r), Polizeibeamtin** *m, f*
Sergio da grande vuole fare il **poliziotto**.	Sergio will einmal Polizist werden.
i **Carabinieri** [karabini'ɛːri]	**Karabinieri** *pl*
Oggi sono stato fermato dai **Carabinieri** per un controllo di documenti.	Die Karabinieri haben mich heute angehalten und meine Papiere kontrolliert.
il **carabiniere** [karabini'ɛːre]	**Karabiniere** *m*
Il ministro era accompagnato da molti **carabinieri**.	Der Minister wurde von vielen Karabinieri begleitet.
Fuori dalla porta c'è un **carabiniere** di guardia.	Draußen vor der Tür steht ein Polizist.

***TIPP:** Die Karabinieri gehören dem Militär an.*

«2001–4000»

la **giustizia** [dʒus'tiːtsia] La **giustizia** è un valore importante.	**Gerechtigkeit** *f*, **Recht** *n* Die Gerechtigkeit ist ein wertvolles Gut.
giusto, a ['dʒusto] *adj* *ant:* ingiusto E' **giusto** punire chi non rispetta la legge.	**gerecht** Es ist gerecht, dass man den bestraft, der das Gesetz missachtet.
legale [le'gaːle] *adj* *ant:* illegale Non è **legale** quello che stai facendo.	**legal, gesetzlich** Was du da machst, ist nicht legal.
il **diritto** [di'ritto] Hai il **diritto** di non rispondere.	**Recht** *n* Du hast das Recht, die Aussage zu verweigern.
arrestare [arres'taːre] *v* La Polizia **ha arrestato** il colpevole.	**festnehmen, verhaften** Die Polizei hat den Schuldigen festgenommen.
l'**arresto** [ar'rɛsto] E il poliziotto disse: vi dichiaro in **arresto**.	**Festnahme** *f*, **Verhaftung** *f* Und der Polizist sagte: Hiermit seid ihr verhaftet.
accusare [akku'zaːre] *v* I due criminali **sono accusati** di furto e omicidio.	**anklagen, beschuldigen** Die beiden Kriminellen sind des Diebstahls und Mordes angeklagt.
l'**imputato**, l'**imputata** [impu'taːto] Gli **imputati** devono rispondere alle domande del giudice.	**Angeklagte(r)** *f(m)* Die Angeklagten müssen auf die Fragen des Richters antworten.
il **tribunale** [tribu'naːle] Il caso è stato discusso in **tribunale**.	**Gericht** *n* Der Fall kam vor Gericht.
il, la **giudice** ['dʒuːditʃe] Un **giudice** deve essere giusto e al di sopra delle parti.	**Richter(in)** *m(f)* Richter müssen gerecht und unvoreingenommen sein.

TIPP: *Die Betonung liegt auf „giu“.*

l'**avvocato** [avvo'kaːto] L'imputato è difeso da uno dei migliori **avvocati** della città.	**Anwalt, Anwältin** *m, f* Der Angeklagte wird von einem der besten Rechtsanwälte der Stadt verteidigt.

la **corte** ['korte] La **corte** si riunisce per due ore per prendere una decisione.	**Gericht** *n* Das Gericht zieht sich für zwei Stunden zurück, um eine Entscheidung zu treffen.
il **processo** [pro'tʃɛsso] Questo **processo** si svolge a porte chiuse.	**Prozess** *m* Der Prozess findet unter Ausschluss der Öffentlichkeit statt.
il, la **testimone** [testi'mɔːne] Al processo si è presentato un **testimone** segreto.	**Zeuge, Zeugin** *m, f* Bei dem Prozess erschien ein anonymer Zeuge.
giurare [dʒu'raːre] *v* In tribunale bisogna **giurare** di dire la verità.	**schwören** Vor Gericht muss man schwören, die Wahrheit zu sagen.
confessare [konfes'saːre] *v* L'accusato ha **confessato** di aver rubato i soldi.	**gestehen** Der Angeklagte hat gestanden, das Geld gestohlen zu haben.
l'**accusa** [ak'kuːza] Tutte le **accuse** contro di lui sono state ritirate.	**Anklage** *f* Alle Anklagepunkte gegen ihn wurden fallen gelassen.
il **delitto** [de'litto] Sono accusati di terribili **delitti**.	**Verbrechen** *n* Sie werden schrecklicher Verbrechen angeklagt.
punire [pu'niːre] *v* ⚠ **punisco** Chi sbaglia verrà **punito**.	**bestrafen** Für ein Vergehen wird man bestraft.
condannare [kondan'naːre] *v* *ant:* assolvere Il giudice **ha condannato** l'imputato a dieci anni di carcere.	**verurteilen** Der Richter hat den Angeklagten zu zehn Jahren Haft verurteilt.
assolvere [as'sɔlvere] *v* *ant:* condannare ⚠ *irr* 6 Tutti gli imputati **sono stati assolti**.	**freisprechen** Alle Angeklagten sind freigesprochen worden.

***TIPP:** Die Betonung liegt auf „so".*

innocente [inno'tʃɛnte] *adj* *ant:* colpevole Non ho fatto niente, sono **innocente**!	**unschuldig** Ich habe nichts verbrochen, ich bin unschuldig!

la **prigione** [pri'dʒoːne] *syn:* carcere E' possibile visitare la **prigione** del Palazzo Ducale di Venezia.	**Gefängnis** *n* Das Gefängnis im Palazzo Ducale in Venedig kann man besichtigen.
il **detenuto**, la **detenuta** [dete'nuːto] In questa prigione ci sono circa duemila **detenuti**.	**Gefangene(r)** *f(m),* **Häftling** *m* In diesem Gefängnis befinden sich etwa zweitausend Häftlinge.

1.2.7.2 Strafbares Verhalten

«1–2000»

il **bandito** [ban'diːto] I **banditi** sono fuggiti a bordo di un'auto nera.	**Verbrecher(in)** *m(f)* Die Verbrecher sind in einem schwarzen Auto geflüchtet.
il, la **criminale** [krimi'naːle] Dei **criminali** di guerra si occupano i tribunali militari.	**Kriminelle(r)** *f(m),* **Verbrecher(in)** *m(f)* Kriegsverbrecher kommen vor ein Kriegsgericht.
rubare [ru'baːre] *v* Questa notte **è stato rubato** un famoso quadro di Modigliani.	**stehlen** Heute Nacht wurde ein berühmtes Gemälde von Modigliani gestohlen.
il **ladro**, la **ladra** ['laːdro] Finalmente hanno arrestato la banda di **ladri**.	**Dieb(in)** *m(f)* Endlich ist die Diebesbande verhaftet worden.
il **furto** ['furto] Oggi tutti i giornali parlano del **furto** al museo.	**Diebstahl** *m* Von dem Diebstahl im Museum berichten heute alle Zeitungen.
sparare [spa'raːre] *v* I poliziotti in caso di bisogno, sono pronti a **sparare**.	**schießen** Im Notfall sind Polizisten auch bereit zu schießen.
ferire [fe'riːre] *v* ⚠ **ferisco** I banditi **hanno** sparato e **ferito** una persona.	**verwunden, verletzen** Die Verbrecher haben geschossen und eine Person verletzt.

«2001–4000»

illegale [ille'gaːle] *adj* *ant:* legale Guidare senza patente è **illegale**.	**illegal, (gesetzlich) verboten** Es ist verboten, ohne Führerschein zu fahren.
il **reato** [re'aːto] L'omicidio è un **reato** gravissimo.	**Vergehen** *n* Mord ist ein sehr schweres Vergehen.
il **crimine** ['kriːmine] La giustizia lotta contro il **crimine**.	**Verbrechen** *n* Die Justiz bekämpft das Verbrechen.

***TIPP:** Die Betonung liegt auf „cri".*

la **vittima** ['vittima] Oggi si celebra una Messa in ricordo delle **vittime**.	**Opfer** *n* Heute findet eine Messe zum Andenken an die Opfer statt.

***TIPP:** Die Betonung liegt auf „vi".*

sospettare [sospet'taːre] *v* Non farti vedere, nessuno deve **sospettare** di te.	**verdächtigen** Pass auf, dass du nicht gesehen wirst. Niemand darf einen Verdacht gegen dich schöpfen.
sospettato, a [sospet'taːto] *adj* Quell'uomo è **sospettato** di omicidio.	**verdächtigt** Der Mann wird des Mordes verdächtigt.
commettere [com'mettere] *v* ⚠ *irr* 41 In guerra **ha commesso** crimini molto gravi.	**begehen** Er hat im Krieg sehr schlimme Verbrechen begangen.

***TIPP:** Die Betonung liegt auf „me".*

colpevole [kol'peːvole] *adj* *ant:* innocente Il tribunale lo ha dichiarato **colpevole**.	**schuldig** Das Gericht hat ihn schuldig gesprochen.

***TIPP:** Die Betonung liegt auf „pe".*

il **carcere** ['kartʃere] *syn:* prigione I rapinatori della banca sono stati condannati a quattro anni di **carcere.**	**Gefängnis** *n* Die Bankräuber wurden zu vier Jahren Haft verurteilt.

***TIPP:** Die Betonung liegt auf „ca".*

costringere [kos'trindʒere] *v* ⚠ *irr* 77 Il ladro mi **ha costretto** con una pistola a dargli il portafoglio.	**zwingen** Der Dieb hat mich mit einer Pistole gezwungen, ihm meinen Geldbeutel zu geben.

***TIPP:** Die Betonung liegt auf „stri".*

ingannare [iŋgan'naːre] *v* Le false tracce non **hanno ingannato** i carabinieri. Ti sei fatto **ingannare**.	**täuschen; betrügen** Die Karabinieri haben sich von den falschen Spuren nicht täuschen lassen. Du bist betrogen worden.
la **forza** ['fɔrtsa] Allo stadio la Polizia deve spesso usare la **forza** contro i tifosi.	**Gewalt** *f* Die Polizei muss im Stadion oft mit Gewalt gegen die Fans vorgehen.
violento, a [vio'lɛnto] *adj* *ant:* calmo Quando beve diventa molto **violento**.	**gewalttätig** Wenn er trinkt, wird er sehr gewalttätig.
la **violenza** [vio'lɛntsa] La legge punisce ogni forma di **violenza**.	**Gewalt** *f* Das Gesetz bestraft jede Form von Gewalt.
colpire [kol'piːre] *v* ⚠ **colpisco** Durante la lite Claudio **è stato colpito** alla testa.	**treffen; schlagen** Claudio bekam während des Streits einen Schlag auf den Kopf.

assassinare [assassi'naːre] *v* *syn:* uccidere Sembra che ad **assassinare** la donna sia stato un pazzo.	**ermorden** Es scheint, dass die Frau von einem Verrückten ermordet worden ist.
l'**omicidio** [omi'tʃiːdio] ⚠ *pl* **di** E' stato condannato a trent' anni di carcere per **omicidio**.	**Mord** *m* Er wurde wegen Mordes zu dreißig Jahren Haft verurteilt.

rapinare [rapi'naːre] *v* Oggi **è stato rapinato** un altro ufficio postale.	**berauben, ausrauben** Heute ist wieder ein Postamt ausgeraubt worden.
il **rapinatore**, la **rapinatrice** [rapina'toːre, -'triːtʃe] I **rapinatori** avevano il viso coperto da una calza.	**Räuber(in)** *m(f)* Die Räuber hatten eine Strumpfmaske über dem Kopf.
rapire [ra'piːre] *v* ⚠ **rapisco** Ieri notte **è stato rapito** un ricco industriale.	**entführen** Letzte Nacht ist ein reicher Industrieller entführt worden.

1.2.8 ARZT UND KRANKENHAUS

«1–2000»

il **dottore**, la **dottoressa** [dot'toːre, -'ressa] *syn:* medico Se la febbre non cala, chiamate il **dottore**.	**Arzt, Ärztin** *m, f* Ruft den Arzt, wenn das Fieber nicht sinkt.
il, la **dentista** [den'tista] ⚠ *pl* **sti, ste** Ho mal di denti, devo andare dal **dentista**.	**Zahnarzt, Zahnärztin** *m, f* Ich habe Zahnschmerzen, ich muss zum Zahnarzt.
l'**ambulatorio** [ambula'tɔːrio] ⚠ *pl* **ri** L'**ambulatorio** è chiuso per ferie.	**Praxis** *f* Die Praxis ist wegen Urlaub geschlossen.
visitare [vizi'taːre] *v* Il dottore mi **ha visitata** con cura.	**untersuchen** Der Arzt hat mich gründlich untersucht.
la **farmacia** [farma'tʃiːa] ⚠ *pl* **cie** Guardiamo nel giornale qual è la **farmacia** di turno stanotte.	**Apotheke** *f* Sehen wir in der Zeitung nach, welche Apotheke heute Nacht Bereitschaftsdienst hat.

***TIPP:** Die Betonung liegt auf dem „i" von „ia".*

la **medicina** [medi'tʃiːna] Non posso darLe queste **medicine** senza la ricetta del medico.	**Medizin** *f*, **Medikament** *n* Ohne ein Rezept kann ich Ihnen diese Medikamente nicht geben.

l'**ospedale** [ospe'daːle] *m* *syn:* clinica Sai qual è l'orario delle visite in **ospedale**?	**Krankenhaus** *n* Weißt du, wann im Krankenhaus Besuchszeit ist?
il **medico** ['mɛːdiko] *syn:* dottore ⚠ *pl* **ci** Il dottor Ferrari è il nostro **medico** di famiglia da più di vent'anni.	**Arzt, Ärztin** *m, f* Doktor Ferrari ist seit über zwanzig Jahren unser Hausarzt.

TIPP: *Die Betonung liegt auf dem „me".*

l'**infermiere**, l'**infermiera** [infermi'ɛːre] Per chiamare un'**infermiera** devi premere questo bottone rosso.	**Krankenpfleger, Krankenschwester** *m, f* Wenn du die Krankenschwester brauchst, musst du diesen roten Knopf drücken.
il, la **paziente** [patsi'ɛnte] Il **paziente** della camera sedici ha chiesto dell'acqua.	**Patient(in)** *m(f)* Der Patient in Zimmer sechzehn möchte etwas Wasser.

«2001–4000»

medico, a ['mɛːdiko] *adj* ⚠ *pl* **ci, che** Ho fatto un abbonamento a una rivista **medica**. Solo in ospedale ti forniscono le cure **mediche** che ti servono.	**medizinisch; ärztlich** Ich habe eine medizinische Zeitschrift abonniert. Nur im Krankenhaus bekommst du die ärztliche Pflege, die du brauchst.
lo, la **specialista** [spetʃa'lista] ⚠ *pl* **sti, ste** Una visita da uno **specialista** costa cento euro.	**Facharzt, Fachärztin** *m, f*, **Spezialist(in)** *m(f)* Ein Besuch beim Facharzt kostet hundert Euro.
il **chirurgo** [ki'rurgo] ⚠ *pl* **ghi, gi** Chi è il **chirurgo** che ti ha operato?	**Chirurg(in)** *m(f)* Welcher Chirurg hat dich operiert?
operare [ope'raːre] *v*	**operieren**
la **pastiglia** [pas'tiːʎa] ⚠ *pl* **glie** Non dimenticarti di prendere le **pastiglie**!	**Tablette** *f*, **Pille** *f* Vergiss nicht, die Tabletten einzunehmen!

la **pillola** ['pillola] *syn:* pasti-glia Voglio un bambino, smetto di prendere la **pillola**.	**Tablette** *f*, **Pille** *f* Ich will ein Kind, also werde ich die Pille absetzen.

***TIPP:** Die Betonung liegt auf „pi“.*

la **cura** ['kuːra] *syn:* trattamento Sono da anni in **cura** da uno specialista. Abano Terme è una famosa località di **cura**.	**Behandlung** *f;* **Kur** *f* Ich bin seit Jahren bei einem Spezialisten in Behandlung. Abano Terme ist ein bekanntes Heilbad.
il **trattamento** [tratta'mento] *syn:* cura Per i dolori alle ginocchia ho fatto dei **trattamenti** col fango.	**Behandlung** *f* Gegen die Schmerzen im Knie habe ich mich mit Fango behandeln lassen.
prescrivere [pres'kriːvere] *v* ⚠ *irr* 69 Il dottore non mi **ha prescritto** nessuna medicina.	**verschreiben** Der Arzt hat mir nichts verschrieben.

***TIPP:** Die Betonung liegt auf „scri“.*

esaminare [ezami'naːre] *v* *syn:* visitare Mentre il medico ti **esamina**, ti farà qualche domanda.	**untersuchen** Während der Arzt dich untersucht, wird er dir ein paar Fragen stellen.
la **clinica** ['kliːnika] ⚠ *pl* **che** Ho fissato un appuntamento con uno specialista in una **clinica** privata.	**Klinik** *f* Ich habe in einer Privatklinik einen Termin bei einem Spezialisten vereinbart.

***TIPP:** Die Betonung liegt auf dem „cli“.*

l'**ambulanza** [ambu'lantsa] Presto, qualcuno chiami un'**ambulanza**!	**Krankenwagen** *m* Schnell, jemand muss einen Krankenwagen rufen!
il **pronto soccorso** ['pronto sok'korso] E' un'emergenza, portatelo al **pronto soccorso**!	**Notaufnahme** *f* Es ist ein Notfall, bringt ihn zur Notaufnahme!

1.2.9 SCHULE UND UNIVERSITÄT

«1–2000»

la **scuola** [sku'ɔːla]	**Schule** *f*
Allora, come va a **scuola**?	Und, wie gehts in der Schule?

> ***TIPP:*** *Die Schulpflicht beginnt für italienische Kinder mit dem 6. Lebensjahr und ist mit dem 14. beendet. Sie schließt 5 Jahre Grundschule* ***scuola elementare*** *und 3 Jahre Mittelschule* ***scuola media*** *für alle ein. Im Anschluss an die Mittelschule kann man entweder aufs* ***liceo*** *(Gymnasium) oder auf ein* ***istituto tecnico*** *oder* ***professionale*** *(Fachoberschule oder Berufsschule) gehen.*

scolastico, a [sko'lastiko] *adj* ⚠ *pl* **ci, che**	**Schul-**
L'anno **scolastico** inizia a metà settembre.	Das Schuljahr beginnt Mitte September.

> ***TIPP:*** *Die Betonung liegt auf „la".*

il **maestro**, la **maestra** [ma'ɛstro]	**Lehrer(in)** *m(f)*
La **maestra** oggi ci ha fatto scrivere un tema.	Die Lehrerin hat uns heute einen Aufsatz schreiben lassen.
l'**insegnante** [inse'ɲante] *m, f syn:* professore	**Lehrer(in)** *m(f)*
Il nuovo **insegnante** di matematica è molto bravo.	Der neue Mathematiklehrer ist sehr gut.
il **professore**, la **professoressa** [profes'soːre, -so'ressa]	**Lehrer(in)** *m(f);* **Professor(in)** *m(f)*
Ci accompagnano in gita il **professore** di italiano e la **professoressa** di scienze.	Bei dem Ausflug begleiten uns der Italienischlehrer und die Biologielehrerin.

> ***TIPP:*** *Den Grundschullehrer nennt man* ***maestro****, in der Mittelschule und den höheren Schulen heißt der Lehrer* ***insegnante*** *oder* ***professore****, an der Universität bezeichnet man ihn als* ***professore*** *oder* ***docente****.*

lo **scolaro**, la **scolara** [sko'laːro]	**Schüler(in)** *m(f)*
La mia maestra si ricorda anche dopo vent'anni di tutti i suoi **scolari**.	Meine Lehrerin erinnert sich nach zwanzig Jahren noch an all ihre Schüler.

lo **studente**, la **studentessa** [stu'dɛnte, -den'tessa] Gli **studenti** di questa scuola organizzano uno spettacolo per carnevale. Oggi all'università c'è un incontro tra **studenti** e professori.	**Schüler(in)** *m(f);* **Student(in)** *m(f)* Die Schüler dieser Schule organisieren eine Faschingsveranstaltung. Heute findet an der Universität ein Treffen von Studenten und Professoren statt.

***TIPP:* *scolaro* ist der Schüler an der Grundschule, *studente* wird genannt, wer die höheren Schulen und die Universität besucht.**

insegnare [inse'ɲaːre] *v* **Insegno** italiano in una scuola superiore.	**unterrichten, lehren** Ich unterrichte Italienisch an einer höheren Schule.
l'**università** [universi'ta] Ho studiato all'**università** di Venezia.	**Universität** *f* Ich habe an der Universität in Venedig studiert.
la **classe** ['klasse] Barbara è una mia compagna di **classe**.	**Klasse** *f* Barbara ist eine Klassenkameradin von mir.
l'**aula** ['aːula] Le **aule** delle nuove scuole elementari sono state decorate in modo molto allegro.	**Klassenzimmer** *n* Die Klassenzimmer der neuen Grundschulen sind sehr freundlich gestaltet.

TIPP: *Die Betonung liegt auf dem ersten „a".*

la **materia** [ma'tɛːria] ⚠ *pl* **rie** La mia **materia** preferita è geografia.	**Fach** *n* Mein Lieblingsfach ist Erdkunde.
l'**orario** [o'raːrio] ⚠ *pl* **ri** I primi mesi di scuola, l'**orario** delle lezioni non è definitivo.	**Stundenplan** *m* Während der ersten Monate ist der Stundenplan noch nicht endgültig.
la **lezione** [letsi'oːne] Domani le **lezioni** terminano alle 11. La professoressa di arte ci ha fatto una **lezione** sul Colosseo di Roma.	**Unterrichtsstunde** *f* Morgen ist der Unterricht um 11 Uhr zu Ende. Unsere Kunstlehrerin hat eine Unterrichtsstunde über das Kolosseum in Rom gehalten.
l'**intervallo** [inter'vallo] *syn:* pausa Uffa, manca ancora mezzora all'**intervallo**.	**Pause** *f* Oh Mann, es ist noch eine halbe Stunde bis zur Pause.

presente [pre'zɛnte] *adj* *ant:* assente Oggi il signor Bianchi non era **presente** alla riunione.	**anwesend, da(bei)** Heute war Herr Bianchi bei der Versammlung nicht anwesend.
assente [as'sɛnte] *adj* *ant:* presente Mi dispiace, l'avvocato oggi è **assente**.	**abwesend, nicht da** Es tut mir Leid, der Rechtsanwalt ist heute nicht da.
il **corso** ['korso] Frequento un **corso** di tedesco due volte alla settimana.	**Kurs** *m* Ich gehe zwei Mal die Woche in einen Deutschkurs.
la **lingua straniera** ['liŋgua strani'ɛːra] A scuola studiamo due **lingue straniere**: tedesco e inglese.	**Fremdsprache** *f* In der Schule lernen wir zwei Fremdsprachen: Deutsch und Englisch.
tradurre [tra'durre] *v* ⚠ *irr* 17 Mi puoi aiutare a **tradurre** questa lettera in italiano?	**übersetzen** Kannst du mir helfen, diesen Brief ins Italienische zu übersetzen?
la **traduzione** [tradutsi'oːne] Per fare una **traduzione** ho bisogno di un buon vocabolario.	**Übersetzung** *f* Ich brauche ein gutes Wörterbuch, um eine Übersetzung zu machen.

«2001–4000»

l'**istruzione** [istrutsi'oːne] *f* Voglio che i nostri figli ricevano una buona **istruzione**.	**Bildung** *f*, **Ausbildung** *f* Ich will, dass unsere Kinder eine gute Ausbildung erhalten.
lo **studio** ['stuːdio] ⚠ *pl* **di** Dopo tanti anni di **studio** spero di trovare un buon lavoro.	**Studium** *n* Ich hoffe, dass ich nach diesem langen Studium einen guten Arbeitsplatz finde.
frequentare [frekuen'taːre] *v* Mi chiamo Francesca e **frequento** la prima media.	**besuchen, gehen auf** Ich heiße Francesca und bin im ersten Jahr auf der Mittelschule.
iscriversi [i'skriːversi] *v* ⚠ *irr* 69 **Ci iscriviamo** insieme a un corso di cucina?	**sich anmelden; sich einschreiben** Melden wir uns zusammen bei einem Kochkurs an?

TIPP: Die Betonung liegt auf „scri".

la **facoltà** [fakol'ta] Sono iscritta alla **facoltà** di lingue e letterature straniere.	**Fakultät** *f* Ich bin an der Fakultät für Fremdsprachen eingeschrieben.
laurearsi [laure'arsi] *v* **Mi sono laureato** in ingegneria.	**sein Diplom/seinen Doktor machen** Ich habe mein Diplom zum Ingenieur gemacht.
la **laurea** ['laːurea] Che cosa pensi di fare dopo la **laurea**?	**Diplom** *n;* **Doktor** *m* Was willst du nach dem Studium machen?

TIPP: *Die Betonung liegt auf „lau".* ***laurea*** *ist meist der Abschluss mit dem Doktor.*

il **diploma** [di'plɔːma] ⚠ *pl* **mi** Marco mi ha mostrato il suo **diploma** di terza media.	**Abschlusszeugnis** *n* Marco hat mir sein Abschlusszeugnis der Mittelschule gezeigt.

TIPP: diploma *ist das Abschlusszeugnis des jeweiligen Schultyps.*

l'**asilo** [a'ziːlo] *syn:* scuola materna Che bel disegno che hai fatto all'**asilo**!	**Kindergarten** *m* Hast du aber ein schönes Bild im Kindergarten gemalt!
la **scuola elementare** [sku'ɔːla elemen'taːre] A sei anni i bambini vanno alle **scuole elementari**.	**Grundschule** *f* Mit sechs Jahren kommen die Kinder in die Grundschule.

TIPP: scuola *wird im Singular gebraucht, wenn der Name der Schule folgt:* ***scuola elementare Leonardo da Vinci****. Spricht man hingegen von den verschiedenen Schularten, verwendet man die Pluralform und kann das Substantiv* ***scuola*** *weglassen. Z. B.:* ***Ho due figli, uno va alle medie e uno alle superiori****.*

la **scuola media** [sku'ɔːla 'mɛːdia] Dopo le **medie** voglio fare il liceo classico.	**Mittelschule** *f* Ich will nach der Mittelschule auf das humanistische Gymnasium gehen.

la **scuola superiore** [sku'ɔːla superi'oːre] Alle **superiori** bisogna studiare di più che alle medie.	**höhere Schule** Auf der höheren Schule muss man mehr lernen als auf der Mittelschule.
il **liceo** [li'tʃɛːo] Oggi gli studenti del **liceo** scientifico scioperano.	**Gymnasium** *n* Heute streiken die Schüler des naturwissenschaftlichen Gymnasiums.

***TIPP:** Die Betonung liegt auf dem „e".*

l'**istituto** [isti'tuːto] Voglio fare l'**istituto** tecnico per il turismo perché si studiano tre lingue straniere.	**Institut** *n* Ich will auf eine Fachschule für Tourismus, weil man da drei Fremdsprachen lernt.
il, la **preside** ['prɛːside] All'inizio dell'anno scolastico il **preside** fa un discorso.	**Schulleiter(in)** *m(f)* Zu Beginn des Schuljahres hält der Schulleiter eine Rede.

***TIPP:** Die Betonung liegt auf „pre".*

l'**argomento** [argo'mento] L'**argomento** della lezione di oggi è l'architettura del Palladio.	**Thema** *n* Das Thema der heutigen Stunde ist die Architektur von Palladio.
la **ricerca** [ri'tʃerka] ⚠ *pl* **che** La maestra ci ha dato da fare una **ricerca** sugli antichi romani. Oggi si fa molto per la **ricerca** sul cancro.	**Hausarbeit** *f;* **Forschung** *f* Die Lehrerin hat uns eine Hausarbeit über die alten Römer aufgegeben. Heute wird in der Krebsforschung viel geleistet.
la **storia** ['stɔːria] Mi piace molto la **storia**.	**Geschichte** *f* Geschichte mag ich sehr.
la **geografia** [dʒeogra'fiːa] Durante l'ora di **geografia** abbiamo parlato del clima.	**Erdkunde** *f,* **Geografie** *f* In der Geografiestunde haben wir über das Klima gesprochen.

***TIPP:** Die Betonung liegt auf dem „i" von „ia".*

il **latino** [la'tiːno] Il **latino** è una lingua morta.	**Latein** *n* Latein ist eine tote Sprache.
la **biologia** [biolo'dʒiːa] Raccolgo piante per la ricerca di **biologia**.	**Biologie** *f* Ich sammle Pflanzen für das Experiment in Biologie.

TIPP: Die Betonung liegt auf dem „i“ von „ia“.

la **matematica** [mate'maːtika] — **Mathematik** *f*
Questo problema di **matematica** è molto difficile. — Diese Mathematikaufgabe ist sehr schwierig.

TIPP: Die Betonung liegt auf dem zweiten „ma“.

la **fisica** ['fiːzika] — **Physik** *f*
Vieni a studiare **fisica** da me questo pomeriggio? — Kommst du heute zu mir zum Physiklernen?

TIPP: Die Betonung liegt auf „fi“.

la **chimica** ['kiːmika] — **Chemie** *f*

TIPP: Die Betonung liegt auf „chi“.

l'**informatica** [infor'maːtika] — **Informatik** *f*
In quasi tutte le scuole oggi si fanno lezioni di **informatica**. — Heute gibt es in fast allen Schulen Informatikunterricht.

TIPP: Die Betonung liegt auf „ma“.

il **banco** ['baŋko] ⚠ *pl* **chi** — **(Schul)bank** *f*
Nell'aula ci sono tre file di **banchi**. — Im Klassenzimmer stehen drei Reihen Schulbänke.

*TIPP: Sollte nicht verwechselt werden mit **la banca**, dem Geldinstitut.*

la **lavagna** [la'vaːɲa] — **Tafel** *f*
Tommaso, vieni alla **lavagna**. — Tommaso, komm an die Tafel.

il **vocabolario** [vokabo'laːrio] ⚠ *pl* **ri** — **Wörterbuch** *n*
Non so cosa vuol dire questa parola, guardiamo nel **vocabolario**. — Ich weiß nicht, was dieses Wort bedeutet. Sehen wir im Wörterbuch nach.

l'**enciclopedia** [entʃiklope'diːa] ⚠ *pl* **die** — **Enzyklopädie** *f*, **Lexikon** *n*
Per fare la ricerca ho usato l'**enciclopedia**. — Für die Hausarbeit hat er ein Lexikon benutzt.

TIPP: Die Betonung liegt auf dem „i“ von „ia“.

l'esame [e'zaːme] *m* Mi mancano due **esami** per laurearmi.	**Prüfung** *f* Zu meinem Diplom fehlen mir noch zwei Prüfungen.
la tesi ['tɛːzi] ⚠ *pl* **si** Ho fatto una **tesi** sulla seconda guerra mondiale.	**Diplomarbeit** *f* Meine Diplomarbeit habe ich über den Zweiten Weltkrieg geschrieben.
il voto ['voːto] Ho preso un brutto **voto**.	**Note** *f* Ich habe eine schlechte Note bekommen.
la pagella [pa'dʒɛlla] Bravo, nella tua **pagella** ci sono ottimi voti.	**Zeugnis** *n* Bravo, du hast sehr gute Noten in deinem Zeugnis.
passare [pas'saːre] *v* Non riesco a **passare** l'esame di chimica.	**bestehen** Die Chemieprüfung werde ich nicht bestehen.
promuovere [promu'ɔːvere] *v* ⚠ *irr* 44 Evviva, **sono stato promosso**!	**versetzen** Hurra, ich bin in die nächste Klasse versetzt worden!

***TIPP:** Die Betonung liegt auf dem „o" von „muo".*

bocciare [bot'tʃaːre] *v* Anch'io al liceo **sono stata bocciata** un anno.	**nicht versetzen** Ich musste auf dem Gymnasium auch ein Jahr wiederholen.

1.3 Interessen

1.3.1 KUNST

1.3.1.1 Bildende Kunst

«1–2000»

l'arte ['arte] *f* L'Italia è un paese ricco d' **arte**.	**Kunst** *f* Italien ist reich an Kunstschätzen.
l'artista [ar'tista] *m, f* ⚠ *pl* **sti, ste** Lo hai fatto davvero tu, sei proprio un **artista**!	**Künstler(in)** *m(f)* Hast das wirklich du gemacht? Du bist ja ein richtiger Künstler!

il **quadro** [ku'aːdro] *syn:* dipinto S'intende d'arte e a casa sua ha molti bei **quadri**.	**Bild** *n*, **Gemälde** *n* Er versteht etwas von Kunst und hat in seinem Haus viele schöne Bilder.
antico, a [an'tiːko] *adj* *ant:* moderno ⚠ *pl* **chi, che** L'**antica** Roma era una città di straordinaria potenza. Abbiamo arredato la nostra casa in stile **antico**.	**alt; antik** Das alte Rom war eine außergewöhnlich mächtige Stadt. Wir haben unser Haus mit antiken Möbeln eingerichtet.
moderno, a [mo'dɛrno] *adj* *ant:* antico La Biennale di Venezia è una mostra di arte **moderna**.	**modern** Die Biennale von Venedig ist eine Ausstellung moderner Kunst.
classico, a ['klassiko] *adj* ⚠ *pl* **ci, che** La facciata del Duomo di Treviso è in stile **classico**.	**klassisch** Die Fassade des Domes von Treviso ist in klassischem Stil erbaut.

***TIPP:** Die Betonung liegt auf „cla".*

romano, a [ro'maːno] *adj* L'imperatore **romano** Nerone diede fuoco a Roma.	**römisch** Der römische Kaiser Nero setzte Rom in Brand.
dipingere [di'pindʒere] *v* ⚠ *irr* 28 Nel tempo libero mi piace **dipingere**.	**malen; anmalen** Ich male gern in meiner Freizeit.

***TIPP:** Die Betonung liegt auf „pi".*

disegnare [dise'ɲaːre] *v* Prima **disegno** il soggetto e poi lo dipingo.	**zeichnen** Erst zeichne ich das Bild, und dann male ich es aus.

«2001–4000»

il **museo** [mu'zɛːo] Il **museo** Borghese di Roma è uno dei più importanti d'Italia.	**Museum** *n* Das Borghese in Rom ist eines der bedeutendsten Museen Italiens.

la **mostra** ['mostra] *syn:* esposizione A Palazzo Grassi a Venezia ci sono sempre **mostre** interessanti.	**Ausstellung** *f* Im Palazzo Grassi in Venedig gibt es immer interessante Ausstellungen.
la **galleria** [galle'riːa] ⚠ *pl* **rie** A Firenze ho visitato la **Galleria** degli Uffizi.	**Galerie** *f* Ich habe in Florenz die Galerie der Uffizien besucht.

***TIPP:** Die Betonung liegt auf dem „i" von „ia".*

l'**esposizione** [espozitsi'oːne] *f syn:* mostra A scuola c'è un'**esposizione** di lavori fatti dai bambini.	**Ausstellung** *f* In der Schule sind die von den Kindern angefertigten Arbeiten ausgestellt.
il **pittore**, la **pittrice** [pit'toːre, -'triːtʃe] Vado a una mostra di quadri di una giovane **pittrice** italiana.	**Maler(in)** *m(f)* Ich sehe mir die Ausstellung einer jungen italienischen Künstlerin an.
il **dipinto** [di'pinto] *syn:* quadro "La Primavera" è fra i **dipinti** più famosi del Botticelli.	**Gemälde** *n* „Der Frühling" ist eines der bekanntesten Gemälde von Botticelli.
l'**affresco** [af'fresko] ⚠ *pl* **schi** Gli **affreschi** della Cappella Sistina sono meravigliosi.	**Fresko** *n* Die Fresken der Sixtinischen Kappelle sind wunderschön.
lo **scultore**, la **scultrice** [skul'toːre, -'triːtʃe] Gli **scultori** della val Gardena lavorano il legno.	**Bildhauer(in)** *m(f)* Die Bildhauer im Grödner Tal arbeiten mit Holz.
la **scultura** [skul'tuːra] La **scultura** "La Pietà" di Michelangelo è conservata a San Pietro a Roma.	**Skulptur** *f* Die Skulptur „Pietà" von Michelangelo wird in der Peterskirche von Rom aufbewahrt.
la **colonna** [ko'lonna] La piazza di San Pietro è circondata da **colonne**.	**Säule** *f* Auf dem Petersplatz stehen ringsum Säulen.
lo **stile** ['stiːle] In questa città ci sono chiese di varie epoche e **stili**.	**Stil** *m* In dieser Stadt gibt es Kirchen aus verschiedenen Epochen und unterschiedlichen Stils.

1.3.1.2 Theater, Film und Fernsehen

«1–2000»

il **teatro** [te'aːtro] I **teatri** più famosi d'Italia sono "La Scala" di Milano e "La Fenice" di Venezia.	**Theater** *n* Die bekanntesten Theater in Italien sind die Mailänder Scala und das „La Fenice" in Venedig.
lo **spettacolo** [spet'taːkolo] Stasera vado a vedere uno **spettacolo** a teatro. Lavoro fino a tardi, vado allo **spettacolo** delle dieci.	**Vorstellung** *f* Ich gehe heute Abend ins Theater. Ich gehe in die Spätvorstellung um zehn Uhr, weil ich heute lange arbeite.

***TIPP:** Die Betonung liegt auf „ta".*

il **cinema** ['tʃiːnema] Che ne dici di andare al **cinema**?	**Kino** *n* Hast du Lust ins Kino zu gehen?

***TIPP:** Die Betonung liegt auf „ci".*

il **film** [film] ⚠ *pl inv* C'è un bel **film** al cinema Corso.	**Film** *m* Im Corso läuft ein schöner Film.
l'**attore**, l'**attrice** [at'toːre, -'triːtʃe] Chi è il tuo **attore** preferito?	**Schauspieler(in)** *m(f)* Wer ist dein Lieblingsschauspieler?
il **biglietto d'ingresso** [bi'ʎetto diŋ'grɛsso] Il **biglietto d'ingresso** per lo spettacolo costa quindici euro a testa.	**Eintrittskarte** *f* Die Eintrittskarte für die Vorstellung kostet fünfzehn Euro pro Person.

«2001–4000»

la **rappresentazione** [rapprezentatsi'oːne] *syn:* spettacolo Purtroppo non ci sono più biglietti per la **rappresentazione** di domenica.	**Vorstellung** *f*, **Aufführung** *f* Leider gibt es für die Vorstellung am Sonntag keine Karten mehr.

la **scena** ['ʃɛːna] Nel film ci sono molte **scene** divertenti.	**Szene** *f* In dem Film kommen viele lustige Szenen vor.
la **commedia** [kom'mɛːdia] ⚠ *pl* **die** Carlo Goldoni ha scritto nel '700 molte **commedie**.	**Komödie** *f* Carlo Goldoni hat im 18. Jahrhundert viele Komödien geschrieben.

*TIPP: Jahrhunderte werden wie im Deutschen gezählt. Das 18. Jahrhundert heißt auf Italienisch **il diciottesimo secolo**, man kann es auch verkürzt schreiben mit '700.*

la **tragedia** [tra'dʒɛːdia] ⚠ *pl* **die** La **tragedia** di Giulietta e Romeo ha luogo a Verona.	**Tragödie** *f* Die Tragödie „Romeo und Julia" spielt in Verona.
l'**atto** ['atto] Fra il primo e il secondo **atto** c'è una pausa.	**Akt** *m* Zwischen dem ersten und dem zweiten Akt gibt es eine Pause.
il **balletto** [bal'letto] Mi piacerebbe tanto andare a vedere un **balletto**.	**Ballett** *n* Ich würde so gerne einmal ein Ballett sehen.
il **ballerino**, la **ballerina** [balle'riːno] Annalisa è prima **ballerina**.	**Balletttänzer(in)** *m(f)* Annalisa ist eine Primaballerina.
la **danza** ['dantsa] La **danza** classica è tutta la sua vita.	**Tanz** *m* Das Ballett ist sein Leben.
il, la **regista** [re'dʒista] ⚠ *pl* **sti, ste** I film del **regista** Federico Fellini hanno fatto storia.	**Regisseur(in)** *m(f)* Die Filme des Regisseurs Federico Fellini haben Geschichte gemacht.
dirigere [di'riːdʒere] *v* ⚠ *irr* 30 Ho visto tutti i film che Sergio Leone **ha diretto**.	**Regie führen bei** Ich habe alle Filme gesehen, bei denen Sergio Leone Regie geführt hat.

TIPP: Die Betonung liegt auf „ri".

il **ruolo** [ru'ɔːlo] *syn:* parte Gli piace il **ruolo** di Giulio Cesare.	**Rolle** *f* Die Rolle des Julius Cäsar gefällt ihm.

il **costume** [kos'tuːme] Domani alle tre tutti qui per una prova in **costume**.	**Kostüm** *n* Morgen seid ihr alle um drei Uhr hier zu einer Kostümprobe.
il **palco** ['palko] ⚠ *pl* **chi** Ecco, inizia. Gli attori escono sul **palco**.	**Bühne** *f* Jetzt gehts los. Die Schauspieler kommen auf die Bühne.
lo **schermo** ['skermo] In estate in questa piazza c'è un grande **schermo** per il cinema all'aperto. Marco, non stare così vicino allo **schermo**, ti fa male agli occhi.	**Leinwand** *f;* **Bildschirm** *m* Im Sommer wird hier für das Freilichtkino eine große Leinwand aufgestellt. Marco, sitz nicht so nah am Bildschirm, das ist schlecht für die Augen.
il **guardaroba** [guarda'rɔːba] ⚠ *pl inv* Lasciamo i cappotti al **guardaroba**.	**Garderobe** *f* Geben wir die Mäntel an der Garderobe ab.
il **pubblico** ['pubbliko] ⚠ *pl* **ci** Il **pubblico** era entusiasta degli effetti speciali.	**Publikum** *n,* **Zuschauer** *pl* Die Zuschauer waren von den Spezialeffekten begeistert.

***TIPP:** Die Betonung liegt auf „pu".*

popolare [popo'laːre] *adj* *syn:* famoso Marcello Mastroianni era un attore molto **popolare**.	**beliebt** Marcello Mastroianni war ein sehr beliebter Schauspieler.

1.3.1.3 Musik

«1–2000»

la **musica** ['muːzika] ⚠ *pl* **che** Adoro la **musica** classica.	**Musik** *f* Ich liebe klassische Musik.

***TIPP:** Die Betonung liegt auf „mu".*

la **canzone** [kan'tsoːne] La **canzone** italiana più popolare? "O sole mio", chiaro!	**Lied** *n* Das bekannteste italienische Lied? Natürlich „O sole mio"!
cantare [kan'taːre] *v* Quando sono allegra, **canto**.	**singen** Wenn ich fröhlich bin, singe ich.

il **concerto** [kon'tʃɛrto] Ho due biglietti per il **concerto** di Pavarotti.	**Konzert** *n* Ich habe zwei Karten für das Konzert von Pavarotti.
l'**opera** ['ɔːpera]	**Oper** *f*

TIPP: *Die Betonung liegt auf „o".*

suonare [suo'naːre] *v* Che tipo di musica **suonate**?	**spielen** Was für eine Musik spielt ihr?

«2001–4000»

l'**impianto stereo** [impi'anto 'stɛːreo] Lara va pazza per la musica e ha un potente **impianto stereo**.	**Stereoanlage** *f* Lara ist verrückt nach Musik und hat eine Riesenstereoanlage.

TIPP: *Die Betonung liegt auf „ste".*

il **mangiacassette** [mandʒakas'sette] ⚠ *pl inv* Non ho un **mangiacassette**, ascolto solo CD.	**Kassettenrekorder** *m* Ich habe keinen Kassettenrekorder, ich höre nur CDs.
il **CD** [tʃi'di] ⚠ *pl inv*	**CD** *f*

TIPP: *Man sagt „tschidi".*

la **melodia** [melo'diːa] ⚠ *pl* **die** Le sue canzoni hanno **melodie** molto dolci.	**Melodie** *f* Seine Lieder haben eine sehr sanfte Melodie.

TIPP: *Die Betonung liegt auf dem „i" von „ia".*

il **ritmo** ['ritmo] Ci siamo lasciati prendere dal **ritmo** della musica.	**Rhythmus** *m* Wir haben uns vom Rhythmus der Musik mitreißen lassen.
il, la **cantante** [kan'tante] Molti giovani **cantanti** diventano famosi con il Festival di Sanremo.	**Sänger(in)** *m(f)* Viele junge Sänger werden durch das Festival von San Remo bekannt.

il, la **musicista** [muzi'tʃista] ⚠ *pl* **sti, ste** Sì certo, la cantante è brava ma non dimenticarti dei **musicisti**.	**Musiker(in)** *m(f)* Es stimmt schon, dass die Sängerin gut ist, aber vergiss nicht, dass da auch noch die Musiker im Hintergrund sind.
il **gruppo** ['gruppo] Parlano molto bene di quel nuovo **gruppo** rock italiano.	**Gruppe** *f*, **Band** *f* Man hört viel Positives von dieser neuen italienischen Rockband.
l'**orchestra** [or'kɛstra] L'**orchestra** suona un'opera di Puccini.	**Orchester** *n* Das Orchester spielt eine Oper von Puccini.
il **direttore**, la **direttrice** [diret'toːre, -'triːtʃe] A un cenno del **direttore**, l'orchestra iniziò a suonare.	**Dirigent(in)** *m(f)* Auf den Einsatz des Dirigenten hin begann das Orchester zu spielen.
il **compositore**, la **compositrice** [kompozi'toːre, -'triːtʃe]	**Komponist(in)** *m(f)*
la **lirica** ['liːrika] ⚠ *pl* **che** Mi piace molto la **lirica**.	**Opernmusik** *f* Opernmusik gefällt mir sehr gut.

***TIPP:** Die Betonung liegt auf „li“.*

lo **strumento** [stru'mento] Edoardo suona diversi **strumenti**.	**Instrument** *n* Edoardo spielt mehrere Instrumente.
il **pianoforte** [piano'fɔrte] Al centro della stanza c'è un **pianoforte**.	**Klavier** *n* In der Mitte des Zimmers steht ein Klavier.
il **violino** [vio'liːno] Paganini suonava il **violino**.	**Geige** *f*, **Violine** *f* Paganini spielte Geige.
la **chitarra** [ki'tarra] Dai, porta la **chitarra** così possiamo cantare!	**Gitarre** *f* Bitte bring deine Gitarre mit, dann können wir singen!

1.3.2 KOMMUNIKATIONSMITTEL

«1–2000»

il **giornale** [dʒor'naːle] Leggo ogni mattina il **giornale**.	**Zeitung** *f* Ich lese jeden Morgen die Zeitung.
la **televisione** [televizi'oːne] Cosa c'è di bello stasera in **televisione**?	**Fernsehen** *n* Was kommt heute Abend Schönes im Fernsehen?

***TIPP:** Anstelle von **televisione** und **televisore** werden häufig auch die Abkürzungen **la tele** oder **la tivù** (TV) verwendet.*

la **radio** ['raːdio] ⚠ *pl inv* La **radio** mi fa compagnia mentre sono a casa.	**Radio** *n* Das Radio bietet mir Unterhaltung, wenn ich zu Hause bin.
la **comunicazione** [komunikatsi'oːne] La radio e la televisione sono mezzi di **comunicazione**.	**Kommunikation** *f* Radio und Fernsehen sind Kommunikationsmittel.
la **stampa** ['stampa] La notizia è apparsa anche sulla **stampa** estera.	**Presse** *f* Die Nachricht wurde auch in der ausländischen Presse veröffentlicht.

«2001–4000»

il **quotidiano** [kuotidi'aːno] Ho dato un'occhiata ai titoli dei **quotidiani** locali.	**Tageszeitung** *f* Ich habe einen Blick auf die Überschriften der lokalen Tageszeitungen geworfen.
la **rivista** [ri'vista] In questa **rivista** ci sono sempre foto incredibili.	**Zeitschrift** *f*, **Illustrierte** *f* In dieser Zeitschrift werden immer unglaubliche Bilder abgedruckt.
il **numero** ['nuːmero] Il prossimo **numero** esce giovedì.	**Ausgabe** *f* Die nächste Ausgabe erscheint am Donnerstag.

***TIPP:** Die Betonung liegt auf „nu".*

pubblicare [pubbli'kaːre] *v* Ce l'ho fatta, **pubblicano** il mio racconto!	**veröffentlichen** Ich habe es geschafft! Meine Erzählung wird veröffentlicht.

il, la **giornalista** [dʒorna'lista] ⚠ *pl* **sti, ste**	**Journalist(in)** *m(f)*
l'**intervista** [inter'vista]	**Interview** *n*
L'attrice durante l'**intervista** ha risposto a tutte le domande dei giornalisti.	Die Schauspielerin hat während des Interviews alle Fragen der Journalisten beantwortet.
il **televisore** [televi'zoːre]	**Fernseher** *m*
In casa abbiamo un vecchio **televisore** in bianco e nero e uno nuovo a colori. → *televisione*	Wir haben zu Hause einen alten Schwarzweiß- und einen neuen Farbfernseher.
il **programma** [pro'gramma] ⚠ *pl* **mi**	**Sendung** *f*
Accendi la tele, danno un **programma** che mi interessa.	Mach den Fernseher an, es kommt eine Sendung, die mich interessiert.
trasmettere [traz'mettere] *v* ⚠ *irr* 41	**senden, übertragen**
E ora **trasmettiamo** un servizio da Perugia.	Und nun senden wir einen Bericht aus Perugia.

***TIPP:** Die Betonung liegt auf „me".*

l'**immagine** [im'maːdʒine] *f*	**Bild** *n*
Le **immagini** dallo spazio sono così affascinanti!	Die Bilder aus dem Weltall sind so faszinierend!

***TIPP:** Die Betonung liegt auf „ma".*

in diretta [indi'rɛtta] *adv*	**live**
La partita va in onda **in diretta**.	Das Spiel wird live übertragen.
il **telecomando** [teleko'mando]	**Fernbedienung** *f*
Dov'è finito il **telecomando**?	Wo ist denn die Fernbedienung?
il **canale** [ka'naːle]	**Programm** *n*, **Kanal** *m*
Su che **canale** è il film?	In welchem Programm kommt der Film?
la **stazione** [statsi'oːne]	**Sender** *m*
Non cambiare, questa **stazione** trasmette buona musica.	Lass den Radiosender. Da kommt schöne Musik.

1.3.3 ERHOLUNG UND FREIZEIT

1.3.3.1 Erholung

«1–2000»

il **tempo libero** [ˈtɛmpo ˈliːbero]	**Freizeit** *f*
Cosa darei per avere un po' più di **tempo libero**!	Was würde ich für ein bisschen mehr Freizeit geben!

***TIPP:** Die Betonung liegt auf „li".*

le **ferie** [ˈfɛːrie]	**Urlaub** *m*
C'è molto lavoro, non posso andare in **ferie**.	Es gibt so viel zu tun, ich kann keinen Urlaub machen.
la **vacanza** [vaˈkantsa]	**Ferien** *pl*
La scuola finisce in giugno e poi ci sono tre mesi di **vacanza**.	Das Schuljahr ist im Juni zu Ende, und dann sind drei Monate Ferien.

***TIPP:** **vacanza** ist der allgemeine und für die Schulferien gebrauchte Begriff. **ferie** hingegen bezeichnet den Urlaub eines Arbeitnehmers.*

riposarsi [ripoˈsarsi] *v*	**sich ausruhen**
ant: stancarsi	
Non ce la faccio più, devo **riposarmi**.	Ich kann nicht mehr, ich muss mich ausruhen.
la **pausa** [ˈpaːuza]	**Pause** *f*
Tenete duro ancora mezzora, poi facciamo una **pausa**.	Ihr müsst noch eine halbe Stunde durchhalten, dann machen wir eine Pause.

***TIPP:** Die Betonung liegt auf „pa".*

«2001–4000»

la **passeggiata** [passedˈdʒaːta]	**Spaziergang** *m*
Dopo pranzo chi viene con me a fare una **passeggiata**?	Wer macht mit mir nach dem Mittagessen einen Spaziergang?

rilassarsi [rilas'sarsi] *v* **Mi rilasso** molto camminando lungo la spiaggia.	**sich entspannen** Ich finde es sehr entspannend, am Strand spazieren zu gehen.
riposare [ripo'saːre] *v* Chiudi gli occhi e **riposa** un po'.	**ausruhen** Mach die Augen zu und ruh dich etwas aus.
trascorrere [tras'korrere] *v* ⚠ *irr* 21 Quest'anno **trascorriamo** le ferie in Sardegna.	**verbringen** Dieses Jahr verbringen wir den Urlaub auf Sardinien.

***TIPP:** Die Betonung liegt auf „co".*

1.3.3.2 Freizeitbeschäftigungen und Hobbys

«1–2000»

il **passatempo** [passa'tɛmpo] *syn:* hobby Il mio **passatempo** preferito è leggere.	**Zeitvertreib** *m*, **Hobby** *n* Am liebsten lese ich in meiner Freizeit.
giocare [dʒo'kaːre] *v* Andiamo in giardino a **giocare**!	**spielen** Gehen wir in den Garten zum Spielen!
il **gioco** ['dʒɔːko] ⚠ *pl* **chi** Ascoltate bene, vi spiego un **gioco** nuovo.	**Spiel** *n* Hört gut zu, ich erkläre euch ein neues Spiel.
ballare [bal'laːre] *v* Il sabato sera io e i miei amici andiamo sempre a **ballare**.	**tanzen** Samstags abends gehen meine Freunde und ich immer tanzen.
la **discoteca** [disko'tɛːka] ⚠ *pl* **che** Io e Massimo ci siamo conosciuti in **discoteca**.	**Diskothek** *f*, **Disko** *f* Ich habe Massimo in der Disko kennen gelernt.
il **disco** ['disko] ⚠ *pl* **schi** Questo **disco** l'ho comprato in un negozio in centro.	**Schallplatte** *f* Diese Platte habe ich in einem Geschäft im Zentrum gekauft.

la **fotografia** [fotogra'fiːa] ⚠ *pl* **fie**	**Foto** *n;* **Fotografieren** *n*
Scusi, ci può fare una fotografia?	Entschuldigen Sie bitte, könnten Sie vielleicht ein Foto von uns machen?
La **fotografia** è la sua passione.	Er fotografiert leidenschaftlich gern.

***TIPP:** Die Betonung liegt auf dem „i" von „ia".*

fotografare [fotogra'faːre] *v*	**fotografieren**
Ehi, sorridete, ci **sta fotografando**!	He, lächelt mal, er macht gerade ein Foto von uns!

«2001–4000»

l'**hobby** ['hɔbi] *m* *syn:* passatempo ⚠ *pl inv*	**Hobby** *n*
Ho un **hobby** particolare: visitare le grotte.	Ich habe ein besonderes Hobby: Höhlen besichtigen.
il **fumetto** [fu'metto]	**Comic** *m*
Mi piace leggere e collezionare **fumetti**.	Ich lese gern und sammle Comichefte.
la **bambola** ['bambola]	**Puppe** *f*
Anna trascorre ore in camera sua a giocare con le **bambole**.	Anna spielt stundenlang in ihrem Zimmer mit ihren Puppen.

***TIPP:** Die Betonung liegt auf „ba".*

camminare [kammi'naːre] *v*	**gehen**
Oggi ho voglia di **camminare**, non prendo l'autobus.	Heute habe ich Lust, zu Fuß zu gehen. Ich nehme nicht den Bus.
fare il bagno ['faːre il 'baːɲo] *v* ⚠ *irr* 37	**baden**
Qualche coraggioso **fa il bagno** al mare anche in inverno.	Ein paar Mutige baden auch im Winter im Meer.
pescare [pes'kaːre] *v*	**fischen, angeln**
Sabato, se è una bella giornata, possiamo andare a **pescare**.	Wenn das Wetter gut ist, können wir am Samstag angeln gehen.
la **pesca** ['peska]	**Fischen** *n*, **Angeln** *n*
Allora, com'è andata la **pesca**, quanti pesci hai preso?	Und, wie ist es beim Angeln gelaufen? Wie viele Fische hast du gefangen?

***TIPP:** Man sollte nicht vergessen, dass **la pesca** mit der Pluralform **le pesche** auch eine Obstsorte bezeichnet. **la pesca** darf außerdem nicht verwechselt werden mit **il pesce**, der Fisch, Plural: **i pesci**.*

la **macchina fotografica** ['makkina foto'gra:fika] ⚠ *pl* **macchine fotografiche**	**Fotoapparat** *m*
Ovunque vado, porto sempre con me la **macchina fotografica**.	Wo ich auch hingehe, ich habe immer meinen Fotoapparat dabei.

***TIPP:** Die Betonung liegt auf „ma" und „gra".*

registrare [redʒis'tra:re] *v*	**aufzeichnen, aufnehmen**
la **videocassetta** [videokas'setta]	**Videokassette** *f*
Per registrare questo film ci vuole una **videocassetta** da centoventi minuti.	Um diesen Film aufzunehmen, braucht man eine Videokassette mit hundertzwanzig Minuten Spielzeit.
il **videoregistratore** [videoredʒistra'to:re]	**Videorekorder** *m*
Se hai il **videoregistratore** possiamo noleggiare un bel film.	Wenn du einen Videorekorder hast, können wir uns einen schönen Film ausleihen.
scommettere [skom'mettere] *v* ⚠ *irr* 41	**wetten**
Scommettiamo che vince il cavallo numero due?	Wetten, dass das Pferd mit der Nummer zwei gewinnt?

***TIPP:** Die Betonung liegt auf „me".*

il **premio** ['prɛ:mio] ⚠ *pl* **mi**	**Preis** *m*, **Gewinn** *m*
Ogni concorrente ha ricevuto un piccolo **premio**.	Jeder Teilnehmer hat einen kleinen Preis bekommen.

1.3.3.3 Vergnügen und Genuss

«1–2000»

divertirsi [diver'tirsi] *v* ⚠ **mi diverto**	**sich amüsieren, Spaß haben**
Ciao, e **divertiti** alla festa.	Tschüss und amüsier dich gut auf dem Fest.

godersi [go'dersi] *v* ⚠ *irr* 39 Vedrai come **ci godiamo** il sole e la spiaggia a Jesolo!	**genießen** Du wirst sehen, wie wir die Sonne und den Strand von Jesolo genießen werden!

TIPP: *Die Betonung liegt auf „go".*

la **sigaretta** [siga'retta] Ho finito le **sigarette**, fermati in tabaccheria.	**Zigarette** *f* Ich habe keine Zigaretten mehr, halt beim Tabakladen an.
fumare [fu'maːre] *v* No grazie, non **fumo**.	**rauchen** Nein danke, ich rauche nicht.

«2001–4000»

lo **scherzo** ['skertso] Dai non arrabbiarti, era solo uno **scherzo**.	**Scherz** *m*, **Spaß** *m* Komm, ärgere dich nicht! Es war doch nur ein Scherz.
la **barzelletta** [bardzel'letta] In Italia si raccontano molte **barzellette** sui carabinieri.	**Witz** *m* In Italien erzählt man sich viele Karabinieri-Witze.
la **pipa** ['piːpa] Il fumo della **pipa** mi dà fastidio.	**Pfeife** *f* Der Pfeifenrauch stört mich.
il **sigaro** ['siːgaro] Adriano mi ha regalato una scatola di **sigari**.	**Zigarre** *f* Adriano hat mir eine Schachtel Zigarren geschenkt.

TIPP: *Die Betonung liegt auf „si".*

1.3.4 SPORT

«1–2000»

lo **sport** [spɔrt] ⚠ *pl inv* Sono in forma, faccio **sport** ogni giorno.	**Sport** *m* Ich bin fit, ich treibe jeden Tag Sport.
praticare [prati'kaːre] *v* Che sport **pratichi**?	**betreiben** Was für Sport treibst du?
allenarsi [alle'narsi] *v* Claudio **si allena** con impegno per le gare.	**trainieren** Claudio trainiert eifrig für die Wettkämpfe.

la **squadra** [sku'aːdra] Mi piacciono i giochi di **squadra**.	**Mannschaft** *f* Ich mag Mannschaftsspiele.
la **gara** ['gaːra] Partecipate anche voi alla **gara**?	**Wettkampf** *m*, **Wettbewerb** *m* Nehmt ihr auch an dem Wettkampf teil?
il **calcio** ['kaltʃo] Il **calcio** è lo sport più popolare in Italia.	**Fußball** *m* Fußball ist in Italien die beliebteste Sportart.
il **giocatore**, la **giocatrice** [dʒoka'toːre, -'triːtʃe] I **giocatori** della nazionale italiana di calcio sono chiamati gli "azzurri".	**Spieler(in)** *m(f)* Die italienischen Fußballnationalspieler nennt man „azzurri".
il **pallone** [pal'loːne] I ragazzi giocano volentieri a **pallone**.	**Ball** *m* Kinder spielen gerne Ball.

***TIPP:* *palla* und *pallone* sind Synonyme, aber sie werden in unterschiedlichen Sportarten verwendet. Beim Volleyball zum Beispiel, sagt man *palla*, im Fußball, beim Rugby und Basketball *pallone*.**

la **palla** ['palla] Il giocatore passa la **palla** al suo compagno di squadra.	**Ball** *m* Der Spieler gibt den Ball an seinen Mannschaftskameraden ab.
tirare [ti'raːre] *v* Marco **ha tirato** il pallone, ma non è riuscito a fare gol.	**werfen** Marco hat den Ball geworfen, aber kein Tor gemacht.
la **palestra** [pa'lɛstra] L'insegnante di ginnastica vi aspetta in **palestra**.	**Turnhalle** *f* Die Gymnastiklehrerin wartet in der Turnhalle auf euch.
la **partita** [par'tiːta] Stasera mezza Italia è davanti alla televisione a guardare la **partita**.	**Spiel** *n* Heute Abend sitzt die halbe Nation vor dem Fernseher, um das Spiel zu sehen.
il **record** ['rɛkord] ⚠ *pl inv* Nessuno ha ancora battuto il suo **record** di velocità.	**Rekord** *m* Bisher hat niemand seinen Geschwindigkeitsrekord gebrochen.

TIPP: *Die Betonung liegt auf „re".*

il tifoso, la tifosa [ti'foːso] — **Fan** *m*
C'è molto entusiasmo fra i **tifosi** delle due squadre. — Die Fans beider Mannschaften sind total begeistert.

la corsa ['korsa] — **Rennen** *n*, **Lauf** *m*
La specialità di Marco è la **corsa**. — Marcos Disziplin ist der Wettlauf.

nuotare [nuo'taːre] *v* — **schwimmen**
Sai **nuotare**? — Kannst du schwimmen?

la piscina [piʃ'ʃiːna] — **Schwimmbad** *n*
Ciao, ci vediamo dopo, vado in **piscina** a nuotare. — Tschüss, bis später. Ich gehe ins Schwimmbad.

il costume da bagno [kos'tuːme da 'baːɲo] — **Badeanzug** *m*
In piscina uso un **costume da bagno** intero, al mare un due pezzi. — Im Schwimmbad trage ich einen Badeanzug, am Meer einen Bikini.

sciare [ʃi'aːre] *v* — **Ski laufen**
Petra **scii** ancora, o prendiamo qualcosa di caldo al bar? — Petra, willst du weiter Ski laufen, oder gehen wir ins Café und trinken etwas Warmes?

lo sci [ʃi] ⚠ *pl inv* — **Ski** *m*
Gli **sci** più moderni hanno una linea particolare. — Die neuesten Skier haben eine besondere Form.

la pista ['pista] — **Piste** *f*
Nelle Dolomiti ci sono centinaia di chilometri di **piste**. — In den Dolomiten gibt es Hunderte Kilometer von Pisten.

la seggiovia [seddʒo'viːa] ⚠ *pl* **vie** — **Sessellift** *m*
Le piste sono collegate tra loro per mezzo di numerose **seggiovie**. — Die Pisten sind durch zahlreiche Sessellifte miteinander verbunden.

TIPP: *Die Betonung liegt auf dem „i" von „via".*

«2001–4000»

l'atleta [at'lɛːta] *m, f* ⚠ *pl* **ti, te** — **Athlet(in)** *m(f)*, **Sportler(in)** *m(f)*
Il sogno di ogni **atleta** è partecipare alle Olimpiadi. — Es ist der Traum jedes Sportlers, an den Olympischen Spielen teilzunehmen.

il, la **concorrente** [koŋko-r'rɛnte] I **concorrenti** sono pronti sulla linea di partenza.	**Teilnehmer(in)** *m(f)* Die Teilnehmer sind bereit zum Start.
l'**allenatore**, l'**allenatrice** [allena'toːre, -'triːtʃe] Sono esercizi che ci consiglia di fare la nostra **allenatrice**.	**Trainer(in)** *m(f)* Diese Übungen empfiehlt uns unsere Trainerin.
l'**allenamento** [allena'mento] Oggi dalle sei alle nove ho l'**allenamento**.	**Training** *n* Ich habe heute von sechs bis neun Uhr Training.
il **campione**, la **campionessa** [kampi'oːne, -io'nessa] Alberto Tomba è stato un gran **campione** di sci.	**Meister(in)** *m(f)*, **Champion** *m* Alberto Tomba war ein Champion im Skilaufen.
la **finale** [fi'naːle] La **finale** si gioca fra Italia e Olanda.	**Endspiel** *n*, **Finale** *n* Im Endspiel treffen Italien und Holland aufeinander.
il **campionato** [kampio'naːto] La prossima settimana inizia il **campionato** di calcio.	**Meisterschaft** *f* Nächste Woche beginnt die Fußballmeisterschaft.
la **medaglia** [me'daːʎa] ⚠ *pl* **glie** Al vincitore hanno consegnato la **medaglia** d'oro.	**Medaille** *f* Der Gewinner erhielt die Goldmedaille.
lo **spettatore**, la **spettatrice** [spetta'toːre, -'triːtʃe] La finale della partita è seguita in televisione da circa undici milioni di **spettatori**.	**Zuschauer(in)** *m(f)* Das Endspiel wird von etwa elf Millionen Zuschauern im Fernsehen verfolgt.
l'**arbitro** ['arbitro]	**Schiedsrichter(in)** *m(f)*

TIPP: *Die Betonung liegt auf „ar".*

fischiare [fiski'aːre] *v* L'arbitro **ha fischiato** l'inizio della partita.	**pfeifen** Der Schiedsrichter hat das Spiel angepfiffen.
il **punteggio** [pun'teddʒo] ⚠ *pl* **ggi** Dopo un'ora di gioco il **punteggio** è di uno a zero.	**Spielstand** *m* Das Spiel steht nach einer Stunde Eins zu Null.
la **porta** ['pɔrta] Sul campo ci sono due **porte**.	**Tor** *n* Auf dem Feld stehen zwei Tore.

segnare [se'ɲaːre] *v*	**ein Tor schießen; einen Punkt erzielen; einen Treffer erzielen**
Chi **ha segnato**?	Wer hat den Treffer erzielt?
il **go(a)l** [gol] ⚠ *pl inv*	**Tor** *n*
Quando il pallone entra in porta in Italia si urla **gol**.	Wenn der Ball im Tor landet, wird in Italien „gol“ geschrien.
lo **stadio** ['staːdio] ⚠ *pl* **di**	**Stadion** *n*
Lo **stadio** è nuovo, è stato costruito cinque anni fa.	Das Stadion ist neu. Es wurde vor fünf Jahren gebaut.
il **campo** ['kampo]	**(Spiel)feld** *n*
Le due squadre non sono ancora entrate in **campo**.	Die zwei Mannschaften sind noch nicht auf dem Spielfeld.
andare a vela [an'daːre a 'veːla] *v* ⚠ *irr* 3	**segeln**
Oggi c'è vento, è la giornata ideale per **andare a vela**.	Heute ist es windig. Das ist das ideale Wetter zum Segeln.

1.4 Öffentliches Leben

1.4.1 STAATSWESEN

1.4.1.1 Staat und Politik

«1–2000»

la **politica** [po'liːtika] ⚠ *pl* **che**	**Politik** *f*
Le prime pagine dei giornali sono sempre di **politica**.	Die ersten Seiten der Zeitungen befassen sich immer mit Politik.

***TIPP:** Die Betonung liegt auf „li“.*

politico, a [po'liːtiko] *adj* ⚠ *pl* **ci, che**	**politisch**
La decisione è stata presa per ragioni **politiche**.	Die Entscheidung wurde aus politischen Gründen getroffen.

***TIPP:** Die Betonung liegt auf „li“.*

il **politico** [po'liːtiko] ⚠ *pl* **ci** Ecco le dichiarazioni di alcuni **politici**.	**Politiker(in)** *m(f)* Und dazu nun die Erklärungen einiger Politiker.

***TIPP:** Die Betonung liegt auf „li". Es gibt keine Femininform, denn **la politica** ist die Politik.*

il **paese** [pa'eːze] *syn:* nazione Al congresso partecipano rappresentanti di ogni **paese**.	**Land** *n*, **Staat** *m* Am Kongress nehmen Vertreter aller Länder teil.
il **governo** [go'vɛrno] Chi è l'attuale capo del **governo** in Italia?	**Regierung** *f* Wer ist derzeit in Italien Regierungschef?
governare [gover'naːre] *v* L'Italia a metà Ottocento **era governata** dai Savoia, Borboni e Asburgo.	**regieren** Italien wurde Mitte des neunzehnten Jahrhunderts von den Häusern Savoyen, Bourbon und Habsburg regiert.
il **partito** [par'tiːto] Ci sono **partiti** di destra, centro e sinistra.	**Partei** *f* Es gibt rechte und linke Parteien, sowie Parteien der Mitte.
il **ministero** [minis'tɛːro] La pubblica amministrazione italiana è divisa in **ministeri**.	**Ministerium** *n* Die italienische Staatsverwaltung ist in Ministerien aufgeteilt.
il, la **presidente** [presi'dɛnte] La carica più importante dello stato è **presidente** della Repubblica.	**Präsident(in)** *m(f)* Das wichtigste Amt ist das des Staatspräsidenten.
il, la **ministro** [mi'nistro] I **ministri** sono membri del governo a capo di un ministero.	**Minister(in)** *m(f)* Die Minister sind Mitglieder der Regierung und stehen an der Spitze eines Ministeriums.
il **re** [re] ⚠ *pl inv* Vittorio Emanuele III di Savoia è stato l'ultimo **re** d'Italia.	**König** *m* Viktor Emanuel III. von Savoyen war der letzte König Italiens.
la **regina** [re'dʒiːna]	**Königin** *f*
l'**imperatore**, l'**imperatrice** [impera'toːre, -'triːtʃe] Giulio Cesare era un **imperatore** romano.	**Kaiser(in)** *m(f)* Julius Cäsar war ein römischer Kaiser.

il **confine** [kon'fiːne] Il passo del Brennero è il **confine** fra Italia e Austria.	**Grenze** *f* Am Brennerpass ist die Grenze zwischen Italien und Österreich.
straniero, a [strani'ɛːro] *adj* In Italia la maggior parte dei lavoratori **stranieri** proviene dall'Africa.	**ausländisch, fremd** In Italien kommt der Großteil der ausländischen Arbeitnehmer aus Afrika.
lo **straniero**, la **straniera** [strani'ɛːro] Milioni di **stranieri** visitano ogni anno l'Italia.	**Ausländer(in)** *m(f)* Millionen von Ausländern besuchen jedes Jahr Italien.

«2001–4000»

la **repubblica** [re'pubblika] ⚠ *pl* **che** La **Repubblica** riconosce a tutti i cittadini il diritto al lavoro.	**Republik** *f* In der Republik Italien haben alle Bürger das Recht auf Arbeit.

TIPP:** Die Betonung liegt auf „pu“.* ***repubblica *wird großgeschrieben, wenn es sich um Italien handelt und klein, wenn es sich um die Staatsform handelt.*

lo **stato** ['staːto] Lo **stato** del Vaticano si trova all'interno del territorio italiano.	**Staat** *m* Der Vatikanstaat befindet sich auf italienischem Staatsgebiet.
la **nazione** [natsi'oːne] A Capodanno il Presidente fa un discorso alla **nazione**.	**Nation** *f*, **Land** *n* Zum Jahreswechsel hält der Präsident eine Rede an die Nation.
nazionale [natsio'naːle] *adj* L'inno **nazionale** italiano è stato scritto da Mameli.	**national, National-, Staats-** Die italienische Nationalhymne wurde von Mameli geschrieben.
la **nazionalità** [natsionali'ta] Nelle città italiane vivono e lavorano persone di molte altre **nazionalità**.	**Nationalität** *f* In den Städten Italiens leben und arbeiten Menschen vieler anderer Nationalitäten.
il **popolo** ['pɔːpolo] I **popoli** della terra hanno usi e costumi diversi.	**Volk** *n* Die Völker dieser Erde haben unterschiedliche Sitten und Gebräuche.

TIPP: Die Betonung liegt auf dem ersten „po".

la **regione** [re'dʒoːne]	**Region** *f*
L'Italia è divisa in venti **regioni**.	Italien ist in zwanzig Regionen aufgeteilt.

***TIPP:** Die 20 Regionen Italiens sind: **Val d'Aosta, Piemonte, Lombardia, Trentino Alto Adige, Veneto, Friuli Venezia Giulia, Liguria, Toscana, Emilia Romagna, Marche, Lazio, Umbria, Abruzzo, Molise, Campania, Puglia, Basilicata, Calabria** und die beiden Inseln **Sicilia, Sardegna**. Diese Regionen sind in **province** (Provinzen) und diese wiederum in **comuni** (Gemeinden) unterteilt. Jede Region hat ein **capoluogo**, eine Hauptstadt.*

l'**extracomunitario**, l'**extracomunitaria** [ekstrakomuni'taːrio] ⚠ *pl* **ri, rie**	**nicht aus der EU stammende(r) Ausländer(in)**
Extracomunitario è un cittadino di un paese che non appartiene alla UE.	Als „extracomunitario" wird ein nicht aus der EU stammender Ausländer bezeichnet.
la **bandiera** [bandi'ɛːra]	**Flagge** *f*, **Fahne** *f*
La **bandiera** italiana è verde, bianca e rossa.	Die italienische Fahne ist grün-weiß-rot.
la **costituzione** [kostitutsi'oːne]	**Verfassung** *f*
La **costituzione** è l'insieme delle leggi che governano uno stato.	Die Verfassung beinhaltet sämtliche Gesetze, nach denen ein Staat regiert wird.
il **parlamento** [parla'mento]	**Parlament** *n*
Il **parlamento** ha sede a Roma.	Das Parlament hat seinen Sitz in Rom.
la **democrazia** [demokra'tsiːa] ⚠ *pl* **zie**	**Demokratie** *f*
La parola **democrazia** significa "governo del popolo".	Das Wort „Demokratie" bedeutet „Volksherrschaft".

TIPP: Die Betonung liegt auf dem „i" von „zia".

democratico, a [demo'kraːtiko] *adj* ⚠ *pl* **ci, che**	**demokratisch**
L'Italia è una repubblica **democratica**.	Italien ist eine demokratische Republik.

TIPP: Die Betonung liegt auf „cra".

la **libertà** [liber'ta] La **libertà** di parola è un diritto fondamentale.	**Freiheit** *f* Die Meinungsfreiheit ist ein Grundrecht.
indipendente [indipen'dɛnte] *adj* San Marino è una piccola repubblica **indipendente** dallo stato italiano.	**unabhängig** San Marino ist eine kleine, vom italienischen Staat unabhängige Republik.
l'**opposizione** [oppozitsi'oːne] *f* Il suo partito è all'**opposizione**.	**Opposition** *f* Seine Partei ist in der Opposition.
l'**unione** [uni'oːne] *f* Con l'introduzione dell'euro in Europa si è ottenuta l'**unione** monetaria.	**Union** *f*, **Vereinigung** *f* Mit dem Euro wurde in Europa die Währungsunion eingeführt.
unire [u'niːre] *v* ⚠ **unisco** La Germania dell'Est e dell'Ovest **sono** nuovamente **unite**. Lo stretto di Messina **unisce** la Sicilia all'Italia.	**vereinigen; verbinden** Ost- und Westdeutschland sind wieder vereinigt. Die Straße von Messina verbindet Sizilien mit Italien.
l'**unità** [uni'ta] L'Italia ha raggiunto l'**unità** nel 1861.	**Einigung** *f* Die Einigung Italiens fand 1861 statt.
la **comunità** [komuni'ta] Quella che era la **comunità** europea, si chiama oggi Unione europea.	**Gemeinschaft** *f* Die Europäische Gemeinschaft heißt heute Europäische Union.
il **deputato**, la **deputata** [depu'taːto] Un **deputato** è un rappresentante del popolo al parlamento.	**Abgeordnete(r)** *f(m)* Ein Abgeordneter vertritt das Volk im Parlament.
il **consiglio** [kon'siːʎo] ⚠ *pl* **gli** Oggi si riunisce il **Consiglio** dei Ministri.	**Rat** *m* Heute tritt der Ministerrat zusammen.
l'**elezione** [eletsi'oːne] *f* Ad aprile ci saranno le **elezioni**.	**Wahl** *f* Im April sind Wahlen.

votare [vo'taːre] *v* Domenica bisogna andare a **votare**. Non so per chi **votare**.	**wählen** Am Sonntag müssen wir wählen gehen. Ich weiß nicht, wen ich wählen soll.
il **voto** ['voːto] Per vincere ha bisogno del 51 % dei **voti**.	**Stimme** *f* Er braucht 51 % der Stimmen, um zu gewinnen.
l'**attualità** [attuali'ta] L'elezione del nuovo capo dello stato è uno degli argomenti d'**attualità**.	**Aktualität** *f* Die Wahl des neuen Staatschefs gehört zu den aktuellsten Themen.
la **maggioranza** [maddʒo'rantsa] *ant:* minoranza La **maggioranza** è dalla sua parte.	**Mehrheit** *f* Er hat die Mehrheit auf seiner Seite.
la **minoranza** [mino'rantsa] *ant:* maggioranza In una valle delle Dolomiti vive una **minoranza** chiamata "Ladini".	**Minderheit** *f* In einem Tal der Dolomiten lebt eine Minderheit, die „Ladiner".
interno, a [in'tɛrno] *adj* *ant:* estero Sono affari di politica **interna**.	**innere(r, -s), Innen-** Das sind innenpolitische Angelegenheiten.
estero, a ['ɛstero] *adj* *ant:* interno Il commercio **estero** è in difficoltà.	**Außen-, Auslands-** Der Außenhandel befindet sich in einer schwierigen Lage.

***TIPP:** Die Betonung liegt auf „es".*

internazionale [internatsio'naːle] *adj* Discutono della situazione dei mercati **internazionali**.	**international** Sie diskutieren über die Situation der internationalen Märkte.
la **sicurezza** [siku'rettsa] Il ministero della Difesa si occupa della **sicurezza** nazionale.	**Sicherheit** *f* Der Verteidigungsminister befasst sich mit der nationalen Sicherheit.
la **spia** [sp'iːa] ⚠ *pl* **spie** E' vero che hanno scoperto una **spia**?	**Spion(in)** *m(f)* Stimmt es, dass sie einen Spion entdeckt haben?

***TIPP:** Die weibliche Form wird auch für Männer benützt.*

la **crisi** ['kriːzi] ⚠ *pl inv* Il governo deve affrontare un'altra **crisi** finanziaria.	**Krise** *f* Die Regierung muss sich mit einer weiteren Finanzkrise auseinander setzen.
la **rivoluzione** [rivolutsi'oːne] Il 1848 è stato l'anno delle **rivoluzioni** in Europa.	**Revolution** *f* 1848 war in Europa das Jahr der Revolutionen.

1.4.1.2 Krieg und Frieden

«1–2000»

la **guerra** [gu'ɛrra] *ant:* pace Mussolini ha condotto l'Italia in **guerra**.	**Krieg** *m* Mussolini hat Italien in den Krieg geführt.
la **pace** ['paːtʃe] *ant:* guerra, conflitto La colomba è il simbolo della **pace**.	**Frieden** *m* Die Taube ist das Symbol des Friedens.
il **soldato**, la **soldatessa** [sol'daːto, -da'tessa] Aveva solo diciott'anni quando è partito **soldato**.	**Soldat(in)** *m(f)* Er war erst achtzehn, als er Soldat wurde.
il **nemico**, la **nemica** [ne'miːko] *ant:* amico, amica ⚠ *pl* **ci, che** Hanno avuto pietà dei loro **nemici**.	**Feind(in)** *m(f)* Sie hatten Mitleid mit ihren Feinden.
l'**esercito** [e'zertʃito] Il Presidente ha incontrato alcuni generali dell'**esercito**.	**Armee** *f*, **Militär** *n;* **Heer** *n* Der Präsident hat einige Generäle der Armee getroffen.

***TIPP:** Die Betonung liegt auf „ser".*

la **marina** [ma'riːna] La Vespucci è la nave scuola della **marina** italiana.	**Marine** *f* „La Vespucci" ist das Schulschiff der italienischen Marine.
il **servizio militare** [ser'viːtsio mili'taːre] Un giovane può scegliere fra **servizio militare** e civile.	**Wehrdienst** *m* Ein Jugendlicher hat die Wahl zwischen Wehr- und Zivildienst.

la **battaglia** [bat'taːʎa] ⚠ *pl* **glie** Mio nonno è morto in **battaglia**.	**Kampf** *m* Mein Opa ist im Kampf gefallen.

«2001–4000»

l'**ufficiale** [uffi'tʃaːle] *m* Mio figlio ha iniziato come soldato semplice e ora è **ufficiale**.	**Offizier** *m* Mein Sohn hat als einfacher Soldat angefangen und ist jetzt Offizier.

***TIPP:** Für Frauen benützt man die männliche Form. Man sagt **l'ufficiale signora Rossi**.*

il **generale** [dʒene'raːle] Alla cerimonia di stato erano presenti alcuni **generali** dell'esercito.	**General** *m* An der Staatsfeier nahmen einige Generale teil.
la **truppa** ['truppa] Durante la seconda guerra mondiale c'erano **truppe** italiane in Africa e in Russia.	**Truppe** *f* Im Zweiten Weltkrieg befanden sich italienische Truppen in Afrika und Russland.
l'**arma** ['arma] Gli eserciti moderni dispongo di **armi** terribili.	**Waffe** *f* Die Armeen verfügen heute über schreckliche Waffen.
la **bomba** ['bomba] Per fortuna la **bomba** non è esplosa.	**Bombe** *f* Zum Glück ist die Bombe nicht explodiert.
la **lotta** ['lɔtta] *syn:* guerra, conflitto Dopo anni di dura **lotta** in quel paese è tornata la pace.	**Kampf** *m* Nach jahrelangen harten Kämpfen herrscht wieder Frieden in dem Land.
il **conflitto** [kon'flitto] *syn:* guerra Bisogna evitare ogni **conflitto**.	**Krieg** *m* Jede Art von Krieg muss vermieden werden.
esplodere [es'plɔːdere] *v* *syn:* scoppiare Ultime notizie: una bomba **è esplosa** in pieno centro.	**explodieren; platzen** Letzte Meldung: mitten in der Stadt ist eine Bombe explodiert.

***TIPP: esplodere** wird mit **essere** konjugiert.*

scoppiare [skoppi'aːre] *v* *syn:* esplodere	**ausbrechen; explodieren**
La seconda guerra mondiale **è scoppiata** nel 1939.	Der Zweite Weltkrieg brach 1939 aus.
Una bomba **è scoppiata** ieri notte nella capitale.	In der vergangenen Nacht ist in der Hauptstadt eine Bombe explodiert.

> ***TIPP:* scoppiare** *wird mit* **essere** *konjugiert.*

l'attacco [at'takko] ⚠ *pl* **cchi**	**Angriff** *m*
L'**attacco** è avvenuto durante la notte.	Der Angriff fand nachts statt.
attaccare [attak'kaːre] *v* *ant:* difendere	**angreifen**
Al segnale, i soldati sono pronti ad **attaccare**.	Die Soldaten sind bereit, auf ein Zeichen hin anzugreifen.
difendere [di'fɛndere] *v* ⚠ *irr* 26	**verteidigen; schützen**
I soldati **hanno difeso** con coraggio il loro paese.	Die Soldaten haben mutig ihr Land verteidigt.
In passato le mura **difendevano** le città dagli attacchi.	Früher waren die Stadtmauern ein Schutz vor Angriffen.

> ***TIPP:*** *Die Betonung liegt auf „fe".*

la difesa [di'feːsa] *ant:* attacco	**Verteidigung** *f;* **Schutz** *m*
Il ministro della **Difesa** ha incontrato il collega tedesco.	Der Verteidigungsminister hat seinen deutschen Kollegen getroffen.
la vittoria [vit'tɔːria] ⚠ *pl* **rie**	**Sieg** *m*
Chi vince celebra la **vittoria**.	Die Gewinner feiern den Sieg.
sconfiggere [skon'fiddʒere] *v* ⚠ *irr* 68	**besiegen**
Hanno combattuto con valore ma **sono stati sconfitti**.	Sie haben tapfer gekämpft, sind aber besiegt worden.
la sconfitta [skon'fitta] *ant:* vittoria	**Niederlage** *f*
L'esercito nemico ha subito una dura **sconfitta**.	Das feindliche Heer hat eine schwere Niederlage erlitten.
la resistenza [resi'stɛntsa]	**Widerstand** *m*
Nessuno fece **resistenza**.	Niemand leistete Widerstand.

l'**occupazione** [okkupatsi'oːne] *f*	**Besatzung** *f*
Gli americani liberarono l'Italia dall'**occupazione** tedesca nell'aprile del 1945.	Die Amerikaner befreiten Italien im April 1945 von der deutschen Besatzung.
evadere [e'vaːdere] *v* *syn:* fuggire	**fliehen, ausbrechen**
E' la storia di un uomo che **è evaso** di prigione.	Das ist die Geschichte eines Mannes, der aus dem Gefängnis ausgebrochen ist.

***TIPP:** Die Betonung liegt auf „va". **evadere** wird mit **essere** konjugiert.*

fuggire [fud'dʒiːre] *v* ⚠ **fuggo**	**fliehen, flüchten**
Alcuni prigionieri sono riusciti a **fuggire**.	Einigen Gefangenen gelang die Flucht.

***TIPP: fuggire** wird mit **essere** konjugiert.*

la **fuga** ['fuːga] ⚠ *pl* **ghe**	**Flucht** *f*
La popolazione della regione attaccata è in **fuga**.	Die Bevölkerung in der umkämpften Region ist auf der Flucht.
il **fronte** ['fronte]	**Front** *f*
Molti giovani soldati non sono più tornati dal **fronte**.	Viele junge Soldaten sind von der Front nicht mehr zurückgekommen.

***TIPP:** Sollte nicht verwechselt werden mit **la fronte**, die Stirn.*

la **marcia** ['martʃa] ⚠ *pl* **ce**	**Marsch** *m*
Dopo ore di **marcia** i soldati arrivarono al campo.	Nach einem stundenlangen Marsch kamen die Soldaten im Lager an.

***TIPP: marcia** bezeichnet auch den Gang eines Autos: **prima, seconda marcia** erster, zweiter Gang und **retromarcia** Rückwärtsgang.*

l'**eroe** [e'rɔːe] *m*	**Held** *m*
Al ritorno dalla guerra tutti lo consideravano un **eroe**.	Als er aus dem Krieg zurückkam, wurde er von allen als Held angesehen.

***TIPP:** Es gibt die weibliche Form **l'eroina**, die aber vermieden wird, weil **eroina** Heroin heißt.*

1.4.2 KIRCHE UND RELIGION

«1–2000»

la **chiesa** [ki'ɛːza] *syn:* basilica Nel mio paese ci sono tre **chiese**. Molti italiani sostengono la **Chiesa** cattolica.	**Kirche** *f* In meinem Dorf gibt es drei Kirchen. Viele Italiener unterstützen die katholische Kirche.

*TIPP: Wenn es sich um das Gebäude handelt, wird **chiesa** kleingeschrieben, und wenn es sich um die Institution handelt groß.*

la **basilica** [ba'ziːlika] ⚠ *pl* **che** La chiesa più famosa d'Italia è la **basilica** di San Pietro a Roma.	**Basilika** *f*, **Kirche** *f* Die berühmteste Kirche in Italien ist die Peterskirche in Rom.

TIPP: Die Betonung liegt auf „si".

pregare [pre'gaːre] *v* Tutte le sere, prima di andare a letto, **preghiamo** insieme.	**beten** Wir beten jeden Abend zusammen, bevor wir ins Bett gehen.
il **Dio** ['diːo] Credo in **Dio**.	**Gott** *m* Ich glaube an Gott.

*TIPP: Der christliche Gott wird großgeschrieben, während ein heidnischer Gott mit einem kleinen d geschrieben wird. Die Göttin heißt **la dea**, der Plural heißt **i dei, le dee**.*

il **Natale** [na'taːle] La notte di **Natale** andiamo alla messa di mezzanotte.	**Weihnachten** *n* An Heiligabend gehen wir zur Mitternachtsmesse.
il **carnevale** [karne'vaːle] Il **carnevale** di Venezia è famoso in tutto il mondo.	**Karneval** *m*, **Fasching** *m* Der Karneval von Venedig ist weltberühmt.
la **Pasqua** ['paskua] A **Pasqua** è tradizione regalare uova di cioccolato.	**Ostern** *n* Zu Ostern ist es Tradition, Schokoladeneier zu verschenken.
la **religione** [reli'dʒoːne] Al mondo ci sono vari popoli e varie **religioni**.	**Religion** *f* Auf der Welt gibt es verschiedene Völker und Religionen.

religioso, a [reli'dʒoːso] *adj* — **religiös, Religions-**
La signora Carli è molto **religiosa** e va spesso in chiesa. — Frau Carli ist sehr religiös und geht oft in die Kirche.

«2001–4000»

la **Bibbia** ['bibbia] — **Bibel** *f*
La **Bibbia** è composta dall'Antico e Nuovo Testamento. — Die Bibel besteht aus dem Alten und dem Neuen Testament.

il **santo**, la **santa** ['santo] — **Heilige(r)** *f(m)*
Il primo novembre è la festa di tutti i **santi**. — Am ersten November ist Allerheiligen.

> ***TIPP:*** *Steht **santo** vor einem Eigennamen, verwendet man häufig die Abkürzung **san**. Z. B.: **la basilica di San Marco a Venezia**.*

cristiano, a [kristi'aːno] *adj* — **christlich**
Siamo di religione **cristiana**. — Wir sind Christen.

il **cristiano**, la **cristiana** [kristi'aːno] — **Christ(in)** *m(f)*
La chiesa è la casa di tutti i **cristiani**. — Die Kirche ist das Haus aller Christen.

cattolico, a [kat'tɔːliko] *adj* — **katholisch**
⚠ *pl* **ci, che**
La principale confessione in Italia è quella **cattolica**. — Die meisten Italiener sind katholisch.

> ***TIPP:*** *Die Betonung liegt auf „to“.*

la **fede** ['feːde] — **Glaube** *m*
La sua **fede** in Dio l'ha sempre aiutata. — Ihr Glaube an Gott hat ihr immer geholfen.

credere ['kreːdere] *v* — **glauben**
I cristiani **credono** nella vita eterna dopo la morte. — Christen glauben an das ewige Leben nach dem Tode.

> ***TIPP:*** *Die Betonung liegt auf „cre“.*

l'**anima** ['aːnima] Ieri sera hanno celebrato una messa per le **anime** dei nostri morti.	**Seele** *f* Gestern Abend fand zum Andenken an die Verstorbenen eine Seelenmesse statt.

***TIPP:** Die Betonung liegt auf „a".*

la **coscienza** [koʃ'ʃɛntsa] Non ho fatto niente di male, ho la **coscienza** pulita.	**Gewissen** *n* Ich habe nichts Böses getan, ich habe ein reines Gewissen.

***TIPP:** Ein gutes Gewissen heißt auch **la coscienza a posto**, ein schlechtes Gewissen **la coscienza sporca**.*

il **miracolo** [mi'raːkolo] Molte persone credono nei **miracoli** dei santi.	**Wunder** *n* Viele Menschen glauben daran, dass die Heiligen Wunder vollbringen.

***TIPP:** Die Betonung liegt auf „ra".*

il **peccato** [pek'kaːto] Uccidere è il **peccato** più grave.	**Sünde** *f* Töten ist die schwerste Sünde.
il **paradiso** [para'diːzo] *ant:* inferno	**Paradies** *n*
l'**inferno** [in'fɛrno] *ant:* paradiso Nella "Divina Commedia" Dante descrive il paradiso e l'**inferno**.	**Hölle** *f* Dante beschreibt in der Göttlichen Komödie das Paradies und die Hölle.
l'**angelo** ['andʒelo] Ogni persona ha il suo **angelo** custode.	**Engel** *m* Jeder Mensch hat einen Schutzengel.

***TIPP:** Die Betonung liegt auf „an".*

il **diavolo** [di'aːvolo] Il **diavolo** vive fra le fiamme dell'inferno.	**Teufel** *m* Der Teufel lebt in den Flammen der Hölle.

***TIPP:** Die Betonung liegt auf „a".*

il **Papa** ['paːpa] Il **Papa** è la massima autorità della Chiesa.	**Papst** *m* Der Papst ist das Oberhaupt der katholischen Kirche.

*TIPP: Der Papa im Sinne von Vater wird **il papà** geschrieben.*

il **cardinale** [kardi'naːle] I **cardinali** eleggono il Papa.	**Kardinal** *m* Die Kardinäle wählen den Papst.
il **prete** ['prɛːte] Luigi ha deciso di farsi **prete**.	**Priester(in)** *m(f)* Luigi hat beschlossen, Priester zu werden.
il **parroco** ['parroko] ⚠ *pl* **ci** Il nostro **parroco** ha sempre una buona parola per tutti.	**Pfarrer(in)** *m(f)* Unser Pfarrer hat für jeden immer ein nettes Wort übrig.

TIPP: Die Betonung liegt auf „pa".

la **suora** [su'ɔːra] Negli ospedali le **suore** sono molto utili.	**Nonne** *f* In Krankenhäusern sind Nonnen eine große Hilfe.
il **frate** ['fraːte] San Francesco era il **frate** che parlava agli animali.	**Mönch** *m* Der heilige Franziskus war der Mönch, der mit den Tieren sprach.

il **duomo** [du'ɔːmo] Il **duomo** è la chiesa principale di ogni città.	**Dom** *m* Der Dom ist die Hauptkirche jeder Stadt.
la **campana** [kam'paːna] Oggi c'è un matrimonio, le **campane** suonano a festa.	**Glocke** *f* Heute findet eine Hochzeit statt. Die Glocken läuten das Fest ein.
il **campanile** [kampa'niːle] Dai **campanili** delle chiese c'è sempre una vista stupenda. → *torre*	**Kirchturm** *m*, **Glockenturm** *m* Von einem Kirchturm aus hat man immer eine herrliche Aussicht.

la **messa** ['messa] Io e la mia famiglia andiamo a **messa** ogni domenica.	**Messe** *f* Ich besuche mit meiner Familie jeden Sonntag die Messe.
la **preghiera** [pregi'ɛra] Recitiamo insieme la **preghiera** del "Padre Nostro".	**Gebet** *n* Wir beten gemeinsam das Vaterunser.
confessarsi [konfes'sarsi] *v* Mia madre **si confessa** tutti i mesi.	**beichten** Meine Mutter geht jeden Monat zur Beichte.

la **confessione** [konfessi'oːne] Il prete ascolta in silenzio la sua **confessione**. La religione cristiana è divisa in varie **confessioni**.	**Beichte** *f;* **Konfession** *f* Der Priester hört ruhig seine Beichte an. Die christliche Religion ist in verschiedene Konfessionen unterteilt.
eterno, a [e'tɛrno] *adj* Roma è la città **eterna**.	**ewig** Rom ist die Ewige Stadt.

1.5 Umwelt

1.5.1 DORF UND STADT

«1–2000»

il **luogo** [lu'ɔːgo] *syn:* posto ⚠ *pl* **ghi** Non era mai stata prima in quei **luoghi**.	**Ort** *m,* **Platz** *m* Sie war nie zuvor an diesen Orten gewesen.
la **città** [tʃit'ta] *ant:* campagna Vorrei un appartamento in **città**, vicino al centro.	**Stadt** *f* Ich möchte eine zentral gelegene Wohnung in der Stadt.
l'**abitante** [abi'tante] *m, f* Quanti **abitanti** ha questa città?	**Einwohner(in)** *m(f)* Wie viele Einwohner hat diese Stadt?
la **campagna** [kam'paːɲa] *ant:* città La vita in **campagna** è più tranquilla.	**Land** *n* Das Leben auf dem Land ist ruhiger.
il **paese** [pa'eːze] *ant:* città Abito in un piccolo **paese**.	**Dorf** *n* Ich wohne in einem kleinen Dorf.
il **centro** ['tʃɛntro] *ant:* periferia Il **centro** storico è chiuso al traffico.	**Zentrum** *n,* **Stadtmitte** *f* Das historische Zentrum ist für den Verkehr gesperrt.
il **quartiere** [kuarti'ɛːre] Il nuovo **quartiere** a sud della città ha edifici modernissimi.	**Viertel** *n,* **Stadtteil** *m* Im neuen Viertel im Süden der Stadt gibt es sehr moderne Gebäude.

l'edificio [edi'fiːtʃo] ⚠ *pl* **ci** La piazza è circondata da magnifici **edifici**.	**Gebäude** *n* Rings um die Piazza stehen herrliche Gebäude.
la piazza [pi'attsa] Ogni sabato c'è il mercato in **piazza**.	**Piazza** *f*, **Platz** *m* Auf der Piazza ist jeden Sonntag Markt.
la strada ['straːda] Gli antichi romani hanno costruito importanti **strade**.	**Straße** *f* Die alten Römer haben wichtige Straßen gebaut.

*TIPP: **strada** ist die allgemeine Bezeichnung für Straße, wird aber nie in Straßennamen benützt. Die häufigste Bezeichnung ist **la via. Il viale** ist breiter als **la via. Il corso** ist eine Hauptstraße, meistens im Zentrum und besonders bedeutend. **Il vicolo** bezeichnet eine schmale Gasse.*

la via [v'iːa] ⚠ *pl* **vie** Mi scusi, dov'è **via** Cristoforo Colombo?	**Straße** *f* Entschuldigen Sie bitte, wo ist die Straße Cristoforo Colombo?
il viale [vi'aːle] Questo **viale** è molto lungo, che numero cerca?	**Straße** *f*, **Allee** *f* Diese Straße ist sehr lang, welche Hausnummer suchen Sie?
il marciapiede [martʃapi'ɛːde] Attento alle macchine, cammina sul **marciapiede**.	**Gehweg** *m*, **Bürgersteig** *m* Pass auf die Autos auf, geh auf dem Bürgersteig.
il ponte ['ponte] A Venezia abbiamo visto il **ponte** di Rialto e il **ponte** dei Sospiri a palazzo Ducale.	**Brücke** *f* Wir haben in Venedig die Rialto- und die Seufzerbrücke am Dogenpalast gesehen.
la fontana [fon'taːna] Di notte la **fontana** di Trevi a Roma è ancora più bella!	**Brunnen** *m* Nachts ist der Fontana di Trevi in Rom noch schöner!

«2001–4000»

la zona ['dzɔːna] La nostra sede è in viale Tevere, nella **zona** commerciale.	**Gebiet** *n*, **Gegend** *f* Unser Geschäftssitz befindet sich in der viale Tevere, im Industriegebiet.

la **località** [lokali'ta] Cortina d'Ampezzo è una famosa **località** turistica nelle Dolomiti.	**Ort** *m* Cortina d'Ampezzo ist ein bekannter, von vielen Touristen besuchter Ort in den Dolomiten.
locale [lo'kaːle] *adj* Ti assicuro, la cucina **locale** è ottima.	**örtlich, Orts-, Lokal-** Ich versichere dir, dass die örtliche Küche hervorragend ist.
la **capitale** [kapi'taːle] Roma è la **capitale** d'Italia.	**Hauptstadt** *f* Rom ist die Hauptstadt Italiens.
la **provincia** [pro'vintʃa] ⚠ *pl* **ce/cie** Il "radicchio" è una specialità della **provincia** di Treviso.	**Provinz** *f* Der Radicchio ist eine Spezialität aus der Provinz Treviso.
il **comune** [ko'muːne] In dicembre in molti **comuni** della provincia di Bolzano ci sono i mercatini di Natale.	**Gemeinde** *f* Im Dezember gibt es in vielen Gemeinden der Provinz Bozen Weihnachtsmärkte.
il **sindaco** ['sindako] ⚠ *pl* **ci** Il nuovo **sindaco** vuole fare molto per il comune.	**Bürgermeister(in)** *m(f)* Der neue Bürgermeister will für die Gemeinde viel tun.

***TIPP:** Die Betonung liegt auf „sin".*

il **municipio** [muni'tʃiːpio] ⚠ *pl* **pi** Il **municipio** è la sede dell' amministrazione della città.	**Rathaus** *n* Das Rathaus ist der Sitz der Stadtverwaltung.
la **sede** ['sɛːde] Informazioni presso la **sede** centrale.	**Sitz** *m* Informationen erhalten Sie in der Zentrale.
la **popolazione** [popolatsi'oːne] L'Italia ha una **popolazione** di circa 60 milioni di persone.	**Bevölkerung** *f;* **Einwohner** *pl* Italien hat zirka 60 Millionen Einwohner.
la **periferia** [perife'riːa] *ant:* centro ⚠ *pl* **rie** Gli affitti in **periferia** sono meno alti che in centro.	**Stadtrand** *m* Am Stadtrand sind die Mieten billiger als im Zentrum.

***TIPP:** Die Betonung liegt auf dem „i" von „ia".*

i dintorni [din'torni]
Hanno in mente un viaggio a Napoli e **dintorni**.

Umgebung *f*
Sie wollen eine Reise nach Neapel und Umgebung machen.

---

circondare [tʃirkon'daːre] *v*
La Sicilia e la Sardegna **sono circondate** dal mare.

umgeben
Sizilien und Sardinien sind vom Meer umgeben.

---

il palazzo [pa'lattso]
I più bei **palazzi** d'Italia sono aperti al pubblico.

Palast *m*
Die schönsten Paläste Italiens sind für die Öffentlichkeit zugänglich.

---

la sala ['saːla]
Nelle **sale** del palazzo ci sono dipinti e affreschi.

Saal *m*
In den Sälen des Palastes sind viele Gemälde und Fresken.

---

il castello [kas'tɛllo]
In Trentino Alto Adige ci sono molti **castelli**.

Schloss *n*
In der Region Trentino-Südtirol gibt es viele Schlösser.

---

la torre ['torre]
L'edificio più alto del centro storico è la **torre** del municipio.

Turm *m*
Der Rathausturm ist das höchste Gebäude im historischen Zentrum.

> ***TIPP: La torre** bezeichnet jeden beliebigen Turm, während es für den Glockenturm den speziellen Ausdruck **il campanile** gibt.*

---

la rovina [ro'viːna]
In cima alla collina ci sono le **rovine** dell'antico castello.

Ruine *f*
Auf dem Hügel befindet sich die Ruine des alten Schlosses.

---

la civiltà [tʃivil'ta]
In Italia sono fiorite varie **civiltà**, in particolare quella romana.

Kultur *f*
In Italien entstanden verschiedene Kulturen, insbesondere die römische.

---

il mulino [mu'liːno]
Lungo il fiume ci sono alcuni vecchi **mulini** e uno è ancora in funzione.

Mühle *f*
Am Fluss stehen ein paar alte Mühlen, von denen eine noch in Betrieb ist.

1.5.2 LANDSCHAFT

«1–2000»

il **paesaggio** [pae'zaddʒo] ⚠ *pl* **ggi**	**Landschaft** *f*
Un pittore osserva il **paesaggio** e lo dipinge.	Ein Maler betrachtet die Landschaft und malt sie.
il **territorio** [terri'tɔːrio] ⚠ *pl* **ri**	**Gebiet** *n*
Il **territorio** della Lombardia è il più popolato d'Italia.	Das Gebiet der Lombardei ist das am dichtesten besiedelte Italiens.
il **terreno** [ter'reːno] *syn:* suolo	**Land** *n;* **Boden** *m,* **Erde** *f*
Questi **terreni** sono di proprietà del comune.	Dieses Land ist Eigentum der Gemeinde.
E' un **terreno** povero di minerali.	Der Boden ist arm an Mineralien.
la **montagna** [mon'taːɲa] *syn:* monte, *ant:* pianura	**Berg** *m*
Gli Appennini sono **montagne** più antiche delle Alpi.	Die Berge des Apennins sind älter als die der Alpen.
la **cima** ['tʃiːma]	**Gipfel** *m,* **Spitze** *f*
Le **cime** delle montagne sono coperte di neve.	Die Berggipfel sind schneebedeckt.
la **collina** [kol'liːna]	**Hügel** *m*
La Toscana è una regione di verdi **colline**.	Die Toskana ist reich an grünen Hügellandschaften.

TIPP: *Ein Synonym für* ***collina*** *ist* ***colle****. Besonders berühmt sind die* ***sette colli****, die Sieben Hügel von Rom.*

la **valle** ['valle]	**Tal** *n*
Le **valli** sono state formate dai fiumi e dai ghiacciai.	Die Täler wurden durch Flüsse und Gletscher geformt.

TIPP: *Man benutzt die Abkürzung* ***val****, wenn* ***valle*** *vor einem Eigennamen steht. Z. B.:* ***Annalisa è nata in val di Non.***

la **costa** ['kɔsta]	**Küste** *f*
L'Italia ha migliaia di chilometri di **costa**. → *riva*	In Italien gibt es Tausende Kilometer an Küsten.
la **spiaggia** [spi'addʒa] ⚠ *pl* **ggie**	**Strand** *m*
Le **spiaggie** dell'Adriatico sono ideali per le vacanze.	Die Adriastrände sind ideal für den Urlaub.

il **fiume** [fiˈuːme] Per il suo ruolo nella prima guerra mondiale, il Piave è il **fiume** sacro alla patria.	**Fluss** *m* Der Piave ist aufgrund der Rolle, die er im Ersten Weltkrieg spielte, für die Italiener ein heiliger Fluss.
il **lago** [ˈlaːgo] ⚠ *pl* **ghi** Il **lago** di Garda è il **lago** più grande d'Italia.	**See** *m* Der Gardasee ist der größte See Italiens.
la **riva** [ˈriːva] Sulle **rive** del lago Maggiore sorgono stupende ville.	**Ufer** *n* Am Lago Maggiore stehen herrliche Villen.

*TIPP: **riva** bezeichnet das Ufer allgemein, beim Meer spricht man auch von **la costa**.*

il **bosco** [ˈbɔsko] ⚠ *pl* **schi** Siamo andati nel **bosco** a cercare funghi. → *foresta*	**Wald** *m* Wir sind in den Wald gegangen, um Pilze zu sammeln.
la **foresta** [foˈrɛsta] La **foresta** di Paneveggio in Trentino, è un parco nazionale.	**Wald** *m* Der Wald von Paneveggio im Trentino ist ein Nationalpark.

*TIPP: Eine **foresta** ist dichter und größer als ein **bosco**.*

il **parco** [ˈparko] ⚠ *pl* **chi** Nel **parco** nazionale degli Abruzzi vivono ancora i lupi.	**Park** *m* Im Nationalpark der Abruzzen leben noch Wölfe.
il **campo** [ˈkampo] Nella valle, i contadini coltivano i **campi** a cereali.	**Feld** *n* Auf den Feldern im Tal bauen die Landwirte Getreide an.

«2001–4000»

l'**area** [ˈaːrea] *syn:* regione; superficie La provincia di Milano è un' **area** molto popolata. Il campo ha un'**area** di 1500 metri^2.	**Gebiet** *n;* **Fläche** *f* Die Provinz Mailand ist ein stark bevölkertes Gebiet. Das Feld hat eine Fläche von 1500 m^2.

TIPP: Die Betonung liegt auf dem ersten „a“.

il **suolo** [suˈɔːlo] *syn:* terreno In questa zona il **suolo** è povero, non si può coltivare niente.	**Boden** *m*, **Erde** *f* In dieser Gegend ist der Boden unfruchtbar. Man kann nichts anbauen.

la **roccia** ['rɔttʃa] ⚠ *pl* **cce** Le Dolomiti sono fatte di una **roccia** che al tramonto diventa rosa.	**Fels(en)** *m* Die Dolomiten bestehen aus Felsgestein, das bei Sonnenuntergang rosa schimmert.
la **pianura** [pia'nuːra] *ant:* montagna Il Po, il fiume più lungo d'Italia, attraversa la **pianura** Padana.	**Ebene** *f*, **Flachland** *n* Der Po, der längste Fluss Italiens, fließt durch die Poebene.
il **monte** ['monte] *syn:* montagna Le cime del **monte** Rosa e del **monte** Bianco sono alte più di 4000 metri.	**Berg** *m* Die Gipfel des Monte Rosa und des Montblanc sind über 4000 Meter hoch.
il **sentiero** [senti'ɛːro]	**Weg** *m*, **Pfad** *m*
ripido, a ['riːpido] *adj* Non ce la faccio più, questo sentiero è troppo **ripido**.	**steil** Ich kann nicht mehr. Dieser Weg ist zu steil.

***TIPP:** Die Betonung liegt auf „ri".*

alpino, a [al'piːno] *adj* Il CAI è il Club **Alpino** Italiano.	**alpin** Der CAI ist der italienische Alpenverein.
il **ghiacciaio** [giat'tʃaːio] ⚠ *pl* **ai** In estate si può sciare sul **ghiacciaio** della Marmolada e in val Senales.	**Gletscher** *m* Im Sommer kann man auf dem Gletscher des Marmolada und im Schnalstal Ski laufen.

***TIPP:** Die Betonung liegt auf dem hinteren „a".*

il **canale** [ka'naːle] I numerosi **canali** di Venezia si gettano nel **Canal** Grande.	**Kanal** *m* Die zahlreichen Kanäle Venedigs münden in den Canal Grande.
la **corrente** [kor'rɛnte] Nuotare qui è pericoloso, la **corrente** è molto forte.	**Strömung** *f* Es ist gefährlich, hier zu schwimmen. Die Strömung ist sehr stark.
l'**isola** ['iːzola] Le **isole** Tremiti in Puglia sono davvero belle.	**Insel** *f* Die Tremiti-Inseln in Apulien sind wirklich schön.

TIPP: Die Betonung liegt auf „i“.

la **penisola** [pe'niːzola] L'Italia è una **penisola** a forma di stivale.	**Halbinsel** *f* Italien ist eine Halbinsel in Form eines Stiefels.

TIPP: Die Betonung liegt auf „i“.

la **sabbia** ['sabbia] ⚠ *pl* **bbie** Facciamo insieme un bel castello di **sabbia**.	**Sand** *m* Bauen wir zusammen eine schöne Sandburg.
la **conchiglia** [koŋ'kiːʎa] ⚠ *pl* **glie** Vieni, raccogliamo **conchiglie**!	**Muschel** *f* Komm, wir sammeln Muscheln!
l'**alga** ['alga] ⚠ *pl* **ghe** L'acqua è un po' sporca, ci sono tante **alghe**.	**Alge** *f* Das Wasser ist etwas schmutzig und voller Algen.
la **grotta** ['grɔtta] Se vuoi vedere qualcosa di incredibile, vai alle **grotte** di Frasassi nelle Marche.	**Höhle** *f* Wenn du etwas Unglaubliches sehen willst, musst du zu den Höhlen von Frasassi in den Marken fahren.
la **sorgente** [sor'dʒɛnte] Avevamo sete e l'acqua della **sorgente** era buona e fresca.	**Quelle** *f* Wir hatten Durst und das Wasser der Quelle war frisch und hat gut geschmeckt.
il **torrente** [tor'rɛnte] Il **torrente** nasce fra le montagne e scende verso valle.	**Wildbach** *m* Der Wildbach entspringt in den Bergen und fließt ins Tal hinunter.
il **vulcano** [vul'kaːno] L'Etna, il Vesuvio e Stromboli sono **vulcani**.	**Vulkan** *m* Der Ätna, der Vesuv und der Stromboli sind Vulkane.
il **deserto** [de'zɛrto] Spesso col vento arriva sabbia rossa dal **deserto** del Sahara.	**Wüste** *f* Oft kommt mit dem Wind roter Sand aus der Sahara.
il **prato** ['praːto] L'erba del **prato** era alta e con molti fiori.	**Wiese** *f* Auf der Wiese war das Gras hoch, und es gab viele Blumen.

1.5.3 NATUR

1.5.3.1 Allgemeines

«1–2000»

la **natura** [na'tuːra] Mi hanno insegnato ad amare e rispettare la **natura**.	**Natur** *f* Mir ist beigebracht worden, die Natur zu lieben und zu achten.
naturale [natu'raːle] *adj* L'Italia è ricca di bellezze **naturali**.	**natürlich** Italien ist reich an natürlichen Schönheiten.
l'**aria** ['aːria] ⚠ *pl* **rie** In campagna non c'è molto traffico e l'**aria** è pulita. → *atmosfera*	**Luft** *f* Auf dem Land ist nicht viel Verkehr, und die Luft ist sauber.
l'**acqua** ['akkua] Tieni, bevi un bicchiere d' **acqua**.	**Wasser** *n* Hier, trink ein Glas Wasser.
la **terra** ['tɛrra] Bisogna cambiare la **terra** alla pianta. Il pavimento è freddo, non sedetevi per **terra**.	**Erde** *f*, **Boden** *m* Die Pflanze braucht neue Erde. Setzt euch nicht auf den Boden, da ist es kalt.
l'**onda** ['onda] Ehi, che **onde** oggi!	**Welle** *f* Mensch, sind die Wellen heute aber hoch!
il **caldo** ['kaldo] *ant:* freddo E' tutto secco per via del gran **caldo**.	**Hitze** *f*, **Wärme** *f* Wegen der Hitze ist alles sehr trocken.
il **fuoco** [fu'ɔːko] ⚠ *pl* **chi** E' vietato accendere **fuochi** nei boschi.	**Feuer** *n* Es ist verboten, im Wald Feuer zu machen.
il **freddo** ['freddo] *ant:* caldo Brr, ho **freddo**.	**Kälte** *f* Brr, mir ist kalt.

***TIPP:** Man beachte die unterschiedliche Konstruktion: man sagt **avere freddo, avere caldo**.*

il **ghiaccio** [gi'attʃo] ⚠ *pl* **cci** Attenzione, si scivola, c'è **ghiaccio** per terra.	**Eis** *n* Vorsicht, es ist glatt, der Boden ist vereist.

«2001–4000»

vegetale [vedʒe'ta:le] *adj* — **pflanzlich, Pflanzen-**
L'olio di oliva è un grasso **vegetale**. — Olivenöl ist ein pflanzliches Fett.

l'atmosfera [atmos'fɛ:ra] — **Atmosphäre** *f;* **Luft** *f*
Il pianeta Terra è circondato dall'**atmosfera**. — Der Planet Erde ist umgeben von der Atmosphäre.
Dobbiamo trovare una soluzione al problema dell'inquinamento dell'**atmosfera**. — Wir müssen eine Lösung für das Problem der Luftverschmutzung finden.
→ *aria*

il vapore [va'po:re] — **Dampf** *m*
Una volta c'erano le locomotive a **vapore**. — Früher gab es Dampflokomotiven.

il fango ['faŋgo] ⚠ *pl* **ghi** — **Schlamm** *m*
Dopo le forti pioggie nei campi c'è tanto **fango**. — Nach den starken Regenfällen ist viel Schlamm auf den Feldern.

la fiamma [fi'amma] — **Flamme** *f*
La casa era avvolta dalle **fiamme**. — Das Haus stand in Flammen.

sciogliersi ['ʃɔ:ʎersi] *v* ⚠ *irr* 67 — **schmelzen**
La neve **si è sciolta**. — Der Schnee ist geschmolzen.

***TIPP:** Die Betonung liegt auf „scio".*

l'ombra ['ombra] — **Schatten** *m*
Che caldo, andiamo all'**ombra**! — Ist das heiß! Komm, gehen wir in den Schatten.

1.5.3.2 Tierwelt

«1–2000»

l'animale [ani'ma:le] *m* — **Tier** *n*
syn: bestia
In un parco naturale gli **animali** e le piante sono protetti. — In einem Naturpark sind Tiere und Pflanzen geschützt.

selvaggio, a [sel'vaddʒo] *adj* ⚠ *pl* **ggi, gge**	**wild**
In Africa abbiamo fotografato molti animali **selvaggi**.	Wir haben in Afrika viele wilde Tiere fotografiert.
l'uccello [ut'tʃɛllo]	**Vogel** *m*
volare [vo'laːre] *v*	**fliegen**
Icaro voleva **volare** come gli uccelli.	Ikarus wollte wie ein Vogel fliegen können.
il pesce ['peʃʃe]	**Fisch** *m*
Nei nostri mari non c'è più tutto il **pesce** di una volta.	In unseren Meeren gibt es nicht mehr so viele Fische wie früher.

il cane ['kaːne]	**Hund** *m*
Attenti al **cane**.	Vorsicht, bissiger Hund.

***TIPP:** Die Hündin heißt **la cagna**.*

il gatto ['gatto]	**Katze** *f*
Sono allergica al pelo del **gatto**.	Ich bin allergisch gegen Katzenhaare.

***TIPP:** Die allgemeine Bezeichnung für das Tier ist **il gatto**. Wenn man zwischen männlichen und weiblichen Tieren unterscheiden will, sagt man **il gatto** für den Kater und **la gatta** für die weibliche Katze.*

la gallina [gal'liːna] *syn:* pollo	**Huhn** *n*
Le **galline** fanno le uova.	Hühner legen Eier.
il maiale [mai'aːle]	**Schwein** *n*
Non è assolutamente vero che i **maiali** sono sporchi.	Es stimmt überhaupt nicht, dass Schweine dreckig sind.
il cavallo [ka'vallo]	**Pferd** *n*
Il pony è un **cavallo** piccolo.	Ein Pony ist ein kleines Pferd.

***TIPP:** Die Stute heißt **la cavalla**.*

la mucca ['mukka] ⚠ *pl* **cche**	**Kuh** *f*
Vendiamo formaggi di latte di **mucca** e pecora. → *vitello*	Wir verkaufen Käse aus Kuhmilch und Schafskäse.
la pecora ['pɛːkora]	**Schaf** *n*
Le **pecore** ci danno latte e lana. → *agnello*	Von den Schafen bekommen wir Milch und Wolle.

***TIPP:** Die Betonung liegt auf „pe".*

il **topo** ['tɔːpo] In cantina ci sono tanti **topi**.	**Maus** *f* Im Keller sind viele Mäuse.
il **colombo** [ko'lombo] In molte piazze, i turisti danno da mangiare ai **colombi**.	**Taube** *f* Auf vielen Plätzen füttern die Touristen die Tauben.

«2001–4000»

la **creatura** [krea'tuːra] *syn:* essere Sulla luna non ci sono **creature** viventi.	**Wesen** *n*, **Geschöpf** *n* Es gibt keine Lebewesen auf dem Mond.
il **bestiame** [besti'aːme] Serve molto fieno in inverno per il **bestiame**.	**Vieh** *n* Im Winter braucht man viel Heu für das Vieh.
la **bestia** ['bɛstia] ⚠ *pl* **stie** Aiuto, cos'è quella strana **bestia**?	**Tier** *n* Hilfe! Was ist das für ein seltsames Tier?
domestico, a [do'mɛstiko] *adj* ⚠ *pl* **ci, che** Cani e gatti sono animali **domestici**.	**Haus-** Hunde und Katzen sind Haustiere.

TIPP: *Die Betonung liegt auf „me".*

feroce [fe'roːtʃe] *adj* *ant:* docile Il leone è una bestia **feroce**.	**wild** Löwen sind wilde Tiere.
docile ['dɔːtʃile] *adj ant:* feroce Non avere paura, Fido è un cane **docile**.	**zahm** Hab keine Angst, Fido ist ein zahmer Hund.

TIPP: *Die Betonung liegt auf „do".*

nutrire [nu'triːre] *v* ⚠ **nutro** La madre **nutre** il suo piccolo.	**füttern** Die Mutter füttert ihr Junges.
nutrirsi di [nu'trirsi] *v* ⚠ **nutro** Gli uccelli **si nutrono di** insetti e di semi.	**sich ernähren von, fressen** Vögel ernähren sich von Insekten und Samen.
l'**allevamento** [alleva'mento] La principale attività della zona è l'**allevamento** di bestiame.	**Zucht** *f* Die Viehzucht ist in dem Gebiet der wichtigste Wirtschaftszweig.

il **toro** ['tɔːro] E' vero che i **tori** non amano il rosso? → *bue*	**Stier** *m* Stimmt es, dass Stiere die Farbe Rot nicht mögen?
il **bue** ['buːe] ⚠ *pl* **buoi** I **buoi** in passato erano usati per i lavori nei campi. → *toro*	**Ochse** *m* Ochsen wurden früher bei der Feldarbeit eingesetzt.
il **vitello** [vi'tɛllo] Il **vitello** è il piccolo della mucca. → *mucca*	**Kalb** *n* Ein Kalb ist das Junge einer Kuh.
l'**agnello** [a'ɲɛllo] A Pasqua è tradizione mangiare l'**agnello**. → *pecora*	**Lamm** *n* Zu Ostern wird traditionell Lamm gegessen.
la **capra** ['kaːpra] Anche le **capre**, come le mucche e le pecore, danno il latte.	**Ziege** *f* Wie Kühe und Schafe geben auch Ziegen Milch.
l'**asino** ['aːzino] Mamma, guarda, laggiù c'è un **asino**!	**Esel** *m* Mama, guck mal! Dort ist ein Esel.

TIPP: *Die Betonung liegt auf „a".*

il **pollo** ['pollo] *syn:* gallina Ho voglia di **pollo** arrosto.	**Huhn** *n* Ich habe Lust auf Brathähnchen.
il **gallo** ['gallo] Il **gallo** canta all'alba.	**Hahn** *m* Der Hahn kräht bei Tagesanbruch.
l'**anatra** ['aːnatra] Lungo il fiume ci sono tante **anatre**.	**Ente** *f* Am Flussufer gibt es viele Enten.

TIPP: *Die Betonung liegt auf dem ersten „a".*

l'**oca** ['ɔːka] ⚠ *pl* **che** Allevano galline e **oche**.	**Gans** *f* Sie züchten Hühner und Gänse.
il **gabbiano** [gabbi'aːno] Nel porto c'era una nuvola di **gabbiani** che aspettava i pescatori.	**Möwe** *f* Am Hafen wartete ein Schwarm von Möwen auf die Fischer.
la **coda** ['koːda] Il cane agita la **coda** quando è contento.	**Schwanz** *m* Ein Hund wedelt mit dem Schwanz, wenn er sich freut.

la **penna** ['penna] Guarda che belle **penne** di uccello ho trovato.	**Feder** *f* Sieh mal, was für schöne Vogelfedern ich gefunden habe.
l'**ala** ['a:la] ⚠ *pl* **ali** I gabbiani hanno **ali** molto lunghe.	**Flügel** *m* Möwen haben sehr lange Flügel.
il **nido** ['ni:do] Venite a vedere, c'è un **nido** lassù!	**Nest** *n* Kommt mal her, da oben ist ein Nest!
la **traccia** ['trattʃa] ⚠ *pl* **cce** Queste che vedi sulla neve sono **tracce** di una volpe.	**Spur** *f*, **Fährte** *f* Diese Spuren im Schnee sind von einem Fuchs.
la **pelliccia** [pel'littʃa] ⚠ *pl* **cce** Purtroppo molti animali vengono uccisi per la loro **pelliccia**.	**Pelz** *m* Leider werden viele Tiere wegen ihres Pelzes getötet.
il **coniglio** [ko'ni:ʎo] ⚠ *pl* **gli** Vieni, andiamo a dare una carota al **coniglio**!	**Kaninchen** *n* Komm, wir gehen zu dem Kaninchen und füttern es mit einer Mohrrübe!
la **volpe** ['volpe] La **volpe** è molto intelligente.	**Fuchs** *m* Der Fuchs ist ein sehr intelligentes Tier.

TIPP: *Um den Unterschied zwischen Fuchs und Füchsin zu machen, sagt man* ***una volpe maschio*** *und* ***una volpe femmina****.*

il **lupo** ['lu:po] Di notte sentivamo i **lupi** nella foresta.	**Wolf** *m* Nachts haben wir im Wald Wölfe gehört.

TIPP: *Die Wölfin heißt* ***la lupa****.*

il **leone**, la **leonessa** [le'o:ne, leo'nessa] Durante il safari abbiamo visto anche dei **leoni**.	**Löwe, Löwin** *m, f* Auf der Safari haben wir auch Löwen gesehen.
l'**elefante** *m*, l'**elefantessa** [ele'fante, elefan'tessa] L'**elefante** è uno degli animali più grandi della terra.	**Elefant** *m* Der Elefant ist eines der größten Tiere der Erde.
la **scimmia** ['ʃimmia] ⚠ *pl* **mie** I miei animali preferiti allo zoo sono le **scimmie**.	**Affe** *m* Meine Lieblingstiere im Zoo sind die Affen.

il **delfino** [del'fiːno] In barca lungo le coste dell'Adriatico spesso abbiamo visto i **delfini**.	**Delfin** *m* An der Adriaküste haben wir vom Boot aus oft Delfine gesehen.
l'**insetto** [in'sɛtto] Guardate quanti **insetti** intorno alla lampada!	**Insekt** *n* Seht mal, wie viele Insekten um die Lampe herumfliegen!
la **zanzara** [dzan'dzaːra] Dannate **zanzare**, non riesco a dormire!	**(Stech)mücke** *f* Verfluchte Mücken, ich kann nicht schlafen!
il **ragno** ['raːɲo] I **ragni** mi fanno schifo.	**Spinne** *f* Ich ekle mich vor Spinnen.
la **farfalla** [far'falla] Le **farfalle** sono degli insetti bellissimi.	**Schmetterling** *m* Schmetterlinge sind wunderschöne Insekten.
l'**ape** ['aːpe] *f* Le **api** fanno il miele.	**Biene** *f* Bienen machen Honig.
la **vespa** ['vɛspa] Stai attenta, c'è un nido di **vespe**.	**Wespe** *f* Pass auf, da ist ein Wespennest.
la **mosca** ['moska] ⚠ *pl* **sche** Uffa, che noiose queste **mosche**!	**Fliege** *f* Mann, diese Fliegen nerven!
il **serpente** [ser'pɛnte] Ho paura dei **serpenti**.	**Schlange** *f* Ich habe Angst vor Schlangen.
il **verme** ['vɛrme] Ce li hai i **vermi** per pescare?	**Wurm** *m* Hast du die Würmer zum Fischen?
pungere ['pundʒere] *v* ⚠ *irr* 56 Qui sei rossa, ti **ha punta** un insetto?	**stechen** Deine Haut ist hier rot, hat dich ein Insekt gestochen?

***TIPP:** Die Betonung liegt auf „pu".*

mordere ['mɔrdere] *v* ⚠ *irr* 42 Stai tranquilla, il cane non ti **morde**.	**beißen** Keine Angst, der Hund beißt dich nicht.

***TIPP:** Die Betonung liegt auf „mo".*

1.5.3.3 Pflanzenwelt

«1–2000»

la **pianta** [pi'anta] Antonella ha veramente il "pollice verde" per le **piante**.	**Pflanze** *f* Antonella hat wirklich ein Händchen für Pflanzen.
l'**albero** ['albero] In autunno le foglie degli **alberi** diventano di mille colori.	**Baum** *m* Im Herbst färben sich die Blätter bunt.

***TIPP:** Die Betonung liegt auf „a".*

l'**erba** ['ɛrba] Quando ti decidi a tagliare l'**erba** in giardino?	**Gras** *n* Wann wirst du endlich den Rasen im Garten mähen?
la **foglia** ['fɔːʎa] ⚠ *pl* **glie** Gli alberi che non perdono le **foglie** sono chiamati "sempreverdi".	**Blatt** *n* Bäume, die ihre Blätter nicht verlieren, werden „immergrün" genannt.

***TIPP: la foglia** darf nicht mit **il foglio** (das Blatt Papier), Plural **i fogli**, verwechselt werden.*

il **fiore** [fi'oːre] San Remo in Liguria è famosa per i suoi **fiori**.	**Blume** *f* San Remo in Ligurien ist wegen seiner Blumen berühmt.

«2001–4000»

la **vegetazione** [vedʒetatsi'oːne] Su un terreno di roccia cresce poca **vegetazione**.	**Vegetation** *f*, **Pflanzen** *pl* Auf felsigem Boden wachsen wenig Pflanzen.
l'**agricoltura** [agrikol'tuːra] L'**agricoltura** è un settore fondamentale dell'economia.	**Landwirtschaft** *f* Die Landwirtschaft ist als Wirtschaftssektor von wesentlicher Bedeutung.
agricolo, a [a'griːkolo] *adj* Grazie alle moderne tecniche **agricole**, il lavoro dei contadini è meno duro.	**landwirtschaftlich, Land-** Die moderne landwirtschaftliche Technik erleichtert den Bauern ihre Arbeit.

***TIPP:** Die Betonung liegt auf „gri".*

coltivare [kolti'vaːre] *v* In questo campo **coltiviamo** patate.	**anbauen** Auf diesem Feld bauen wir Kartoffeln an.
piantare [pian'taːre] *v* Non è la stagione adatta per **piantare** un albero.	**pflanzen** Es ist nicht die richtige Jahreszeit, um einen Baum zu pflanzen.
il **seme** ['seːme] Prova a piantare questi **semi** e qualcosa crescerà.	**Samen** *m* Versuche, diese Samen einzupflanzen, und es wird etwas wachsen.
il **raccolto** [rak'kɔlto] Il **raccolto** quest'anno è stato buono.	**Ernte** *f* Es gab dieses Jahr eine gute Ernte.
il **fieno** [fi'ɛːno] L'erba secca diventa **fieno**.	**Heu** *n* Aus trockenem Gras wird Heu.
il **cereale** [tʃere'aːle] Il grano e il riso sono **cereali**.	**Getreide** *n* Weizen und Reis sind Getreidearten.

***TIPP:** Dieses Substantiv wird meist im Plural gebraucht.*

il **grano** ['graːno] I campi intorno alla nostra casa sono coltivati a **grano**. Il pane si fa con il **grano**.	**Korn** *n;* **Weizen** *m* Auf den Feldern um unser Haus wird Korn angebaut. Brot wird aus Weizen gemacht.
fiorire [fio'riːre] *v* ⚠ **fiorisco** In primavera gli alberi **fioriscono**.	**blühen** Im Frühling blühen die Bäume.
la **rosa** ['rɔːza] Le **rose** sono i miei fiori preferiti.	**Rose** *f* Rosen sind meine Lieblingsblumen.
la **margherita** [marge'riːta] Il giardino è pieno di **margherite**.	**Margerite** *f* Der Garten ist voller Margeriten.
il **garofano** [ga'rɔːfano] Ricordati di cambiare l'acqua ai **garofani**.	**Nelke** *f* Denk daran, den Nelken frisches Wasser zu geben.

***TIPP:** Die Betonung liegt auf „ro".*

il **mazzo** ['mattso] Ci penso io al **mazzo** di fiori per Cristina.	**Strauß** *m* Ich kümmere mich um den Blumenstrauß für Cristina.
il **ramo** ['raːmo] I **rami** degli alberi sono carichi di frutta.	**Zweig** *m*, **Ast** *m* Die Zweige der Bäume sind voll mit Früchten.
il **fungo** ['fuŋgo] ⚠ *pl* **ghi** Ci sono **funghi** buoni da mangiare, ma anche tanti velenosi.	**Pilz** *m* Es gibt essbare, aber auch viele giftige Pilze.

1.5.3.4 Himmel und Erde

«1–2000»

il **mondo** ['mondo] Roma è visitata da turisti di tutto il **mondo**.	**Welt** *f* Touristen aus der ganzen Welt besuchen Rom.
la **Terra** ['tɛrra] Viviamo sul pianeta **Terra**.	**Erde** *f* Wir leben auf der Erde.
la **luna** ['luːna] Stanotte c'è la **luna** piena.	**Mond** *m* Heute Nacht ist Vollmond.

***TIPP: luna*, *sole* und *terra* werden großgeschrieben, wenn ihre Eigenschaft als Himmelskörper im Vordergrund steht.**

la **stella** ['stella] Peccato, non si vedono le **stelle**, il cielo è coperto.	**Stern** *m* Schade, dass man die Sterne nicht sehen kann. Der Himmel ist bedeckt.
il **sole** ['soːle] La Terra gira intorno a se stessa e intorno al **Sole**. → *luna TIPP*	**Sonne** *f* Die Erde dreht sich um ihre eigene Achse und um die Sonne.
splendere ['splɛndere] *v* E' tutto diverso quando **splende** il sole.	**scheinen** Es ist alles anders, wenn die Sonne scheint.

***TIPP:** Die Betonung liegt auf „len".*

brillare [bril'laːre] *v* *syn:* splendere Che serata, guarda le stelle come **brillano** nel cielo!	**glänzen, leuchten** Was für ein Abend, sieh mal wie die Sterne am Himmel leuchten!

il **cielo** ['tʃɛːlo] In **cielo** non c'è neanche una nuvola.	**Himmel** *m* Es ist keine Wolke am Himmel.
il **nord** [nɔrd] *ant:* sud Vivono al **Nord**.	**Norden** *m* Sie leben im Norden.
il **sud** [sud] *ant:* nord Lo scirocco è un vento del **sud**.	**Süden** *m* Der Schirokko ist ein Südwind.

TIPP:** Himmelsrichtungen werden kleingeschrieben, wenn es sich um reine Richtungs- oder Ortsangaben handelt. Sie werden großgeschrieben, wenn sie den Landesteil bezeichnen. Bei der Bezeichnung von Ländernamen oder Landesteilen steht der männliche Artikel, z. B.* ***il Nord Italia, il Sudamerica, il Centro Europa*.*

l'**est** [ɛst] *m ant:* ovest Il sole sorge a **est** e tramonta a ovest.	**Osten** *m* Die Sonne geht im Osten auf und im Westen unter.
l'**ovest** ['ɔːvest] *m ant:* est Torino è a **ovest** di Milano.	**Westen** *m* Turin liegt westlich von Mailand.
il **mare** ['maːre] Andate in vacanza al **mare** o in montagna?	**Meer** *n* Fahrt ihr in den Ferien ans Meer oder in die Berge?
il **Mediterraneo** [mediter'raːneo] Le coste del **Mediterraneo** sono ricche di storia.	**Mittelmeer** *n* Die Mittelmeerküsten sind historisch bedeutsam.

***TIPP:** Die Betonung liegt auf „ra". Folgende Meere umgeben Italien: das Adriatische, Ionische, Tyrrhenische, Ligurische und das Mittelmeer.*

l'**oceano** [o'tʃɛːano] Le "caravelle" di Cristoforo Colombo attraversarono l'**oceano**.	**Ozean** *m* Die Karavellen von Christoph Kolumbus durchquerten den Ozean.

***TIPP:** Die Betonung liegt auf „ce".*

«2001–4000»

lo **spazio** ['spaːtsio] ⚠ *pl* **zi** Lo **spazio** è infinito.	**Weltraum** *m*, **Weltall** *n* Der Weltraum ist unendlich.
l'**universo** [uni'vɛrso] L'**universo** si è formato con l'esplosione del Big Bang.	**Universum** *n* Das Universum ist durch den Urknall entstanden.
il **pianeta** [pia'neːta] ⚠ *pl* **ti** Saturno è il **pianeta** circondato da anelli.	**Planet** *m* Der Saturn ist der von Ringen umgebene Planet.
il **satellite** [sa'tɛllite] La Luna è il **satellite** della Terra.	**Satellit** *m* Der Mond ist der Satellit der Erde.

TIPP: *Die Betonung liegt auf „te".*

la **carta geografica** ['karta dʒeo'graːfika] ⚠ *pl* **carte geografiche** In aula c'è una **carta geografica** d'Europa.	**Landkarte** *f* Im Klassenzimmer hängt eine Landkarte von Europa.

TIPP: *Die Betonung liegt auf „gra".*

sorgere ['sordʒere] *v* *ant:* tramontare ⚠ *irr* 71 Il sole oggi **sorge** alle sette e ventidue.	**aufgehen** Die Sonne geht heute um sieben Uhr zweiundzwanzig auf.

TIPP: *Die Betonung liegt auf „so".* ***sorgere*** *wird mit* ***essere*** *konjugiert.*

tramontare [tramon'taːre] *v* *ant:* sorgere In inverno il sole **tramonta** presto.	**untergehen** Im Winter geht die Sonne früh unter.

TIPP: tramontare *wird mit* ***essere*** *konjugiert.*

il **tramonto** [tra'monto] *ant:* alba Oh, che **tramonto** meraviglioso!	**Sonnenuntergang** *m* Was für ein wunderschöner Sonnenuntergang!

l'**alba** ['alba] *ant:* tramonto Dobbiamo partire alle prime luci dell'**alba**.	**Sonnenaufgang** *m* Wir müssen bei Sonnenaufgang losfahren.
il **raggio** ['raddʒo] ⚠ *pl* **ggi** Finalmente un **raggio** di sole!	**Strahl** *m* Endlich ein Sonnenstrahl!
il **continente** [konti'nɛnte] Europa, Asia, Africa, America e Australia sono i cinque **continenti**.	**Kontinent** *m* Europa, Asien, Afrika, Amerika und Australien sind die fünf Kontinente.
il **polo** ['pɔːlo] Il **polo** nord è chiamato Artide, il **polo** sud Antartide.	**Pol** *m* Den Nordpol nennt man auch Arktis, den Südpol Antarktis.
l'**orizzonte** [orid'dzonte] *m* All'**orizzonte** si vedono le cime delle montagne.	**Horizont** *m* Am Horizont sieht man die Gipfel der Berge.
settentrionale [settentrio'naːle] *adj* Nell'Italia **settentrionale** ci sono molte industrie.	**nördlich, Nord-** In Norditalien gibt es viel Industrie.
meridionale [meridio'naːle] *adj* Quest'estate temperature record nelle regioni **meridionali**.	**südlich, Süd-** Diesen Sommer erreichen die Temperaturen im Süden Rekordhöhen.
orientale [orien'taːle] *adj* Le Alpi sono divise in **orientali** e occidentali.	**östlich, Ost-** Die Alpen werden in West- und Ost-Alpen eingeteilt.
occidentale [ottʃiden'taːle] *adj*	**westlich, West-**
la **marea** [ma'rɛːa] Adesso c'è bassa **marea** ma fra un'ora sale.	**Gezeiten** *pl* Jetzt ist Ebbe, aber die Flut steigt in einer Stunde.

TIPP: *Die Betonung liegt auf „re". Die Flut heißt* ***marea alta****, die Ebbe* ***marea bassa****.*

1.5.4 WETTER UND KLIMA

«1–2000»

il **tempo** ['tɛmpo] Che **tempo** fa lì da voi?	**Wetter** *n* Wie ist bei euch das Wetter?
il **clima** ['kliːma] ⚠ *pl* **mi** Il **clima** nei paesi del sud Europa è migliore.	**Klima** *n* Das Klima der südeuropäischen Länder ist besser.

la **temperatura** [tempera'tuːra]	**Temperatur** *f*
Ecco le **temperature** registrate alle 14 di oggi.	Und nun die Temperaturen von heute, 14 Uhr.
caldo, a ['kaldo] *adj ant:* freddo	**warm**
E' stata l'estate più **calda** degli ultimi cinquant'anni.	Das war der wärmste Sommer der letzten fünfzig Jahre.
freddo, a ['freddo] *adj* *ant:* caldo	**kalt**
E' in arrivo una corrente di aria **fredda** dalla Russia.	Uns erreicht bald eine Kaltluftströmung aus Russland.
sereno, a [se'reːno] *adj* *ant:* nuvoloso	**heiter**
Per domani è previsto tempo **sereno** su tutta la penisola.	Für morgen ist heiteres Wetter in ganz Italien vorhergesagt.
nuvoloso, a [nuvo'loːso] *adj* *ant:* sereno	**wolkig, bewölkt**
Oggi è una giornata **nuvolosa**.	Heute ist es wolkig.
piovere [pi'ɔːvere] *v* *ant:* splendere il sole	**regnen**
Non smette più di **piovere**.	Es hört nicht mehr auf zu regnen.

TIPP: *Die Betonung liegt auf „o".*

la **pioggia** [pi'ɔddʒa] *ant:* sole ⚠ *pl* **ggie**	**Regen** *m*
Ci vorrebbe un po' di **pioggia** per l'agricoltura.	Das Ackerland bräuchte etwas Regen.
la **nuvola** ['nuːvola]	**Wolke** *f*
Il cielo è coperto di **nuvole**.	Der Himmel ist bewölkt.

TIPP: *Die Betonung liegt auf „nu".*

il **vento** ['vɛnto]	**Wind** *m*
Di pomeriggio viene sempre **vento**.	Nachmittags kommt immer Wind auf.
la **neve** ['neːve]	**Schnee** *m*
Dai, andiamo fuori a giocare a palle di **neve**!	Komm, wir gehen raus und machen eine Schneeballschlacht!
nevicare [nevi'kaːre] *v*	**schneien**
Che bello, fuori è tutto bianco, **ha nevicato**!	Wie schön! Draußen ist alles weiß, es hat geschneit.

«2001–4000»

soleggiato, a [soled'dʒaːto] *adj ant:* piovoso Tempo **soleggiato** per tutta la settimana.	**sonnig** Sonniges Wetter für die ganze Woche.
mite ['miːte] *adj* I paesi del Mediterraneo hanno un clima **mite**.	**mild** Die Mittelmeerländer haben ein mildes Klima.
tiepido, a [ti'ɛːpido] *adj* Il brodo non è caldo, è **tiepido**.	**warm, lauwarm** Die Brühe ist nicht heiß, sondern lauwarm.

***TIPP:** Die Betonung liegt auf „e".*

fresco, a ['fresko] *adj* *ant:* caldo ⚠ *pl* **schi, sche** A fine agosto le giornate erano già più **fresche**. Puoi stare tranquilla, sono uova **fresche** di giornata.	**kühl; frisch** Ende August waren die Tage bereits etwas kühler. Keine Angst, die Eier sind ganz frisch.
coperto, a [ko'pɛrto] *adj* *ant:* soleggiato Oggi il cielo è **coperto**.	**bedeckt** Heute ist der Himmel bedeckt.
piovoso, a [pio'voːso] *adj* *ant:* soleggiato Novembre è un mese **piovoso**.	**regnerisch, Regen-** Der November ist ein regnerischer Monat.
soffiare [soffi'aːre] *v* A Trieste **soffia** un forte vento chiamato Bora.	**blasen, wehen** In Triest bläst ein starker Wind, der Bora genannt wird.
la **nebbia** ['nebbia] ⚠ *pl* **bbie** In Val Padana in inverno c'è spesso **nebbia**.	**Nebel** *m* In der Poebene ist es im Winter oft neblig.
umido, a ['uːmido] *adj* *ant:* secco Da noi c'è un clima **umido**.	**feucht** Wir haben ein feuchtes Klima.

***TIPP:** Die Betonung liegt auf „u".*

l'**afa** ['aːfa] In estate c'è un'**afa** da non poter respirare.	**Schwüle** *f* Im Sommer ist es so schwül, dass man kaum atmen kann.

gelare [dʒe'la:re] *v* A fine ottobre, di notte inizia a **gelare**.	**frieren, gefrieren** Ende Oktober fängt es an, nachts zu frieren.
ghiacciato, a [giat'tʃa:to] *adj* I vetri della macchina sono tutti **ghiacciati**.	**vereist** Die Scheiben des Autos sind alle vereist.
la **grandine** ['grandine] La **grandine** ha danneggiato gli alberi da frutta.	**Hagel** *m* Der Hagel hat die Obstbäume beschädigt.

***TIPP:** Die Betonung liegt auf „gran".*

il **temporale** [tempo'ra:le] In estate ci sono spesso violenti **temporali**.	**Gewitter** *n* Im Sommer gibt es oft heftige Gewitter.
il **fulmine** ['fulmine]	**Blitz** *m*

***TIPP:** Die Betonung liegt auf „ful".*

colpire [kol'pi:re] *v* ⚠ **colpisco** Un fulmine **ha colpito** in pieno un grande albero.	**treffen** Der Blitz hat in einen großen Baum eingeschlagen.
il **lampo** ['lampo] Prima si vede il **lampo**, poi si sente il tuono.	**Blitz** *m* Erst sieht man den Blitz, dann hört man den Donner.

***TIPP:** **fulmine** bezeichnet die elektrische Entladung, **lampo** das Aufleuchten des Blitzes.*

il **tuono** [tu'ɔ:no] Arriva un temporale, è tutto nero e si sentono i primi **tuoni**.	**Donner** *m* Es kommt ein Gewitter. Alles ist schwarz, und es fängt an zu donnern.

1.5.5 UMWELTPROBLEME

«1–2000»

l'**ambiente** [ambi'ɛnte] *m* I problemi dell'**ambiente** sono un tema di grande attualità.	**Umwelt** *f* Umweltprobleme sind ein sehr aktuelles Thema.

l'inquinamento [iŋkuina'mento]	**(Umwelt)verschmutzung** *f*
La benzina senza piombo è un passo in avanti per ridurre l'**inquinamento**.	Bleifreies Benzin trägt zur Verringerung der Umweltverschmutzung bei.
inquinare [iŋkui'naːre] *v*	**verschmutzen, verseuchen**
Molte sostanze chimiche **inquinano** la terra, l'aria e l'acqua.	Viele chemische Substanzen verschmutzen den Boden, die Luft und das Wasser.
il **fumo** ['fuːmo]	**Rauch** *m*
Cos'è quel **fumo** nero? — C'è qualcosa che brucia.	Was ist denn das für ein schwarzer Rauch? — Da brennt etwas.
il **rifiuto** [rifi'uːto]	**Abfall** *m*, **Müll** *m*
Uno dei gravi problemi della società sono i **rifiuti**.	Der Abfall zählt zu den dringenden Problemen der Gesellschaft.

«2001–4000»

riciclare [ritʃi'klaːre] *v*	**recyceln, wieder verwerten**
Al giorno d'oggi **riciclare** è diventato fondamentale.	Heute spielt das Recycling eine besonders wichtige Rolle.
alternativo, a [alterna'tiːvo] *adj*	**alternativ, Alternativ-**
Gli scienziati stanno cercando forme di energia **alternativa**.	Die Wissenschaftler forschen nach alternativen Energien.
la **discarica** [dis'kaːrika] ⚠ *pl* **che**	**Müllkippe** *f*, **Mülldeponie** *f*
Le **discariche** devono essere lontane dai centri abitati.	Mülldeponien dürfen sich nicht in der Nähe von Wohngebieten befinden.

***TIPP:** Die Betonung liegt auf dem ersten „ca".*

buttare via [but'taːre 'viːa] *v* *syn:* gettare	**wegwerfen**
Ognuno dovrebbe separare i rifiuti e non **buttare via** tutto insieme.	Jeder sollte den Müll trennen und nicht alles zusammen wegwerfen.

1.6 Technik und Materialien

1.6.1 ENERGIE UND TECHNIK

«1–2000»

l'**energia** [ener'dʒiːa] ⚠ *pl* **gie** L'acqua, il vento e il sole sono fonti di **energia**.	**Energie** *f* Wasser, Wind und Sonne sind Energiequellen.

***TIPP:** Die Betonung liegt auf „i".*

la **potenza** [po'tɛntsa] I mulini utilizzano la **potenza** dell'acqua o dell'aria.	**Kraft** *f*, **Energie** *f* Mühlen werden durch Wasserkraft oder Windenergie betrieben.
potente [po'tɛnte] *adj* *syn:* forte Questa barca ha due **potenti** motori diesel.	**stark, kräftig** Dieses Boot hat zwei starke Dieselmotoren.
l'**elettricità** [elettritʃi'ta] *syn:* energia Ormai la nostra vita sarebbe impossibile senza l'**elettricità**.	**Elektrizität** *f*, **Strom** *m* Ein Leben ohne Elektrizität wäre heute undenkbar.
elettrico, a [e'lɛttriko] *adj* ⚠ *pl* **ci, che** C'è qualcosa che non va nell'impianto **elettrico**.	**elektrisch** Mit der elektrischen Anlage stimmt etwas nicht.

***TIPP:** Die Betonung liegt auf „le".*

il **macchinario** [makki'naːrio] ⚠ *pl* **ri** Le aziende devono investire in nuovi **macchinari**.	**Maschine** *f* Die Betriebe müssen Geld in neue Maschinen investieren.
l'**apparecchio** [appa'rekkio] *syn:* impianto ⚠ *pl* **cchi** Non avvicinare mai gli **apparecchi** elettrici all'acqua.	**Gerät** *n* Bringe nie elektrische Geräte mit Wasser in Berührung.
il **motore** [mo'toːre] Ai semafori bisognerebbe spegnere il **motore**.	**Motor** *m* An der Ampel sollte man den Motor abstellen.

la **batteria** [batte'riːa] — **Batterie** *f*
syn: pila ⚠ *pl* **rie**
Per la radio portatile servono sei **batterie**. — Für ein tragbares Radio braucht man sechs Batterien.

***TIPP:** Die Betonung liegt auf „i“.*

---

la **pompa** ['pompa] — **Pumpe** *f*
La **pompa** viene azionata da questo motore. — Die Pumpe wird durch diesen Motor angetrieben.

---

funzionare [funtsio'naːre] *v* — **funktionieren**
E' stato aggiustato da poco, dovrebbe **funzionare**. — Es wurde erst vor kurzem repariert, es müsste funktionieren.

---

automatico, a [auto'maːtiko] *adj* ⚠ *pl* **ci, che** — **automatisch**
Qui tutto è **automatico**. — Hier ist alles automatisch.

***TIPP:** Die Betonung liegt auf „ma“.*

«2001–4000»

la **tecnologia** [teknolo'dʒiːa] ⚠ *pl* **gie** — **Technologie** *f*
Nel nostro settore utilizziamo le più moderne **tecnologie**. — Wir wenden in unserem Sektor die neuesten Technologien an.

***TIPP:** Die Betonung liegt auf „i“.*

---

la **tecnica** ['tɛknika] ⚠ *pl* **che** — **Technik** *f*
I progressi della **tecnica** migliorano la vita dell'uomo. — Die Fortschritte der Technik erleichtern das Leben des Menschen.

***TIPP:** Die Betonung liegt auf „te“.*

---

tecnologico, a [tekno'lɔːdʒiko] *adj* ⚠ *pl* **ci, che** — **technologisch, technisch**
Viviamo in un'era **tecnologica**. — Wir leben im technischen Zeitalter.

***TIPP:** Die Betonung liegt auf „lo“.*

l'**ingegneria** [indʒeɲe'riːa] Gli scienziati dell'ESA si occupano d'**ingegneria** spaziale.	**Technik** *f*, **Ingenieurwesen** *n* Die Wissenschaftler der ESA beschäftigen sich mit der Weltraumtechnik.

***TIPP:** Die Betonung liegt auf dem „i" von „ia".*

meccanico, a [mek'kaːniko] *adj* ⚠ *pl* **ci, che** E' necessario sostituire alcune parti **meccaniche**.	**mechanisch** Einige mechanische Teile müssen ersetzt werden.

***TIPP:** Die Betonung liegt auf „ca".*

elettronico, a [elet'trɔːniko] *adj* ⚠ *pl* **ci, che** I signori passeggeri sono pregati di spegnere tutti gli apparecchi **elettronici**.	**elektronisch** Die Passagiere werden gebeten, alle elektronischen Geräte auszuschalten.

***TIPP:** Die Betonung liegt auf „tro".*

nucleare [nukle'aːre] *adj* Molti sono contro l'energia **nucleare**.	**Atom-, Kern-, nuklear** Viele Menschen sind gegen die Kernenergie.
la **centrale elettrica** [tʃen'traːle e'lɛttrika] Una **centrale elettrica** fornisce elettricità al territorio.	**Elektrizitätswerk** *n*, **Kraftwerk** *n* Ein Elektrizitätswerk versorgt das Land mit Energie.

***TIPP:** Die Betonung liegt auf „le".*

la **corrente** [kor'rɛnte] *syn:* elettricità Quando manca la **corrente** elettrica si dice che c'è un "black out".	**Strom** *m* Wenn der Strom ausfällt, spricht man von einem „Blackout".
solare [so'laːre] *adj* L'energia **solare** è pulita.	**Sonnen-, Solar-** Solarenergie ist sauber.
il **tubo** ['tuːbo] A causa del gran freddo tutti i **tubi** sono ghiacciati.	**Rohr** *n*, **Röhre** *f* Die Rohre sind wegen der großen Kälte zugefroren.
la **scala** ['skaːla] Questa carta geografica ha una **scala** di 1:200.000 (uno a duecentomila).	**Skala** *f*, **Maßstab** *m* Diese Landkarte hat einen Maßstab von 1:200.000 (eins zu zweihunderttausend).

la **pressione** [pressi'oːne] Sull'Europa c'è una zona di alta **pressione**.	**Druck** *m* Ein Hochdruckgebiet liegt über Europa.
l'**interruttore** [interrut'toːre] *m* In questa posizione l'**interruttore** è acceso, in questa è spento.	**Schalter** *m* So ist der Schalter an und so aus.
regolare [rego'laːre] *v* Da domani c'è ora legale, bisogna **regolare** tutti gli orologi.	**einstellen** Morgen fängt die Sommerzeit an, da müssen wir alle Uhren umstellen.

1.6.2 INFORMATIONSTECHNIK

«1–2000»

il **computer** [kɔmpi'uːtə] ⚠ *pl inv* Il **computer** è diventato uno strumento fondamentale per l'uomo.	**Computer** *m* Der Computer ist für den Menschen ein besonders wichtiges Werkzeug geworden.
il **disco fisso** ['disko 'fisso] ⚠ *pl* **dischi fissi** Il **disco fisso** è la memoria del computer.	**Festplatte** *f* Die Festplatte ist der Speicher des Computers.
il **dischetto** [dis'ketto] Salva il tuo lavoro non solo sul disco fisso, ma anche su **dischetti**.	**Diskette** *f* Speichere deine Arbeit nicht nur auf der Festplatte sondern auch auf Disketten ab.
la **tastiera** [tasti'ɛːra] Anche la **tastiera** è nuova.	**Tastatur** *f* Auch die Tastatur ist neu.
la **stampante** [stam'pante] La **stampante** non è collegata.	**Drucker** *m* Der Drucker ist nicht angeschlossen.
i **dati** ['daːti] I **dati** che cerchi sono in quel file.	**Daten** *pl* Die Daten, die du suchst, sind in der Datei.

«2001–4000»

il **file** ['fail] ⚠ *pl* **files** Fai una copia di tutti i **files**!	**Datei** *f* Mach von allen Dateien eine Kopie!

l'internet [inter'nɛt] *m* In **internet** trovi proprio di tutto.	**Internet** *n* Im Internet findet man wirklich alles Mögliche.

***TIPP:** Die Betonung liegt auf „in".*

navigare [navi'gaːre] *v* Passo ore a **navigare** in internet.	**surfen** Ich surfe stundenlang im Internet.
la **posta elettronica** ['pɔsta elet'trɔːnika] *syn:* e-mail Questo è il mio indirizzo di **posta elettronica**.	**E-Mail** *f* Das ist meine E-Mail-Adresse.

***TIPP:** Die Betonung liegt auf „tro".*

1.6.3 MATERIALIEN

«1–2000»

duro, a ['duːro] *adj* *ant:* morbido, molle Il granito è una roccia molto **dura**.	**hart** Granit ist ein sehr hartes Gestein.
rigido, a ['riːdʒido] *adj* *syn:* duro Mi serve una scatola **rigida** per gli oggetti fragili. Avevo le dita **rigide** dal freddo.	**hart; steif** Ich brauche eine harte Schachtel für die zerbrechlichen Gegenstände. Meine Finger waren steif vor Kälte.

***TIPP:** Die Betonung liegt auf „ri".*

fragile ['fraːdʒile] *adj syn:* delicato, tenero, *ant:* duro, forte Sul pacco c'è scritto: Contiene vetro, **fragile**.	**zerbrechlich** Auf dem Paket steht: Vorsicht, Glas.

***TIPP:** Die Betonung liegt auf „fra".*

tenero, a ['tɛːnero] *adj syn:* morbido, molle, *ant:* duro, solido	**weich, zart**
Questa carne è **tenera**.	Dieses Fleisch ist zart.

TIPP: *Die Betonung liegt auf „te".*

secco, a ['sekko] *adj* *syn:* asciutto, *ant:* bagnato ⚠ *pl* **cchi, cche**	**trocken**
Il pane all'aria diventa **secco**.	Brot wird an der Luft trocken.
asciutto, a [aʃ'ʃutto] *adj* *syn:* secco	**trocken**
La biancheria non è ancora **asciutta**.	Die Wäsche ist noch nicht trocken.
bagnato, a [ba'ɲaːto] *adj* *ant:* asciutto	**nass**
Ha piovuto, la strada è **bagnata**.	Es hat geregnet, die Straße ist nass.
liscio, a ['liʃʃo] *adj* ⚠ *pl* **sci, scie**	**glatt**
La superficie del marmo è **liscia** e fredda.	Marmor ist an der Oberfläche glatt und kalt.
ruvido, a ['ruːvido] *adj* *ant:* liscio	**rau, hart**
I sacchi delle patate sono di stoffa **ruvida**.	Kartoffelsäcke sind aus rauem Stoff.

TIPP: *Die Betonung liegt auf „ru".*

morbido, a ['mɔrbido] *adj* *ant:* duro	**weich**
Laura indossa un maglione di **morbida** lana Cashmere.	Laura trägt einen weichen Cashmerepullover.

TIPP: *Die Betonung liegt auf „mor".*

la **polvere** ['polvere]	**Pulver** *n*
Compra del detersivo per lavatrice in **polvere**.	Kauf ein Waschpulver.

TIPP: *Die Betonung liegt auf „po".*

essere di ['ɛssere di] *v* ⚠ *irr* 36	**sein aus**
Il lampadario non **è di** stoffa, **è di** carta.	Die Lampe ist nicht aus Stoff, sondern aus Papier.

> ***TIPP:*** *Die Betonung liegt auf „es“.* ***essere*** *wird mit* ***essere*** *konjugiert.*

il **legno** ['leːɲo] Qui mettiamo i pavimenti in **legno**.	**Holz** *n* Hier kommen Holzböden herein.

> ***TIPP: legno****, Plural* ***legni****, ist der von den Bäumen stammende Rohstoff.* ***legna****, Plural* ***legna*** *oder* ***legne****, ist das Brennholz.*

la **pietra** [pi'ɛːtra] *syn:* roccia E' una casa molto bella e le pareti esterne sono di **pietra**.	**Stein** *m*, **Gestein** *n* Es ist ein sehr schönes Haus, die Außenwände sind aus Stein.
il **carbone** [kar'boːne] Il **carbone** si è formato con resti vegetali.	**Kohle** *f* Kohle ist aus pflanzlichen Stoffen entstanden.
il **petrolio** [pe'trɔːlio] L'Italia importa soprattutto materie prime, fra cui il **petrolio**.	**Erdöl** *n* Italien importiert vor allem Rohstoffe, unter anderem Erdöl.
il **gas** [gas] ⚠ *pl inv* Il **gas** metano è usato per il riscaldamento.	**Gas** *n* Methangas wird zum Heizen verwendet.
il **cotone** [ko'toːne] Il **cotone** è una fibra naturale.	**Baumwolle** *f* Baumwolle ist eine Naturfaser.
la **lana** ['laːna] Le pecore ci danno la **lana**.	**Wolle** *f* Von den Schafen bekommen wir Wolle.
il **metallo** [me'tallo] Nella storia dell'uomo, dopo l'età della pietra, ci fu quella dei **metalli**.	**Metall** *n* In der Geschichte der Menschheit folgen auf das Steinzeitalter die Metallzeiten.
l'**oro** ['ɔːro] L'**oro** è un metallo prezioso.	**Gold** *n* Gold ist ein kostbares Metall.
l'**argento** [ar'dʒɛnto] I nonni mi hanno regalato un anello d'**argento**.	**Silber** *n* Meine Großeltern haben mir einen Ring aus Silber geschenkt.
vero, a ['veːro] *adj ant:* falso Pensi che siano **veri** quei gioielli?	**echt** Meinst du, dass die Juwelen echt sind?

puro, a ['pu:ro] *adj* **Pura** seta al 100 %.	**rein** 100 % reine Seide.
artificiale [artifi'tʃa:le] *adj* *ant:* naturale Il nylon è una fibra **artificiale**.	**künstlich, Kunst-** Nylon ist eine Kunstfaser.

«2001–4000»

il **materiale** [materi'a:le] *ant:* sostanza Di che **materiale** è fatto?	**Material** *n,* **Stoff** *m* Aus welchem Material ist das?
la **sostanza** [sos'tantsa] *ant:* materiale Molte **sostanze** velenose inquinano la Terra.	**Stoff** *m,* **Substanz** *f* Viele Giftstoffe belasten die Umwelt auf unserem Planeten.
essere composto, a di ['ɛssere kom'posto di] *v* ⚠ *irr* 36 Il corpo umano **è composto** per il 75 % **di** acqua.	**bestehen aus** Der menschliche Körper besteht zu 75 % aus Wasser.

***TIPP:** Die Betonung liegt auf „es".*

solido, a ['sɔ:lido] *adj* *syn:* duro Il ghiaccio è acqua allo stato **solido**.	**fest** Eis ist Wasser in festem Zustand.

***TIPP:** Die Betonung liegt auf „so".*

liquido, a ['li:kuido] *adj* *ant:* solido Così non va bene, il colore è troppo **liquido**.	**flüssig** Das ist nicht gut so, die Farbe ist zu flüssig.

***TIPP:** Die Betonung liegt auf „li".*

il **liquido** ['li:kuido] Cos'è quel **liquido** in quel contenitore?	**Flüssigkeit** *f* Was für eine Flüssigkeit ist in diesem Behälter?

***TIPP:** Die Betonung liegt auf „li".*

chimico, a ['kiːmiko] *adj* ⚠ *pl* **ci, che**	**chemisch**
Osservate, in questo modo otteniamo una nuova reazione **chimica**.	Seht genau hin, auf diese Weise setzt eine neue chemische Reaktion ein.

***TIPP:** Die Betonung liegt auf „chi".*

velenoso, a [vele'noːso] *adj*	**giftig, Gift-**
Il piombo è molto **velenoso**.	Blei ist sehr giftig.
sintetico, a [sin'tɛːtiko] *adj* ⚠ *pl* **ci, che**	**synthetisch, Kunst-**
Preferisco il cotone alle fibre **sintetiche**.	Ich mag lieber Baumwolle als Kunstfasern.

***TIPP:** Die Betonung liegt auf „te".*

mescolare [mesko'laːre] *v*	**(ver)mischen**
L'acqua e il cemento devono **essere mescolati** bene.	Wasser und Zement müssen gut gemischt werden.
il **miscuglio** [mis'kuːʎo] ⚠ *pl* **gli**	**Mischung** *f*, **Gemisch** *n*
Gli inchiostri sono un complesso **miscuglio** di sostanze varie.	Farben bestehen aus einer komplizierten Mischung verschiedener Stoffe.
il **ferro** ['fɛrro]	**Eisen** *n*
Il **ferro** è il metallo più importante nel campo industriale.	Im Bereich der Industrie ist Eisen das wichtigste Metall.
la **ruggine** ['ruddʒine]	**Rost** *m*
Le parti in ferro hanno fatto la **ruggine**.	Die Teile aus Eisen sind verrostet.

***TIPP:** Die Betonung liegt auf „ru".*

l'**acciaio** [at'tʃaːio] ⚠ *pl* **ai**	**Stahl** *m*
Le rotaie sono in **acciaio**.	Bahngleise sind aus Stahl.

***TIPP:** Man spricht in etwa „atschaio", wobei die Betonung auf dem zweiten „a" liegt.*

l'**alluminio** [allu'miːnio]	**Aluminium** *n*
L'**alluminio** è molto leggero.	Aluminium ist ein sehr leichtes Metall.
il **rame** ['raːme]	**Kupfer** *n*
I cavi elettrici sono in **rame**.	Elektrische Leitungen bestehen aus Kupfer.

il **piombo** [pi'ombo] La benzina senza **piombo** inquina meno.	**Blei** *n* Bleifreies Benzin ist weniger umweltschädlich.
il **cemento** [tʃe'mento] L'edificio è in **cemento** e acciaio.	**Zement** *m* Das Gebäude ist aus Zement und Stahl.
il **calcestruzzo** [kaltʃes'truttso] Quei ponti sono stati costruiti con il **calcestruzzo**.	**Beton** *m* Diese Brücken sind aus Beton.
il **marmo** ['marmo] Il **marmo** di Carrara è famoso in tutto il mondo.	**Marmor** *m* Der Marmor aus Carrara ist weltberühmt.
la **gomma** ['gomma] Le ruote delle macchine sono fatte di **gomma**.	**Gummi** *n* Autoreifen werden aus Gummi hergestellt.
la **plastica** ['plastika] ⚠ *pl* **che** Nella vita di tutti i giorni siamo circondati da oggetti in **plastica**.	**Plastik** *n* Wir sind in unserem Alltag umgeben von Plastikgegenständen.

***TIPP:** Die Betonung liegt auf „pla".*

il **vetro** ['veːtro] Il **vetro** è stato scoperto dai Fenici.	**Glas** *n* Das Glas wurde von den Phöniziern entdeckt.
il **tessuto** [tes'suːto] La seta è un **tessuto** prezioso.	**Stoff** *m*, **Gewebe** *n* Seide ist ein kostbarer Stoff.
la **stoffa** ['stɔffa] Vorrei della **stoffa** colorata.	**Stoff** *m* Ich hätte gern einen bunten Stoff.
la **fibra** ['fiːbra] Nell'abbigliamento sportivo si usano molte **fibre** sintetiche.	**Faser** *f* Sportkleidung wird oft aus Kunstfasern hergestellt.
la **seta** ['seːta] E' morbido come la **seta**.	**Seide** *f* Es ist weich wie Seide.
la **pelle** ['pɛlle] Mi piacciono le giacche in **pelle**.	**Leder** *n* Lederjacken gefallen mir.

1.7 Essen und Trinken

1.7.1 ALLGEMEINES

«1–2000»

il **cibo** ['tʃiːbo] *syn:* alimento, mangiare Mi piace il **cibo** sano e semplice.	**Nahrung** *f*, **Essen** *n* Ich mag gesunde und einfache Kost.
mangiare [man'dʒaːre] *v* Oggi **mangio** volentieri una bistecca.	**essen** Heute esse ich gerne ein Steak.
bere ['beːre] *v* ⚠ *irr* 9 Cosa posso offrirti da **bere**?	**trinken** Was kann ich dir zum Trinken anbieten?
la **fame** ['faːme] Uhm, che **fame** che ho!	**Hunger** *m* Mensch, hab ich einen Hunger!
la **sete** ['seːte] Devo bere, ho tanta **sete**.	**Durst** *m* Ich muss etwas trinken, ich habe schrecklichen Durst.

TIPP:* Hungrig und durstig sein heißt auf Italienisch *aver fame, aver sete.

il **pasto** ['pasto] Devo prendere le medicine prima dei **pasti**.	**Mahlzeit** *f* Ich muss die Medikamente vor den Mahlzeiten einnehmen.
il **pranzo** ['prandzo] Oggi per **pranzo** c'è pastasciutta.	**Mittagessen** *n* Heute gibt es Pastasciutta zum Mittagessen.
pranzare [pran'dzaːre] *v* Di solito **pranziamo** a mezzogiorno e mezzo.	**zu Mittag essen** Normalerweise essen wir um halb eins zu Mittag.
la **cena** ['tʃeːna] Vuoi venire a **cena** da noi stasera?	**Abendessen** *n* Möchtest du heute mit uns zu Abend essen?
cenare [tʃe'naːre] *v* **Abbiamo cenato** in una trattoria.	**zu Abend essen** Wir haben in einer Gastwirtschaft zu Abend gegessen.

la **colazione** [kolatsi'oːne]	**Frühstück** *n*
Molti italiani fanno **colazione** al bar.	Viele Italiener frühstücken in einem Café.

TIPP: *Viele Italiener frühstücken nicht zu Hause sondern in einer* ***bar*** *und nehmen dort meist Capuccino und Brioche zu sich.*

il **piatto** [pi'atto]	**Gericht** *n*
Ogni ristorante ha un **piatto** tipico della casa.	Jedes Restaurant hat eine Spezialität des Hauses.

«2001–4000»

l'**alimentazione** [alimentatsi'oːne] *f*	**Ernährung** *f*
Una buona salute dipende anche da una corretta **alimentazione**.	Die Gesundheit hängt auch von der richtigen Ernährung ab.
l'**appetito** [appe'tiːto]	**Appetit** *m*
Buon **appetito** a tutti!	Einen guten Appetit allerseits!

TIPP: *Auf ein* ***buon appetito*** *antwortet man* ***grazie, altrettanto****.*

brindare [brin'daːre] *v*	**anstoßen, prosten**
Brindiamo alla vostra!	Prost, auf euer Wohl!

TIPP: *In Italien ist es weit verbreitet, auf jemandes Wohl anzustoßen. Trinksprüche sind* ***salute*** *und* ***cin cin****.*

il **sapore** [sa'poːre] *syn:* gusto	**Geschmack** *m*
Uhm, che buono, ha davvero un ottimo **sapore**.	Hm, lecker! Das schmeckt wirklich hervorragend.
prendere ['prɛndere] *v* ⚠ *irr* 54	**nehmen; trinken; essen**
Dai, andiamo al bar a **prendere** un aperitivo.	Komm, wir gehen ins Café und trinken einen Aperitif.

TIPP: *Die Betonung liegt auf „pren".*

la **dieta** [di'ɛːta]	**Diät** *f*
Niente dolci, sono a **dieta**.	Keine Süßigkeiten, ich bin auf Diät.
consumare [konsu'maːre] *v*	**verzehren, zu sich nehmen**
Consumare entro il 31.10.	Mindestens bis 31.10. haltbar.

1.7.2 LEBENSMITTEL

1.7.2.1 Allgemeines

«1–2000»

il **pane** ['paːne] Sulla tavola degli italiani il **pane** non manca mai.	**Brot** *n* Bei Italienern fehlt nie das Brot auf dem Tisch.
il **panino** [pa'niːno] Ho mangiato un **panino** col salame.	**Brötchen** *n* Ich habe ein Salamibrötchen gegessen.
il **latte** ['latte] Quando esci compra un litro di **latte**.	**Milch** *f* Bring bitte einen Liter Milch mit, wenn du aus dem Haus gehst.
il **burro** ['burro] Mamma, mi fai un panino col **burro** e la marmellata?	**Butter** *f* Mama, machst du mir ein Brötchen mit Butter und Marmelade?
la **panna** ['panna] Io prendo una tazza di cioccolata con la **panna**.	**Sahne** *f* Ich möchte eine Tasse Kakao mit Sahne.
il **formaggio** [for'maddʒo] ⚠ *pl* **ggi** Oggi faccio la pasta ai quattro **formaggi**.	**Käse** *m* Heute mache ich eine Pastasciutta mit einer Soße aus vier Käsesorten.
l'**uovo** [u'ɔːvo] ⚠ *pl* **le uova** Accidenti, ho rotto le **uova**!	**Ei** *n* Oje, ich habe die Eier kaputtgemacht!
la **pasta** ['pasta] L'acqua bolle, butta la **pasta**.	**Nudeln** *pl* Das Wasser kocht, wirf die Nudeln rein.
gli **spaghetti** [spa'getti] Adoro gli **spaghetti** col pomodoro.	**Spag(h)etti** *pl* Ich liebe Spagetti mit Tomatensoße.
il **riso** ['riːso] Le popolazioni asiatiche si nutrono di **riso**.	**Reis** *m* Asiaten ernähren sich von Reis.

***TIPP:** Es gibt auch das Wort **il riso** mit dem Plural **le risa**, das das Lachen heißt.*

la **pizza** ['pittsa] Cosa prendiamo? — Io mangio una **pizza**.	**Pizza** *f* Was nehmen wir? — Ich esse eine Pizza.
la **minestra** [mi'nɛstra] Oggi come primo mangio una **minestra**.	**Suppe** *f* Heute esse ich als ersten Gang eine Suppe.
l'**insalata** [insa'laːta] Vorrei un'**insalata** mista.	**Salat** *m* Ich hätte gern einen gemischten Salat.
la **patata** [pa'taːta] Mi piacciono le **patate** al forno. Dai, apriamo il sacchetto delle **patatine** fritte!	**Kartoffel** *f* Ich esse gern Ofenkartoffeln. Komm, wir machen die Chipstüte auf!

TIPP: *Pommes frites heißen auch* ***patatine****.*

la **marmellata** [marmel'laːta] Quanta frutta, facciamo la **marmellata**.	**Marmelade** *f* Was für eine Menge Obst! Da machen wir Marmelade draus.
la **torta** ['torta] *syn:* dolce Vuoi una fetta di **torta**?	**Kuchen** *m*, **Torte** *f* Möchtest du ein Stück Kuchen?
il **biscotto** [bis'kɔtto] Faccio colazione con latte e **biscotti**.	**Keks** *m* Zum Frühstück esse ich Kekse und trinke Milch.
la **cioccolata** [tʃokko'laːta] A Pasqua si mangiano le uova di **cioccolata**.	**Schokolade** *f* Zu Ostern isst man Schokoladeneier.
il **gelato** [dʒe'laːto] Preferisci la torta o il **gelato**?	**Eis** *n* Magst du lieber Kuchen oder Eis?
la **caramella** [kara'mɛlla] Troppe **caramelle** rovinano i denti.	**Bonbon** *n* Zu viele Bonbons machen die Zähne kaputt.
dolce ['doltʃe] *adj ant:* acido Il miele è molto **dolce**.	**süß** Honig ist sehr süß.
lo **zucchero** ['tsukkero] Vorrei un caffè con latte e senza **zucchero**.	**Zucker** *m* Ich möchte einen Kaffee mit Milch und ohne Zucker.

TIPP: *Die Betonung liegt auf „zu".*

acido, a ['aːtʃido] *adj* *ant:* dolce Il latte è andato a male, è **acido**.	**sauer** Die Milch ist schlecht geworden, sie ist sauer.

***TIPP:** Die Betonung liegt auf „a".*

il **sale** ['saːle] Hai già messo il **sale** nell'acqua della pasta?	**Salz** *n* Hast du schon Salz in das Nudelwasser getan?
il **pepe** ['peːpe] Aggiungere sale e **pepe**.	**Pfeffer** *m* Salz und Pfeffer hinzugeben.
l'**olio** ['ɔːlio] ⚠ *pl* **li** Per cucinare uso solo **olio** d'oliva.	**Öl** *n* Ich nehme nur Olivenöl zum Kochen.
l'**aceto** [a'tʃeːto] Piace a tutti l'**aceto** nell'insalata?	**Essig** *m* Mögt ihr alle Essig im Salat?
la **lattina** [lat'tiːna] Metti un paio di **lattine** di birra in frigo.	**Dose** *f* Stell ein paar Bierdosen in den Kühlschrank.
surgelato, a [surdʒe'laːto] *adj* Uso solo prodotti freschi e non **surgelati**.	**tiefgekühlt, Tiefkühl-** Ich verwende nur frische Sachen, keine Tiefkühlprodukte.

«2001–4000»

la **farina** [fa'riːna] Ho finito la **farina** e adesso come faccio?	**Mehl** *n* Ich habe kein Mehl mehr, was mache ich jetzt?
il **grasso** ['grasso] Il burro e l'olio sono i **grassi** usati per cucinare.	**Fett** *n* Butter und Öl sind Fette, die zum Kochen verwendet werden.
i **cereali** [tʃere'aːli] Sulla tavola ci sono frutta fresca e **cereali**.	**Getreideflocken** *pl* Auf dem Tisch stehen frisches Obst und Getreideflocken.
il **miele** [mi'ɛːle] Ti preparo una fetta di pane col **miele**.	**Honig** *m* Ich mache dir ein Honigbrot.

il **brodo** ['brɔːdo] Tieni, una tazza di **brodo** caldo ti farà bene.	**Brühe** *f* Hier, eine Tasse heiße Brühe wird dir gut tun.
il **sugo** ['suːgo] ⚠ *pl* **ghi** Puoi condire la pasta con un **sugo** di pomodoro o di carne.	**Soße** *f* Zu den Nudeln kannst du eine Tomaten- oder eine Fleischsoße machen.
le **spezie** ['spɛːtsie] A casa mia usiamo molte **spezie** in cucina.	**Gewürze** *pl* Wir verwenden bei uns zu Hause viele Gewürze.
il **basilico** [ba'ziːliko] Il **basilico** dà un ottimo sapore al sugo.	**Basilikum** *n* Mit Basilikum bekommt die Soße einen sehr guten Geschmack.

***TIPP:** Die Betonung liegt auf „si".*

il **parmigiano** [parmi'dʒaːno] La pasta è più buona con il **parmigiano**.	**Parmesan(käse)** *m* Nudeln schmecken mit Parmesankäse besser.
le **lasagne** [la'zaːɲe] Domenica a pranzo ci sono le **lasagne**.	**Lasagne** *pl* Am Sonntag gibt es Lasagne zum Mittagessen.
il **tiramisù** [tirami'su] Vado matta per il **tiramisù**.	**Tiramisu** *n* Ich bin ganz verrückt nach Tiramisu.
il **panettone** [panet'toːne] Il **panettone** è il dolce tipico di Natale.	**Panettone** *m* Der Panettone ist ein italienischer Weihnachtskuchen.
al dente [al 'dɛnte] *adv* Mi piace la pasta **al dente**.	**al dente, bissfest** Ich mag Nudeln al dente.

1.7.2.2 Fleisch und Fisch

«1–2000»

la **carne** ['karne] La **carne** contiene ferro.	**Fleisch** *n* Fleisch enthält Eisen.

***TIPP:** Fleisch kann **media, ben cotta** oder **al sangue** serviert werden (medium, gut durchgebraten oder blutig).*

il **maiale** [mai'aːle] Con la carne di **maiale** si fa la mortadella.	**Schweinefleisch** *n* Mortadella wird aus Schweinefleisch gemacht.
il **manzo** ['mandzo] Vorrei delle bistecche di **manzo** tenere.	**Rindfleisch** *n* Ich hätte gern zarte Rindersteaks.
il **vitello** [vi'tɛllo]	**Kalbfleisch** *n*

«2001–4000»

il **pesce** ['peʃʃe] Rosi è molto brava a cucinare il **pesce**.	**Fisch** *m* Rosi kann sehr gut Fisch kochen.
i **frutti di mare** ['frutti di 'maːre] Ho ordinato un'insalata di **frutti di mare**.	**Meeresfrüchte** *pl* Ich habe einen Meeresfrüchtesalat bestellt.
la **frittura** [frit'tuːra] Vi consiglio una **frittura** mista di pesce.	**Frittierte(s)** *n* Ich empfehle Ihnen eine gemischte frittierte Fischplatte.
la **bistecca** [bis'tekka] ⚠ *pl* **cche** Signora desidera? — Mi dia quattro **bistecche** di maiale, per favore.	**Steak** *n;* **Schnitzel** *n* Was wünschen Sie? — Geben Sie mir bitte vier Schweineschnitzel.
il **prosciutto** [proʃ'ʃutto] Che **prosciutto** desidera Signora, crudo o cotto?	**Schinken** *m* Was für einen Schinken möchten Sie? Rohen oder gekochten?
il **salame** [sa'laːme] Massimo ci ha offerto pane e **salame**.	**Salami** *f* Massimo hat uns Salamibrote gemacht.
crudo, a ['kruːdo] *adj ant:* cotto La carne è ancora **cruda**, falla cuocere ancora qualche minuto.	**roh** Das Fleisch ist noch nicht durch, brate es noch ein paar Minuten.
cotto, a ['kɔtto] *adj ant:* crudo La pasta non è **cotta**, deve cuocere ancora due minuti. Ho trovato una ricetta di petti di pollo **cotti** nel latte.	**gar; gekocht; gebraten** Die Nudeln sind noch nicht gar, lasse sie noch zwei Minuten kochen. Ich habe ein Rezept für in Milch gekochte Hähnchenbrust gefunden.

1.7.2.3 Obst und Gemüse

«1–2000»

la **frutta** ['frutta] A fine pasto mangiamo sempre la **frutta**.	**Obst** *n* Zum Nachtisch essen wir immer Obst.

> ***TIPP:* la frutta** *ist der Obergriff für alle Obstsorten.* **il frutto**, *Plural* **i frutti**, *bezeichnet die einzelne Frucht eines Baumes. Die Obstsorte ist im Italienischen immer weiblich, der Baum männlich, z. B.* **la mela** *der Apfel,* **il melo** *der Apfelbaum,* **la pera** *die Birne,* **il pero** *der Birnbaum.*

la **verdura** [ver'du:ra] Sotto casa mia c'è un negozio di frutta e **verdura**.	**Gemüse** *n* Unter unserer Wohnung ist ein Obst- und Gemüseladen.
la **mela** ['me:la] Visto che ho tante **mele**, faccio una torta.	**Apfel** *m* Ich habe so viele Äpfel, da mache ich einen Kuchen.
la **pera** ['pe:ra] Vorrei quattro **pere** mature, per favore.	**Birne** *f* Ich möchte bitte vier reife Birnen.
l'**arancia** [a'rantʃa] ⚠ *pl* **ce** Le migliori **arance** sono quelle dalla Sicilia.	**Orange** *f* Die besten Orangen kommen aus Sizilien.
la **ciliegia** [tʃili'ɛ:dʒa] ⚠ *pl* **gie** Quanto costano le **ciliegie** al chilo?	**Kirsche** *f* Was kostet das Kilo Kirschen?
il **pomodoro** [pomo'dɔ:ro] In cucina coi **pomodori** si possono fare tante cose.	**Tomate** *f* Tomaten kann man beim Kochen sehr vielseitig verwenden.
la **carota** [ka'rɔ:ta] Ho fatto una minestra di patate e **carote**.	**Mohrrübe** *f* Ich habe eine Kartoffelsuppe mit Mohrrüben gemacht.

«2001–4000»

la **cipolla** [tʃi'polla] Nel sugo di pomodoro ci va la **cipolla**.	**Zwiebel** *f* In die Tomatensoße kommen Zwiebeln hinein.
l'**aglio** ['a:ʎo] Non a tutti piace l'**aglio**.	**Knoblauch** *m* Nicht jeder mag Knoblauch.

l'**oliva** [o'liːva] Marina ha messo in tavola un piatto di **olive** verdi e nere.	**Olive** *f* Marina hat einen Teller mit grünen und schwarzen Oliven auf den Tisch gestellt.
il **fagiolo** [fa'dʒɔːlo] Hai mai provato la pasta con i **fagioli**?	**weiße Bohne** Hast du schon mal Nudeln mit weißen Bohnen gegessen?

TIPP: *Die Betonung liegt auf „gio", wobei das i nicht ausgesprochen wird.*

il **pisello** [pi'sɛllo] I fagioli gli sono piaciuti, ma ha lasciato nel piatto i **piselli**.	**Erbse** *f* Die weißen Bohnen haben ihm geschmeckt, aber die Erbsen hat er auf dem Teller gelassen.
il **radicchio** [ra'dikkio] Il **radicchio** è un tipo d'insalata.	**Radicchio** *m* Radicchio ist eine Salatsorte.
la **fragola** ['fraːgola] Per dessert ci sono le **fragole** con la panna montata.	**Erdbeere** *f* Zum Nachtisch gibt es Erdbeeren mit Schlagsahne.

TIPP: *Die Betonung liegt auf „fra".*

la **banana** [ba'naːna] Volete una **banana**?	**Banane** *f* Möchtet ihr eine Banane?
l'**albicocca** [albi'kɔkka] ⚠ *pl* **cche** Che belle **albicocche**, dove le hai comprate?	**Aprikose** *f* Was für schöne Aprikosen! Wo hast du die gekauft?
l'**uva** ['uːva] Con l'**uva** bianca si fa il vino bianco e con quella rossa il vino rosso.	**Trauben** *pl* Aus grünen Trauben wird Weißwein gemacht, aus blauen Rotwein.
la **noce** ['noːtʃe] In giardino c'è un albero di **noci**.	**Nuss** *f* Im Garten steht ein Nussbaum.
il **limone** [li'moːne] Sul pesce si può mettere il **limone**.	**Zitrone** *f* Fisch kann man mit Zitrone beträufeln.
il **melone** [me'loːne] Per antipasto c'è prosciutto e **melone**.	**Melone** *f*, **Honigmelone** *f* Als Vorspeise gibt es Schinken mit Melone.

il **cocomero** [ko'koːmero] — **Wassermelone** *f*
In estate si mangia volentieri una fetta di **cocomero** fresco. — Im Sommer isst man gerne eine Scheibe frische Wassermelone.

> ***TIPP:*** *Die Betonung liegt auf dem zweiten „co".*

maturo, a [ma'tuːro] *adj* — **reif**
Le arance sono **mature** in inverno. — Orangen sind im Winter reif.

la **buccia** ['buttʃa] ⚠ *pl* **cce** — **Schale** *f*
Mangio le mele con la **buccia**. — Ich esse Äpfel mit Schale.

1.7.2.4 Getränke

«1–2000»

la **bibita** ['biːbita] — **Getränk** *n*
Il tè freddo è un'ottima **bibita** per l'estate. — Eistee ist ein ideales Sommergetränk.

il **caffè** [kaf'fɛ] *syn:* espresso — **Espresso** *m*
Un **caffè** normale e uno macchiato, per favore. — Einen Espresso ohne und einen mit Milch, bitte.

> ***TIPP:*** *Mit* ***caffè*** *wird das bezeichnet, was in Deutschland Espresso genannt wird. Filterkaffee ist in Italien nicht gebräuchlich. Kaffee mit etwas Milch wird* ***macchiato*** *genannt und mit einem Schuss Likör* ***corretto****.*

il **cappuccino** [kapput'tʃiːno] — **Cappuccino** *m*
Vorrei un **cappuccino**, per favore. — Ich möchte bitte einen Cappuccino.

il **tè** [tɛ] — **Tee** *m*
Hai voglia di una tazza di **tè** con dei biscotti? — Hast du Lust auf eine Tasse Tee und Kekse?

l'**acqua minerale** ['akkua mine'raːle] — **Mineralwasser** *n*
Tu Anna, cosa preferisci? — Was möchtest du, Anna?
— Un'**acqua minerale**, grazie. — — Ein Glas Mineralwasser bitte.

> ***TIPP:*** ***acqua minerale*** *gibt es* ***naturale*** *(stilles Mineralwasser) oder* ***gassata*** *(mit Kohlensäure).*

il **vino** ['viːno] I **vini** italiani sono eccellenti.	**Wein** *m* Italienische Weine sind hervorragend.
la **birra** ['birra] Preferisci una **birra** in lattina o in bottiglia?	**Bier** *n* Möchtest du lieber Dosen- oder Flaschenbier?
la **bottiglia** [bot'tiːʎa] ⚠ *pl* **glie** Per l'occasione Roberto ha aperto una **bottiglia** di vino molto speciale.	**Flasche** *f* Zu dem Anlass hat Roberto eine besonders erlesene Flasche Wein geöffnet.

«2001–4000»

l'**aperitivo** [aperi'tiːvo] Prima di pranzo si beve l'**aperitivo**.	**Aperitif** *m* Vor dem Mittagessen trinkt man einen Aperitif.
lo **spumante** [spu'mante] I compleanni si festeggiano con la torta e lo **spumante**.	**Sekt** *m* Geburtstage feiert man mit Kuchen und Sekt.
frizzante [frid'dzante] *adj* Il Prosecco è un vino **frizzante**.	**prickelnd** Prosecco ist ein Perlwein.
secco, a ['sekko] *adj* *ant:* dolce ⚠ *pl* **cchi, cche** Questo vino è molto **secco**.	**trocken** Dieser Wein ist sehr trocken.
il **liquore** [liku'oːre] Alla nonna piacciono i **liquori** dolci.	**Likör** *m* Großmutter mag süße Liköre.
l'**aranciata** [aran'tʃaːta] Ho sete, dammi un'**aranciata**, per favore!	**Orangenlimonade** *f* Ich habe Durst. Gib mir bitte eine Limo!
il **succo di frutta** ['sukko di 'frutta] ⚠ *pl* **cchi** Non bevo birra, hai un **succo di frutta**?	**Saft** *m* Ich trinke kein Bier. Hast du einen Saft?
il **cavatappi** [kava'tappi] ⚠ *pl inv* Per aprire le bottiglie di vino si usa il **cavatappi**.	**Korkenzieher** *m* Eine Weinflasche öffnet man mit dem Korkenzieher.
versare [ver'saːre] *v* Posso **versarti** un'altra tazza di caffè?	**gießen, einschenken** Kann ich dir noch einen Kaffee einschenken?

l'**apribottiglie** [apribot'tiːʎe] *m* ⚠ *pl inv*	**Flaschenöffner** *m*
Come faccio ad aprire la birra se mi manca un **apribottiglie**?	Wie bekomme ich die Bierflasche ohne Flaschenöffner auf?
ubriaco, a [ubri'aːko] *adj* ⚠ *pl* **chi, che**	**betrunken**
Ho bevuto troppo, sono **ubriaca**.	Ich habe zu viel erwischt, jetzt bin ich betrunken.

1.7.3 ZUBEREITUNG DER SPEISEN

«1–2000»

cucinare [kutʃi'naːre] *v*	**kochen**
Mi piace **cucinare**.	Ich koche gern.
la **ricetta** [ri'tʃɛtta]	**Rezept** *n*
Ottimo questo sugo, mi dai la **ricetta**?	Diese Soße ist sehr gut. Gibst du mir das Rezept?
bollire [bol'liːre] *v* ⚠ **bollo**	**kochen**
Metti l'acqua a **bollire** e poi aggiungi il sale.	Stell das Wasser zum Kochen auf und gib Salz hinein.
friggere ['friddʒere] *v* ⚠ *irr* 40	**frittieren**
Per **friggere**, l'olio deve essere ben caldo.	Zum Frittieren muss das Öl heiß sein.

TIPP: *Die Betonung liegt auf „fri".*

arrostire [arros'tiːre] *v* ⚠ **arrostisco**	**braten**
Fate **arrostire** il pollo a 180°C per circa un'ora.	Das Hähnchen etwa eine Stunde bei 180° C braten.
rosolare [rozo'laːre] *v*	**anbraten**
Rosolare la cipolla senza bruciarla.	Die Zwiebel leicht anbraten.
la **fetta** ['fetta]	**Scheibe** *f*
Buono, ne prendo ancora una **fetta**. — Ma certo, serviti pure!	Das schmeckt mir, ich nehme noch eine Scheibe. — Ja klar, nimm dir ruhig!
la **goccia** ['gottʃa] ⚠ *pl* **cce**	**Tropfen** *m*
Nel tiramisù ci stanno bene alcune **gocce** di whisky.	Mit ein paar Tropfen Whisky schmeckt das Tiramisu noch besser.

«2001–4000»

scolare [sko'la:re] *v* La pasta è cotta, **scolala**.	**abgießen** Die Nudeln sind gar, gieße sie ab.
spalmare [spal'ma:re] *v* Se il burro è troppo freddo si fa fatica a **spalmarlo**.	**streichen** Wenn die Butter zu kalt ist, lässt sie sich schlecht aufs Brot streichen.
condire [kon'di:re] *v* ⚠ **condisco** Silvia, **condisci** l'insalata con olio e aceto. Al posto dell'olio aggiungere qualche goccia di limone e poi **condire** con sale e pepe.	**anmachen; würzen** Silvia, mach den Salat mit Essig und Öl an. Anstelle von Öl etwas Zitronensaft dazugeben und dann mit Salz und Pfeffer würzen.
mescolare [mesko'la:re] *v* **Mescolare** bene prima di servire.	**mischen, umrühren** Vor dem Servieren gut umrühren.
lesso, a ['lesso] *adj* Oggi ho fatto il pesce **lesso**, domani lo friggerò.	**gekocht, gesotten** Heute gab es gekochten Fisch, morgen mache ich frittierten.

1.7.4 GESCHIRR UND BESTECK

«1–2000»

il **piatto** [pi'atto] Ti dispiace passarmi il tuo **piatto**?	**Teller** *m* Würdest du mir bitte deinen Teller geben?
il **bicchiere** [bikki'ɛ:re] Abbiamo sollevato i **bicchieri** e abbiamo brindato.	**Glas** *n* Wir haben unsere Gläser erhoben und angestoßen.
pieno, a [pi'ɛ:no] *adj* *ant:* vuoto Sulla tavola ci sono alcuni bicchieri **pieni** e altri vuoti.	**voll** Auf dem Tisch stehen ein paar volle und ein paar leere Gläser.
vuoto, a [vu'ɔ:to] *adj* *ant:* pieno La bottiglia di acqua minerale è **vuota**.	**leer** Die Flasche Mineralwasser ist leer.

la **tazza** ['tattsa] Potremmo regalare a Sara una **tazza** con il suo nome.	**Tasse** *f* Wir könnten Sara eine Tasse mit ihrem Namen schenken.
la **pentola** ['pɛntola] In questa **pentola** il cibo non si attacca al fondo.	**(Koch)topf** *m* In diesem Topf bleibt das Essen nicht kleben.

***TIPP:** Die Betonung liegt auf „pen".*

la **padella** [pa'dɛlla]	**Pfanne** *f*
la **terrina** [ter'riːna] Metti la **terrina** in frigo.	**Schüssel** *f* Stell die Schüssel in den Kühlschrank.
la **posata** [po'zaːta] Mancano le **posate** in tavola.	**Besteck** *n* Auf dem Tisch fehlt noch das Besteck.
la **forchetta** [for'ketta] La pizza si può mangiare con le mani anziché con coltello e **forchetta**.	**Gabel** *f* Pizza kann man, anstatt mit Messer und Gabel, auch mit den Händen essen.
il **coltello** [kol'tɛllo] Attento a non tagliarti con quel **coltello**!	**Messer** *n* Pass auf, dass du dich mit dem Messer nicht schneidest!
il **cucchiaio** [kukki'aːio] ⚠ *pl* **ai** Mi serve un **cucchiaio** di legno per mescolare.	**Löffel** *m* Zum Umrühren brauche ich einen Kochlöffel.
il **cucchiaino** [kukkia'iːno] Per il tè e il caffè si usa il **cucchiaino**.	**Teelöffel** *m* Zum Tee und Kaffee nimmt man einen Teelöffel.
la **caffettiera** [kaffetti'ɛːra] In ogni casa italiana c'è la "moca" ossia la **caffettiera**.	**Espressomaschine** *f* In einem italienischen Haushalt darf die „moca", die Espressomaschine, nicht fehlen.

«2001–4000»

il **coperchio** [ko'pɛrkio] ⚠ *pl* **chi** Se metti un **coperchio** sulla pentola, l'acqua bolle prima.	**Deckel** *m* Wenn du den Deckel auf den Topf tust, kocht das Wasser schneller.

il **vassoio** [vas'soːio] ⚠ *pl* **oi** Al self-service si prende un **vassoio** e ci si serve da sé.	**Tablett** *n* In einem Selbstbedienungsrestaurant nimmt man ein Tablett und bedient sich selbst.
il **servizio** [ser'viːtsio] ⚠ *pl* **zi** Al mercatino ho comprato un bel **servizio** da tè antico. Un **servizio** di posate o bicchieri è un tipico regalo di matrimonio.	**Service** *n;* **Set** *n,* **Satz** *m* Auf dem Markt habe ich ein schönes antikes Teeservice gekauft. Besteck und Gläsersets sind typische Hochzeitsgeschenke.
la **tovaglia** [to'vaːʎa] ⚠ *pl* **glie** Metti una **tovaglia** pulita e prepara la tavola.	**Tischtuch** *n,* **Tischdecke** *f* Nimm ein frisches Tischtuch und deck den Tisch.
il **tovagliolo** [tova'ʎɔːlo] Ricordami di comprare i **tovaglioli** di carta.	**Serviette** *f* Erinnere mich daran, dass ich Papierservietten kaufen muss.

***TIPP:** Die Betonung liegt auf „va“.*

lo **stuzzicadenti** [stuttsika'dɛnti] ⚠ *pl inv* Mi passi uno **stuzzicadenti**, per favore?	**Zahnstocher** *m* Gibst du mir bitte einen Zahnstocher?
l'**apriscatole** [apri'skaːtole] *m* L'**apriscatole** è nel secondo cassetto della credenza.	**Dosenöffner** *m* Der Dosenöffner ist in der zweiten Schublade der Anrichte.

***TIPP:** Die Betonung liegt auf „sca“.*

1.7.5 RESTAURANT

«1–2000»

il **ristorante** [risto'rante] In questo **ristorante** si mangia bene e non è troppo caro.	**Restaurant** *n* In diesem Restaurant kann man gut und nicht zu teuer essen.

***TIPP:** Neben dem **ristorante** gibt es auch noch andere Lokale, in die man zum Essen gehen kann: die **trattoria**, die **spaghetteria** und die **locanda**. Im **ristorante** ist es üblich, ein Menü zu bestellen.*

il **bar** [bar] ⚠ *pl inv*	**Café** *n*
Nei **bar** italiani si beve, si chiacchiera, si legge il giornale e gli anziani giocano a carte.	In einem italienischen Café wird geplaudert, die Zeitung gelesen, und die Rentner spielen Karten.
la **pizzeria** [pittse'riːa] ⚠ *pl* **rie**	**Pizzeria** *f*
Sabato sera le **pizzerie** sono sempre piene di gente.	Samstags abends sind die Pizzerien immer voll.

***TIPP:** Die Betonung liegt auf dem i von „ria".*

la **gelateria** [dʒelate'riːa] ⚠ *pl* **rie**	**Eisdiele** *f*
In piazza c'è una **gelateria** con i tavoli fuori.	Auf der Piazza gibt es eine Eisdiele mit Tischen draußen.

***TIPP:** Die Betonung liegt auf dem „i" von „ria".*

la **pasticceria** [pastittʃe'riːa] ⚠ *pl* **rie**	**Konditorei** *f*
La domenica compriamo sempre le paste in **pasticceria**.	Sonntags kaufen wir immer Gebäck in der Konditorei.

***TIPP:** Die Betonung liegt auf dem „i" von „ria".*

«2001–4000»

l'**osteria** [oste'riːa] ⚠ *pl* **rie**	**(kleine) Gaststätte** *f*
Vieni, ti porto in un'**osteria** tipica a bere un buon bicchiere di vino.	Komm, wir gehen in eine typisch italienische Gaststätte und trinken ein Glas guten Wein.

***TIPP:** Die Betonung liegt auf „i".*

il **menù** [me'nu]	**Menü** *n*
Qual è il **menù** del giorno?	Was ist das Tagesmenü?
il **coperto** [ko'pɛrto]	**Gedeck** *n*
Al ristorante si paga il **coperto** per il pane e il servizio.	Im Restaurant wird das Gedeck extra berechnet.
l'**antipasto** [anti'pasto]	**Vorspeise** *f*
Sul tavolo ci sono due vassoi con gli **antipasti**.	Auf dem Tisch sind zwei Platten mit den Vorspeisen.

il **dessert** [des'sɛr] *syn:* dolce ⚠ *pl inv* Come primo piatto ho mangiato gli spaghetti e come **dessert** il tiramisù.	**Nachspeise** *f*, **Dessert** *n* Als ersten Gang habe ich Spagetti gegessen und zum Dessert ein Tiramisu.

> ***TIPP:* dessert** *wird so wie im Französischen und im Deutschen ausgesprochen.*

il **cameriere**, la **cameriera** [kameri'ɛːre] Il finesettimana lavoro come **cameriera** in una pizzeria.	**Kellner(in)** *m(f)* Am Wochenende arbeite ich als Kellnerin in einer Pizzeria.
il **cuoco**, la **cuoca** [ku'ɔːko] ⚠ *pl* **chi, che** E' un **cuoco** famoso e ha anche scritto un libro di ricette.	**Koch, Köchin** *m, f* Er ist ein berühmter Koch und hat auch schon ein Buch mit Rezepten veröffentlicht.
ordinare [ordi'naːre] *v* Cameriere, vorremmo **ordinare**, per favore!	**bestellen** Herr Ober, wir möchten bitte bestellen!
il **conto** ['konto] Cameriere, il **conto** per favore.	**Rechnung** *f* Herr Ober, bitte zahlen!

1.8 Reise und Verkehr

1.8.1 REISE

«1–2000»

andare [an'daːre] *v* ⚠ *irr* 3 **Andiamo** in macchina o a piedi?	**gehen; fahren** Fahren wir mit dem Auto oder gehen wir zu Fuß?

> ***TIPP:* andare** *wird mit* **essere** *konjugiert. Man beachte, dass im Italienischen zwischen gehen und fahren kein Unterschied gemacht wird.*

viaggiare [viad'dʒaːre] *v* Amo **viaggiare**.	**reisen** Ich liebe es, zu reisen.
il **viaggio** [vi'addʒo] ⚠ *pl* **ggi** Incredibile, ho vinto un **viaggio** alle Maldive!	**Reise** *f* Das ist unglaublich! Ich habe eine Reise auf die Malediven gewonnen.

partire [par'tiːre] *v* *ant:* arrivare ⚠ **parto**	**abreisen, losfahren, abfahren**
Scusi, a che ora **parte** il prossimo treno per Bologna?	Entschuldigen Sie bitte, wann geht der nächste Zug nach Bologna?

TIPP:* partire *wird mit* essere *konjugiert.

la **partenza** [par'tɛntsa] *ant:* arrivo	**Abreise** *f*, **Abfahrt** *f*
La **partenza** è prevista per le ore nove.	Die Abfahrt ist für neun Uhr vorgesehen.
l'**arrivo** [ar'riːvo] *ant:* partenza	**Ankunft** *f*
E' in **arrivo** al binario due il treno per Bari.	Auf Gleis zwei fährt der Zug nach Bari ein.
l'**orario** [o'raːrio] ⚠ *pl* **ri**	**Fahrplan** *m;* **Flugplan** *m*
Controlliamo l'arrivo e la partenza sull'**orario**.	Überprüfen wir die Ankunft- und Abfahrtzeiten im Fahrplan.
prendere ['prɛndere] *v* *ant:* perdere ⚠ *irr* 54	**nehmen**
Per andare al lavoro **prendo** prima il treno e poi l'autobus.	Um zur Arbeit zu kommen, nehme ich erst den Zug und dann den Bus.
Senta, per andare a Trento che strada devo **prendere**?	Entschuldigen Sie, wo geht es bitte nach Trient?

TIPP: *Die Betonung liegt auf „pren".*

perdere ['pɛrdere] *v* ⚠ *irr* 49	**verpassen, versäumen**
Se **perdi** la corriera delle quattro, ce n'è una mezzora dopo.	Wenn du den Vier-Uhr-Bus verpasst, kannst du den um vier Uhr dreißig nehmen.

TIPP: *Die Betonung liegt auf „per".*

prepararsi [prepa'rarsi] *v*	**sich fertig machen**
Preparatevi, fra poco partiamo.	Macht euch fertig, wir fahren gleich.
il **biglietto** [bi'ʎetto]	**Fahrkarte** *f;* **Flugticket** *n*
Hai fatto i **biglietti**?	Hast du die Fahrkarten gekauft?
Due **biglietti** di andata e ritorno per Bolzano, per favore.	Zwei Rückfahrkarten nach Bozen bitte.

il **passeggero**, la **passeggera** [passed'dʒeːro] Il treno è pieno e molti **passeggeri** devono stare in piedi.	**Passagier(in)** *m(f)* Der Zug ist voll, viele Passagiere müssen stehen.
il **bagaglio** [ba'gaːʎo] ⚠ *pl* **gli** Se posso viaggio sempre con pochi **bagagli**.	**Gepäck** *n* Wenn es geht, reise ich mit wenig Gepäck.
all'estero [al'lɛstero] *adv* E' la prima volta che andiamo **all'estero**.	**im Ausland; ins Ausland** Wir fahren zum ersten Mal ins Ausland.

***TIPP:** Die Betonung liegt auf „es".*

la **dogana** [do'gaːna] Alla **dogana** mi hanno chiesto se avevo qualcosa da dichiarare.	**Zoll** *m* Am Zoll wurde ich gefragt, ob ich etwas zu verzollen habe.
dichiarare [dikia'raːre] *v*	**verzollen**
la **guida turistica** [gu'iːda tu'ristika] Ho in valigia una **guida turistica** dell'Italia. Fuori dal museo c'era un gruppo di turisti con una **guida turistica**.	**Reiseführer(in)** *m(f)* Ich habe in meinem Koffer einen Reiseführer für Italien. Vor dem Museum stand eine Gruppe von Touristen mit einem Reiseführer.

TIPP:** Die Betonung liegt auf „ri" von* ***turistica*.*

il **soggiorno** [sod'dʒorno] Durante il nostro **soggiorno** a Capri il tempo è stato sempre bello.	**Aufenthalt** *m* Während unseres Aufenthaltes in Capri war das Wetter immer schön.
l'**albergo** [al'bɛrgo] ⚠ *pl* **ghi** Abbiamo dormito in un **albergo** a quattro stelle.	**Hotel** *n* Wir haben in einem Viersternehotel übernachtet.

«2001–4000»

la **gita** ['dʒiːta] Domenica abbiamo fatto una bella **gita** a Murano.	**Ausflug** *m* Wir haben am Sonntag einen schönen Ausflug nach Murano unternommen.
via ['viːa] *prep* Questo è un volo Roma Buenos Aires **via** Londra.	**über** Dieser Flug Rom – Buenos Aires ist mit Zwischenlandung in London.

l'**andata** [an'daːta] *ant:* ritorno All'**andata** ci abbiamo impiegato cinque ore.	**Hinfahrt** *f;* **Hinflug** *m* Für die Hinfahrt haben wir fünf Stunden gebraucht.
il **ritorno** [ri'torno] *ant:* andata Un biglietto andata e **ritorno** per Palermo, per favore.	**Rückfahrt** *f;* **Rückflug** *m* Eine Rückfahrkarte nach Palermo bitte.
la **tariffa** [ta'riffa] **Tariffe** speciali per studenti e anziani.	**Preis** *m* Für Studenten und Senioren gelten Sonderpreise.
venire a prendere [ve'niːre a 'prɛndere] *v* ⚠ *irr* 85 Ti **vengo a prendere**.	**abholen** Ich hole dich ab.

***TIPP:** Die Betonung liegt auf „pren".*

il, la **turista** [tu'rista] ⚠ *pl* **sti, ste** Ogni anno Roma viene visitata da **turisti** provenienti da tutto il mondo.	**Tourist(in)** *m(f)* Rom wird jedes Jahr von Touristen aus der ganzen Welt besucht.
turistico, a [tu'ristiko] *adj* ⚠ *pl* **ci, che** Per informazioni rivolgersi all'ufficio **turistico**.	**touristisch, Touristen-, Reise-** Informationen erhalten Sie im Reisebüro.

***TIPP:** Die Betonung liegt auf „ri".*

il **turismo** [tu'rizmo] Il **turismo** dà lavoro a più di un milione di persone.	**Tourismus** *m* Die Tourismusbranche beschäftigt über eine Million Menschen.
il **viaggiatore**, la **viaggiatrice** [viaddʒa'toːre, -'triːtʃe] Marco Polo era un **viaggiatore** e scrisse "Il Milione".	**Reisende(r)** *f(m)* Marco Polo war ein Reisender und schrieb „Von Venedig nach China".
l'**agenzia viaggi** [adʒen'tsiːa vi'addʒi] ⚠ *pl* **agenzie viaggi** Vado in un'**agenzia viaggi** a prenotare una vacanza.	**Reisebüro** *n* Ich gehe ins Reisebüro, um unseren Urlaub zu buchen.

***TIPP:** Die Betonung liegt auf dem „i" von „zia".*

la **valigia** [va'liːdʒa] ⚠ *pl* **ge/ gie**	**Koffer** *m*
La posso aiutare a portare le **valige**?	Kann ich Ihnen helfen, die Koffer zu tragen?
la **carta d'identità** ['karta didenti'ta]	**Personalausweis** *m*
Nei paesi dell'Unione Europea si circola con la **carta d'identità**.	In den Ländern der Europäischen Union reist man mit dem Personalausweis.
il **passaporto** [passa'pɔrto]	**Reisepass** *m*
Alla dogana dell'aeroporto si deve mostrare il **passaporto**.	Auf dem Flughafen muss man beim Zoll seinen Reisepass vorzeigen.
il **visto** ['visto]	**Visum** *n*
I cittadini extracomunitari hanno bisogno del **visto**.	Bürger von Nicht-EU-Staaten brauchen ein Visum.
l'**alloggio** [al'lɔddʒo] ⚠ *pl* **ggi**	**Unterkunft** *f*
Siamo in cerca di un **alloggio** non troppo caro.	Wir suchen eine nicht zu teure Unterkunft.
il **pernottamento** [pernotta'mento]	**Übernachtung** *f*
Nel **pernottamento** è inclusa la colazione.	Im Preis für die Übernachtung ist das Frühstück inbegriffen.
l'**ostello della gioventù** [os'tɛllo della dʒoven'tu]	**Jugendherberge** *f*
Negli **ostelli della gioventù** si conoscono tante persone.	In einer Jugendherberge lernt man viele Leute kennen.
il **campeggio** [kam'peddʒo] ⚠ *pl* **ggi**	**Camping** *n*, **Campen** *n*
In estate andiamo in **campeggio** al mare.	Im Sommer campen wir am Meer.
la **tenda** ['tɛnda]	**Zelt** *n*
Abbiamo piantato la **tenda**.	Wir haben das Zelt aufgebaut.

1.8.2 VERKEHR

1.8.2.1 Straßenverkehr

1.8.2.1.1 Allgemein

«1–2000»

il **traffico** ['traffiko] ⚠ *pl* **ci** Alla radio trasmettono il programma “Onda verde”, che dà informazioni sulla situazione del **traffico**.	**Verkehr** *m* Im Radio gibt es ein Programm „die grüne Welle“, das Verkehrsnachrichten bringt.

***TIPP:** Die Betonung liegt auf „tra“.*

guidare [gui'daːre] *v* Vuoi che **guidi** io?	**fahren** Möchtest du, dass ich fahre?
l'**autista** [au'tista] *m, f* ⚠ *pl* **sti, ste** Non disturbare l'**autista** mentre guida.	**Fahrer(in)** *m(f)* Störe den Fahrer nicht, während er fährt.
frenare [fre'naːre] *v* Oh santo cielo, **frena**!	**bremsen** Um Himmels willen, brems doch!
girare [dʒi'raːre] *v* Scusi dov'è il duomo? — Prenda questa strada e vada sempre diritto fino a piazza Mazzini poi **giri** a destra.	**abbiegen** Entschuldigung, wo ist der Dom? — Fahren Sie auf dieser Straße immer geradeaus bis zur Piazza Mazzini und biegen Sie dann rechts ab.
prendere ['prɛndere] *v* ⚠ *irr* 54 Vai sempre diritto e poi **prendi** la seconda a sinistra.	**abbiegen** Du musst immer geradeaus fahren und dann in die zweite Straße nach links abbiegen.

***TIPP:** Die Betonung liegt auf „pre“.*

attraversare [attraver'saːre] *v* Attenta, non **attraversare**, il semaforo è rosso!	**überqueren** Vorsicht, geh nicht bei Rot über die Ampel!
parcheggiare [parked'dʒaːre] *v* **Parcheggia** qui, il ristorante non è molto lontano.	**parken** Hier kannst du parken, das Restaurant ist nicht weit weg.

il **parcheggio** [par'keddʒo] ⚠ *pl* **ggi** Lasciamo la macchina in un **parcheggio** a pagamento.	**Parkplatz** *m* Lassen wir das Auto auf einem gebührenpflichtigen Parkplatz.
la **stazione** [statsi'oːne] Ti vengo a prendere in **stazione** alle tre. Sono salita alla **stazione** di Venezia Mestre.	**Bahnhof** *m;* **Haltestelle** *f* Ich hole dich um drei Uhr am Bahnhof ab. Ich bin an der Haltestelle Venezia Mestre eingestiegen.
fermare [fer'maːre] *v* Scusi, questo treno **ferma** anche a Verona Porta Nuova?	**(an)halten** Entschuldigung, hält dieser Zug auch in Verona Porta Nuova?
la **fermata** [fer'maːta] Devi scendere alla sesta **fermata**.	**Haltestelle** *f* Du musst an der sechsten Haltestelle aussteigen.
la **benzina** [ben'dziːna] Devo fare **benzina**.	**Benzin** *n* Ich muss tanken.
il **distributore di benzina** [distribu'toːre di ben'dziːna] Fermati al primo **distributore di benzina**.	**Tankstelle** *f* Halte an der nächsten Tankstelle.

«2001–4000»

rumoroso, a [rumo'roːzo] *adj* *ant:* silenzioso Questa strada è molto **rumorosa**.	**laut** Diese Straße ist sehr laut.
bloccare [blok'kaːre] *v* Siamo rimasti **bloccati** dal traffico.	**blockieren, versperren** Wir sind im Verkehr stecken geblieben.
la **coda** ['koːda] Ho sentito alla radio che ci sono sei chilometri di **coda**.	**Stau** *m* Ich habe im Radio gehört, dass dort sechs Kilometer Stau sind.
l'**autostrada** [auto'straːda] Le **autostrade** in Italia sono a pagamento.	**Autobahn** *f* Die Autobahnen in Italien sind gebührenpflichtig.

il **vigile**, la **vigilessa** ['vi:dʒile, vidʒi'lessa]	**Verkehrspolizist(in)** *m(f)*
Mi dispiace, non lo so, chieda a un **vigile**.	Es tut mir Leid, das weiß ich nicht. Fragen Sie doch einen Polizisten.

*TIPP: Bei **vigile** liegt die Betonung auf „vi".*

la **multa** ['multa]	**Strafzettel** *m*, **Geldstrafe** *f*
Il vigile mi ha dato una **multa**.	Ich habe vom Polizisten einen Strafzettel bekommen.
il **limite di velocità** ['li:mite di velotʃi'ta]	**Geschwindigkeitsbegrenzung** *f*, **zulässige Höchstgeschwindigkeit**
Qui il **limite di velocità** è di 50 km all'ora.	Hier darf man höchstens 50 km in der Stunde fahren.

TIPP: Die Betonung liegt auf „li".

il **segnale stradale** [se'ɲa:le stra'da:le]	**Verkehrsschild** *n*, **Verkehrszeichen** *n*
Per entrare in autostrada devi seguire i **segnali stradali** verdi.	Um auf die Autobahn zu kommen, musst du den grünen Verkehrsschildern folgen.
l'**incrocio** [iŋ'kro:tʃo] ⚠ *pl* **ci**	**Kreuzung** *f*
Rallenta, c'è un **incrocio** pericoloso.	Fahr langsamer, da kommt eine gefährliche Kreuzung.
la **curva** ['kurva]	**Kurve** *f*
E' una strada piena di **curve**.	Das ist eine kurvenreiche Straße.
il **semaforo** [se'ma:foro]	**Ampel** *f*
Che noia, ho trovato tutti i **semafori** rossi.	Das hat vielleicht genervt! Alle Ampeln waren rot.

TIPP: Die Betonung liegt auf „ma".

il **pedone** [pe'do:ne]	**Fußgänger(in)** *m(f)*
Purtroppo in Italia nessuno si ferma per fare attraversare i **pedoni**.	In Italien bleibt leider kein Autofahrer stehen, um die Fußgänger über die Straße gehen zu lassen.
pedonale [pedo'na:le] *adj*	**Fußgänger-**
Il centro storico è zona **pedonale**.	Das historische Zentrum ist eine Fußgängerzone.

la **zona disco** ['dzɔːna 'disko] ⚠ *pl* **zone disco**	**blaue Zone, Kurzparkzone** *f*
Qui è **zona disco**, puoi parcheggiare solo per un'ora.	Hier ist eine Kurzparkzone, du kannst für eine Stunde parken.
fare il pieno ['faːre il pi'ɛːno] *v* ⚠ *irr* 37	**voll tanken**
Prima di partire ho **fatto il pieno**.	Ich habe voll getankt, bevor ich losgefahren bin.
il **guasto** [gu'asto]	**Schaden** *m*
La macchina non parte, c'è un **guasto** al motore.	Das Auto springt nicht an, der Motor ist kaputt.
la **patente di guida** [pa'tɛnte di gu'iːda]	**Führerschein** *m*
La Polizia gli ha ritirato la **patente di guida**.	Die Polizei hat ihm den Führerschein entzogen.
la **cintura di sicurezza** [tʃin'tuːra di siku'rettsa]	**Sicherheitsgurt** *m*
Allacciate le **cinture di sicurezza**!	Schnallt euch an!
il **casco** ['kasko] ⚠ *pl* **schi**	**Sturzhelm** *m*
In moto è obbligatorio il **casco**.	Für Motorradfahrer besteht Helmpflicht.
obbligatorio, a [obbliga'tɔːrio] *adj* ⚠ *pl* **ri, rie**	**vorgeschrieben, obligatorisch**
L'assicurazione è **obbligatoria** per tutti.	Es besteht für alle Versicherungspflicht.
l'**autostop** [autos'tɔp] *m*	**Autostopp** *m*, **Trampen** *n*
Ho fatto spesso l'**autostop**.	Ich bin schon oft per Anhalter gefahren.
dare un passaggio a ['daːre un pas'saddʒo] ⚠ *irr* 24	**mitnehmen**
Mi **dai un passaggio** fino a casa?	Fährst du mich nach Hause?

1.8.2.1.2 Fahrzeuge

«1–2000»

la **macchina** ['makkina] *syn:* automobile	**Auto** *n*
Ho comprato una **macchina**.	Ich habe ein Auto gekauft.

l'**automobile** [auto'mɔːbile] *f*	**Auto** *n*
syn: macchina	
Ci sono parecchie **automobili** parcheggiate lungo la strada.	An der Straße haben viele Autos geparkt.

***TIPP:** Die Betonung liegt auf „mo". Es wird auch oft die Kurzform **l'auto** benützt, die ebenfalls weiblich ist.*

la **motocicletta** [mototʃi'kletta]	**Motorrad** *n*
Per guidare una **motocicletta** ci vuole la patente tipo A.	Zum Motorradfahren braucht man die Führerscheinklasse 1.

***TIPP:** Es wird auch oft die Kurzform **la moto** benützt.*

la **bicicletta** [bitʃi'kletta]	**Fahrrad** *n*
Vado a fare un giro in **bicicletta**.	Ich fahre eine Runde mit dem Rad.

***TIPP:** Es wird auch oft die Kurzform **la bici** benützt.*

l'**autobus** ['aːutobus] *m* ⚠ *pl inv*	**Bus** *m*
Prendi l'**autobus** numero undici e scendi al duomo.	Nimm den Bus der Linie 11 und steige am Dom aus.

***TIPP:** Die Betonung liegt auf „a".*

la **corriera** [korri'ɛːra]	**Bus** *m*
Quando ero giovane c'erano solo due **corriere** al giorno dal paese alla città.	Als ich jung war, fuhr der Bus nur zweimal am Tag vom Dorf in die Stadt.

***TIPP:** Ein **autobus** befördert Personen innerhalb einer Stadt, **la corriera** hingegen fährt zwischen verschiedenen Ortschaften hin und her. Der Reisebus wiederum heißt **il pullman**.*

il **tram** [tram] ⚠ *pl inv*	**Straßenbahn** *f*
Ecco, arriva il nostro **tram**.	Da kommt unsere Straßenbahn.

***TIPP:** Straßenbahnen gibt es nur in einigen wenigen Großstädten wie Rom, Mailand und Turin.*

il **taxi** ['taksi] ⚠ *pl inv*	**Taxi** *n*
Per andare all'aeroporto ho preso un **taxi**.	Ich bin mit einem Taxi zum Flughafen gefahren.

la **ruota** [ru'ɔːta] L'auto è parcheggiata con due **ruote** sul marciapiede.	**Reifen** *m* Das Auto steht mit zwei Reifen auf dem Gehweg.
il **freno** ['freːno] Tira il **freno** a mano.	**Bremse** *f* Zieh die Handbremse an.

«2001–4000»

il **veicolo** [ve'iːkolo] I **veicoli** a motore pagano l'assicurazione.	**Fahrzeug** *n* Motorfahrzeuge sind versicherungspflichtig.

***TIPP:** Die Betonung liegt auf „i".*

l'**automobilista** [automobi'lista] *m, f* ⚠ *pl* **sti, ste** Molti **automobilisti** sono soci dell'ACI.	**Autofahrer(in)** *m(f)* Viele Autofahrer sind beim ACI Mitglied.

***TIPP:** **ACI** steht für **Automobile Club Italia**, der dem ADAC entspricht, und dessen Rufnummer 116 ist.*

bucare [bu'kaːre] *v* Accidenti, ho una gomma a terra, **ho bucato**.	**eine Reifenpanne haben, einen Platten haben** Mist, ich habe einen Platten.
la **targa** ['targa] ⚠ *pl* **ghe** Sei riuscita a prendere il numero di **targa**?	**Kennzeichen** *n* Konntest du das Kennzeichen notieren?
il **camion** ['kaːmion] ⚠ *pl inv* In autostrada c'era una lunga fila di **camion**.	**Lastwagen** *m* Auf der Autobahn bildeten die Lastwagen eine lange Kolonne.

***TIPP:** Die Betonung liegt auf „ca".*

l'**automezzo** [auto'mɛddzo] La strada era bloccata da alcuni **automezzi** pesanti.	**Kraftfahrzeug** *n* Die Straße wurde durch mehrere große LKWs blockiert.
la **roulotte** [ru'lɔt] Andate in campeggio con la tenda o con la **roulotte**?	**Wohnwagen** *m* Macht ihr Camping mit dem Zelt oder im Wohnwagen?

***TIPP:** Die Aussprache ist wie im Französischen mit der Betonung auf „lot".*

1.8.2.2 Eisenbahn

«1–2000»

il **treno** ['trɛːno] Viaggio spesso e volentieri in **treno**.	**Zug** *m* Ich fahre oft und gerne Zug.
la **ferrovia** [ferro'viːa] Le FF.SS sono le **Ferrovie** dello Stato italiane.	**Eisenbahn** *f* FF.SS steht für „Ferrovie dello Stato italiane".
TIPP: *Die Betonung liegt auf „vi".*	
la **metropolitana** [metropoli'taːna] Solo in poche città italiane c'è la **metropolitana**.	**U-Bahn** *f* Eine U-Bahn gibt es nur in wenigen italienischen Städten.
la **rotaia** [ro'taːia] ⚠ *pl* **aie** I treni viaggiano sulle **rotaie**.	**Gleis** *n*, **Schiene** *f* Züge fahren auf Schienen.
il **binario** [bi'naːrio] ⚠ *pl* **ri** Attenzione al **binario** sei, in arrivo treno per Mantova.	**Gleis** *n* Vorsicht, auf Gleis sechs fährt der Zug nach Mantova ein.
il **finestrino** [fines'triːno] Mi piace sedere vicino al **fine-strino** per guardare fuori.	**Fenster** *n* Ich sitze gern am Fenster und sehe hinaus.
il **vagone ristorante** [va'goːne risto'rante] ⚠ *pl* **vagoni ristorante** Il **vagone ristorante** è al centro del treno.	**Speisewagen** *m* Der Speisewagen befindet sich in der Mitte des Zuges.
il **vagone letto** [va'goːne 'lɛtto] ⚠ *pl* **vagoni letto** Viaggiamo di notte in **vagone letto**.	**Schlafwagen** *m* Wir reisen nachts in einem Schlafwagen.
la **cuccetta** [kut'tʃetta] La **cuccetta** è più economica ma meno comoda del vagone letto.	**Platz im Liegewagen** *m* Ein Platz im Liegewagen ist billiger, aber nicht so bequem wie der Schlafwagen.
lo **scompartimento** [skomparti'mento] Ho prenotato due posti in uno **scompartimento** non fumatori.	**Abteil** *n* Ich habe zwei Plätze in einem Nichtraucherabteil reserviert.

il **controllore** [kontrol'loːre] Il **controllore** dice sempre: "Buongiorno, biglietti prego".	**Schaffner(in)** *m(f)* Der Schaffner sagt immer: „Guten Tag, die Fahrkarten bitte."
l'**abbonamento** [abbona'mento] Domani scade il mio **abbonamento** mensile al treno.	**Dauerkarte** *f* Meine Monatskarte für die Bahn ist nur noch bis morgen gültig.
la **prenotazione** [prenotatsi'oːne] Per le **prenotazioni** dei posti vada allo sportello quattro.	**Reservierung** *f* Platzreservierungen können Sie an Schalter vier vornehmen.
la **coincidenza** [kointʃi'dɛntsa] Il mio treno era in ritardo e ho perso la **coincidenza**.	**Anschluss** *m*, **Verbindung** *f* Mein Zug hatte Verspätung, und dadurch habe ich den Anschluss verpasst.

«2001–4000»

la **sala d'aspetto** ['saːla das'pɛtto] La **sala d'aspetto** era piena di viaggiatori.	**Wartesaal** *m* Der Wartesaal war voll.
la **biglietteria** [biʎette'riːa] ⚠ *pl* **rie** A quest'ora gli sportelli della **biglietteria** sono chiusi, ma c'è un distributore automatico.	**Fahrkartenschalter** *m* Um diese Uhrzeit sind die Fahrkartenschalter geschlossen, aber es gibt einen Fahrkartenautomat.
circolare [tʃirko'laːre] *v* *syn:* viaggiare Questo treno **circola** solo nei giorni festivi.	**fahren** Dieser Zug fährt nur an Feiertagen.

1.8.2.3 Flugzeug

«1–2000»

l'**aereo** [a'ɛːreo] Quest'anno per andare in Sardegna prendo l'**aereo**.	**Flugzeug** *n* Dieses Jahr nehme ich das Flugzeug nach Sardinien.

la **compagnia di volo** [kompa'ɲiːa di 'voːlo] L'Alitalia è la **compagnia di volo** nazionale italiana.	**Fluggesellschaft** *f* Die Alitalia ist die staatliche Fluggesellschaft Italiens.

TIPP: *Die Betonung liegt auf dem „i" von* ***compagnia****.*

l'**aeroporto** [aɛro'porto] Roma e Milano sono i principali **aeroporti** italiani.	**Flughafen** *m* Rom und Mailand haben die größten italienischen Flughäfen.
il **volo** ['voːlo] Ultima chiamata per il **volo** AZ 125 per Lamezia Terme.	**Flug** *m* Dies ist der letzte Aufruf für den Flug 125 der Alitalia nach Lamezia Terme.

«2001–4000»

l'**aeroplano** [aɛro'plaːno] *syn:* aereo Il modo più veloce e comodo di viaggiare è in **aeroplano**.	**Flugzeug** *n* Das Fliegen ist die schnellste und bequemste Art zu reisen.
decollare [dekol'laːre] *v* *ant:* atterrare Siamo saliti sulla terrazza a vedere gli aerei **decollare** e atterrare.	**starten, abheben** Wir sind auf die Terrasse gegangen, um die Flugzeuge starten und landen zu sehen.
atterrare [atter'raːre] *v* *ant:* decollare Stiamo per **atterrare** all'aeroporto di Roma Fiumicino.	**landen** Wir landen in Kürze auf dem Flughafen Rom Fiumicino.
cancellare [kantʃel'laːre] *v* Il nostro volo **è stato cancellato** per nebbia.	**absagen** Unser Flug wurde wegen Nebels abgesagt.
lo **scalo** ['skaːlo] Non è un volo diretto, fa **scalo** ad Amsterdam.	**Zwischenlandung** *f* Das ist kein direkter Flug sondern mit einer Zwischenlandung in Amsterdam.
diretto, a [di'rɛtto] *adj* Questo volo Roma New York è **diretto**, senza scali.	**direkt** Dieser Flug Rom – New York ist ein Direktflug, ohne Zwischenlandung.

l'elicottero [eli'kɔttero] — **Hubschrauber** *m*
Il soccorso alpino ha a disposizione degli **elicotteri**. — Dem Bergrettungsdienst der Alpen stehen Hubschrauber zur Verfügung.

***TIPP:** Die Betonung liegt auf „co".*

1.8.2.4 Schiff

«1–2000»

la nave ['naːve] — **Schiff** *n*
Cristoforo Colombo partì con sole 3 **navi**, le caravelle Nina, Pinta e Santa Maria. — Christoph Kolumbus reiste mit nur 3 Schiffen, den Karavellen Nina, Pinta und Santa Maria.

la barca ['barka] ⚠ *pl* **che** — **Boot** *n*
Abbiamo venduto la **barca** a motore e abbiamo comprato una **barca** a vela. — Wir haben das Motorboot verkauft und ein Segelboot gekauft.

il porto ['pɔrto] — **Hafen** *m*
Dal **porto** entrano ed escono ogni giorno numerose navi. — Im Hafen laufen jeden Tag zahlreiche Schiffe ein und aus.

«2001–4000»

il capitano [kapi'taːno] — **Kapitän** *m*
Il **capitano** saluta i passeggeri che salgono a bordo. — Der Kapitän begrüßt die Passagiere, die an Bord gehen.

il marinaio [mari'naːio] ⚠ *pl* **ai** — **Seemann** *m*, **Matrose** *m*
Gabriele fa il **marinaio** su una grande nave da crociera. — Gabriele ist Seemann auf einem großen Kreuzfahrtschiff.

la crociera [kro'tʃɛːra] — **Kreuzfahrt** *f*
Abbiamo fatto una stupenda **crociera** nel Mediterraneo. — Wir haben eine herrliche Kreuzfahrt im Mittelmeer gemacht.

***TIPP:** Die Betonung liegt auf „era".*

il traghetto [tra'getto] — **Fähre** *f*
Per andare in Sardegna abbiamo preso il **traghetto** da Livorno. — Wir sind mit der Fähre von Livorno nach Sardinien gefahren.

1.8.2.5 Raumfahrt

«1–2000»

spaziale [spatsi'aːle] *adj* — **Weltraum-, Raum-**
L'ESA (European Space Agency) si occupa di ricerche **spaziali**. — Die ESA (European Space Agency) führt Weltraumforschung durch.

---

il **satellite** [sa'tɛllite] — **Satellit** *m*
Al giorno d'oggi molti programmi televisivi si ricevono via **satellite**. — Heute werden viele Fernsehprogramme über Satellit gesendet.

> ***TIPP:** Die Betonung liegt auf „te".*

---

l'**astronauta** [astro'naːuta] *m, f* ⚠ *pl* **ti, te** — **Astronaut(in)** *m(f)*
L'**austronauta** Juri Gagarin fu il primo uomo nello spazio. — Der Astronaut Juri Gagarin war der erste Mensch im All.

«2001–4000»

il **missile** ['missile] — **Rakete** *f*
I **missili** costruiti in Europa sono chiamati "Ariane". — Die in Europa gebauten Raketen heißen Ariane.

> ***TIPP:** Die Betonung liegt auf „mi".*

---

la **navicella** [navi'tʃɛlla] — **Raumfähre** *f*
Lo Space Shuttle è una **navicella** spaziale. — Der Spaceshuttle ist eine Raumfähre.

---

il **lancio** ['lantʃo] ⚠ *pl* **ci** — **Abschuss** *m*, **Start** *m*
Il **lancio** di una navicella è sempre un evento. — Es ist immer ein Ereignis, eine Raumfähre starten zu sehen.

1.9 Länder und Völker

1.9.1 LÄNDER

«1–2000»

l'**Europa** [eu'roːpa]	**Europa** *n*
l'**Italia** [i'taːlia]	**Italien** *n*

__TIPP:__ Länder sind oft weiblich. Länder und Regionen werden meist mit dem bestimmten Artikel gebraucht, auch in Verbindung mit Präpositionen. In Verbindung mit __in__ entfällt der Artikel bei weiblichen Ländernamen. __Siamo in Italia.__ Wir sind in Italien und __Andiamo in Italia.__ Wir fahren nach Italien. Auch bei männlichen Ländernamen entfällt in Verbindung mit __in__ gewöhnlich der Artikel, z. B. __in Canada, in Giappone, in Piemonte, in Belgio, in Brasile__.

lo **Stato del Vaticano** ['staːto del vati'kaːno]	**Vatikanstaat** *m*
la **Germania** [dʒer'maːnia]	**Deutschland** *n*

__TIPP:__ Bei allen Ländern gilt das „ia“ und das „io“ als eine Silbe, die Betonung liegt also auf der Silbe davor.

l'**Austria** ['aːustria] Vengo dall'**Austria**.	**Österreich** *n* Ich komme aus Österreich.

__TIPP:__ Die Betonung liegt auf dem ersten „a“.

la **Svizzera** ['zvittsera]	**Schweiz** *f*

__TIPP:__ Die Betonung liegt auf „svi“.

«2001–4000»

l'**Africa** ['afrika]	**Afrika** *n*

__TIPP:__ Die Betonung liegt auf dem ersten „a“.

l'**America** [a'meːrika]	**Amerika** *n*

__TIPP:__ Die Betonung liegt auf „me“.

l'**Asia** ['aːzia]	**Asien** *n*
l'**Australia** [au'straːlia]	**Australien** *n*
il **Belgio** ['bɛldʒo]	**Belgien** *n*
la **Cina** ['tʃiːna]	**China** *n*
la **Francia** [fran'tʃa]	**Frankreich** *n*
il **Giappone** [dʒap'poːne]	**Japan** *n*
la **Gran Bretagna** [gran bre'taːɲa]	**Großbritannien** *n*
la **Grecia** ['grɛːtʃa]	**Griechenland** *n*
l'**India** ['india]	**Indien** *n*
l'**Inghilterra** [iŋgil'tɛrra]	**England** *n*
l'**Olanda** [o'landa]	**Holland** *n*
il **Portogallo** [porto'gallo]	**Portugal** *n*
la **Russia** ['russia]	**Russland** *n*
la **Spagna** ['spaːɲa]	**Spanien** *n*
gli **Stati Uniti** ['staːti u'niːti]	**die Vereinigten Staaten, die USA**
la **Turchia** [tur'kiːa]	**Türkei** *f*

***TIPP:** Die Betonung liegt auf „i".*

1.9.2 BEWOHNER, SPRACHEN UND NATIONALITÄTEN

«1–2000»

italiano, a [itali'aːno]	**italienisch; Italiener(in); Italienisch**

***TIPP:** Für Sprachen nimmt man im Italienischen die männliche Form des Adjektivs, z. B. **l'italiano, il tedesco** das Italienisch(e), das Deutsch(e).*

tedesco, a [te'desko] ⚠ *pl* **schi, sche**	**deutsch; Deutsche(r); Deutsch**
austriaco, a [aus'triːako] ⚠ *pl* **ci, che**	**österreichisch; Österreicher(in)**

***TIPP:** Die Betonung liegt auf „ri".*

svizzero, a ['zvittsero]	**schweizerisch; Schweizer(in)**

***TIPP:** Die Betonung liegt auf „svi".*

«2001–4000»

africano, a [afri'kaːno]	**afrikanisch; Afrikaner(in)**
americano, a [ameri'kaːno]	**amerikanisch; Amerikaner(in)**
arabo, a ['aːrabo]	**arabisch; Araber(in)**

TIPP: *Die Betonung liegt auf „ar“*

britannico, a [bri'tanniko] ⚠ *pl* **ci, che**	**britisch; Brite, Britin**

TIPP: *Die Betonung liegt auf „ta“.*

cinese [tʃi'neːse]	**chinesisch; Chinese, Chinesin**
europeo, a [euro'pɛːo]	**europäisch; Europäer(in)**

TIPP: *Die Betonung liegt auf „pe“.*

francese [fran'tʃeːze]	**französisch; Franzose, Französin**
giapponese [dʒappo'neːze]	**japanisch; Japaner(in)**
greco, a ['grɛːko] ⚠ *pl* **ci, che**	**griechisch; Grieche, Griechin**
indiano, a [indi'aːno]	**indisch; Inder(in)**

TIPP: *Der Indianer heißt auch* ***l'indiano.***

inglese [iŋ'gleːze]	**englisch; Engländer(in)**
irlandese [irlan'deːze]	**irisch; Ire, Irin**
olandese [olan'deːze]	**holländisch; Holländer(in)**
portoghese [porto'geːze]	**portugiesisch; Portugiese, Portugiesin**
russo, a ['russo]	**russisch; Russe, Russin**
spagnolo, a [spa'ɲɔːlo]	**spanisch; Spanier(in)**
turco, a ['turko] ⚠ *pl* **chi, che**	**türkisch; Türke, Türkin**

2 ALLGEMEINE BEGRIFFE

2.1 Zeit

2.1.1 JAHRESABLAUF

«1–2000»

l'**anno** ['anno] In un **anno** ci sono 365 giorni.	**Jahr** *n* Ein Jahr hat 365 Tage.

***TIPP:** Bei Jahresangaben steht **nel**, z. B. **Sono nata nel millenovecentosessantadue.** Ich bin 1962 geboren.*

la **stagione** [sta'dʒoːne] "Le quattro **stagioni**" è una famosa opera di Antonio Vivaldi.	**Jahreszeit** *f* „Die vier Jahreszeiten“ ist eine berühmte Oper von Antonio Vivaldi.
la **primavera** [prima'vɛːra] In **primavera** gli alberi sono in fiore.	**Frühling** *m*, **Frühjahr** *n* Im Frühling blühen die Bäume.
l'**estate** [es'taːte] *f* Quest'**estate** abbiamo trascorso le vacanze in montagna.	**Sommer** *m* Diesen Sommer haben wir die Ferien in den Bergen verbracht.
l'**autunno** [au'tunno] In **autunno** ci sono dei bellissimi colori.	**Herbst** *m* Im Herbst sind die Farben sehr schön.
l'**inverno** [in'vɛrno] Dicono che sarà un **inverno** freddo e con tanta neve.	**Winter** *m* Der Winter soll kalt und schneereich werden.

il **mese** ['meːze] In un anno ci sono dodici **mesi**.	**Monat** *m* Ein Jahr hat zwölf Monate.
la **settimana** [setti'maːna] Se vuoi ci possiamo vedere un giorno della prossima **settimana**.	**Woche** *f* Wenn du möchtest, können wir uns nächste Woche mal treffen.
il **giorno** ['dʒorno] Che **giorno** è oggi?	**Tag** *m* Was ist heute für ein Tag?
la **giornata** [dʒor'naːta] E' stata proprio una bella **giornata**.	**Tag** *m* Es war wirklich ein schöner Tag.

> ***TIPP:* giorno** *bezeichnet den Tag als Ganzes, der aus 24 Stunden besteht.* **giornata** *bezeichnet den Tagesablauf, also das was sich zwischen Tagesanbruch und Sonnenuntergang ereignet.*

«2001–4000»

mensile [men'siːle] *adj* Ho un abbonamento **mensile** del treno.	**monatlich, Monats-** Ich habe eine Monatskarte für den Zug.
settimanale [settima'naːle] *adj* Questo è l'orario **settimanale** delle lezioni.	**wöchentlich, Wochen-** Dies ist der Stundenplan für den wöchentlichen Unterricht.
il **fine settimana** [finesetti'maːna] Avete qualcosa di bello in programma per questo **fine settimana**?	**Wochenende** *n* Habt ihr an diesem Wochenende etwas Schönes vor?
il **Capodanno** [kapo'danno] Il 1 gennaio è il giorno di **Capodanno**.	**Neujahr** *n* Am 1. Januar ist Neujahr.
il **San Silvestro** ['san sil'vɛstro] In molte località la notte di **San Silvestro** ci sono i fuochi d'artificio.	**Silvester** *n* Vielerorts gibt es an Silvester Feuerwerke.

2.1.2 MONATSNAMEN

gennaio [dʒen'naːio] — **Januar** *m*

> ***TIPP:*** *Monatsnamen sind alle männlich.*

febbraio [feb'braːio] — **Februar** *m*
Ci vediamo il 10 **febbraio**. — Wir sehen uns am 10. Februar.

> ***TIPP:*** *Im Italienischen werden bei Datumsangaben Grundzahlen verwendet mit Ausnahme vom Monatsersten.*

marzo ['martso] — **März** *m*

aprile [a'priːle] — **April** *m*

maggio ['maddʒo] — **Mai** *m*

giugno ['dʒuːɲo] — **Juni** *m*
E' nato in **giugno**. — Er ist im Juni geboren.

luglio ['luːʎo] — **Juli** *m*

agosto [a'gosto] — **August** *m*

settembre [set'tɛmbre] — **September** *m*
Il **settembre** prossimo vado in Italia. — Nächsten September fahre ich nach Italien.

ottobre [ot'toːbre] — **Oktober** *m*

novembre [no'vɛmbre] — **November** *m*

dicembre [di'tʃɛmbre] — **Dezember** *m*

2.1.3 WOCHENTAGE

lunedì [lune'di] — **Montag** *m*
Ci vediamo **lunedì**. — Wir sehen uns am Montag.

> ***TIPP:*** *Wochentage sind männlich mit Ausnahme von* ***la domenica****.*

martedì [marte'di] — **Dienstag** *m*

mercoledì [merkole'di] — **Mittwoch** *m*
Veronica fa la sauna il **mercoledì**. — Veronica geht mittwochs in die Sauna.

giovedì [dʒove'di] — **Donnerstag** *m*

venerdì [vener'di] — **Freitag** *m*

sabato ['saːbato] — **Samstag** *m*

> ***TIPP:*** *Die Betonung liegt auf „sa".*

la **domenica** [do'meːnika] — **Sonntag** *m*
⚠ *pl* **che**

> ***TIPP:*** *Die Betonung liegt auf „me".*

2.1.4 TAGESZEIT

«1–2000»

la **mattina**, il **mattino** [mat'tiːna]	**Morgen** *m*
Questa **mattina** non ho sentito suonare la sveglia.	Heute Morgen habe ich das Klingeln des Weckers nicht gehört.
Io e Anna ci vediamo domani **mattina**.	Ich treffe Anna morgen früh.
Il **mattino** ha l'oro in bocca.	Morgenstund hat Gold im Mund.
la **mattinata** [matti'naːta]	**Vormittag** *m*
Dammi un colpo di telefono in **mattinata**.	Ruf mich im Laufe des Vormittags an.

> ***TIPP:* mattina** *bezeichnet den Morgen als Teil des Tages,* **mattinata** *bezieht sich auf das, was sich im Laufe der Vormittagsstunden ereignet.*

stamattina [stamat'tiːna] *adv*	**heute Morgen**
syn: questa mattina	
Stamattina ho fatto colazione al bar.	Heute Morgen habe ich im Café gefrühstückt.

> ***TIPP:*** *Das Adverb* **stamattina** *setzt sich zusammen aus dem Pronomen* **questa** *und dem Substantiv* **mattina**. *Das gilt auch für* **stasera** *(questa sera) und* **stanotte** *(questa notte).*

il **pomeriggio** [pome'riddʒo] ⚠ *pl* **ggi**	**Nachmittag** *m*
Ho un appuntamento nel tardo **pomeriggio**.	Ich habe am späten Nachmittag einen Termin.
Il **pomeriggio** esco sempre con i bambini.	Nachmittags unternehme ich immer etwas mit den Kindern.
la **sera** ['seːra]	**Abend** *m*
Che cosa fai questa **sera**?	Was machst du heute Abend?
La **sera** vado in palestra.	Abends gehe ich in die Turnhalle.
la **serata** [se'raːta]	**Abend** *m*
Ho voglia di passare una **serata** in compagnia.	Ich habe Lust, einen Abend mit Freunden zu verbringen.

> ***TIPP:* sera** *bezieht sich auf den Abend als Abschnitt des Tages und* **serata** *auf den Ablauf des Abends.*

la **notte** ['nɔtte] Buona **notte** e sogni d'oro!	**Nacht** *f* Gute Nacht und träum was Schönes!
stanotte [sta'nɔtte] *adv* Non ho dormito bene **stanotte**. → stamattina	**heute Nacht** Ich habe heute Nacht nicht gut geschlafen.

«2001–4000»

il **mezzogiorno** [meddzo'dʒorno] I negozi chiudono a **mezzogiorno** e mezzo e riaprono dopo le tre.	**Mittag** *m* Die Geschäfte schließen um halb eins und öffnen wieder um drei.
la **mezzanotte** [meddza'nɔtte] La notte di Natale andiamo sempre alla messa di **mezzanotte**.	**Mitternacht** *f* An Heiligabend besuchen wir immer die Mitternachtsmesse.
notturno, a [not'turno] *adj* Questa farmacia fa anche servizio **notturno**.	**nächtlich, Nacht-** Diese Apotheke hat auch Nachtdienst.
il **buio** ['buːio] ⚠ *pl* **bui** Ho paura del **buio**.	**Dunkelheit** *f* Ich habe Angst vor der Dunkelheit.

2.1.5 UHRZEIT

l'**ora** ['oːra] La lezione di ginnastica dura due **ore**. Che **ore** sono?, Che **ora** è?	**Stunde** *f;* **Uhr** *f* **(in Zeitangaben)** Das Turnen dauert zwei Stunden. Wie viel Uhr ist es?

> ***TIPP:*** *Bei Zeitangaben verwendet man den bestimmten Artikel:* ***è l'una, sono le tre e mezzo*** *etc.*

il **minuto** [mi'nuːto] Ancora qualche **minuto** e abbiamo finito.	**Minute** *f* Noch ein paar Minuten, dann sind wir fertig.
il **secondo** [se'kondo] Questa colla si asciuga in pochi **secondi**.	**Sekunde** *f* Dieser Klebstoff trocknet in wenigen Sekunden.

mezzo, a ['mɛddzo] *adj* Sara è arrivata alle nove e **mezza**.	**halb** Sara ist um halb zehn angekommen.

***TIPP:** Im Italienischen bezieht sich **mezzo, a** auf die laufende Stunde, nicht auf die nächste.*

la **mezz'ora** [meddz'oːra] Da casa mia al centro a piedi ci vuole circa **mezz'ora**.	**halbe Stunde** Von mir bis zum Zentrum braucht man zu Fuß etwa eine halbe Stunde.

***TIPP:** Man kann auch **la mezzora** schreiben.*

e [e] *conj* Sono le sette **e** dieci.	**nach** Es ist zehn nach sieben.
meno ['meːno] *adv* Sono le cinque **meno** venti, è ora di andare.	**vor** Es ist zwanzig vor fünf, wir müssen gehen.
in punto [in 'punto] *adv* La corriera parte alle undici **in punto**.	**Punkt, genau** Der Bus fährt genau um elf Uhr los.

2.1.6 ANDERE ZEITBEGRIFFE

2.1.6.1 Gegenwart, Vergangenheit und Zukunft

«1–2000»

il **tempo** ['tɛmpo] E' già venerdì, il **tempo** vola!	**Zeit** *f* Es ist schon Freitag, die Zeit vergeht wie im Fluge.
quando [ku'ando] *adv* **Quando** sei nata? Ci divertiamo sempre **quando** siamo insieme. **Quando** ero ancora studente avevo più tempo per viaggiare.	**wann; wenn; als** Wann bist du geboren? Wir haben immer Spaß, wenn wir zusammen sind. Als ich noch Student war, hatte ich mehr Zeit zum Reisen.
se [se] *conj* Non so **se** viene anche Diego in pizzeria. Vieni a trovarmi **se** vuoi. **Se** domani farà bel tempo, andremo allo zoo.	**ob; wenn, falls** Ich weiß nicht, ob Diego auch in die Pizzeria kommt. Komm mich besuchen, wenn du Lust hast. Wenn es morgen schön ist, gehen wir in den Zoo.

mentre ['mentre] *conj* *syn:* durante **Mentre** cucino mi piace ascoltare la radio.	**während** Ich höre gern Radio, während ich koche.
durante [du'rante] *prep* *syn:* mentre **Durante** la riunione qualcuno lo ha chiamato al cellulare.	**während** Während der Versammlung erhielt er auf dem Handy einen Anruf.
il **secolo** ['sɛːkolo] Con l'anno 2000 inizia il ventunesimo **secolo**.	**Jahrhundert** *n* Mit dem Jahr 2000 beginnt das einundzwanzigste Jahrhundert.

***TIPP:** Die Betonung liegt auf „se".*

la **data** ['daːta] Non dimenticare la **data** e la firma.	**Datum** *n* Vergiss nicht Datum und Unterschrift.
adesso [a'dɛsso] *adv syn:* subito, *ant:* dopo, più tardi **Adesso** non risponde nessuno, provo a chiamare più tardi.	**jetzt, nun** Im Moment geht keiner ran, ich versuche es später noch einmal.
finora [fi'noːra] *adv* Beh, cosa hai fatto **finora**?	**bis jetzt** Was hast du eigentlich bis jetzt gemacht?
il **presente** [pre'zɛnte] *ant:* passato Il mio motto è vivere il **presente**.	**Gegenwart** *f* Ich lebe nach der Devise: genieße jeden Tag!
oggi ['ɔddʒi] *adv* *ant:* ieri, domani Che bello, **oggi** è domenica!	**heute** Wie schön, heute ist Sonntag!
questo, a [ku'esto] *adj* **Questa** sera andiamo al cinema.	**heute** Heute Abend gehen wir ins Kino.
il **momento** [mo'mento] *syn:* attimo Dove corri, aspetta un **momento**.	**Moment** *m*, **Augenblick** *m* Wo rennst du hin? Warte einen Moment!
ieri [i'ɛːri] *adv* *ant:* domani, oggi Dov'eri **ieri** a mezzogiorno?	**gestern** Wo warst du gestern Mittag?

l'altro ieri ['laltro i'ɛːri] *adv*	**vorgestern**
L'altro ieri siamo andate a fare spese.	Vorgestern sind wir einkaufen gegangen.
il **passato** [pas'saːto]	**Vergangenheit** *f*
ant: futuro, presente	
Quella donna ha un brutto **passato** da dimenticare.	Die Frau hat eine schlimme Vergangenheit zu bewältigen.
scorso, a ['skorso] *adj*	**vergangen, letzte(r, -s)**
ant: prossimo	
L'anno **scorso** in maggio ero in Piemonte.	Letztes Jahr im Mai war ich im Piemont.
fa [fa] *adv*	**vor**
Io e Fabio ci siamo conosciuti un anno **fa**.	Fabio und ich haben uns vor einem Jahr kennen gelernt.
domani [do'maːni] *adv*	**morgen**
ant: ieri, oggi	
Domani devo portare la macchina dal meccanico.	Morgen muss ich das Auto in die Werkstatt bringen.
dopodomani [dopodo'maːni] *adv*	**übermorgen**
Quando hai detto che vieni, domani o **dopodomani**?	Was hast du gesagt, wann du kommst? Morgen oder übermorgen?

***TIPP:** Man kann auch **dopo domani** schreiben.*

il **futuro** [fu'tuːro]	**Zukunft** *f*
ant: presente, passato	
Marco, devi pensare al tuo **futuro**!	Marco, du musst an deine Zukunft denken!
prossimo, a ['prɔssimo] *adj*	**nächste(r, -s)**
ant: passato	
Arrivederci alla **prossima** settimana.	Auf Wiedersehen, bis nächste Woche.
La **prossima** volta non posso venire.	Das nächste Mal kann ich nicht kommen.

***TIPP:** Die Betonung liegt auf „pro".*

«2001–4000»

l'**istante** [is'tante] *m*	**Augenblick** *m*, **Moment** *m*
syn: momento, attimo	
Un **istante**, Le passo mia moglie.	Einen Moment bitte, ich gebe Ihnen meine Frau.

l'attimo ['attimo] *syn:* momento, istante Aspetta un **attimo**, ho quasi finito. Claudia era qui fino a un **attimo** fa.	**Moment** *m*, **Augenblick** *m* Warte einen Moment, ich bin gleich fertig. Claudia war gerade eben noch hier.

***TIPP:** Die Betonung liegt auf „a".*

il periodo [pe'riːodo] *syn:* tempo, era In questo **periodo** dell'anno c'è sempre nebbia in pianura.	**Zeit** *f*, **Zeitraum** *m* In dieser Jahreszeit ist es im Flachland immer neblig.

***TIPP:** Die Betonung liegt auf „ri".*

l'epoca ['ɛːpoka] *syn:* periodo, era ⚠ *pl* **che** Abbiamo visitato rovine di **epoca** romana.	**Epoche** *f*, **Zeit** *f* Wir haben Ruinen aus der römischen Zeit besichtigt.

***TIPP:** Die Betonung liegt auf „e".*

l'era ['ɛːra] La storia della Terra è divisa in **ere**.	**Ära** *f*, **Zeitalter** *n* Die Geschichte der Erde besteht aus verschiedenen Epochen.
al giorno d'oggi [al 'dʒorno 'dɔddʒi] *adv* La posta elettronica è **al giorno d'oggi** uno dei principali sistemi di comunicazione.	**heutzutage, heute** E-Mails zählen heute zu den wichtigsten Kommunikationsmitteln.
nel frattempo [nel frat'tɛmpo] *adv syn:* mentre Ho dovuto aspettare e **nel frattempo** ho letto un giornale.	**währenddessen, inzwischen, in der Zwischenzeit** Ich musste warten, und in der Zwischenzeit habe ich Zeitung gelesen.
ormai [or'maːi] *adv* **Ormai** non c'è più niente da fare. **Ormai** è un'ora che aspetto.	**jetzt; schon** Da kann man jetzt nichts mehr machen. Jetzt warte ich schon eine Stunde.

***TIPP:** Die Betonung liegt auf „ai".*

allora [al'loːra] *adv, conj* — **damals, da; nun**

La guerra finì nel 1945, ero ancora bambino **allora**. — Der Krieg endete 1945, da war ich noch ein Kind.

Allora, avete deciso? — Habt ihr euch nun entschieden?

2.1.6.2 Dauer

«1–2000»

fino a ['fiːno a] *prep* — **bis**

Ti abbiamo aspettato **fino alle** quattro. — Wir haben bis vier Uhr auf dich gewartet.

Sono rimasta alzata **fino a** tardi. — Ich bin lange aufgeblieben.

---

per [per] *prep* — **lang; für; gegen**

Non ci siamo visti **per** un mese. — Wir haben uns einen Monat lang nicht gesehen.

Starò via **per** alcuni giorni. — Ich bin für ein paar Tage weg.

Penso di tornare **per** fine mese. — Ich denke, ich werde gegen Ende des Monats zurückkommen.

---

da [da] *prep* — **seit; von**

Alessio è tornato **da** una settimana. — Alessio ist seit einer Woche wieder da.

Il mio corso di tedesco è **dalle** 10 alle 11. — Mein Deutschkurs geht von 10 bis 11.

> ***TIPP:* da** *und bestimmter Artikel wird zu* **dal, dall', dallo, dalla, dai, dagli, dalle***.*

---

ancora [aŋ'koːra] *adv* — **noch**

In piena estate alle dieci di sera è **ancora** chiaro. — Im Hochsommer ist es um zehn Uhr abends noch hell.

---

poco ['pɔːko] *adv* — **kurz, nicht lange**

ant: tanto, molto

Il discorso è durato **poco**, non aveva molto da dire. — Die Rede war kurz, er hatte nicht viel zu sagen.

---

lungo, a ['luŋgo] *adj* — **lang**

⚠ *pl* **ghi, ghe**

E' stato un viaggio **lungo**. — Es war eine lange Reise.

«2001–4000»

la **durata** [du'ra:ta] Mi serve una cassetta della **durata** di 90 minuti.	**Dauer** *f* Ich brauche eine Kassette mit einer Spieldauer von 90 Minuten.
durare [du'ra:re] *v* Quanto **dura** questo film?	**dauern** Wie lang dauert dieser Film?
poco fa [pɔ:ko'fa] *adv* Mauro è andato via **poco fa**. **Poco fa** ho incontrato Laura al supermercato.	**vor kurzem, eben, gerade** Mauro ist gerade erst gegangen. Vor kurzem habe ich Laura im Supermarkt getroffen.
finché [fiŋ'ke] *conj* Prego, si sieda pure anche lei, **finché** c'è posto.	**solange** Setzen Sie sich doch auch, solange noch Platz ist.

2.1.6.3 Häufigkeit

«1–2000»

la **volta** ['vɔlta] Mi racconta ogni **volta** la solita storia. Qualche **volta** vado a lavorare in bicicletta. A **volte** non sono d'accordo con loro. Vieni a trovarmi qualche **volta**!	**Mal** *n* Er erzählt mir jedes Mal die gleiche Geschichte. Manchmal fahre ich mit dem Fahrrad zur Arbeit. Manchmal bin ich nicht ihrer Meinung. Komm mich doch mal besuchen!
sempre ['sɛmpre] *adv* *ant:* mai Per San Valentino il mio ragazzo mi regala **sempre** una rosa.	**immer** Zum Valentinstag schenkt mir mein Freund immer eine Rose.
mai ['ma:i] *adv ant:* sempre Non ci eravamo **mai** incontrati prima.	**nie, niemals** Wir waren uns vorher nie begegnet.
spesso ['spesso] *adv* *syn:* di frequente, *ant:* mai, raramente Vado **spesso** a teatro.	**oft** Ich gehe oft ins Theater.

«2001–4000»

frequente [freku'ɛnte] *adj, adv*	**häufig**
Shampoo per lavaggi **frequenti**.	Shampoo für häufiges Haarewaschen.
Devo dire che ci vediamo di **frequente**.	Ich muss sagen, wir sehen uns oft.
raramente [rara'mente] *adv*	**selten**
ant: spesso	
Ci vediamo **raramente** ma ci telefoniamo spesso.	Wir sehen uns selten, aber telefonieren oft.

2.1.6.4 Früher und später

«1–2000»

già [dʒa] *adv*	**schon**
Ci siamo **già** visti da qualche parte?	Haben wir uns schon mal irgendwo gesehen?
prima ['priːma] *adv ant:* dopo	**bevor; vor; vorher**
Bambini, lavatevi le mani **prima** di venire a tavola!	Kinder, wascht euch die Hände, bevor ihr zum Essen kommt!
Smettila **prima** che mi arrabbi!	Hör auf, bevor ich böse werde!
Se arrivi **prima** di me, prepara qualcosa da mangiare.	Wenn du vor mir da bist, mach etwas zum Essen.
Non avevo mai visto niente di simile **prima**.	Ich hatte so etwas vorher noch nie gesehen.

***TIPP: prima di** ist nur möglich, wenn Haupt- und Nebensatz dasselbe Subjekt haben.*

dopo ['dɔːpo] *prep, adv*	**nach; nachher, später; danach**
ant: prima	
Dopo mezzora è arrivato anche Luca.	Nach einer halben Stunde ist auch Luca angekommen.
Adesso non ho tempo, lo faccio **dopo**.	Jetzt habe ich keine Zeit, ich mache es später.
E' arrivato Francesco e subito **dopo** Antonio e Giulio.	Francesco ist angekommen und kurz danach Antonio und Giulio.
puntuale [puntu'aːle] *adj*	**pünktlich**
Enrica è sempre **puntuale**.	Enrica ist immer pünktlich.

in tempo [in 'tɛmpo] *adv*	**rechtzeitig**
ant: in ritardo	
Siamo arrivati **in tempo** per l'inizio del film.	Wir sind rechtzeitig zum Beginn des Films angekommen.
in ritardo [in ri'tardo] *adv*	**zu spät, verspätet**
ant: in tempo	
Uffa, è tanto che ti aspetto, sei **in ritardo**.	Mensch, ich warte schon so lange, du kommst zu spät.

solo ['soːlo] *adv*	**erst**
Il tempo non passa più, sono **solo** le tre.	Die Zeit vergeht einfach nicht, es ist erst drei Uhr.
presto ['prɛsto] *adv ant:* tardi	**bald; früh**
Ciao, a **presto**.	Tschüss, bis bald.
Che ore sono?	Wie viel Uhr ist es?
— E' ancora **presto**.	— Es ist noch früh.
subito ['suːbito] *adv*	**gleich, sofort**
ant: dopo, più tardi	
Cosa aspetti, chiamalo **subito**.	Worauf wartest du noch, ruf ihn gleich an.

***TIPP:** Die Betonung liegt auf „su".*

urgente [ur'dʒɛnte] *adj*	**dringend, eilig**
Ho un messaggio **urgente** per voi.	Ich habe eine eilige Nachricht für euch.
poi ['pɔːi] *adv*	**dann; später**
ant: adesso, subito	
Giacomo voleva partire, ma **poi** è rimasto in città.	Giacomo wollte wegfahren, ist dann aber doch in der Stadt geblieben.
Vedrai che telefona prima o **poi**.	Du wirst sehen, früher oder später ruft er schon an.
tardi ['tardi] *adv ant:* presto	**spät**
Io vado, ci vediamo più **tardi**.	Ich gehe, wir sehen uns später.
ultimo, a ['ultimo] *adj*	**letzte(r, -s)**
ant: primo	
A che ora passa l'**ultimo** autobus?	Wann fährt der letzte Bus?
Ci hanno serviti per **ultimi**.	Sie haben uns als Letzte bedient.

***TIPP:** Die Betonung liegt auf „u".*

«2001–4000»

finalmente [final'mente] *adv* **Finalmente** una bella notizia.	**endlich** Endlich eine gute Nachricht.
immediatamente [immediata'mente] *adv* *syn:* subito, adesso Il direttore ha detto di andare **immediatamente** nel suo ufficio.	**sofort** Der Rektor hat gesagt, du sollst sofort in sein Büro kommen.
ultimamente [ultima'mente] *adv* Alberto si comporta in modo strano **ultimamente**.	**in letzter Zeit** Alberto benimmt sich in letzter Zeit seltsam.
di recente [di re'tʃɛnte] *adv* **Di recente** sono stata in Liguria.	**vor kurzem, kürzlich** Ich war vor kurzem in Ligurien.
definitivo, a [defini'tiːvo] *adj* Nessuno ci ha ancora dato una risposta **definitiva**.	**endgültig, definitiv** Bisher haben wir von niemandem eine endgültige Antwort bekommen.
finale [fi'naːle] *adj* Ho studiato giorno e notte per l'esame **finale**.	**Schluss-, End-** Für die Abschlussprüfung habe ich Tag und Nacht gelernt.

2.1.7 ZEITLICHER ABLAUF

«1–2000»

iniziare [initsi'aːre] *v* *syn:* cominciare, *ant:* finire, terminare Le lezioni **iniziano** alle 8 e terminano alle 13.	**beginnen, anfangen** Der Unterricht beginnt um 8 und endet um 13 Uhr.
cominciare [komin'tʃaːre] *v* *syn:* iniziare Da lunedì **comincio** un corso di francese.	**anfangen, beginnen** Am Montag fange ich mit einem Französischkurs an.
restare [res'taːre] *v* *syn:* stare, rimanere Sono solo le nove e mezza, **restate** un altro po'.	**bleiben** Es ist erst halb zehn, bleibt doch noch ein bisschen.

***TIPP: restare** wird mit **essere** konjugiert.*

continuare [kontinu'aːre] *v* *ant:* smettere	**weitermachen, fortfahren**
Per oggi basta, **continuiamo** domani.	Für heute reichts, wir machen morgen weiter.
andare avanti [an'daːre a'vanti] *v ant:* fermarsi, smettere ⚠ *irr* 3	**weitermachen, fortfahren**
In queste condizioni non si può **andare avanti**.	Unter diesen Umständen kann man nicht weitermachen.
di nuovo [dinu'ɔːvo] *adv*	**wieder, noch (ein)mal**
Si è messo **di nuovo** a nevicare.	Es schneit schon wieder.
Coraggio, prova **di nuovo**.	Nur Mut, versuch es noch mal.
ripetere [ri'pɛːtere] *v*	**wiederholen**
Ascoltate e poi **ripetete** tutti insieme.	Hört zu und wiederholt es dann alle zusammen.

***TIPP:** Die Betonung liegt auf „pe“.*

il **progresso** [pro'grɛsso]	**Fortschritt** *m*
Brava, hai fatto grandi **progressi**.	Sehr gut, du hast große Fortschritte gemacht.
diventare [diven'taːre] *v*	**werden**
I bambini **sono diventati** grandi.	Die Kinder sind groß geworden.

***TIPP: diventare** wird mit **essere** konjugiert.*

in seguito [in 'seːguito] *adv* *syn:* dopo	**danach**
Mi sono laureata e **in seguito** ho lavorato alcuni anni all'estero.	Nach dem Universitätsabschluss habe ich einige Jahre im Ausland gearbeitet.

***TIPP:** Die Betonung liegt auf „se“.*

il **cambiamento** [kambia'mento]	**(Ver)änderung** *f*, **Wechsel** *m*
C'è stato un **cambiamento** di programma.	Es wurde eine Programmänderung vorgenommen.
finire [fi'niːre] *v syn:* smettere, *ant:* cominiciare, iniziare ⚠ **finisco**	**fertig werden; ausgehen; beenden, aufhören**
Abbi pazienza un attimo, **ho** quasi **finito**.	Hab einen Moment Geduld, ich bin fast fertig.

Ho finito la farina, non posso preparare la torta. — Ich kann den Kuchen nicht backen, das Mehl ist mir ausgegangen.

Finitela una buona volta! — Hört doch endlich einmal auf!

→ *farcela TIPP*

---

la fine ['fiːne] *ant:* inizio — **Ende** *n*, **Schluss** *m*

Non siamo riusciti a vedere la **fine** del programma. — Wir konnten den Schluss der Sendung nicht sehen.

Non sapeva che fare, ma alla **fine** è venuto con noi. — Er wusste nicht, was er machen sollte, aber am Ende ist er mit uns mitgekommen.

---

smettere ['zmettere] *v syn:* finire, *ant:* cominciare ⚠ *irr* 41 — **aufgeben; aufhören**

Ho deciso di **smettere** di fumare. — Ich habe beschlossen, das Rauchen aufzugeben.

Simone, **smettila** per favore! — Simone, hör bitte auf!

→ *farcela TIPP*

***TIPP:** Die Betonung liegt auf „sme".*

---

terminare [termi'naːre] *v syn:* finire, *ant:* iniziare, cominciare — **beenden; fertig stellen**

Ho quasi **terminato** di leggere il libro che mi hai prestato. — Ich habe das Buch, das du mir geliehen hast, fast zu Ende gelesen.

Il primo capitolo è pronto, domani **termino** il secondo. — Das erste Kapitel ist fertig, morgen schaffe ich das zweite.

«2001–4000»

l'inizio [i'niːtsio] *ant:* fine ⚠ *pl* **zi** — **Beginn** *m*, **Anfang** *m*

Ripetimi tutto con calma dall'**inizio** alla fine. — Erzähl mir das alles noch mal ganz ruhig von Anfang bis Ende.

---

l'introduzione [introdutsi'oːne] *f* — **Einführung** *f*

L'**introduzione** dell'euro è stato un avvenimento storico. — Die Einführung des Euro war ein historisches Ereignis.

---

rimanere [rima'neːre] *v syn:* restare ⚠ *irr* 60 — **bleiben**

Sono rimasta in casa tutto il giorno. — Ich bin den ganzen Tag zu Hause geblieben.

***TIPP: rimanere** wird mit **essere** konjugiert.*

la **continuazione** [kontinuatsi'oːne] *ant:* fine	**Fortsetzung** *f*
Questo libro è la **continuazione** di quello precedente.	Dieses Buch ist die Fortsetzung des vorherigen.
procedere [pro'tʃɛːdere] *v* *syn:* continuare, *ant:* smettere, terminare	**vorankommen; fortsetzen, fortfahren**
C'è una lunga fila e le auto **procedono** a passo d'uomo.	Da ist eine lange Schlange und die Autos kommen nur im Schneckentempo voran.
Bene, adesso **procediamo** con il secondo punto dell'ordine del giorno.	Also gut, nun fahren wir mit dem zweiten Punkt der Tagesordnung fort.

***TIPP:** Die Betonung liegt auf „ce". **procedere** wird mit **essere** konjugiert, wenn es vorankommen heißt, und mit **avere**, wenn es fortsetzen heißt.*

avanzare [avan'tsaːre] *v* *syn:* procedere	**vorankommen**
Le auto nel traffico **avanzavano** lentamente.	Die Autos kamen in dem Verkehr nur langsam voran.

***TIPP: avanzare** wird mit **essere** konjugiert.*

sviluppare [zvilup'paːre] *v*	**entwickeln**
Ho portato le foto a **sviluppare**.	Ich habe die Fotos zum Entwickeln gebracht.
lo **stadio** ['staːdio] ⚠ *pl* **di**	**Stadium** *n*
Purtroppo la sua malattia è allo **stadio** finale.	Seine Krankheit ist leider im Endstadium.
attuale [attu'aːle] *adj*	**derzeitig, gegenwärtig; aktuell**
L'**attuale** situazione politica del paese è molto seria.	Die derzeitige politische Lage des Landes ist sehr angespannt.
Nella moda il nero e il marrone sono colori sempre **attuali**.	In der Mode sind schwarz und braun immer aktuelle Farben.
scadere [ska'deːre] *v* ⚠ *irr* 10	**ablaufen, fällig werden**
Ricordati che a febbraio **scade** la tua assicurazione.	Vergiss nicht, dass im Februar deine Versicherung abläuft.
A fine settembre è scaduta l'ultima rata.	Ende September wurde die letzte Rate fällig.

***TIPP: scadere** wird mit **essere** konjugiert.*

valido, a ['va:lido] *adj*	**gültig**
I biglietti internazionali sono **validi** due mesi.	Internationale Fahrkarten sind zwei Monate lang gültig.

***TIPP:** Die Betonung liegt auf „va“.*

interrompere [inter'rompere] *v* ⚠ *irr* 62	**unterbrechen**
Il nonno ha la brutta abitudine di **interrompere** le persone quando parlano.	Opa hat die schlechte Angewohnheit, andere Menschen zu unterbrechen, wenn sie reden.

***TIPP:** Die Betonung liegt auf „ro“.*

2.2 Raum

2.2.1 RÄUMLICHE BEGRIFFE

«1–2000»

il **posto** ['posto] *syn:* spazio, luogo	**Platz** *m;* **Ort** *m*
E' libero questo **posto**?	Ist der Platz hier frei?
Vedrai che bel **posto**!	Du wirst sehen, was für ein schöner Ort das ist!
la **parte** ['parte]	**Ort** *m,* **Gegend** *f*
Da qualche **parte** deve esserci un interruttore.	Irgendwo muss ein Schalter sein.
No, stai qui, non vai da nessuna **parte**.	Nein, du bleibst hier, du gehst nirgendwohin.
dove ['do:ve] *adv*	**wo; wohin**
Dove sei? — Da Maria.	Wo bist du? — Bei Maria.
Dove vai? — Dal dottore.	Wohin gehst du? — Zum Arzt.

***TIPP: dove** wird vor **è** zu **dov’** verkürzt.*

qui [ku'i] *adv syn:* qua, *ant:* lì	**hier; hierhin, (hier)her**
Voglio rimanere **qui**.	Ich will hier bleiben.
Ehi, dove vai, vieni **qui**!	He, wo gehst du hin, komm hierher!

lì [li] *adv syn:* là, *ant:* qui — **da, dort; dahin, (dort)hin**
Federico, vieni via di **lì**. — Federico, komm da weg.
So che Claudia è dalla nonna, vado fin **lì** e torno. — Ich weiß, dass Claudia bei ihrer Oma ist. Ich gehe dorthin und komme dann zurück.

---

in [in] *prep* — **in; nach; in**
C'era molta gente **nella** sala. — In dem Raum waren viele Menschen.
Quando ritorni **in** Italia? — Wann fährst du nach Italien zurück?
Domani vado **in** città. — Morgen gehe ich in die Stadt.

> ***TIPP:* in** *und bestimmter Artikel wird zu* ***nel, nell', nello, nella, nei, negli, nelle****.*

---

a [a] *prep* — **auf; an; in; zu**
Farò una settimana di ferie **all**'isola d'Elba. — Ich mache eine Woche Ferien auf Elba.
Quest'anno voglio andare **al** mare. — Dieses Jahr möchte ich ans Meer fahren.
Laura invece vuole andare **all**'estero. — Laura dagegen möchte ins Ausland fahren.
Abito **a** 2 chilometri dal centro. — Ich wohne 2 Kilometer vom Zentrum entfernt.
Vado prima dal macellaio e poi **al** supermercato. — Erst gehe ich zum Metzger und dann zum Supermarkt.

> ***TIPP: a*** *und bestimmter Artikel wird zu* ***al, all', allo, alla, ai, agli, alle****.*

---

da [da] *prep* — **aus; von**
Sono appena tornata **da** Roma. — Ich bin gerade aus Rom zurück.
La partenza è **da** Piazza Garibaldi. → *2.1.6.2 da TIPP* — Abfahrt ist von der Piazza Garibaldi aus.

---

su [su] *prep* — **auf; an**
Siediti **su** una sedia. — Setz dich auf einen Stuhl.
Vorrei una casa con vista **sul** mare. — Ich hätte gern ein Haus mit Blick aufs Meer.

> ***TIPP: su*** *und bestimmter Artikel wird zu* ***sul, sull', sullo, sulla, sui, sugli, sulle****.*

---

fuori [fu'ɔːri] *adv ant:* dentro — **hinaus, (he)raus; draußen**
Andiamo un po' **fuori**? — Gehen wir ein bisschen raus?
Dov'è Luca? — E' **fuori**. — Wo ist Luca? — Er ist draußen.

via ['viːa] *adv* Qui non c'è più nessuno, sono andati **via** tutti.	**weg, fort** Hier ist niemand mehr, sie sind alle weggegangen.
dovunque [do'vuŋkue] *adv* *syn:* da qualsiasi parte Lo troveremo, **dovunque** si trovi!	**wo (auch) immer; wohin (auch) immer; überall** Wo er auch sein mag, wir werden ihn finden!
lo **spazio** ['spaːtsio] *syn:* posto ⚠ *pl* **zi** Se ci stringiamo c'è **spazio** per un'altra persona a tavola.	**Platz** *m* Wenn wir zusammenrücken, ist am Tisch genug Platz für eine weitere Person.
la **distanza** [dis'tantsa] Dall'Alto Adige alla Sicilia c'è una **distanza** di circa 1200 km.	**Entfernung** *f* Die Entfernung zwischen Südtirol und Sizilien beträgt etwa 1200 km.
lontano, a [lon'taːno] *adj, adv* *ant:* vicino Non **lontano** da qui c'è un castello.	**weit** Nicht weit von hier gibt es ein Schloss.
laggiù [lad'dʒu] *adv* *syn:* lì, *ant:* qui Mi è sembrato di vedere qualcuno **laggiù**. Questo sentiero conduce **laggiù**, alla spiaggia.	**da hinten, dort unten; da hinunter** Es kam mir so vor, als hätte ich da hinten jemanden gesehen. Dieser Weg führt da hinunter zum Strand.
vicino [vi'tʃiːno] *adv* *ant:* lontano Conosco un posto qui **vicino** dove si mangia bene.	**nahe, in der Nähe** Ich kenne ein Lokal ganz in der Nähe, wo man gut essen kann.
a fianco di [a fi'aŋko a] *prep* *syn:* accanto a Il teatro è **a fianco della** chiesa.	**neben** Das Theater ist neben der Kirche.
di fronte a [di 'fronte a] *prep* *syn:* davanti a **Di fronte a** casa nostra costruiscono un edificio nuovo.	**gegenüber** Gegenüber unserem Haus wird ein neues Gebäude errichtet.
opposto, a [op'posto] *adj* Il mare è nella direzione **opposta**.	**entgegengesetzt** Das Meer ist in der entgegengesetzten Richtung.

verso ['vɛrso] *prep* *syn:* in direzione Ha girato la sedia **verso** il sole.	**nach, in Richtung** Er hat den Stuhl in Richtung Sonne gedreht.
contro ['kontro] *prep* Per fare spazio abbiamo appoggiato il tavolo **contro** il muro.	**an, gegen** Um Platz zu machen, haben wir den Tisch an die Wand gelehnt.
accanto a [ak'kanto a] *prep* *syn:* a fianco Chi abita **accanto a** voi? Siediti **accanto a** me.	**neben** Wer wohnt neben euch? Setz dich neben mich.
intorno a [in'torno a] *prep* C'è un bel giardino tutto **intorno alla** casa.	**um ... herum, ringsum** Das Haus hat ringsum einen schönen Garten.
davanti [da'vanti] *adv, prep* *ant:* dietro Facciamo una foto di gruppo, tutti i bambini **davanti**. Per andare a lavorare passo ogni giorno **davanti** a casa tua.	**vorn; vor** Wir machen ein Gruppenfoto, die Kinder kommen nach vorne. Auf meinem Weg zur Arbeit komme ich jeden Tag an deinem Haus vorbei.
in mezzo a [in 'mɛddzo a] *prep* *syn:* fra, tra **In mezzo alla** cucina c'è un grande tavolo. Mi piace stare **in mezzo alla** gente.	**in der Mitte von; unter, zwischen** In der Mitte der Küche steht ein großer Tisch. Ich bin gern unter Leuten.
fra [fra] *prep*, **tra** [tra] *prep* Mi sono seduta **fra** Carla e Giuliano. Ci sono code sull'autostrada **tra** Bolzano e il Brennero.	**zwischen** Ich habe mich zwischen Carla und Giuliano gesetzt. Auf der Autobahn zwischen Bozen und dem Brenner gibt es Staus.

***TIPP:** Die Präpositionen **fra** und **tra** sind absolut synonym.*

dietro [di'ɛːtro] *adv, prep* *ant:* davanti Fai sedere i bambini **dietro**. Eccolo laggiù, si è nascosto **dietro** a un albero.	**hinten; hinter** Die Kinder sollen hinten sitzen. Da hinten ist er. Er hat sich hinter einem Baum versteckt.

in fondo a [in 'fondo a] *prep* *ant:* davanti a **In fondo alla** strada giri a sinistra ed è arrivato.	**hinten** Biegen Sie am Ende der Straße nach links ab, und Sie sind da.
di ritorno [di ri'torno] *adv* Sarò **di ritorno** fra qualche giorno al massimo.	**zurück** Ich bin spätestens in ein paar Tagen zurück.
il **lato** ['laːto] Il marciapiede è dall'altro **lato** della strada.	**Seite** *f* Der Gehweg ist auf der anderen Straßenseite.
a destra [a 'dɛstra] *adv* *ant:* a sinistra La seconda strada **a destra** è viale della Repubblica.	**rechts** Die zweite Straße auf der rechten Seite ist die viale della Repubblica.
destro, a ['dɛstro] *adj* *ant:* sinistro Mi fa male il ginocchio **destro**.	**rechte(r, -s)** Mein rechtes Knie tut weh.
a sinistra [a si'nistra] *adv* *ant:* a destra E qui **alla** vostra **sinistra** potete vedere il Colosseo.	**links** Und hier können Sie zu Ihrer Linken das Kolosseum sehen.
sinistro, a [si'nistro] *adj* *ant:* destro Mancino è chi scrive con la mano **sinistra**.	**linke(r, -s)** Wer mit der linken Hand schreibt, ist Linkshänder.
su [su] *adv syn:* di sopra, *ant:* giù Abbiamo guardato in **su**, verso il tetto e abbiamo visto il gatto. Ah, sei tu Stefano, vieni pure **su**. Cristina è **su** che ti aspetta.	**hinauf, herauf; oben** Wir haben nach oben gesehen, zum Dach, und dort die Katze entdeckt. Ach Stefano, du bists. Komm ruhig rauf. Cristina wartet oben auf dich.
oltre ['oltre] *adv* Mi ha visto ed è passato **oltre** senza salutarmi.	**weiter** Er hat mich zwar gesehen, aber ist weitergegangen ohne mich zu grüßen.
sopra ['soːpra] *adv ant:* sotto Sotto è di ferro, ma **sopra** è di plastica. Di **sopra** c'è un altro bagno e due camere da letto. Vado un attimo di **sopra** a cambiarmi e torno giù subito.	**oben** Unten ist es aus Eisen, aber oben aus Plastik. Oben sind noch ein Bad und zwei Schlafzimmer. Ich gehe kurz nach oben, um mich umzuziehen und komme dann gleich wieder runter.

superiore [superi'oːre] *adj* *ant:* inferiore	**obere(r, -s)**
Gli uffici sono ai piani **superiori**.	Die Büros befinden sich in den oberen Stockwerken.
lassù [las'su] *adv ant:* laggiù	**da oben; da hinauf**
Ehi, cosa fai **lassù**, scendi subito!	He, was machst du da oben? Komm sofort herunter!
Andiamo anche noi **lassù**, c'è un bel prato per giocare.	Gehen wir auch da hinauf, da ist eine schöne Wiese zum Spielen.
in alto [in 'alto] *adv* *ant:* in basso	**hoch**
Perché guardate tutti **in alto**?	Warum seht ihr alle nach oben?

sotto ['sotto] *prep ant:* sopra	**unter**
Il cane è **sotto** il tavolo.	Der Hund ist unter dem Tisch.
giù [dʒu] *adv ant:* su	**unten; herunter, hinunter**
I bambini sono **giù** che giocano.	Die Kinder spielen unten.
Per andare in cantina scendi **giù** e gira a sinistra.	Geh hinunter und dann links, da ist der Keller.
basso, a ['basso] *adj ant:* alto	**niedrig**
In questo punto non si può passare con la barca, l'acqua è troppo **bassa**.	Man kann hier nicht mit dem Boot hinüberfahren, das Wasser ist zu niedrig.
inferiore [inferi'oːre] *adj* *ant:* superiore	**untere(r, -s)**
Chi abita al piano **inferiore**?	Wer wohnt im unteren Stockwerk?
profondo, a [pro'fondo] *adj* *ant:* basso	**tief**
Non si vede il fondo, l'acqua è molto **profonda**.	Man kann den Boden nicht sehen, das Wasser ist sehr tief.

la **superficie** [super'fiːtʃe] ⚠ *pl* **ci**	**Oberfläche** *f*
La **superficie** del lago in inverno è ghiacciata.	Der See ist im Winter zugefroren.

***TIPP:** Die Betonung liegt auf „fi", das „i" vor dem letzten „e" wird nicht gesprochen.*

piatto, a [pi'atto] *adj*	**flach; eben; glatt**
Oggi non c'è vento, il mare è **piatto**.	Heute ist es windstill. Das Meer ist ganz glatt.

diritto [di'ritto] *adv* Deve essere ubriaco, non riesce a camminare **diritto**.	**gerade** Er muss betrunken sein, er kann nicht gerade gehen.

«2001–4000»

la **posizione** [pozitsi'oːne] La loro **posizione** è di 210° a sud di Bari.	**Position** *f* Ihre Position ist 210° südlich von Bari.
l'**interno** [in'tɛrno] *ant:* esterno Di che colore è l'**interno** della tua macchina?	**Innere(s)** *n* Welche Farbe hat das Innere deines Wagens?
l'**esterno** [es'tɛrno] Ci sono degli affreschi sull'**esterno** della casa.	**Äußere(s)** *n* Auf den Außenwänden des Hauses befinden sich Fresken.
centrale [tʃen'traːle] *adj* *syn:* in mezzo Tutti i posti **centrali** sono già occupati.	**mittlere(r, -s)** Die Plätze in der Mitte sind alle schon belegt.
in cima [in 'tʃiːma] *adv* *syn:* sopra Siamo saliti **in cima** alla torre.	**oben, auf der Spitze** Wir sind auf die Spitze des Turmes gestiegen.
l'**altezza** [al'tettsa] L'**altezza** del Monte Bianco è di 4810 metri.	**Höhe** *f* Der Montblanc ist 4810 Meter hoch.
la **larghezza** [lar'gettsa] La galleria misura 3 metri di **larghezza**.	**Breite** *f* Der Tunnel hat eine Breite von 3 Metern.
la **profondità** [profondi'ta] In questo punto della costa la **profondità** è di 160 metri.	**Tiefe** *f* An dieser Stelle der Küste ist das Meer 160 Meter tief.
la **lunghezza** [luŋ'gettsa] La piscina misura 50 metri di **lunghezza**.	**Länge** *f* Das Schwimmbecken hat eine Länge von 50 Metern.
ampio, a ['ampio] *adj* Il soggiorno è **ampio** e accogliente. Francesca indossava un'**ampia** gonna a fiori.	**groß, geräumig; breit; weit** Das Wohnzimmer ist groß und gemütlich. Francesca trug einen weiten geblümten Rock.

2.2.2 BEWEGUNG UND RUHE

«1–2000»

muoversi [mu'ɔːversi] *v* ⚠ *irr* 44 — **sich bewegen**
Stai fermo, non **muoverti**! — Halte still, beweg dich nicht!

TIPP: Die Betonung liegt auf „o".

---

muovere [mu'ɔːvere] *v* ⚠ *irr* 44 — **bewegen**
Mi sono fatta male, non posso **muovere** il braccio. — Ich habe mir wehgetan, ich kann meinen Arm nicht bewegen.

TIPP: Die Betonung liegt auf „o".

---

girarsi [dʒi'raːrsi] *v* — **sich (um)drehen**
Per strada tutti **si girano** a guardarla. — Auf der Straße drehen sich alle nach ihr um.

---

il **passo** ['passo] — **Schritt** *m*
Abito a pochi **passi** dal centro. — Ich wohne nur ein paar Schritte vom Zentrum entfernt.

---

saltare [sal'taːre] *v* — **springen, hüpfen**
Piero **è saltato** giù dal muretto. — Piero ist von der Mauer heruntergesprungen.
Il cavallo **ha saltato** il recinto. — Das Pferd ist über den Zaun gesprungen.

*TIPP: **saltare** wird mit **essere** konjugiert, wenn es intransitiv ist und mit **avere**, wenn es transitiv ist.*

---

salire [sa'liːre] *v* *ant:* scendere ⚠ *irr* 63 — **einsteigen; hochsteigen, hinaufgehen**
Alla stazione di Firenze **sono salite** molte persone. — Im Bahnhof von Florenz sind viele Leute zugestiegen.
Anna **ha salito** le scale di corsa. — Anna ist die Treppe hinaufgerannt.

*TIPP: **salire** wird mit **essere** konjugiert, wenn es intransitiv ist und mit **avere**, wenn es transitiv ist.*

scendere ['ʃendere] *v* *ant:* salire ⚠ *irr* 66 **Scendo** alla prossima fermata. La temperatura di notte **scende** parecchio. **Ho sceso** le scale di corsa.	**aussteigen; sinken, fallen; hinuntergehen** Ich steige an der nächsten Haltestelle aus. Die Temperatur fällt nachts erheblich. Ich bin die Treppe hinuntergerannt.

> ***TIPP:*** *Die Betonung liegt auf „sce“.* ***scendere*** *wird mit* ***essere*** *konjugiert, wenn es intransitiv ist und mit* ***avere****, wenn es transitiv ist.*

cadere [ka'deːre] *v* ⚠ *irr* 10 Con il vento **sono cadute** le prime foglie. Attento a non **cadere** dall'albero.	**(herunter)fallen; stürzen** Durch den Wind sind die ersten Blätter gefallen. Pass auf, dass du nicht vom Baum herunterfällst.

> ***TIPP: cadere*** *wird mit* ***essere*** *konjugiert.*

la **caduta** [ka'duːta] Antonio ha fatto una brutta **caduta** dalla bicicletta.	**Sturz** *m* Antonio ist mit dem Fahrrad schwer gestürzt.
stendersi ['stɛndersi] *v* ⚠ *irr* 79 Terminato il lavoro **mi stendo** un po' al sole.	**sich legen** Wenn ich mit der Arbeit fertig bin, lege ich mich ein bisschen in die Sonne.

> ***TIPP:*** *Die Betonung liegt auf „ste“.*

sedersi [se'dersi] *v* *ant:* stare in piedi ⚠ *irr* 70 Ti va bene se **ci sediamo** qui?	**sich (hin)setzen** Ist es okay, wenn wir uns hierhin setzen?
stare in piedi ['staːre in pi'ɛːdi] *v* ⚠ *irr* 76 Non voglio sedermi, preferisco **stare in piedi**.	**stehen** Ich will mich nicht hinsetzen, ich bleibe lieber stehen.
accomodarsi [akkomo'darsi] *v* Prego signor Bianchi, **si accomodi**.	**Platz nehmen, sich setzen** Bitte, Herr Bianchi, nehmen Sie Platz.

«2001–4000»

la **presenza** [pre'zɛntsa] *ant:* assenza E' sempre timida in **presenza** di persone che non conosce. La tua **presenza** è importante, vieni alla riunione.	**Anwesenheit** *f*, **Gegenwart** *f* In Gegenwart fremder Menschen ist sie immer schüchtern. Deine Anwesenheit ist wichtig, komm zu der Versammlung.
l'**equilibrio** [ekui'liːbrio] ⚠ *pl* **bri** Su un piede solo, perdo l'**equilibrio**.	**Gleichgewicht** *n* Wenn ich auf einem Fuß stehe, verliere ich das Gleichgewicht.
il **movimento** [movi'mento] Eseguite i **movimenti** lentamente e respirate.	**Bewegung** *f* Die Bewegungen langsam durchführen und das Atmen nicht vergessen.
fermo, a ['fermo] *adj* Hai un'ape sul braccio, stai **fermo**, non muoverti. L'orologio non funziona, è **fermo** sulle sette.	**still; stehen geblieben** Du hast eine Biene auf dem Arm, bleib still, beweg dich nicht. Die Uhr geht nicht, sie ist um sieben stehen geblieben.
fisso, a ['fisso] *adj* Franco aveva lo sguardo **fisso** su di lei. Mi dispiace, non facciamo sconti, sono prezzi **fissi**.	**starr; Fix-, fest** Franco starrte sie an. Es tut mir Leid, bei uns gibt es keinen Rabatt, wir haben Fixpreise.

scorrere ['skorrere] *v* ⚠ *irr* 21 A Verona **scorre** l'Adige.	**fließen** Durch Verona fließt die Etsch.

TIPP: *Die Betonung liegt auf „sco". **scorrere** wird mit **essere** konjugiert.*

scivolare [ʃivo'laːre] *v* Sul ghiaccio le gomme delle auto **scivolano**.	**(aus)rutschen** Auf Glatteis kommen Autos ins Rutschen.

***TIPP: scivolare** wird mit **essere** konjugiert.*

picchiare [pikki'aːre] *v* *syn:* battere Mio padre è molto severo, ma non mi **ha** mai **picchiata**.	**schlagen** Mein Vater ist sehr streng, aber er hat mich noch nie geschlagen.

2.2.3 SCHNELL UND LANGSAM

«1–2000»

la **velocità** [velotʃi'ta] La **velocità** della luce è di 312 km al secondo.	**Geschwindigkeit** *f* Die Lichtgeschwindigkeit beträgt 312 km in der Sekunde.
correre ['korrere] *v* ⚠ *irr* 21 Il bambino **è corso** a casa. Oggi **ho corso** per mezz'ora. Adriano **ha corso** il giro delle Dolomiti.	**rennen, laufen** Der Junge ist nach Hause gerannt. Ich bin heute eine halbe Stunde gelaufen. Adriano hat am Dolomiten-Rundlauf teilgenommen.

*TIPP: Die Betonung liegt auf „co". **correre** wird mit **essere** und **avere** konjugiert. **essere** benutzt man, wenn ein Ziel genannt oder impliziert wird, also wohin man rennt. **avere** nimmt man, wenn das Laufen als Bewegungsart im Vordergrund steht oder wenn correre die Teilnahme an einem Wettkampf bezeichnet.*

la **fretta** ['fretta] No, non ho **fretta**. Scusami sono di **fretta**.	**Eile** *f* Nein, ich habe es nicht eilig. Entschuldige, ich bin in Eile.
veloce [ve'loːtʃe] *adj* *syn:* rapido, *ant:* lento L'aeroplano è il modo più **veloce** di viaggiare.	**schnell** Fliegen ist die schnellste Art zu reisen.
immediato, a [immedi'aːto] *adj* Vi preghiamo di darci una risposta **immediata**. La sua reazione è stata **immediata**.	**sofortig, unverzüglich; prompt** Wir bitten um unverzügliche Antwort. Seine Reaktion kam prompt.
lento, a ['lɛnto] *adj* *ant:* veloce Insomma, come siete **lenti**, siete sempre gli ultimi.	**langsam** Seid ihr aber langsam, ihr seid immer die Letzten.

«2001–4000»

sbrigarsi [zbri'garsi] *v* *syn:* fare presto Se non **ci sbrighiamo**, arriveremo in ritardo.	**sich beeilen** Wenn wir uns nicht beeilen, kommen wir zu spät.

rallentare [rallen'taːre] *v* C'è una curva pericolosa, **rallenta**.	**langsamer fahren/gehen/ werden** Da kommt eine gefährliche Kurve, fahr langsamer.
rapido, a ['raːpido] *adj* *syn:* veloce Dai una **rapida** occhiata se è tutto a posto.	**schnell** Sieh schnell nach, ob alles in Ordnung ist.

***TIPP:** Die Betonung liegt auf „ra".*

sorpassare [sorpas'saːre] *v* L'autista **ha sorpassato** alcuni camion.	**überholen** Der Autofahrer hat mehrere Lastwagen überholt.

2.2.4 RICHTUNG

«1–2000»

la **direzione** [diretsi'oːne] C'è molto traffico sull'autostrada A2 **direzione** Sud.	**Richtung** *f* Auf der Autobahn A2 in Richtung Süden ist viel Verkehr.
lungo ['luŋgo] *prep* Abbiamo passeggiato **lungo** la spiaggia.	**entlang** Wir sind am Strand entlang spazieren gegangen.
avanti [a'vanti] *adv* *ant:* indietro Permesso? — **Avanti**, entri pure. Vai **avanti** tu, noi veniamo dopo.	**nach vorn, näher; vor** Darf ich hereinkommen? — Bitte, treten Sie ein. Geh du vor, wir kommen später nach.
in giro [in 'dʒiːro] *adv* Dove vai **in giro** a quest'ora?	**umher, herum; unterwegs** Was machst du denn noch um diese Uhrzeit unterwegs?
attorno a [at'torno a] *prep* *syn:* intorno La Terra impiega 365 giorni per fare un giro **attorno al** sole.	**um (herum)** Die Erde umkreist die Sonne in 365 Tagen.

per [per] *prep* — **durch; nach; über**

Con il suo lavoro viaggia **per** tutta l'Italia. — Aufgrund seiner Arbeit reist er durch ganz Italien.

Vorrei due biglietti **per** Ancona. — Ich hätte gern zwei Fahrkarten nach Ancona.

Sulla strada statale ci sono lavori in corso **per** tre chilometri. — Auf der Staatsstraße ist eine drei Kilometer lange Baustelle.

Per andare al mare passiamo **per** Firenze. — Wir fahren über Florenz ans Meer.

«2001–4000»

attraverso [attra'vɛrso] *prep* — **durch**

Attraverso il vetro si vedeva poco. — Man konnte durch das Glas nicht viel sehen.

---

avanti [a'vanti] *adv* — **vor**

ant: indietro

Il mio orologio è **avanti** di 5 minuti. — Meine Uhr geht 5 Minuten vor.

---

indietro [indi'ɛːtro] *adv* — **zurück; nach**

ant: avanti

E adesso fate tutti un passo **indietro**. — Und jetzt geht alle einen Schritt zurück.

Il mio orologio è **indietro** di 5 minuti. — Meine Uhr geht 5 Minuten nach.

---

avvicinarsi [avvitʃi'narsi] *v* — **sich nähern**

Non **avvicinatevi** al cane. — Nähert euch dem Hund nicht.

2.2.5 KOMMEN UND GEHEN

«1–2000»

andare [an'daːre] *v* ⚠ *irr* 3 — **gehen**

Dove **vai**? — Wo gehst du hin?

— **Vado** in città. — — Ich gehe in die Stadt.

Alle 5 **vado** a prendere Susanna all'asilo. — Ich hole Susanna um 5 vom Kindergarten ab.

> ***TIPP:* andare** *wird gesagt, wenn die Bewegung vom Sprecher weggeht.* **andare** *wird mit* **essere** *konjugiert.*

venire [ve'niːre] *v* — **kommen**
ant: andare ⚠ *irr* 85

Quando **vieni**? — Wann kommst du?
— **Vengo** appena posso. — — Ich komme, sobald ich kann.

TIPP: *Bei* ***venire*** *ist die Richtung der Bewegung auf den Sprecher zu.*

---

arrivare [arri'vaːre] *v* — **ankommen**
ant: partire

A che ora pensi che **arriveremo** da Marco? — Was denkst du, um wie viel Uhr werden wir bei Marco ankommen?

TIPP: arrivare *wird mit* ***essere*** *konjugiert.*

---

entrare [en'traːre] *v* — **hereinkommen; hineingehen; passen, hineingehen**
ant: uscire

Per favore, **entra** e chiudi la porta. — Komm bitte rein, und mach die Tür zu.
La lettera è troppo larga, non **entra** nella busta. — Der Brief ist zu groß, er passt nicht in den Umschlag.

TIPP: entrare *wird mit* ***essere*** *konjugiert.*

---

uscire [uʃ'ʃiːre] *v* — **herauskommen; hinausgehen; ausgehen**
ant: entrare ⚠ *irr* 83

L'ho visto **uscire**. — Ich habe ihn herauskommen sehen.
Sta piovendo, non puoi **uscire**. — Es regnet, du kannst nicht rausgehen.
Questa sera non ho voglia di **uscire**. — Ich habe keine Lust, heute Abend auszugehen.

TIPP: uscire *wird mit* ***essere*** *konjugiert.*

---

tornare [tor'naːre] *v* — **zurückkommen; zurückgehen; wiederkommen; wieder gehen**

Esco, ma **torno** presto. — Ich gehe jetzt, aber ich komme bald zurück.
Piove, devo **tornare** a casa a prendere l'ombrello. — Es regnet, ich muss nach Hause zurück und den Regenschirm holen.
Zia Ida, **tornerò** a trovarti presto. — Tante Ida, ich komme dich bald wieder besuchen.

TIPP: ***tornare*** *wird mit* ***essere*** *konjugiert.*

vedersi [ve'dersi] *v* ⚠ *irr* 84	**auftauchen, erscheinen**
Davide doveva essere qui alle sette, ma non **si è** ancora **visto**.	Davide sollte um sieben hier sein, aber er ist noch nicht aufgetaucht.
andare via [an'daːre v'iːa] *v* ⚠ *irr* 3	**weggehen, fortgehen**
Qui non c'è più nessuno, **sono** già **andati via** tutti.	Hier ist niemand mehr, sie sind schon alle fortgegangen.

«2001–4000»

rientrare [rien'traːre] *v*	**zurückkommen; heimkommen**
syn: tornare	
I giocatori **stanno rientrando** in campo.	Die Spieler kommen gerade aufs Feld zurück.
Ieri sera Anna è **rientrata** molto tardi.	Anna ist gestern Abend sehr spät heimgekommen.

TIPP: ***rientrare*** *wird mit* ***essere*** *konjugiert.*

passare [pas'saːre] *v*	**vorbeikommen**
Fermati a farmi un saluto, se **passi** da queste parti.	Besuch mich doch mal, wenn du hier in der Gegend bist.

TIPP: ***passare*** *wird mit* ***essere*** *konjugiert.*

trattenersi [tratte'nersi] *v* ⚠ *irr* 80	**bleiben, sich aufhalten**
Ho poco tempo, non posso **trattenermi** a lungo.	Ich habe wenig Zeit, ich kann nicht lange bleiben.
andarsene [an'darsene] *v* ⚠ *irr* 3	**(weg)gehen**
Sabrina **se ne è andata** senza salutare nessuno.	Sabrina ist gegangen, ohne sich von jemandem zu verabschieden.
ritornare [ritor'naːre] *v*	**zurückkommen**
syn: tornare, *ant:* andarsene, partire	
Spero di **ritornare** presto a casa.	Ich hoffe, dass ich bald nach Hause komme.

TIPP: ***ritornare*** *wird mit* ***essere*** *konjugiert.*

passeggiare [passed'dʒaːre] *v syn:* camminare	**spazieren gehen**
Passeggiavamo piano, mano nella mano.	Wir gingen langsam, Hand in Hand spazieren.
raggiungere [rad'dʒundʒere] *v* ⚠ *irr* 38	**nachkommen**
Andate avanti voi, io vi **raggiungo** più tardi.	Geht ihr vor, ich komme später nach.

TIPP: Die Betonung liegt auf „giu“.

scomparire [skompa'riːre] *v* ⚠ *irr* 4	**verschwinden**
Il mio cane **è scomparso**.	Mein Hund ist verschwunden.

***TIPP: scomparire** wird mit **essere** konjugiert.*

2.3 Menge und Maß

2.3.1 MENGENBEGRIFFE

«1–2000»

tutto, a ['tutto] *pron, adj*	**alle(s); ganz**
Allora, hai capito **tutto**?	Und, hast du alles verstanden?
O **tutti**, o nessuno!	Entweder alle oder keiner!
Hai letto **tutto** il libro?	Hast du das ganze Buch gelesen?
Ho incontrato Lisa, era **tutta** eccitata.	Ich habe Lisa getroffen, sie war ganz aufgeregt.

***TIPP: tutto** ist auch in Verbindung mit einem Adjektiv veränderlich und richtet sich in Geschlecht und Zahl nach dem Beziehungswort.*

molto, a ['molto] *adj* *ant:* poco	**viel**
Alla festa ho conosciuto **molte** persone simpatiche.	Auf dem Fest habe ich viele nette Leute kennen gelernt.
la **metà** [me'ta]	**Hälfte** *f*
Ho già letto **metà** del libro.	Ich habe von dem Buch schon die Hälfte gelesen.

il **quarto** [ku'arto] Versate un **quarto** di latte e un **quarto** di acqua.	**Viertel** *n* Geben Sie einen Viertelliter Milch und einen Viertelliter Wasser dazu.
la **dozzina** [dod'dziːna] Mio marito mi ha regalato una **dozzina** di rose rosse.	**Dutzend** *n* Mein Mann hat mir ein Dutzend rote Rosen geschenkt.
abbastanza [abbas'tantsa] *adv* Ormai sei **abbastanza** grande per capirlo da solo. Ti è piaciuto il film? — **Abbastanza**.	**genug; ziemlich** Du bist schon groß genug, um selber darauf zu kommen. Hat dir der Film gefallen? — Ja, ganz gut.
altro, a ['altro] *adj* Posso prendere un **altro** biscotto?	**noch ein(e)** Kann ich mir noch einen Keks nehmen?
entrambi, entrambe [en'trambi] *adj* I miei figli sono **entrambi** a scuola.	**beide** Meine Kinder gehen beide zur Schule.
più [pi'u] *adv ant:* meno Non ne posso **più**. Sono alta **più** o meno come mia mamma. Può parlare **più** lentamente, per favore?	**mehr (oder mit Komparativ übersetzt)** Ich kann nicht mehr. Ich bin ungefähr genauso groß wie meine Mama. Können Sie bitte etwas langsamer sprechen?
il/la più [il/la pi'u] *adv* Daria è **la più** simpatica di tutti. Torno **il più** presto possibile.	**wird mit dem Superlativ übersetzt** Daria ist die Sympathischste von allen. Ich komme so bald wie möglich zurück.

***TIPP:** Die Steigerung wird im Italienischen mit **più** und **meno** ausgedrückt. Der Superlativ wird mit dem bestimmten Artikel und **più** gebildet.*

un po' [un'pɔ] *adv* Siete stanchi? — **Un po'**.	**etwas, ein bisschen** Seid ihr müde? — Ein bisschen.

***TIPP:** Nach **un po'** wird das nachfolgende Substantiv mit der Präposition **di** angeschlossen, z. B. **un po' di latte** etwas Milch. **un po'** ist die Abkürzung von **un poco**.*

meno ['meːno] *adv ant:* più	**weniger**
Dovresti fumare **meno**!	Du solltest weniger rauchen!
non … nessuno, a [non … nes'suːno] *pron*	**niemand, keine(r, s)**
Non è venuto **nessuno**.	Es ist niemand gekommen.
Non ho **nessun** amico e **nessuna** amica.	Ich habe weder einen Freund noch eine Freundin.
Non ho **nessuna** voglia di uscire.	Ich habe keine Lust, hinauszugehen.

TIPP: *Das* ***non*** *kann nur dann weggelassen werden, wenn der Satz mit* ***nessuno*** *anfängt.*

non … niente [non … ni'ɛnte] *pron*	**nichts**
Oggi in città **non** ho trovato **niente**.	Ich habe heute in der Stadt nichts gefunden.
Enrico è tornato a casa e **non** ha detto **niente** a nessuno.	Enrico ist nach Hause zurückgekommen, ohne jemandem etwas zu sagen.
Questa giacca **non** mi piace per **niente**.	Diese Jacke gefällt mir überhaupt nicht.

TIPP: *Das* ***non*** *kann nur dann weggelassen werden, wenn der Satz mit* ***niente*** *anfängt.*

circa ['tʃirka] *adv*	**etwa, ungefähr**
Sono stata al telefono **circa** mezz'ora.	Ich habe ungefähr eine halbe Stunde telefoniert.
al massimo [al 'massimo] *adv*	**höchstens**
Ci saranno state **al massimo** cento persone.	Dort waren höchstens hundert Personen.

TIPP: *Die Betonung liegt auf „ma“.*

«2001–4000»

contenere [konte'neːre] *v* ⚠ *irr* 80	**enthalten**
La frutta **contiene** molte vitamine.	Obst enthält viele Vitamine.
il **contenuto** [konte'nuːto]	**Inhalt** *m*
Alla dogana vorranno sapere il **contenuto** del pacco.	Am Zoll werden sie wissen wollen, was in dem Paket ist.
Contenuto netto grammi 250.	Nettogewicht 250 Gramm.

la **quantità** [kuanti'ta]	**Menge** *f*, **Quantität** *f*
Che **quantità** volete ordinare?	Wie viel wollen Sie bestellen?
doppio, a ['doppio] *adj* *ant:* singolo ⚠ *pl* **ppi, ppie**	**doppelt, Doppel-**
Un caffè **doppio**, per favore.	Einen doppelten Espresso, bitte.
Ho prenotato una camera **doppia**.	Ich habe ein Doppelzimmer reserviert.
assai [as'saːi] *adv syn:* molto	**sehr; viel**
E' una teoria **assai** interessante.	Das ist eine sehr interessante Theorie.
Nella sua vita Riccardo ha viaggiato **assai**.	Riccardo ist in seinem Leben schon viel gereist.
numeroso, a [nume'roːso] *adj*	**zahlreich, viel; groß**
Nel tuo compito di matematica ci sono **numerosi** errori.	In deiner Mathematikarbeit sind viele Fehler.
Siamo una famiglia **numerosa**.	Wir sind eine große Familie.
parecchio, a [pa'rekkio] *adj* *ant:* poco ⚠ *pl* **cchi, cche**	**viele**
Alla festa c'erano **parecchie** persone famose.	Zu dem Fest kamen viele berühmte Persönlichkeiten.
il **mucchio** ['mukkio] ⚠ *pl* **cchi**	**Menge** *f;* **Haufen** *m*
Abbiamo un **mucchio** di cose da fare.	Wir haben eine Menge Dinge zu tun.
In giardino ci sono parecchi **mucchi** di terra.	Im Garten sind viele Erdhaufen.
unico, a ['uːniko] *adj* ⚠ *pl* **ci, che**	**einzige(r, -s)**
Sei sempre l'**unico** ad arrivare in ritardo.	Du bist der Einzige, der immer zu spät kommt.
Ingresso **unico** lire diecimila.	Der Eintritt kostet zehntausend Lire pro Person.

TIPP: *Die Betonung liegt auf „u".*

affatto [af'fatto] *adv*	**durchaus, ganz und gar**
Non sono **affatto** d'accordo con voi.	Ich bin ganz und gar nicht eurer Meinung.
né … né [ne] *conj*	**weder … noch**
Non conosco **né** sua madre **né** suo padre.	Ich kenne weder seine Mutter noch seinen Vater.

2.3.2 GRUNDZAHLEN

«1–2000»

0	**zero** ['dzɛːro]	**null**
1	**uno** ['uːno]	**eins**
2	**due** ['duːe]	**zwei**

TIPP: *Grundzahlen sind männlich* ***un due*** *eine Zwei.*

3	**tre** [tre]	**drei**
4	**quattro** [ku'attro]	**vier**
5	**cinque** ['tʃiŋkue]	**fünf**
6	**sei** ['sɛːi]	**sechs**
7	**sette** ['sɛtte]	**sieben**
8	**otto** ['ɔtto]	**acht**
9	**nove** ['nɔːve]	**neun**
10	**dieci** [di'ɛːtʃi]	**zehn**
11	**undici** ['unditʃi]	**elf**

TIPP: *Die Betonung liegt auf „un“.*

12 **dodici** ['doditʃi] **zwölf**

TIPP: *Die Betonung liegt auf „do“.*

13 **tredici** ['treditʃi] **dreizehn**

TIPP: *Die Betonung liegt auf „tre“.*

14 **quattordici** [kuat'torditʃi] **vierzehn**

TIPP: *Die Betonung liegt auf „tor“.*

15 **quindici** [ku'inditʃi] **fünfzehn**

TIPP: *Die Betonung liegt auf „quin“.*

16 **sedici** ['seːditʃi] **sechzehn**

TIPP: *Die Betonung liegt auf „se“.*

17	**diciassette** [ditʃa'sɛtte]	**siebzehn**
18	**diciotto** [di'tʃɔtto]	**achtzehn**
19	**diciannove** [ditʃan'nɔːve]	**neunzehn**

20	**venti** ['venti]	**zwanzig**
21	**ventuno** [ven'tuːno]	**einundzwanzig**

TIPP:* *ventuno, trentuno *etc verlieren den Endvokal, wenn eine weitere Zahl oder ein Substantiv folgt.*

22	**ventidue** [venti'duːe]	**zweiundzwanzig**

TIPP: *Die Betonung liegt auf „du".*

30	**trenta** ['trenta]	**dreißig**
40	**quaranta** [kua'ranta]	**vierzig**
50	**cinquanta** [tʃiŋku'anta]	**fünfzig**
60	**sessanta** [ses'santa]	**sechzig**
70	**settanta** [set'tanta]	**siebzig**
80	**ottanta** [ot'tanta]	**achtzig**
90	**novanta** [no'vanta]	**neunzig**
100	**cento** ['tʃɛnto]	**(ein)hundert**
1000	**mille** ['mille]	**(ein)tausend**
1.000.000	**un milione** ['un mili'oːne]	**eine Million**

TIPP: *Ein auf* ***milione*** *und* ***miliardo*** *folgendes Substantiv wird mit der Präposition* ***di*** *angeschlossen.*

un **miliardo** ['un mili'ardo] — **ein Milliarde**

---

il **numero** ['nuːmero] — **Zahl** *f;* **Nummer** *f*

Nella relazione scrivi anche il **numero** dei presenti. — Nenne in dem Bericht auch die Zahl der Anwesenden.

Dammi il tuo **numero** di telefono. — Gib mir deine Telefonnummer.

TIPP: *Die Betonung liegt auf „nu".*

---

la **somma** ['somma] — **Summe** *f*

Faccio sempre le **somme** a mente. — Ich rechne immer alles im Kopf zusammen.

«2001–4000»

una decina di ['uːna de'tʃiːna di] — **etwa zehn**

Nel cesto ci sono **una decina di** mele. — Im Korb sind etwa zehn Äpfel.

un centinaio di ['un tʃen-ti'naːio di] ⚠ *pl* **le centinaia**	**etwa hundert**
Per finire il libro mi mancano **un centinaio di** pagine.	Ich habe noch etwa hundert Seiten zu lesen, dann bin ich mit dem Buch fertig.
Per adesso ne ho vendute alcune **centinaia di** copie.	Bisher habe ich einige hundert Exemplare davon verkauft.
un migliaio di ['un mi'ʎaːio di] ⚠ *pl* **le migliaia**	**etwa tausend**
Durante il Carnevale a Venezia ci sono **migliaia di** persone.	Zum Karneval von Venedig kommen Tausende von Menschen.
la cifra ['tʃiːfra]	**Ziffer** *f*, **Zahl** *f*
Su un assegno bisogna scrivere l'importo in **cifre** e in lettere.	Auf einen Scheck muss man den Betrag in Ziffern und in Buchstaben schreiben.
sommare [som'maːre] *v* *ant:* sottrarre	**zusammenzählen, addieren**
Per **sommare** premi il tasto più.	Zum Addieren musst du auf die Plus-Taste drücken.
sottrarre [sot'trarre] *v* ⚠ *irr* 72	**abziehen, subtrahieren**
A quest'importo devi **sottrarre** l'IVA.	Von diesem Betrag musst du die Mehrwertsteuer abziehen.
moltiplicare [moltipli'kaːre] *v* *ant:* dividere	**malnehmen, multiplizieren**
Moltiplica due per due.	Rechne zwei mal zwei.
dividere [di'viːdere] *v* ⚠ *irr* 33	**teilen, dividieren**
Dividiamo le spese fra tutti.	Wir teilen die Ausgaben untereinander auf.

TIPP: *Die Betonung liegt auf „vi“.*

2.3.3 MASSE UND GEWICHTE

«1–2000»

il **metro** ['mɛːtro]	**Meter** *m*

TIPP:* il metro** *heißt auch der Meterstab. Nach Substantiven, die eine Menge oder ein Maß bezeichnen, z. B.* ***grammo, etto, litro *usw. wird das folgende Substantiv mit der Präposition* ***di*** *angeschlossen.*

il **centimetro** [tʃen'tiːmetro]	**Zentimeter** *m*

TIPP: *Die Betonung liegt auf „ti".*

il **millimetro** [mil'liːmetro]	**Millimeter** *m*

TIPP: *Die Betonung liegt auf „li".*

il **chilometro** [ki'lɔːmetro]	**Kilometer** *m*

TIPP: *Die Betonung liegt auf „lo".*

il **litro** ['liːtro]	**Liter** *m*
il **quarto** [ku'arto]	**Viertelliter** *m*
il **mezzo** ['mɛddzo]	**halber Liter**
il **grammo** ['grammo]	**Gramm** *n*
l'**etto(grammo)** ['ɛtto('grammo)]	**hundert Gramm**
il **chilo(grammo)** ['kiːlo('grammo)]	**Kilo(gramm)** *n*
il **quintale** [kuin'taːle]	**Doppelzentner** *m*

«2001–4000»

la **misura** [mi'zuːra] Per prendere le **misure** serve un metro.	**Maß** *n* Zum Messen braucht man ein Metermaß.
pesare [pe'zaːre] *v* Quanto **pesi**?	**wiegen** Wie viel wiegst du?
il **peso** ['peːzo] Il **peso** è in proporzione all'altezza.	**Gewicht** *n* Das Gewicht steht im Verhältnis zur Körpergröße.

2.4 Ordnung

2.4.1 ORDNUNGSBEGRIFFE

«1–2000»

il **genere** ['dʒɛːnere] — **Art** *f*, **Typ** *m*
syn: tipo, specie
Nelle grandi città si incontrano persone di ogni **genere**. — In Großstädten trifft man auf die unterschiedlichsten Typen von Menschen.

***TIPP:** Die Betonung liegt auf „ge“.*

---

la **specie** ['spɛːtʃe] — **Art** *f*, **Sorte** *f*
syn: genere, tipo ⚠ *pl* **cie**
Ci parlerà di una rara **specie** di animali. — Er wird uns von einer seltenen Tierart erzählen.

***TIPP:** Die Betonung liegt auf „spe“.*

---

il **tipo** ['tiːpo] — **Art** *f*, **Sorte** *f*, **Typ** *m*
syn: genere, specie
E' proprio il **tipo** di casa che piacerebbe a me. — Genau diese Art von Haus würde mir gefallen.
Che **tipo** di computer hai? — Was für einen Computer hast du?

---

la **qualità** [kuali'ta] — **Qualität** *f*
Costa molto ma è di ottima **qualità**. — Es ist sehr teuer, aber von sehr guter Qualität.

---

la **classe** ['klasse] — **Klasse** *f*
E' un ristorante di prima **classe** con vista sul mare. — Es ist ein Restaurant erster Klasse mit Blick aufs Meer.

---

l'**ordine** ['ordine] *m* — **Ordnung** *f*, **Reihenfolge** *f*
Devo sistemare questi documenti in **ordine** alfabetico o numerico? — Soll ich diese Papiere alphabetisch oder nach Zahlen ordnen?

***TIPP:** Die Betonung liegt auf „or“.*

---

sistemare [siste'maːre] *v* — **ordnen**

---

il **paio** ['paːio] ⚠ *pl* **le paia** — **Paar** *n*
Aspetta un attimo, ho ancora un **paio** di cose da dirti. — Warte einen Moment, ich habe dir noch ein paar Dinge zu sagen.

TIPP:* paio** *verwendet man in Verbindung mit Substantiven, die nur im Plural vorkommen, wie z. B.* ***pantaloni, occhiali, forbici *etc.*

il **gruppo** ['gruppo] Ehi, venite che facciamo una foto di **gruppo**!	**Gruppe** *f* He, kommt her, wir machen ein Gruppenfoto!

TIPP: *Man beachte, dass dieses Substantiv im Italienischen männlich ist.*

«2001–4000»

la **regola** ['rɛːgola] Adesso vi spiego le **regole** del gioco.	**Regel** *f* Jetzt erkläre ich euch die Spielregeln.

TIPP: *Die Betonung liegt auf „re".*

ordinare [ordi'naːre] *v* **Ho ordinato** le fatture secondo la data.	**ordnen** Ich habe die Rechnungen nach dem Datum geordnet.
il **piano** [pi'aːno] *syn:* livello Le cose sul **piano** politico non vanno certamente bene.	**Ebene** *f*, **Stufe** *f* Auf politischer Ebene entwickeln sich die Dinge nicht gerade gut.
il **livello** [li'vɛllo] *syn:* piano, grado L'acqua del fiume, dopo giorni di pioggia, ha raggiunto un **livello** molto alto.	**Höhe** *f*, **Stand** *m*, **Niveau** *n* Der Fluss hat nach tagelangem Regen einen sehr hohen Stand erreicht.
il **grado** ['graːdo] *syn:* livello I romani avevano raggiunto un alto **grado** di civiltà.	**Grad** *m*, **Niveau** *n* Die Römer hatten einen hohen Grad an Zivilisation erreicht.
la **marca** ['marka] ⚠ *pl* **che** Non importa di che **marca** è, basta che sia di buona qualità.	**Marke** *f* Es ist egal, welche Marke es ist. Hauptsache die Qualität stimmt.
standard ['standard] *adj* ⚠ *inv* Queste sono misure **standard**.	**Standard-** Das sind Standardgrößen.

lo **standard** ['standard] ⚠ *pl inv* Avete uno **standard** di vita molto alto.	**Standard** *m* Ihr habt einen hohen Lebensstandard.
il **turno** ['turno] Non spinga per favore, aspetti il suo **turno**.	**Reihe** *f* Drängeln Sie bitte nicht, warten Sie, bis Sie an der Reihe sind.
la **serie** ['sɛːrie] ⚠ *pl* **rie** Luciano ha fatto una **serie** di proposte interessanti.	**Reihe** *f* Luciano hat eine ganze Reihe interessanter Vorschläge gemacht.

***TIPP:** Die Betonung liegt auf „se".*

2.4.2 UNTERSCHIED UND EINTEILUNG

«1–2000»

soltanto [sol'tanto] *adv* *syn:* solo Ho deciso di dirlo **soltanto** a voi.	**nur** Ich habe beschlossen, es nur euch zu sagen.
solo ['soːlo] *adv* *syn:* solamente Mi dispiace, abbiamo **solo** una camera matrimoniale.	**nur** Es tut mir Leid, wir haben nur noch ein Doppelzimmer frei.
singolo, a ['siŋgolo] *adj* *ant:* doppio Non credo a una **singola** parola di ciò che dice. Ho dormito in una stanza **singola**.	**einzig; einzeln, Einzel-** Ich glaube ihm kein einziges Wort. Ich habe in einem Einzelzimmer geschlafen.

***TIPP:** Die Betonung liegt auf „si".*

il **pezzo** ['pɛttso] Nella minestra ci sono dei piccoli **pezzi** di carne.	**Stück** *n* In der Suppe sind kleine Fleischstückchen.
oltre a ['oltre a] *prep* Chi avete invitato **oltre ai** Bianchi?	**außer** Wen habt ihr außer den Bianchis noch eingeladen?

prossimo, a ['prɔssimo] *adj*	**nächste(r, -s)**
ant: scorso	
Ci vediamo l'anno **prossimo**.	Wir sehen uns nächstes Jahr.
Avanti il **prossimo**.	Der Nächste bitte.

***TIPP:** Die Betonung liegt auf „pro".*

assieme [assi'ɛːme] *adv*	**zusammen**
syn: insieme, *ant:* da solo	
Lo hanno visto spesso **assieme** alla sua ex moglie.	Sie haben ihn oft zusammen mit seiner Exfrau gesehen.
insieme [insi'ɛːme] *adv*	**zusammen**
Mario e Chiara sono sempre **insieme**.	Mario und Chiara sind immer zusammen.

l'altro ['altro]	**noch etwas, etwas anderes**
Desidera **altro**?	Möchten Sie noch etwas?
Cos'**altro** posso fare per voi?	Was kann ich sonst noch für euch tun?
Lascia che gli **altri** ti aiutino.	Lass dir von anderen Menschen helfen.
La disturbo? — Ma no! Tutt'**altro**.	Störe ich Sie? — Aber nein! Im Gegenteil.
Puoi venire domani? — Ma sì, senz'**altro**.	Kannst du morgen kommen? — Ja klar, auf jeden Fall.

il resto ['rɛsto]	**Rest** *m*
Ho stirato solo due camicie, il **resto** lo faccio stasera.	Ich habe nur zwei Hemden gebügelt, den Rest mache ich heute Abend.
diverso, a [di'vɛrso] *adj*	**anders, verschieden, unterschiedlich**
ant: uguale	
Non c'è niente di **diverso** da ieri.	Seit gestern hat sich nichts geändert.
uguale [ugu'aːle] *adj*	**gleich**
ant: diverso	
Voglio una borsa **uguale** alla tua.	Ich will auch so eine Tasche, wie du hast.
di [di] *prep*	**als**
Franco in materia motori ne sa più **di** noi.	Franco kennt sich mit Motoren besser aus als wir.

comune [ko'muːne] *adj*	**üblich, häufig**
ant: raro	
Rossi è un cognome **comune** in Italia.	Rossi ist in Italien ein häufiger Nachname.

regolare [rego'la:re] *adj* *ant:* irregolare	**regelmäßig; gleichmäßig**
Ricordati di prendere le medicine a intervalli **regolari**.	Denk daran, die Medikamente regelmäßig zu nehmen.
Il respiro del paziente è tornato **regolare**.	Der Patient atmet jetzt wieder gleichmäßig.
speciale [spe'tʃa:le] *adj* *ant:* ordinario	**besondere(r, -s)**
Sei una donna davvero **speciale**.	Du bist wirklich eine besondere Frau.
specialmente [spetʃal'mente] *adv*	**besonders, vor allem**
Ugo parla spesso della sua famiglia e **specialmente** dei suoi figli.	Ugo spricht oft von seiner Familie, vor allem von seinen Kindern.

«2001–4000»

consistere in/di [kon'sistere in/di] *v* ⚠ **consistito**	**bestehen aus**
Il corso **consiste in** una parte pratica e una teorica.	Der Kurs besteht aus einem praktischen und einem theoretischen Teil.
L'ufficio **consiste di** una sala riunioni, due stanze e i servizi.	Das Büro besteht aus einem Besprechungszimmer, zwei Räumen und den Toiletten.

***TIPP:** Die Betonung liegt auf „si". **consistere** wird mit **essere** konjugiert.*

includere [iŋ'klu:dere] *v* ⚠ *irr* 16	**(mit) einschließen, enthalten**
L'IVA **è inclusa** nel prezzo.	Im Preis ist die Mehrwertsteuer enthalten.

***TIPP:** Die Betonung liegt auf „clu".*

combinare [kombi'na:re] *v*	**kombinieren; machen**
Mariangela ha molto gusto nel **combinare** i colori.	Mariangela kann Farben sehr gut kombinieren.
Oggi non **ho combinato** niente, ho solo perso tempo.	Ich habe heute nichts Vernünftiges gemacht, nur Zeit vergeudet.
separato, a [sepa'ra:to] *adj* *ant:* unito, assieme	**getrennt; verschieden**
Io e la mia collega lavoriamo in uffici **separati**.	Meine Kollegin und ich arbeiten in verschiedenen Büros.

o … o [o] *conj* **O** ti sbrighi, **o** ti lascio qui.	**entweder … oder** Entweder du beeilst dich, oder ich lasse dich hier.
sia … che ['siːa … ke] *conj* **Sia** il Colosseo di Roma **che** l'Arena di Verona sono opere romane.	**sowohl … als auch** Sowohl das Kolosseum in Rom als auch die Arena di Verona stammen aus der römischen Zeit.
eccetto [et'tʃɛtto] *adj* Ho tutti i suoi dati **eccetto** l'indirizzo e-mail.	**außer, bis auf** Ich habe alle seine Daten, bis auf die E-Mail-Adresse.
l'**eccezione** [ettʃetsi'oːne] *f* Non potreste entrare, ma per questa volta faccio un'**eccezione**.	**Ausnahme** *f* Eigentlich dürftet ihr nicht hereinkommen, aber dieses eine Mal mache ich eine Ausnahme.

confrontare [konfron'taːre] *v* Prima di comprare qualcosa, **confronto** i prezzi di vari negozi.	**vergleichen** Bevor ich etwas kaufe, vergleiche ich die Preise in verschiedenen Geschäften.
simile ['siːmile] *adj* Io e te abbiamo gusti **simili**. Non ho mai visto niente di **simile**.	**ähnlich; solch, so ein(e)** Wir haben einen ähnlichen Geschmack. So etwas habe ich noch nie gesehen.

***TIPP:** Die Betonung liegt auf „si".*

la **differenza** [diffe'rɛntsa] Non vedo che **differenza** faccia.	**Unterschied** *m* Ich sehe da keinen Unterschied.
il **confronto** [kon'fronto] Questo è niente in **confronto** a ciò che è successo a me.	**Vergleich** *m* Das ist gar nichts im Vergleich zu dem, was mir passiert ist.
il **contrario** [kon'traːrio] ⚠ *pl* **ri** Buono è il **contrario** di cattivo. Sei ammalato? — Al **contrario**, sto proprio bene. Fai pure, non ho niente in **contrario**.	**Gegenteil** *n* Das Gegenteil von böse ist gut. Bist du krank? — Im Gegenteil, es geht mir wirklich gut. Mach das ruhig, ich habe nichts dagegen.

opposto, a [op'posto] *adj* *syn:* contrario I due critici hanno espresso giudizi **opposti**.	**gegensätzlich, entgegengesetzt** Die zwei Kritiker haben gegensätzliche Urteile gefällt.
normale [nor'maːle] *adj* Per noi è **normale** alzarci presto. Credo che la sua reazione sia stata più che **normale**.	**normal, üblich** Wir sind es gewohnt, früh aufzustehen. Ich finde, dass seine Reaktion mehr als normal war.
solito, a ['sɔːlito] *adj* La mamma è **solita** alzarsi prima del papà.	**gewohnt, üblich, gewöhnlich** Mama steht gewöhnlich früher auf als Papa.

***TIPP:** Die Betonung liegt auf „so“.*

generale [dʒene'raːle] *adj* E' importante avere una buona cultura **generale**.	**allgemein** Es ist wichtig, eine gute Allgemeinbildung zu haben.
ordinario, a [ordi'naːrio] *adj* *ant:* straordinario ⚠ *pl* **ri, rie** Due biglietti **ordinari** e uno ridotto.	**gewöhnlich, normal** Zwei normale Karten und eine ermäßigte, bitte.
straordinario, a [straordi'naːrio] *adj* *ant:* ordinario ⚠ *pl* **ri, rie** Siete davvero delle persone **straordinarie**.	**außergewöhnlich** Ihr seid wirklich außergewöhnliche Menschen.
fondamentale [fondamen'tale] *adj* Il sole è **fondamentale** per la vita sulla Terra. La libertà di parola è un diritto **fondamentale** dell'uomo.	**von grundlegender Bedeutung, Grund-** Die Sonne ist von grundlegender Bedeutung für das Leben auf der Erde. Die Meinungsfreiheit ist ein Grundrecht des Menschen.
tipico, a ['tiːpiko] *adj* ⚠ *pl* **ci, che** La cucina di quel ristorante è **tipica** trentina.	**typisch** Das Restaurant bietet die typische Küche des Trentino an.

***TIPP:** Die Betonung liegt auf „ti“.*

medio, a ['mɛːdio] *adj* ⚠ *pl* **di, die** L'età **media** dei partecipanti è di trent'anni.	**durchschnittlich, Durchschnitts-** Das Durchschnittsalter der Teilnehmer ist dreißig Jahre.

principale [printʃi'paːle] *adj*	**Haupt-, hauptsächlich, wichtigste(r, -s)**
Ti ho fatto una lista delle **principali** cose da fare.	Ich habe dir eine Liste gemacht mit den wichtigsten Dingen, die zu tun sind.
intero, a [in'teːro] *adj*	**ganz**
ant: mezzo	
Sono dovuta rimanere in casa un'**intera** settimana.	Ich musste eine ganze Woche zu Hause bleiben.
mezzo, a ['mɛddzo] *adj*	**mittlere(r, -s)**
ant: intero	
Non era anziana, era una donna di **mezza** età.	Sie war nicht alt, sondern eine Frau mittleren Alters.
irregolare [irrego'laːre] *adj*	**unregelmäßig; ungleichmäßig**
ant: regolare	
Molti verbi hanno una coniugazione **irregolare**.	Viele Verben sind unregelmäßig.
Il malato aveva il polso **irregolare**.	Der Patient hatte einen ungleichmäßigen Puls.
particolare [partiko'laːre] *adj*	**besondere(r, -s); außergewöhnlich**
ant: normale	
Le tue idee sono sempre molto **particolari**.	Du hast immer ganz außergewöhnliche Ansichten.
estremo, a [es'trɛːmo] *adj*	**äußerste(r, -s), höchste(r, -s); Extrem-, extrem**
Mauro si trova in **estremo** pericolo.	Mauro befindet sich in höchster Gefahr.
Mi piacciono gli sport **estremi**.	Ich mag Extremsport.
raro, a ['raːro] *adj*	**rar, selten**
I diamanti sono pietre **rare**.	Diamanten sind seltene Steine.
il **limite** ['liːmite]	**Grenze** *f*, **Begrenzung** *f*
Adesso hai superato ogni **limite**.	Jetzt hast du jegliche Grenzen überschritten.
Il **limite** di velocità in autostrada è di 130 km/h.	Auf der Autobahn beträgt die zulässige Höchstgeschwindigkeit 130 km/h.

***TIPP:** Die Betonung liegt auf „li“.*

limitare [limi'taːre] *v*	**beschränken, einschränken; begrenzen**
Cerchiamo almeno di **limitare** i danni.	Versuchen wir wenigstens, den Schaden in Grenzen zu halten.

2.4.3 ORDNUNGSZAHLEN

«1–2000»

primo, a ['priːmo] *adj*	**erste(r, -s)**

> ***TIPP:*** *Ordnungszahlen stehen gewöhnlich vor dem Substantiv. Ab elf werden Ordnungszahlen aus der Grundzahl gebildet, an die ein* ***-esimo*** *angehängt wird. In Ziffern werden sie geschrieben mit der Zahl und einem hochgestellten o oder a, z. B.* ***il 6º piano*** *der 6. Stock,* ***la 6ª porta*** *die 6. Tür. Beim Datum verwendet man Grundzahlen, nur beim Monatsersten sagt man* ***il primo****.*

secondo, a [se'kondo] *adj*	**zweite(r, -s)**
terzo, a ['tɛrtso] *adj*	**dritte(r, -s)**
quarto, a [ku'arto] *adj*	**vierte(r, -s)**
quinto, a [ku'into] *adj*	**fünfte(r, -s)**
sesto, a ['sɛsto] *adj*	**sechste(r, -s)**
settimo, a ['sɛttimo] *adj*	**siebte(r, -s)**

> ***TIPP:*** *Die Betonung liegt auf „se".*

ottavo, a [ot'taːvo] *adj*	**achte(r, -s)**
nono, a ['nɔːno] *adj*	**neunte(r, -s)**
decimo, a ['dɛːtʃimo] *adj*	**zehnte(r, -s)**

> ***TIPP:*** *Die Betonung liegt auf „de".*

undicesimo, a [undi'tʃɛːzimo] *adj*	**elfte(r, -s)**

> ***TIPP:*** *Die Betonung liegt hier und bei den folgenden immer auf dem „e" von* ***esimo****.*

dodicesimo, a [dodi'tʃɛːzimo] *adj*	**zwölfte(r, -s)**
tredicesimo, a [tredi'tʃɛːzimo] *adj*	**dreizehnte(r, -s)**
quattordicesimo, a [kuattordi'tʃɛːzimo] *adj*	**vierzehnte(r, -s)**
quindicesimo, a [kuindi'tʃɛːzimo] *adj*	**fünfzehnte(r, -s)**
sedicesimo, a [sedi'tʃɛːzimo] *adj*	**sechzehnte(r, -s)**

diciassettesimo, a [ditʃasɛt'tɛːzimo] *adj*	**siebzehnte(r, -s)**
diciottesimo, a [ditʃot'tɛːzimo] *adj*	**achtzehnte(r, -s)**
diciannovesimo, a [ditʃannɔ'vɛːzimo] *adj*	**neunzehnte(r, -s)**
ventesimo, a [ven'tɛːzimo] *adj*	**zwanzigste(r, -s)**
ventunesimo, a [ventu'nɛːzimo] *adj*	**einundzwanzigste(r, -s)**
ventiduesimo, a [ventidu'ɛːzimo] *adj*	**zweiundzwanzigste(r, -s)**
ventitreesimo, a [ventitre'ɛːzimo] *adj*	**dreiundzwanzigste(r, -s)**
ventiquattresimo, a [ventikuat'trɛːzimo] *adj*	**vierundzwanzigste(r, -s)**
trentesimo, a [tren'tɛːzimo] *adj*	**dreißigste(r, -s)**
quarantesimo, a [kuaran'tɛːzimo] *adj*	**vierzigste(r, -s)**
cinquantesimo, a [tʃiŋkuan'tɛːzimo] *adj*	**fünfzigste(r, -s)**
sessantesimo, a [sessan'tɛːzimo] *adj*	**sechzigste(r, -s)**
settantesimo, a [settan'tɛːzimo] *adj*	**siebzigste(r, -s)**
ottantesimo, a [ottan'tɛːzimo] *adj*	**achtzigste(r, -s)**
novantesimo, a [novan'tɛːzimo] *adj*	**neunzigste(r, -s)**
centesimo, a [tʃɛn'tɛːzimo] *adj*	**hundertste(r, -s)**

«2001–4000»

millesimo, a [mil'lɛːzimo] *adj*	**tausendste(r, -s)**
milionesimo, a [milio'nɛːzimo] *adj*	**millionste(r, -s)**

2.5 Ursache und Wirkung

«1–2000»

perché [per'ke] *conj* **Perché** me lo chiedi, se lo sai già? Non so **perché**, ma sento che oggi vincerò. Esco a piedi **perché** ho voglia di fare una passeggiata.	**warum; weil, da** Warum fragst du mich, wenn du es schon weißt? Ich weiß nicht warum, aber ich fühle, dass ich heute gewinnen werde. Ich gehe zu Fuß, weil ich Lust habe, spazieren zu gehen.
il **perché** [per'ke] Non so dirti il **perché** ti ha risposto così male.	**Grund** *m* Ich kann dir nicht sagen, warum er dir eine so böse Antwort gegeben hat.
il **motivo** [mo'tiːvo] *syn:* perché Qual è il **motivo** della sua visita?	**Grund** *m* Was für einen Grund hat sein Besuch?
per [per] *conj* Siamo venute anche noi **per** aiutarti.	**um zu** Wir sind auch gekommen, um dir zu helfen.
affinché [affiŋ'ke] *conj* E' meglio che vi scriviate qualche appunto, **affinché** non vi dimentichiate tutto.	**damit** Es ist besser, wenn ihr euch ein paar Notizen macht, damit ihr nicht alles wieder vergesst.

***TIPP:** Nach **affinché** steht der Konjunktiv.*

«2001–4000»

l'**origine** [o'riːdʒine] *f* L'italiano è una lingua di **origine** latina.	**Herkunft** *f*, **Ursprung** *m* Die italienische Sprache stammt aus dem Lateinischen.

***TIPP:** Die Betonung liegt auf „ri".*

originale [oridʒi'naːle] *adj* Mi piace la tua idea, è proprio **originale**.	**ursprünglich; Original-; originell** Deine Idee gefällt mir, sie ist wirklich originell.

l'originale [oridʒi'naːle] *m*	**Original** *n*
Spedisci l'**originale** in una busta, ma prima fai una copia.	Schick das Original in einem Briefumschlag, aber mach erst eine Kopie davon.
la causa ['kaːuza] *syn:* motivo	**Ursache** *f*
Dicono che la **causa** dell'incendio sia stata una candela dimenticata.	Eine brennende Kerze soll die Ursache für den Brand gewesen sein.

***TIPP:** Die Betonung liegt auf „ca".*

a causa di [a 'kaːuza di] *prep*	**aufgrund, wegen**
Tutte le piante sono morte **a causa del** gran freddo.	Die Pflanzen sind alle aufgrund der großen Kälte eingegangen.
causare [kau'zaːre] *v* *syn:* provocare	**verursachen**
La grandine **ha causato** gravi danni.	Der Hagel hat große Schäden verursacht.
poiché [poi'ke] *conj* *syn:* dato che	**da, weil**
Poiché il presidente non è d'accordo, dobbiamo pensare a un'altra soluzione.	Da der Vorsitzende nicht damit einverstanden ist, müssen wir uns eine andere Lösung überlegen.
dato che ['daːto ke] *conj* *syn:* poiché	**da, weil**
Non è più un segreto per nessuno, **dato che** la notizia è su tutti i giornali.	Es ist kein Geheimnis mehr, denn die Nachricht steht in allen Zeitungen.
così [ko'si] *adv*	**so**
Barbara è davvero **così** bella come dicono?	Ist Barbara wirklich so schön wie alle sagen?
Perché ti comporti sempre **così**?	Warum benimmst du dich immer so?
E **così** Cesare ha deciso di partire.	Und so beschloss Cesare abzufahren.
Come ti senti? — **Così così**.	Wie fühlst du dich? — So la la.
perciò [per'tʃɔ] *conj* *syn:* dunque	**also, deshalb, darum**
Vi ho spiegato tutto, **perciò** potete cominciare.	Ich habe euch alles erklärt, also könnt ihr anfangen.
infatti [in'fatti] *conj*	**tatsächlich, auch**
Il cielo era nero, **infatti** poco dopo ha iniziato a piovere.	Der Himmel war schwarz, und kurz danach fing es dann auch zu regnen an.

la **conseguenza** [konsegu'ɛntsa] *syn:* effetto	**Folge** *f*, **Konsequenz** *f*
L'inquinamento ha **conseguenze** gravissime sulla natura.	Die Umweltverschmutzung hat verheerende Folgen für die Natur.
l'**effetto** [ef'fɛtto] *syn:* conseguenza	**Auswirkung** *f*, **Wirkung** *f*, **Effekt** *m*
Le medicine hanno spesso **effetti** collaterali.	Medikamente haben oft Nebenwirkungen.
Il mal di testa è spesso un **effetto** del troppo sole.	Kopfschmerzen bekommt man oft, wenn man zu lange in der Sonne war.
Il film ha vinto un premio per gli **effetti** speciali.	Der Film bekam für die Spezialeffekte einen Preis.
Mi ha fatto uno strano **effetto** vederla dopo tanto tempo.	Es war ein komisches Gefühl, sie nach so langer Zeit wiederzusehen.
siccome [sik'koːme] *conj* *syn:* dato che	**da, weil**
Siccome siamo in tanti, dobbiamo stringerci un pochino a tavola.	Da wir sehr viele sind, müssen wir am Tisch etwas zusammenrücken.
provocare [provo'kaːre] *v* *syn:* causare	**hervorrufen, verursachen**
L'incidente **è stato provocato** dalla nebbia.	Die Ursache für den Unfall war der Nebel.
Alcune scene dello spettacolo **hanno provocato** grandi risate.	Einige Szenen in dem Stück riefen schallendes Gelächter hervor.
la **reazione** [reatsi'oːne] *syn:* effetto	**Reaktion** *f*
Quando le ho dato la notizia, lei non ha avuto nessuna **reazione**.	Als ich ihr die Nachricht überbrachte, zeigte sie keinerlei Reaktion.
la **condizione** [konditsi'oːne]	**Bedingung** *f*
Vengo solo a **condizione** che andiamo in treno.	Ich komme nur unter der Bedingung mit, dass wir mit dem Zug fahren.
Quali sono le **condizioni** di vendita?	Wie sind die Verkaufsbedingungen?
la **relazione** [relatsi'oːne]	**Beziehung** *f*, **Verhältnis** *n*
Non c'è nessuna **relazione** fra ciò che ti ho detto e quanto è successo.	Was ich dir gesagt habe, hat überhaupt nichts mit dem zu tun, was passiert ist.
La **relazione** di Annamaria e Marco dura ormai da anni.	Die Beziehung von Annamaria und Marco besteht schon seit Jahren.

2.6 Art und Weise

«1–2000»

come ['koːme] *adv* — **wie; als**

Ciao Elena, **come** stai? — Hallo Elena, wie geht es dir?

Non so spiegarmi **come** sia potuto succedere. — Es ist mir unerklärlich, wie das geschehen konnte.

Devi stare attento a **come** parli in loro presenza. — Du musst aufpassen, wie du dich in ihrer Gegenwart ausdrückst.

Come primo cosa prendete? — Was nehmt ihr als ersten Gang?

---

appena [ap'peːna] *adv* — **kaum; gerade, eben**

syn: da poco

E' ancora tutto nel piatto, hai **appena** toccato cibo. — Du hast ja noch alles auf dem Teller, du hast kaum etwas angerührt.

Renato era qui fino a un minuto fa, è **appena** andato via. — Renato war vor einer Minute noch hier, er ist eben erst gegangen.

---

per niente [per ni'ɛnte] *adv* — **überhaupt nicht; umsonst**

Stasera non ho **per niente** sonno. — Ich bin heute Abend überhaupt nicht müde.

L'ufficio era chiuso, ci sono andata **per niente**. — Das Büro war geschlossen, ich bin umsonst hingegangen.

---

invano [in'vaːno] *adv* — **umsonst**

syn: per niente

Se il nostro progetto non verrà accettato, avremo lavorato per mesi **invano**. — Wenn unser Projekt nicht angenommen wird, war die ganze monatelange Arbeit umsonst.

---

almeno [al'meːno] *adv* — **wenigstens; mindestens**

Se non puoi andare a fargli gli auguri, fagli **almeno** una telefonata. — Wenn du nicht hingehen kannst, um ihm zu gratulieren, dann ruf ihn wenigstens an.

Un appartamento in centro ti costa **almeno** un milione al mese. — Eine Wohnung im Zentrum kostet mindestens eine Million Lire im Monat.

---

quasi [ku'aːzi] *adv* — **fast**

Ancora un attimo, sono **quasi** pronta. — Einen Moment noch, ich bin fast fertig.

Mio figlio è alto **quasi** come me. — Mein Sohn ist fast so groß wie ich.

Quasi quasi mi coloro i capelli di blu. — Vielleicht werde ich mir die Haare blau färben.

piuttosto [piut'tɔsto] *adv*	**ziemlich; eher, lieber**
Uhm, questo ristorante è **piuttosto** caro, proviamo il prossimo.	Hm, dieses Restaurant ist ziemlich teuer, probieren wir das nächste.
Io **piuttosto** andrei al mare.	Ich würde lieber ans Meer fahren.
di solito [di'sɔːlito] *adv*	**im Allgemeinen, gewöhnlich**
syn: generalmente	
Di solito vado in palestra due volte alla settimana.	Gewöhnlich gehe ich zweimal in der Woche zum Sport.

TIPP: *Die Betonung liegt auf „so“.*

soprattutto [soprat'tutto] *adv*	**vor allem, hauptsächlich**
I turisti arrivano in Italia **soprattutto** nei mesi caldi.	Die Touristen kommen hauptsächlich in den warmen Monaten nach Italien.
Ci piace la pasta e **soprattutto** gli spaghetti alla carbonara.	Wir mögen Nudeln, vor allem Spagetti alla carbonara.
proprio ['prɔːprio] *adv*	**wirklich; genau, gerade**
Hai già fatto anche le fotocopie, hai pensato **proprio** a tutto.	Du hast ja auch schon die Kopien gemacht, du denkst wirklich an alles.
Ecco, questo è **proprio** ciò che cercavo.	Na also, das ist genau das, was ich gesucht habe.
davvero [dav'veːro] *adv*	**wirklich**
syn: veramente	
Cinzia è **davvero** simpatica.	Cinzia ist wirklich sympathisch.
Stai scherzando o lo pensi per **davvero**?	Machst du Spaß oder denkst du das wirklich?
E alla fine faranno i fuochi d'artificio. — **Davvero**?	Und zum Schluss gibt es ein Feuerwerk. — Echt?
veramente [vera'mente] *adv*	**wirklich; eigentlich, aber**
syn: davvero	
Manuele ha detto **veramente** di sì?	Hat Manuele wirklich Ja gesagt?
Scusi, **veramente** ci siamo prima noi.	Entschuldigung, wir waren eigentlich zuerst da.
anche ['aŋke] *adv*	**auch, ebenfalls**
Volete **anche** voi un bicchiere di vino?	Möchtet ihr auch ein Glas Wein?
In agenzia mi hanno dato gli orari dei voli e **anche** le tariffe.	Im Reisebüro habe ich den Flugplan sowie die Tarife bekommen.

perfino [per'fi:no] *adv* Oggi **perfino** i più piccoli sanno usare il computer.	**sogar** Heutzutage können sogar schon kleine Kinder mit dem Computer umgehen.
quindi [ku'indi] *adv* *syn:* così, dunque Oltre a noi ci sono altre 2 persone, **quindi** siamo in 6.	**also, folglich** Außer uns sind noch 2 Personen dabei, also sind wir zu sechst.
a proposito [a pro'pɔ:zito] *adv* **A proposito** Gianna, com'è andata ieri da Paolo? Capiti giusto **a proposito**, ho bisogno di un consiglio.	**übrigens; wie gerufen** Übrigens, Gianna, wie war es gestern bei Paolo? Du kommst wie gerufen, ich brauche nämlich einen Rat.

***TIPP:** Die Betonung liegt auf „po".*

improvvisamente [improvviza'mente] *adv* **Improvvisamente** la terra iniziò a tremare.	**plötzlich, auf einmal** Plötzlich fing der Boden an zu wackeln.

«2001–4000»

il **mezzo** ['mɛddzo] *syn:* sistema, modo Non abbiamo i **mezzi** per fare ciò che ci proponi.	**Mittel** *n* Wir haben nicht die nötigen Mittel, um deinen Vorschlag umzusetzen.
per caso [per 'ka:zo] *adv* **Per caso** hai visto il mio blocchetto d'appunti?	**zufällig, per Zufall** Hast du zufällig meinen Notizblock gesehen?
non … neanche [non … ne'aŋke] *adv syn:* neppure, *ant:* anche, pure L'acqua è fredda, **non** mi butto **neanche** per sogno. **Non** ho fatto **neanche** in tempo a entrare, che il telefono si è messo a suonare.	**auch nicht, nicht einmal** Das Wasser ist kalt, ich denke nicht im Traum daran, hineinzugehen. Ich war noch nicht einmal richtig in der Wohnung, als das Telefon schon anfing zu klingeln.

semplicemente [semplitʃe'mente] *adv* — **einfach; nur, lediglich**

Raccontami la storia il più **semplicemente** possibile. — Erzähl mir die Geschichte so einfach wie möglich.

Non ho trattato male Sergio, gli ho **semplicemente** detto la mia opinione. — Ich habe Sergio nicht schlecht behandelt, sondern ihm lediglich meine Meinung gesagt.

---

per poco [per 'pɔːko] *adv* — **fast, beinahe**

syn: quasi

Oggi **per poco** non perdevo il treno, ho dovuto fare una corsa. — Heute hätte ich fast den Zug verpasst, ich musste ganz schön rennen.

---

addirittura [addirit'tuːra] *adv* — **sogar**

Suo marito le ha regalato **addirittura** delle perle. — Ihr Mann hat ihr sogar Perlen geschenkt.

---

volentieri [volenti'ɛːri] *adv* — **gern(e)**

Grazie, accetto **volentieri** il vostro invito. — Danke, ich nehme eure Einladung gerne an.

Vuoi un caffè?
— Sì, **volontieri**. — Möchtest du einen Kaffee?
— Ja, gerne.

---

diretto, a [di'rɛtto] *adj* — **direkt, unmittelbar**

Appena arrivate a casa siamo andate **dirette** a fare la doccia. — Kaum waren wir zu Hause, sind wir sofort duschen gegangen.

---

generalmente [dʒeneral'mente] *adv syn:* di solito — **im Allgemeinen, normalerweise**

Generalmente i negozi di domenica sono chiusi. — Im Allgemeinen sind die Geschäfte sonntags geschlossen.

---

completamente [kompleta'mente] *adv* — **vollkommen, völlig, ganz**

Ma cosa dici, sei diventato **completamente** matto? — Was sagst du denn, bist du völlig verrückt geworden?

Il teatro è **completamente** pieno, non c'è più posto. — Das Theater ist ganz voll, es gibt keine freien Plätze mehr.

---

assolutamente [assoluta'mente] *adv* — **vollkommen, total; unbedingt**

Certo Antonella, hai **assolutamente** ragione. — Natürlich Antonella, du hast vollkommen Recht.

Devo **assolutamente** finire questo lavoro entro venerdì sera. — Ich muss diese Arbeit unbedingt bis Freitag Abend fertig haben.

in ogni caso [in 'oːɲi 'kaːzo] *adv* Prenota le stanze per telefono, **in ogni caso** è meglio se mandi anche un fax di conferma.	**auf jeden Fall, jedenfalls** Reserviere die Zimmer telefonisch. Es ist aber auf jeden Fall besser, zur Bestätigung auch ein Fax zu schicken.
altrimenti [altri'menti] *adv* Chiudi il cancello **altrimenti** il cane scappa. Ho dovuto dargli dei soldi, non ho potuto fare **altrimenti**.	**sonst, anderenfalls; anders** Schließ das Tor, sonst läuft der Hund weg. Ich musste ihm einfach Geld geben, ich konnte nicht anders.
però [pe'rɔ] *adv syn:* ma Nessuno viene ad aprire la porta **però** in casa la luce è accesa.	**aber, jedoch** Es macht niemand die Tür auf, aber in der Wohnung brennt Licht.
d'altra parte ['daltra 'parte] *adv* Fai ancora fatica a esprimerti in italiano, **d'altra parte** lo studi da pochi mesi.	**andererseits** Es macht dir noch Mühe, dich auf Italienisch auszudrücken, aber du lernst es ja auch erst seit ein paar Monaten.
pure ['puːre] *adv syn:* anche Alla conferenza hanno partecipato **pure** dei rappresentanti cinesi.	**auch** An der Konferenz nahmen auch chinesische Vertreter teil.

2.7 Farben

«1–2000»

il **colore** [ko'loːre] Di che **colore** è la bandiera italiana? — E' verde, bianca e rossa.	**Farbe** *f* Welche Farben hat die italienische Fahne? — Sie ist grün-weiß-rot.
bianco, a [bi'aŋko] *adj* *ant:* nero ⚠ *pl* **chi, che** Oggi indosso un paio di pantaloni **bianchi**.	**weiß** Heute habe ich weiße Hosen an.

TIPP: *Das Substantiv zu den Farben ist immer männlich* ***il bianco, il rosso, il nero****.*

nero, a ['neːro] *adj* *ant:* bianco Che mani sporche, sono **nere** come il carbone.	**schwarz** Was für schmutzige Hände, die sind ja kohlrabenschwarz!
rosso, a ['rosso] *adj* Laura ha i capelli **rossi**.	**rot** Laura hat rote Haare.
blu [blu] *adj* ⚠ *inv* Mi piacciono molto le camicie **blu** e le cravatte colorate.	**blau** Blaue Hemden und bunte Krawatten gefallen mir sehr.
colorato, a [kolo'raːto] *adj*	**bunt**
verde ['verde] *adj* Ho due paia di pantaloni **verde** scuro. Il **verde** è il colore dei soldi.	**grün** Ich habe zwei Paar dunkelgrüne Hosen. Grün ist die Farbe des Geldes.

TIPP: *Wenn ein Farbadjektiv zusammen mit* ***chiaro*** *hell- und* ***scuro*** *dunkel- verwendet wird, passt es sich in Zahl und Geschlecht nicht ans Substantiv an.*

giallo, a ['dʒallo] *adj* Potete colorare il sole di rosso o di **giallo**.	**gelb** Die Sonne könnt ihr rot oder gelb anmalen.

«2001–4000»

azzurro, a [ad'dzurro] *adj* *syn:* celeste Andrea è bellissimo, biondo e occhi **azzurri**.	**himmelblau, azurblau** Andrea ist sehr schön, er ist blond und hat blaue Augen.

TIPP: ***blu*** *ist die Grundfarbe blau,* ***azzurro*** *ist hellblau,* ***celeste*** *ist noch etwas heller als* ***azzurro****.*

celeste [tʃe'lɛste] *adj* *syn:* azzurro Il **celeste** è il mio colore preferito.	**hellblau, himmelblau** Hellblau ist meine Lieblingsfarbe.
arancione [aran'tʃoːne] *adj* Le albicocche sono **arancioni**.	**orange** Aprikosen sind orange.
grigio, a ['griːdʒo] *adj* ⚠ *pl* **gi, gie** Oggi è una giornata **grigia**.	**grau** Heute ist ein grauer Tag.
rosa ['rɔːza] *adj* ⚠ *inv* E' nata una bambina, c'è il fiocco **rosa**.	**rosa** Es ist ein Mädchen, da ist eine rosa Schleife.

2.8 Formen

«1–2000»

la **forma** ['forma] L'Italia ha la **forma** di uno stivale.	**Form** *f* Italien hat die Form eines Stiefels.
rotondo, a [ro'tondo] *adj* La Terra è **rotonda**.	**rund** Die Erde ist rund.
il **cerchio** ['tʃerkio] ⚠ *pl* **chi** Prendiamoci per mano e formiamo un **cerchio**.	**Kreis** *m* Nehmen wir uns an der Hand und bilden einen Kreis.
il **quadrato** [kua'dra:to] Bambini, disegnate alcuni **quadrati** e alcuni cerchi.	**Quadrat** *n* Kinder, zeichnet ein paar Quadrate und Kreise.
il **rettangolo** [ret'taŋgolo] Calcolate l'area di questo **rettangolo**.	**Rechteck** *n* Berechnet die Fläche dieses Rechtecks.

***TIPP:** Die Betonung liegt auf „tan".*

il **triangolo** [tri'aŋgolo] In geometria ci sono diversi tipi di **triangoli**.	**Dreieck** *n* In der Geometrie gibt es verschiedenartige Dreiecke.

***TIPP:** Die Betonung liegt auf „an".*

l'**angolo** ['aŋgolo] Quell'**angolo** è un po' vuoto, mettiamoci una pianta.	**Ecke** *f* Die Ecke ist ein bisschen leer, stellen wir eine Pflanze hin.

*C'è un panificio all'**angolo** fra via Monti e via Fermi. An der Ecke zwischen via Monti und via Fermi gibt es eine Bäckerei.* ***TIPP:*** *Die Betonung liegt auf „an".*

la **croce** ['kro:tʃe] Fai una **croce** accanto ai nomi delle persone con le quali hai già parlato. In cima alla montagna c'era una **croce**.	**Kreuz** *n* Mach ein Kreuz hinter die Namen der Personen, mit denen du bereits gesprochen hast. Auf der Bergspitze stand ein Kreuz.

«2001–4000»

formare [for'maːre] *v* Le valli **sono state formate** dai fiumi.	**formen, bilden** Die Täler wurden durch Flüsse gebildet.
piano, a [pi'aːno] *adj* Lungo l'Adriatico la costa è piuttosto **piana**.	**flach** Entlang der Adria ist die Küste ziemlich flach.
la **sfera** ['sfɛːra] Che cos'è quell'oggetto a forma di **sfera**?	**Kugel** *f* Was ist das für ein kugelförmiges Ding?
il **bordo** ['bordo] Camminavamo in fila per uno lungo il **bordo** della strada. Il **bordo** di questo bicchiere è rotto, potresti tagliarti.	**Rand** *m*, **Kante** *f* Wir gingen hintereinander am Straßenrand entlang. Der Rand dieses Glases ist kaputt, du könntest dich schneiden.
il **punto** ['punto] In che **punto** preciso ci troviamo? La nave era ormai solo un **punto** nero all'orizzonte. A un certo **punto** andò via la luce.	**Punkt** *m* Wo genau befinden wir uns? Das Schiff war nur noch ein schwarzer Punkt am Horizont. Plötzlich ging das Licht aus.
la **punta** ['punta] Devo fare la **punta** alla matita. Vieste è sulla **punta** del Gargano.	**Spitze** *f* Ich muss den Stift spitzen. Vieste befindet sich an der Spitze des Gargano.
la **freccia** ['frettʃa] ⚠ *pl* **cce** Per arrivare a casa nostra segui le **frecce** gialle.	**Pfeil** *m* Du findest unser Haus, indem du den gelben Pfeilen folgst.
il **nodo** ['nɔːdo] Per ricordarti qualcosa fai un **nodo** al fazzoletto.	**Knoten** *m* Mach einen Knoten ins Taschentuch, wenn du etwas nicht vergessen willst.

3 VERSCHIEDENES

3.1 Strukturwörter

3.1.1 ARTIKEL

un, uno [un, 'uːno] *articolo* — **ein, eine, ein; einen, eine, ein (Nominativ und Akkusativ)**

Il servizio militare dura **un** anno. — Der Wehrdienst dauert ein Jahr.
Ho conosciuto **uno** studente di legge. — Ich habe einen Jurastudenten kennen gelernt.
Uno di voi dovrebbe farmi un favore. — Einer von euch müsste mir einen Gefallen tun.

> ***TIPP:*** ***uno*** *steht statt* ***un*** *bei Substantiven, die mit einem „esse impura" (s und Konsonant), einem gn, pn, ps, x oder z beginnen. Maßgebend ist der Anlaut des unmittelbar folgenden Wortes, z. B.* ***uno spagnolo, un signore spagnolo****.*

---

una, un' ['uːna, un] *articolo* — **ein, eine, ein; einen, eine, ein (Nominativ und Akkusativ)**

Chiara è **una** ragazza simpatica. — Chiara ist ein sympathisches Mädchen.
C'era **una** volta un re. — Es war einmal ein König.
Ti voglio presentare **un'**amica. — Ich möchte dir eine Freundin vorstellen.

> ***TIPP:*** *Vor Wörtern, die mit einem Vokal oder einem stummen h beginnen, wird* ***una*** *zu* ***un'*** *verkürzt.*

---

del, dello, della, dell' [del, 'dello, 'della, dell] *Teilungsartikel* — **wird nicht übersetzt**

Come secondo vorrei **del** pesce. — Als zweiten Gang hätte ich gerne Fisch.

> ***TIPP:*** *Zum Gebrauch von* ***dello*** *und* ***dell'*** *vergleiche TIPP bei* ***un, una*** *und* ***il****.*

---

dei, degli, delle ['deːi, 'deːʎi, 'delle] *Teilungsartikel* — **wird nicht übersetzt**

Qui ci sono **delle** spiagge bellissime. — Hier gibt es wunderschöne Strände.

---

di [di] *Teilungsartikel* — **wird nicht übersetzt**

Prendo una fetta **di** torta. — Ich nehme ein Stück Kuchen.

***TIPP:* di** *wird nach Mengenbegriffen, wie z. B.* **un chilo di** *benützt.*

il, l' [il, l] *articolo* — **der, die, das; den, die, das (Nominativ und Akkusativ)**

Mi passi **il** sale per favore?	Gibst du mir bitte das Salz?
Sono qui per imparare **l'**italiano.	Ich bin hier, um Italienisch zu lernen.
L'hotel "Regina" è chiuso due mesi all'anno.	Das Hotel „Regina" ist zwei Monate im Jahr geschlossen.

TIPP: *Im Italienischen gibt es zwei Geschlechter, männlich (il) und weiblich (la). Sie können im Deutschen der, die oder das heißen, je nachdem welches Geschlecht die deutsche Entsprechung hat.* ***l'*** *steht vor Substantiven, die mit einem Vokal oder einem stummen h beginnen. Der Genitiv wird gebildet mit* ***di*** *und Artikel, das ergibt* ***del, dello, della, dell'*** *und im Plural* ***dei, degli, delle****. Der Dativ wird gebildet mit* ***a*** *und Artikel, das ergibt* ***al, allo, alla all'*** *und im Plural* ***ai, agli, alle****.*

lo [lo] *articolo* — **der, die, das; den, die, das (Nominativ und Akkusativ)**

Lo scopo del gioco è fare più punti possibile.	Ziel des Spiels ist es, so viele Punkte wie möglich zu machen.

TIPP: lo *steht statt* ***il*** *bei männlichen Substantiven, die mit einem „esse impura" (s und Konsonant), einem gn, pn, ps, x oder z beginnen.*

la, l' [la, l] *articolo* — **der, die, das; den, die, das (Nominativ und Akkusativ)**

Prendiamo **l'**insalata o **la** verdura cotta?	Nehmen wir Salat oder Gemüse?
Preferisco **le** ragazze ai ragazzi. → *il TIPP*	Ich mag lieber Mädchen als Buben.

i [i] *articolo* — **die (maskulin Plural, Nominativ und Akkusativ)**

Mi piacciono **i** pomodori.	Ich mag Tomaten.

gli [ʎi] *articolo* — **die (maskulin Plural, Nominativ und Akkusativ)**

Gli alberi sotto casa sono in fiore.	Die Bäume vor dem Haus blühen.
La mamma oggi prepara **gli** gnocchi.	Mama macht heute Gnocchi.

> ***TIPP:* gli** *steht bei männlichen Substantiven im Plural, die mit einem Vokal oder einem stummen h, einem „esse impura", gn, pn, ps, x oder z beginnen.*

le [le] *articolo*	**die (feminin Plural, Nominativ und Akkusativ)**
Ho perso **le** chiavi della macchina.	Ich habe die Autoschlüssel verloren.

3.1.2 PRONOMEN

3.1.2.1 Personalpronomen

io ['iːo] *pron*	**ich**
Chi è Simone? — (Sono) **io**.	Wer ist Simone? — (Das bin) ich.
Vengo anch'**io** allo zoo!	Ich komme mit in den Zoo!
(**Io**) so benissimo di cosa parli.	Ich weiß genau, wovon du redest.

> ***TIPP:*** *Subjektpronomen sind im Italienischen immer stark betont. Man verwendet sie ohne Verb oder beim Verb zur Hervorhebung der Person, sonst werden sie weggelassen.*

mi, m' [mi, m] *pron*	**mir**
Mi devi dire la verità.	Du musst mir die Wahrheit sagen.
Mi lavo i denti tre volte al giorno.	Ich putze mir dreimal täglich die Zähne.
Dam**mi** la mano.	Gib mir die Hand.
mi, m' [mi, m] *pron*	**mich**
Hai fatto rumore e **mi** hai svegliata.	Du hast Lärm gemacht und mich aufgeweckt.
Chiama**mi** pure per nome.	Nenne mich ruhig beim Vornamen.

> ***TIPP:*** *Die unbetonten Objektpronomen werden nur in Verbindung mit dem Verb verwendet und stehen vor dem konjugierten Verb. Sie werden jedoch angehängt an den Imperativ, außer in der Sie-Form, an den Infinitiv, der dabei den Endvokal verliert, und an* ***ecco****. Vor Vokal und stummem h wird* ***mi*** *zu* ***m'****. Bei* ***dovere, volere, potere, sapere*** *und Infinitiv können sie vorangestellt werden, ebenso bei* ***andare/venire a*** *und Infinitiv, z. B.* ***Mi vieni a prendere?*** *oder* ***Vieni a prendermi?*** *Reflexivpronomen stehen vor dem konjugierten Verb.*

tu [tu] *pron* E **tu** hai creduto davvero a una storia simile?	**du** Und du hast tatsächlich eine solche Geschichte geglaubt?
ti, t' [ti, t] *pron* **Ti** prometto che **ti** scriverò. **Ti** sei fatto tanto male? *→ me und mi TIPP*	**dir** Ich verspreche dir, dass ich dir schreiben werde. Hast du dir sehr wehgetan?
ti, t' [ti, t] *pron* Fabio ama solo **te**. Va bene, **t'**aspettiamo alle tre.	**dich** Fabio liebt nur dich. Einverstanden, wir erwarten dich um drei.
egli, lui ['eːʎi, 'luːi] *pron* **Egli** vuole che tutto sia pronto entro oggi. **Lui** non è d'accordo.	**er** Er will, dass alles noch heute fertig wird. Er ist nicht einverstanden.
esso ['esso] *pron* Ho provato a fare il bagno al cane, ma **esso** non stava fermo.	**er, sie, es** Ich habe versucht, den Hund zu baden, aber er hielt nicht still.

***TIPP:* esso** *bezieht sich auf Tiere und Dinge.*

gli [ʎi] *pron* Che cosa hai comprato a Luca? — **Gli** ho comprato dei libri. Parla**gli**, solo lui ti può aiutare.	**ihm** Was hast du Luca gekauft? — Ich habe ihm Bücher gekauft. Rede mit ihm. Nur er kann dir helfen.
lo, l' [lo, l] *pron* Chi accompagna lo zio? — **L'**accompagno io. Dov'è l'altro calzino, non **lo** trovo. Dov'è? — Non **lo** so.	**ihn, sie, es (bezieht sich auf ein Maskulinum)** Wer begleitet den Onkel? — Ich begleite ihn. Wo ist die andere Socke? Ich finde sie nicht. Wo ist er? — Ich weiß es nicht.

***TIPP:* lo** *kann sich auch auf einen Sachverhalt beziehen, wie im letzten Satz. → me und mi TIPP*

lei, essa ['lɛːi, 'essa] *pron* Andiamo da Sabrina, anche **lei** sarà contenta di vederti.	**sie (feminin Singular, Nominativ)** Gehen wir zu Sabrina, sie wird sich auch freuen, dich zu sehen.

le [le] *pron*	**ihr**
E' il compleanno di mia moglie e **le** regalo dei fiori.	Meine Frau hat heute Geburtstag, und ich schenke ihr Blumen.
la, l' [la, l] *pron*	**ihn, sie, es (bezieht sich auf ein Femininum)**
Ho visto Isabella, dopo tanto tempo quasi non **la** riconoscevo.	Ich habe Isabella gesehen, ich hätte sie nach so langer Zeit fast nicht erkannt.
si [si] *pron*	**man**
Da Dino **si** mangia bene e **si** paga poco.	Bei Dino kann man gut essen und er ist nicht teuer.
Purtroppo stanze libere non **se** ne trovano più.	Leider gibt es keine freien Zimmer mehr.

TIPP: *Das unpersönliche Subjekt „man" wird im Italienischen durch die **si**-Konstruktion ausgedrückt. Das unpersönliche Subjekt **si** wird nur vor **ne** zu **se**.*

si [si] *pron*	**sich (reflexiv, bezieht sich auf 3. Person Singular und Plural)**
Enrico **si** è dimenticato del nostro appuntamento.	Enrico hat unsere Verabredung vergessen.
I miei amici **si** sono costruiti da soli una barca.	Meine Freunde haben sich alleine ein Boot gebaut.
noi ['noːi] *pron*	**wir**
Noi andiamo in pizzeria, venite anche voi?	Wir gehen in die Pizzeria, kommt ihr mit?
ci [tʃi] *pron*	**uns (Dativ und Akkusativ)**
I Rossi **ci** invitano spesso a cena.	Die Rossis laden uns oft zum Abendessen ein.
Prometti**ci** che tornerai a trovar**ci**.	Versprich uns, dass du uns wieder besuchst.
Ci siamo divertiti un sacco!	Wir haben uns ganz toll amüsiert!
voi ['voːi] *pron*	**ihr**
Voi non sapete ancora niente, vero?	Ihr wisst noch nichts davon, oder?
vi [vi] *pron*	**euch (Dativ und Akkusativ)**
Vi va la nostra idea?	Gefällt euch unsere Idee?
Sedete**vi** prego.	Setzt euch bitte.
loro ['loːro] *pron*	**sie (Nominativ)**
Questa volta hanno ragione **loro**!	Dieses Mal haben sie Recht!

essi ['essi] *pron* — **sie (maskulin Plural, Nominativ)**

E' deciso che **essi** (⚠ *stattdessen meist:* **loro**) verranno domani.
Es ist entschieden, dass sie morgen kommen.

---

esse ['esse] *pron* — **sie (feminin Plural, Nominativ)**

Può darsi che **esse** (⚠ *stattdessen meist:* **loro**) non lo sappiano ancora.
Es kann sein, dass sie es noch nicht wissen.

---

gli, loro [ʎi, 'loːro] *pron* — **ihnen (Dativ)**

Vai da loro e proponi**gli** un'altra soluzione.
Geh zu ihnen und schlage ihnen eine andere Lösung vor.

Rispondi **loro** che non sai nulla.
Sag ihnen, dass du nichts weißt.

---

li [li] *pron* — **sie (maskulin Plural, Akkusativ)**

Io **li** ho visti circa un'ora fa.
Ich habe sie vor etwa einer Stunde gesehen.

---

le [le] *pron* — **sie (feminin Plural, Akkusativ)**

Le ho viste.
Ich habe sie gesehen.

---

ci [tʃi] *pron* — **dahin, dorthin; dort; daran usw.**

Ci siamo andati.
Wir sind dorthin gegangen.

Ci siamo stati insieme.
Wir waren zusammen dort.

Pensi tu a prenotare l'albergo? — D'accordo, **ci** penso io.
Kümmerst du dich um die Hotelreservierung? — Ja, ich kümmere mich darum.

Avete gli stivali? — Sì, **ce** li abbiamo.
Habt ihr die Stiefel? — Ja, wir haben sie.

> ***TIPP:* ci** *bezieht sich auf zuvor genannte Ortsangaben oder sonstige Ergänzungen mit* **a, in** *oder* **su**. **ci** *wird vor* **lo, la, li, le** *und* **ne** *zu* **ce**.

---

ne [ne] *pron* — **davon; welche(s); keine(s); darüber usw.**

Hai molti amici? — Sì, **ne** ho moltissimi.
Hast du viele Freunde? — Ja, ich habe sehr viele.

Vorrei telefonare ma non ho spiccioli. **Ne** hai tu? — Mi dispiace, ma non **ne** ho.
Ich möchte telefonieren, aber ich habe kein Kleingeld. Hast du welches? — Es tut mir Leid, aber ich habe auch keins.

Ne parlerò a mia moglie.
Ich werde mit meiner Frau darüber reden.

TIPP: ***ne*** *wird zur Bezeichnung einer Teilmenge gebraucht. Es bezieht sich auch auf bereits genannte Personen oder Dinge, und wird im Deutschen oft mit da und entsprechender Präposition übersetzt.* ***ne*** *wird vor* ***è*** *apostrophiert.*

Lei, lei [ˈlɛːi] *pron* — **Sie (Nominativ Singular)**
C'è una telefonata per **Lei**, signor direttore. — Ein Anruf für Sie, Herr Direktor.

TIPP: *Im Italienischen verwendet man zur Bildung der Höflichkeitsform die dritte Person Singular Femininum. Bei der höflichen Anrede können die Personalpronomen groß- oder kleingeschrieben werden.*

Le, le [le] *pron* — **Ihnen (Dativ)**
Le spedisco la merce oggi, non abbia dubbi. — Ich sende Ihnen die Ware heute, Sie können sich darauf verlassen.

La, la [la] *pron* — **Ihnen (Akkusativ)**
La preghiamo di aspettare. — Wir bitten Sie zu warten.

Loro, loro [ˈloːro] *pron* — **Sie (Nominativ Plural)**
Loro sono stati tutti molto gentili con me. — Sie waren alle sehr freundlich zu mir.

TIPP: ***loro*** *wird im Plural als sehr formelle Anredeform verwendet.*

Loro, loro [ˈloːro] *pron* — **Ihnen (Dativ und Akkusativ)**
Signori, signore, porto **loro** un aperitivo? — Kann ich Ihnen einen Aperitif bringen?

Voi, voi [vˈoi] *pron* — **Sie (Nominativ)**

Vi, vi [vi] *pron* — **Ihnen (Dativ)**
Vi ringrazio della Vostra del 10 marzo … — Ich danke Ihnen für Ihr Schreiben vom 10. März …

TIPP: *In der Geschäftskorrespondenz wird im Allgemeinen die 2. Person Plural als Anredeform verwendet, sonst sagt man* ***Lei.***

Vi, vi [vi] *pron* — **Sie (Akkusativ)**
Vi preghiamo di rispondere immediatamente. — Wir bitten Sie um sofortige Antwort.

---

me [me] *pron* — **mich; mir**
Chi cerca **me**? — Wer sucht mich?
A **me** lo sport piace molto. — Mir gefällt Sport sehr gut.
Ho fatto tutto da **me**, senza l'aiuto di nessuno. — Ich habe alles ganz alleine gemacht, ohne jemandes Hilfe.

TIPP: *Die betonten Objektpronomen werden gebraucht, wenn das Objekt besonders hervorgehoben werden soll. Sie werden im Gegensatz zu den unbetonten Objektpronomen auch gebraucht in Fragen und Antworten ohne Verb und nach Präpositionen* ***a, di, da, con, per, senza****.*

te [te] *pron*	**dich; dir**

TIPP: *Der Dativ wird bei all diesen betonten Pronomen mit* ***a*** *gebildet.*

lui ['luːi] *pron*	**ihn; ihm**
esso ['esso] *pron*	**ihn, sie, es; ihm, ihr, ihm**

TIPP: *Nur für Tiere und Dinge.*

lei ['lɛːi] *pron*	**sie**
essa ['essa] *pron*	**ihn, sie, es; ihm, ihr, ihm**

TIPP: *Nur für Tiere und Dinge.*

noi ['noːi] *pron*	**uns**
voi ['voːi] *pron*	**euch**
loro ['loːro] *pron*	**sie; ihnen (Plural)**
essi ['essi] *pron*	**sie; ihnen (maskulin Plural)**

TIPP: *Nur für Tiere und Dinge.*

esse ['esse] *pron*	**sie; ihnen (feminin Plural)**

TIPP: *Nur für Tiere und Dinge.*

sé [se] *pron* E' una ragazza che pensa sempre solo a **sé**.	**sich (reflexiv)** Sie denkt immer nur an sich.

TIPP: *Man sagt auch* ***a sé stessa*** *oder* ***a se stessa****.*

3.1.2.2 Possessivpronomen

mio, a ['miːo] *adj* ⚠ *pl* **miei, mie**	**mein(e)**
Mia sorella ha tre anni più di me.	Meine Schwester ist drei Jahre älter als ich.
Ho prestato tutti i **miei** CD a Tommaso.	Ich habe Tommaso alle meine CDs geliehen.

*TIPP: Possessivpronomen richten sich in Geschlecht und Zahl nach ihrem Beziehungswort, nur **loro** bleibt unverändert. Possessivpronomen stehen gewöhnlich in Verbindung mit dem bestimmten Artikel. Vor Verwandtschaftsbezeichnungen im Singular entfällt jedoch der Artikel (außer bei **loro**). Bei der höflichen Anrede verwendet man gegenüber einer Person die Formen von **suo**, gegenüber mehreren Personen die Formen von **vostro**.*

tuo, a ['tuːo] *adj* ⚠ *pl* **tuoi, tue**	**dein(e)**
Sono **tue** queste cose?	Sind das deine Sachen?
I **tuoi** sci sono super veloci.	Deine Skier sind blitzschnell.

*TIPP: Die Possessivpronomen können auch substantivisch gebraucht werden **il tuo, la tua** der/die/das deine bzw. deiner/deine/deines.*

suo, sua ['suːo] *adj* ⚠ *pl* **suoi, sue**	**sein(e), ihr(e); Ihr(e)**
Questo è mio fratello e questa è la **sua** ragazza.	Das ist mein Bruder, und das ist seine Freundin.
La nonna è sempre seduta sulla **sua** poltrona.	Oma sitzt immer in ihrem Sessel.
Allora signor Bianchi, aspetto un **Suo** fax.	Gut Herr Bianchi, ich warte auf ein Fax von Ihnen.
nostro, a ['nɔstro] *adj* ⚠ *pl* **nostri, nostre**	**unser(e)**
Non te lo diciamo, sono affari **nostri**.	Wir sagen es dir nicht, das ist unsere Angelegenheit.
vostro, a ['vɔstro] *adj* ⚠ *pl* **vostri, vostre**	**eur(e); Ihr(e)**
Stiamo aspettando una **vostra** risposta.	Wir warten auf eure Antwort.
Vi ringraziamo della **Vostra** lettera.	Wir danken Ihnen für Ihren Brief.
loro ['loːro] *adj* ⚠ *inv*	**ihr(e)**
Domani vengono le mie amiche con i **loro** bambini.	Morgen kommen meine Freundinnen mit ihren Kindern.
Quella laggiù è la **loro** casa.	Das dort hinten ist ihr Haus.

3.1.2.3 Demonstrativpronomen

questo, a [ku'esto] *pron* ⚠ *pl* **questi, queste**	**diese(r, -s); der, die, das (hier)**
Questa è una foto di quando ero piccola.	Das ist ein Foto von mir, als ich klein war.
Questo vestito è comodo, ma quello è più elegante.	Dieses Kleid ist bequem, aber das da ist eleganter.
Uno di **questi** giorni vengo a trovarti.	An einem der nächsten Tage komme ich dich besuchen.

*TIPP: **questo** verweist auf Sachen und Personen in unmittelbarer Nähe des Sprechers.*

quello, a [ku'ello] *pron* ⚠ *pl* **quelli, quelle**	**jene(r); der, die, das (da)**
Pensavo di mettere questo quadro vicino a **quello** laggiù.	Ich wollte dieses Bild neben das da hinten hängen.

*TIPP: **quello** verweist auf Sachen und Personen, die vergleichsweise weiter entfernt sind.*

ciò [tʃɔ] *pron*	**das, dies**
Che cosa significa tutto **ciò**?	Was bedeutet das alles?
Ciò che le manca è un po' di sicurezza.	Was ihr fehlt, ist etwas Sicherheit.
stesso, a ['stesso] *pron* ⚠ *pl* **stessi, stesse**	**der-/die-/dasselbe; der/ die/das Gleiche**
Lucio ha detto la **stessa** cosa.	Lucio hat dasselbe gesagt.
Fa lo **stesso** se il colore non è esattamente uguale?	Ist es egal, wenn die Farbe nicht ganz gleich ist?

3.1.2.4 Interrogativpronomen

che [ke] *pron* *syn:* quale	**was; welche(r, -s), was für ein(e)**
Che classe fai?	In welcher Klasse bist du?
Scusa, **che** cosa hai detto?	Entschuldige, was hast du gesagt?
che cosa [ke 'kɔːza] *pron*	**was**
Che cosa fai stasera?	Was machst du heute Abend?
quale [ku'aːle] *pron* ⚠ *pl* **quali**	**welche(r, -s)**
Quali città hai visitato in Italia?	Welche italienischen Städte hast du schon besucht?

TIPP: *Mit* ***quale*** *fragt man nach Sachen und Personen aus einer bestimmten Anzahl.* ***quale*** *wird vor* ***è*** *zu* ***qual****.*

quanto, a [ku'anto] *pron* ⚠ *pl* **quanti, quante**	**wie viel(e)**
Quanto costa questa macchina?	Wie viel kostet dieses Auto?
Quante fotocopie devo fare?	Wie viele Fotokopien soll ich machen?
Quanti anni hai?	Wie alt bist du?
chi [ki] *pron*	**wer; wen; wem**
Chi è quella donna?	Wer ist die Frau?
Chi hai visto ieri in centro?	Wen hast du gestern im Zentrum getroffen?
A **chi** devo spedire queste lettere?	Wem soll ich diese Briefe schicken?
Per **chi** sono questi fiori?	Für wen sind diese Blumen?

3.1.2.5 Indefinitpronomen und unbestimmte Adjektive

ogni ['oːɲi] *adj* ⚠ *inv*	**jede(r, -s)**
Questo giornale esce **ogni** lunedì.	Diese Zeitung erscheint jeden Montag.

TIPP: ogni *wird nur im Singular verwendet.*

ciascuno, a [tʃas'kuːno] *pron, adj*	**jede(r, -s)**
Enzo ha regalato una copia del suo libro a **ciascuno** di noi.	Enzo hat jedem von uns ein Exemplar seines Buches geschenkt.
qualche [ku'alke] *adj* ⚠ *inv*	**einige; ein paar**
Ancora **qualche** giorno di lavoro e poi vado in ferie.	Ein paar Tage muss ich noch arbeiten, dann habe ich Urlaub.
Ho ancora **qualche** dubbio.	Ich habe noch gewisse Zweifel.

TIPP: *Auf* ***qualche*** *folgt immer ein Substantiv im Singular.*

alcuno, a [al'kuːno] *pron, adj*	**einige; ein paar; kein(e); manche**
Mario ci ha dato **alcuni** consigli utili.	Mario hat uns einige nützliche Ratschläge gegeben.
Ci sono **alcune** macchie sulla tovaglia.	Die Tischdecke hat ein paar Flecken.
Non mi ha dato **alcuna** informazione.	Er hat mir keinerlei Information gegeben.
Alcuni mi sono piaciuti, altri invece no.	Manche haben mir gefallen, andere wiederum nicht.

***TIPP: alcuno** heißt in Sätzen ohne Negation einige, ein paar, in Sätzen mit Negation kein(e).*

qualcuno, a [kual'kuːno] *pron*	**jemand**
Ha telefonato **qualcuno**, ma non so chi.	Es hat jemand angerufen, ich weiß aber nicht wer.

qualsiasi [kual'siːasi] *adj* *syn:* qualunque ⚠ *inv*	**jede(r, -s) (beliebige)**
Sono libera tutta la settimana, **qualsiasi** giorno per me va bene.	Ich habe die ganze Woche noch nichts vor, mir ist jeder Tag recht.

***TIPP: qualsiasi** wird nur im Singular verwendet. Die Betonung liegt auf dem ersten „si".*

qualunque [kua'luŋkue] *adj* *syn:* qualsiasi ⚠ *inv*	**jede(r, -s) (beliebige); irgendein(e)**
Qualunque cosa tu decida, pensaci bene.	Wie du dich auch entscheidest, denke gut darüber nach.
Era un giorno **qualunque**.	Es war ein Tag wie jeder andere.

***TIPP: qualunque** wird nur im Singular verwendet.*

nulla ['nulla] *pron syn:* niente	**nichts**
Non c'è più **nulla** da fare.	Es gibt nichts mehr zu tun.

poco, a ['pɔːko] *pron* ⚠ *pl* **chi, che**	**wenig; wenige**
Il lavoro mi piace, ma guadagno **poco**.	Die Arbeit gefällt mir, aber ich verdiene wenig.
Siamo rimasti in **pochi**, ma andiamo avanti lo stesso.	Es sind nur noch wenige übrig geblieben, aber wir machen trotzdem weiter.

tanto, a ['tanto] *pron*	**viel; viele**
Come hai fatto a mangiare **tanto**?	Wie konntest du so viel essen?
La zia Teresa ha portato i biscotti e io ne ho mangiati proprio **tanti**.	Tante Teresa hat Kekse mitgebracht, und ich habe ganz viele davon gegessen.
troppo, a ['trɔppo] *pron*	**zu viel; zu viele**
Mi sembra di aver parlato **troppo**.	Ich habe das Gefühl, dass ich zu viel geredet habe.
parecchi, parecchie [pa'rekki] *pron*	**(ziemlich) viel; ziemlich viele, etliche**
Lui di solito di idee ne ha **parecchie**.	Er hat normalerweise viele Ideen.
vari, varie ['vaːri] *adj*	**verschiedene, unterschiedliche; mehrere**
Ci sono **vari** modi per risolvere la situazione.	Es gibt verschiedene Wege, die Situation zu klären.
Te l'ho detto già **varie** volte.	Ich habe es dir schon mehrere Male gesagt.
tale ['taːle] *pron*	**solch ein(e), so ein(e)**
Non avevo mai fatto una **tale** figura in vita mia.	Ich hatte mich in meinem Leben noch nie so blamiert.

3.1.3 PRÄPOSITIONEN

di [di] *prep*	**aus; vor; von** *(bzw. zur Bildung des Genitiv)*
Metti il pane in un sacchetto **di** plastica.	Tu das Brot in eine Plastiktüte.
Sono quasi morta **di** paura.	Ich bin vor Angst fast gestorben.
Abbiamo un bambino **di** dieci anni.	Wir haben einen zehnjährigen Sohn.
Giulia è la ragazza **di** mio fratello.	Giulia ist die Freundin meines Bruders.
Di domenica andiamo sempre a pranzo dai nonni.	Sonntags essen wir immer bei den Großeltern zu Mittag.

TIPP: di** und Artikel wird zu **del, dell', dello, della, dei, degli, delle.

a [a] *prep* — **an; mit; um; bis** *und zur Bildung des Dativ*

A Natale si fa l'albero.	An Weihnachten wird der Weihnachtsbaum aufgestellt.
E' vicino, andiamo **a** piedi.	Es ist nah, gehen wir zu Fuß.
Ho preso la patente **a** diciotto anni.	Ich habe den Führerschein mit achtzehn Jahren gemacht.
Il film inizia **alle** nove.	Der Film beginnt um neun Uhr.
Ciao Manuela, **a** domani.	Tschüss Manuela, bis morgen.
Ho regalato **a** mio marito una bella cravatta.	Ich habe meinem Mann eine schöne Krawatte geschenkt.
Correvamo a 120 km **all'**ora.	Wir fuhren 120 km in der Stunde.

→ *a 2.2.1*

---

da [da] *prep* — **von; zu; bei; als; durch**

Tanti saluti **dallo** zio Matteo.	Viele Grüße von Onkel Matteo.
Oggi pomeriggio vado **da** Luciano.	Heute Nachmittag gehe ich zu Luciano.
Abbiamo pranzato **dai** Bianchi.	Wir haben bei den Bianchis zu Mittag gegessen.
Da bambino giocavo sempre a calcio.	Als Kind habe ich immer Fußball gespielt.
Bravo, hai fatto tutto **da** solo.	Super, du hast alles alleine gemacht.
Siamo passati **dal** centro.	Wir sind durch das Stadtzentrum gefahren.

→ *da 2.1.6.2 und 2.2.1*

---

in [in] *prep* — **in; zu; auf; mit**

Che bello, fra una settimana andiamo **in** ferie.	Wie schön! In einer Woche fahren wir in den Urlaub.
Ho letto questo libro **in** due giorni.	Ich habe dieses Buch in zwei Tagen gelesen.
Nel corso degli anni il paesaggio è molto cambiato.	Im Laufe der Jahre hat sich die Landschaft sehr verändert.
Ragazzi, state **in** silenzio.	Kinder, seid ruhig.
Quanti siete? — Siamo **in** otto.	Wie viele seid ihr? — Wir sind zu acht.
Io e Carola ci scriviamo **in** inglese.	Carola und ich schreiben uns auf Englisch.
Viaggiando **in** treno si conoscono molte persone.	Wenn man mit dem Zug reist, lernt man viele Leute kennen.

→ *in 2.2.1*

con [kon] *prep*	**mit; auf; bei**
Vuoi venire **con** noi?	Willst du mit uns kommen?
Con chi stavi parlando? — **Con** la segretaria.	Mit wem hast du gesprochen? — Mit der Sekretärin.
Con l'arrivo di settembre si può dire che l'estate è finita.	Man kann sagen, dass der Sommer im September zu Ende ist.
Sei arrabbiata **con** me?	Bist du böse auf mich?
E' impossibile dormire **con** questo caldo.	Es ist unmöglich, bei dieser Hitze zu schlafen.

*TIPP: Die Formen **col** und **coi** sind selten. In der modernen Alltagssprache hat sich die getrennte Form durchgesetzt.*

su [su] *prep*	**über, zu; in; etwa; nach**
C'è molto da dire **su** questo argomento.	Zu diesem Thema gibt es viel zu sagen.
L'ho letto **sul** giornale.	Ich habe es in der Zeitung gelesen.
Il nostro professore è **sulla** cinquantina.	Unser Professor ist um die fünfzig.
Costruiamo mobili **su** misura. → *su 2.2.1*	Wir stellen Möbel nach Maß her.
per [per] *prep*	**für; per, mit; über, wegen; aus; mal**
L'ho comprato **per** dieci euro.	Ich habe es für zehn Euro gekauft.
Vi mandiamo un ordine **per** fax.	Wir senden Ihnen eine Bestellung per Fax.
Eravamo tristi **per** la brutta notizia.	Wir waren traurig über die schlechte Nachricht.
Per amore si fa questo e altro.	Aus Liebe tut man dies und noch viel mehr.
Tre **per** tre fa nove. → *per 2.1.6.2, 2.2.2 und 2.4.3*	Drei mal drei ist neun.
tra [tra] *prep syn:* fra	**unter; in**
Domani vado a un incontro **tra** vecchi amici.	Morgen gehe ich zu einem Treffen mit alten Freunden.
Dovete darci una risposta al massimo **tra** due giorni.	Wir brauchen eure Antwort in spätestens zwei Tagen.
Stefano parlava **tra** sé e sé. → *tra 2.2.1*	Stefano sprach vor sich hin.

contro ['kontro] *prep*	**gegen**
E' difficile nuotare **contro** corrente.	Es ist schwierig, gegen den Strom zu schwimmen.
Giochiamo in cinque **contro** sei.	Wir spielen fünf gegen sechs.

entro ['entro] *prep* Si saprà qualcosa **entro** stasera. Devi pagare questa somma **entro** una settimana.	**bis; innerhalb** Bis heute Abend wird man etwas wissen. Du musst diese Summe innerhalb einer Woche bezahlen.
invece di [in'veːtʃe di] *prep* Aiutami **invece di** non far niente!	**(an)statt zu** Hilf mir, anstatt nichts zu tun!
quanto a [ku'anto a] *prep* *syn:* riguardo Abbiamo notizie di Rita, ma **quanto a** Eva, ancora niente.	**was ... betrifft** Rita hat sich gemeldet, aber Eva noch nicht.
secondo [se'kondo] *prep* **Secondo** me dobbiamo girare a sinistra.	**nach** Meiner Meinung nach müssen wir nach links abbiegen.
senza ['sɛntsa] *prep ant:* con Non posso vivere **senza** di te. Prendo il caffè **senza** zucchero.	**ohne** Ich kann ohne dich nicht leben. Ich möchte den Kaffee ohne Zucker.
insieme a [insi'ɛːme a] *prep* Mescolare la farina **insieme alle** uova.	**(zusammen) mit** Das Mehl mit den Eiern verrühren.
malgrado [mal'graːdo] *prep* *syn:* nonostante L'aereo è atterrato **malgrado** la nebbia. Valeria se ne è andata mio **malgrado**.	**trotz** Das Flugzeug ist trotz des Nebels gelandet. Valeria ist gegen meinen Willen fortgegangen.
mediante [mɛdi'ante] *prep* *syn:* attraverso, con Il pagamento è possibile anche **mediante** un assegno.	**mit, durch, mittels** Man kann auch mit Scheck bezahlen.
riguardo a [rigu'ardo] *prep* Non so darti una spiegazione **riguardo ai** miei dubbi.	**was ... betrifft** Ich kann dir für meine Zweifel keine Erklärung geben.

3.1.4 KONJUNKTIONEN UND ADVERBIEN

che [ke] *conj* Lo so **che** tu non hai mai tempo. Penso **che** non sia giusto fare così. Speriamo **che** vada tutto bene.	**dass** Ich weiß, dass du nie Zeit hast. Ich glaube, dass das so nicht richtig ist. Hoffentlich wird alles gut gehen.

> ***TIPP:*** *Die Konjunktion* ***che*** *zusammen mit bestimmten Verben, die Ungewissheit, eine persönliche Meinung oder ein Gefühl ausdrücken, löst im Nebensatz automatisch den Konjunktiv aus.*

come ['koːme] *conj* Va bene, facciamo **come** vuoi tu. Si è comportato **come** se non fosse successo niente.	**(so) wie** Gut, wir machen es so, wie du es willst. Er benahm sich so, als wäre nichts passiert.
e [e] *conj* Ho comprato un libro **e** qualche CD. **E** allora, come state?	**und** Ich habe ein Buch und ein paar CDs gekauft. Und, wie geht es euch?
anzi ['antsi] *adv* Entri pure, non mi disturba affatto, **anzi**.	**im Gegenteil** Kommen Sie nur herein. Sie stören mich überhaupt nicht, im Gegenteil.
benché [beŋ'ke] *conj* *syn:* nonostante, malgrado Hanno fatto il bagno in mare, **benché** l'acqua fosse molto fredda.	**obwohl** Sie haben im Meer gebadet, obwohl das Wasser sehr kalt war.

> ***TIPP:*** *Bei* ***benché*** *steht immer der Konjunktiv.*

comunque [ko'muŋkue] *conj, adv* **Comunque** sia, resto del mio parere. Ho capito, **comunque** dovevi almeno telefonarmi. I bambini non si conoscono, ma giocheranno insieme **comunque**.	**wie auch immer; jedoch; trotzdem** Wie auch immer, ich bleibe bei meiner Meinung. Ich habe verstanden, du hättest mich jedoch wenigstens anrufen müssen. Die Kinder kennen sich nicht, aber sie werden trotzdem miteinander spielen.
eppure [ep'puːre] *conj* Non trovo l'orologio, **eppure** sono sicura che era qui.	**und doch, dennoch** Ich finde die Uhr nicht, und doch bin ich sicher, dass sie hier war.
inoltre [i'noltre] *adv* Ci occupiamo **inoltre** dei problemi dell'ambiente.	**darüber hinaus, überdies, außerdem** Wir befassen uns darüber hinaus mit Umweltproblemen.

su [su] *adv*	**los; mehr**
Su muoviti, dobbiamo andare.	Los, mach schon, wir müssen gehen.
Una casa in questa zona costa dai cento milioni in **su**.	In dieser Gegend kostet ein Haus hundert Millionen Lire und mehr.
ma [ma] *conj syn:* però	**aber**
Comprerei volentieri questa sciarpa, **ma** è troppo cara.	Ich würde mir gern diesen Schal kaufen, aber er ist zu teuer.
Ma allora, era tutto falso!	Aber dann war ja alles falsch!

neanche [ne'aŋke] *adv, conj*	**nicht einmal; auch nicht**
Non lo farò **neanche** per sogno!	Ich denke nicht im Traum daran, das zu tun!
Ho chiesto a mio padre, ma **neanche** lui lo sa.	Ich habe meinen Vater gefragt, aber er weiß es auch nicht.
tuttavia [tutta'viːa] *conj syn:* però	**trotzdem, dennoch; jedoch**
La riunione era importante, **tuttavia** sono venuti in pochi.	Die Versammlung war wichtig, und trotzdem sind nur wenige gekommen.

TIPP: *Die Betonung liegt auf „vi".*

caso mai ['kaːzo 'maːi] *conj*	**falls**
Compra questa taglia, **caso mai** torni a cambiarla.	Kauf es in dieser Größe. Falls es nicht passt, kannst du es umtauschen.
considerando che [konside'rando ke] *conj*	**wenn man bedenkt, dass; in Anbetracht der Tatsache, dass**
Considerando che è la prima volta che scii, sei proprio bravo.	Wenn man bedenkt, dass du zum ersten Mal Ski läufst, machst du es wirklich gut.
a meno che [a 'meːno ke] *conj*	**es sei denn, dass; außer wenn**
Andiamo al mare domani, **a meno che** non sia troppo freddo.	Wir fahren morgen ans Meer, es sei denn, es ist zu kalt.

TIPP: *Nach* ***a meno che*** *steht immer die Verneinung.*

non solo … ma anche [non 'soːlo … ma 'aŋke] *conj* — **nicht nur … sondern auch**

Ha nevicato **non solo** al nord, **ma anche** in molte regioni del sud. — Es hat nicht nur im Norden, sondern auch in vielen Teilen des Südens geschneit.

---

sebbene [seb'bɛːne] *conj* — **obwohl**

Sebbene il cantante non fosse conosciuto, c'era molta gente al concerto. — Obwohl der Sänger unbekannt war, kamen viele Besucher zu dem Konzert.

> ***TIPP:*** *Bei **sebbene** steht immer der Konjunktiv.*

---

senza che ['sɛntsa ke] *conj* — **ohne dass**

I ladri sono entrati **senza che** nessuno se ne accorgesse. — Die Diebe sind hereingekommen, ohne dass es jemand bemerkt hat.

> ***TIPP:*** *Bei **senza che** steht immer der Konjunktiv.*

3.1.5 HILFS- UND MODALVERBEN

essere ['ɛssere] *v* ⚠ *irr* 36 — **sein; haben**

Ciao, io **sono** Monica. — Hallo, ich bin Monica.

Dove **sono** gli altri? — Wo sind die anderen?

Da bambino **ero** biondo. — Als Kind war ich blond.

Anna si **è** svegliata alle 7. — Anna ist um 7 Uhr aufgewacht.

Roma mi **è** piaciuta molto. — Rom hat mir sehr gefallen.

Ieri **sono stata** in biblioteca. — Gestern war ich in der Bibliothek.

Stamattina io e Daria **siamo** andate in piscina. — Heute Morgen sind Daria und ich ins Schwimmbad gegangen.

Il film **è** durato un'ora. — Der Film hat eine Stunde gedauert.

> ***TIPP:*** *Die Betonung liegt auf „es". **essere** wird auch, wie im Deutschen, als Vollverb benützt (in den Sätzen 1 bis 3) und wird als solches mit dem Hilfsverb **essere** konjugiert. Als Hilfsverb wird es benutzt, um zusammengesetzte Zeiten von Reflexivpronomen, Verben der Bewegung und einigen anderen Verben zu bilden. Dabei richtet sich das Partizip Perfekt in Zahl und Geschlecht nach dem Subjekt. Besteht das Subjekt aus mehreren Substantiven verschiedenen Geschlechts, so verwendet man die männliche Pluralform.*

avere [a'veːre] *v* ⚠ *irr* 8	**haben; sein**
Scusa, **hai** una penna?	Entschuldige, hast du einen Stift?
Abbiamo una cosa da dirti.	Wir haben dir etwas zu sagen.
Ho letto sul giornale il vostro annuncio e **ho** telefonato subito.	Ich habe Ihre Anzeige in der Zeitung gelesen und Sie daraufhin gleich angerufen.
Scusate il ritardo, ma **ho avuto** troppo da fare.	Entschuldigt die Verspätung, aber ich hatte so viel zu tun.

***TIPP: avere** wird auch als Vollverb verwendet (in den Sätzen 1 und 2). Als Hilfsverb wird es bei den meisten Verben zur Bildung der zusammengesetzten Vergangenheitszeiten verwendet. Dabei bleibt das Partizip gewöhnlich unverändert.*

potere [po'teːre] *v* ⚠ *irr* 53	**können; dürfen**
Forza, **puoi** farcela anche tu!	Auf gehts, du kannst das auch schaffen!
Federico, non **puoi** farlo, è vietato!	Federico, das darfst du nicht machen, das ist verboten!
Permesso, **posso** entrare?	Entschuldigung, darf ich eintreten?

dovere [do'veːre] *v* ⚠ *irr* 34	**müssen; sollen**
Nicoletta, **devi** ancora fare i compiti.	Nicoletta, du musst noch Hausaufgaben machen.
Lo sapevo che non **dovevo** dirtelo!	Ich wusste, dass ich dir das nicht sagen sollte!
Quando **devo** venire?	Wann soll ich kommen?

volere [vo'leːre] *v* ⚠ *irr* 88	**wollen, mögen**
Gianna e Franca **vogliono** venire con noi al mare.	Gianna und Franca wollen mit uns ans Meer fahren.

***TIPP:** Statt **voglio** wird oft **vorrei** gebraucht.*

sapere [sa'peːre] *v*	**können**
Barbara **sa** parlare bene l'italiano.	Barbara spricht gut Italienisch.

stare ['staːre] *v* ⚠ *irr* 76	**sein; jdm gehen**
Allora, come **state**?	Also, wie geht es euch?
Sono stanco, lasciami **stare**.	Ich bin müde, lass mich in Ruhe.
Lorenzo è in camera sua e **sta** studiando.	Lorenzo ist in seinem Zimmer und lernt gerade.

> ***TIPP:*** ***stare*** *wird als Vollverb unter anderem verwendet im Sinne von „sein“ und wird mit* ***essere*** *konjugiert. Mit* ***stare*** *und Gerundium wird ein Geschehen ausgedrückt, das gerade stattfindet.*

stare facendo ['sta:re fa'tʃɛndo] *v*	**gerade sein; gerade machen**
Sta facendo un caldo terribile.	Es ist fürchterlich heiß.
Cosa **state facendo** di bello?	Was macht ihr gerade Schönes?
venire [ve'ni:re] *v* ⚠ *irr* 85	**werden**
Il progetto migliore **verrà** premiato.	Der beste Entwurf wird ausgezeichnet.

> ***TIPP:*** ***venire*** *wird in den einfachen Zeiten zur Bildung des Passiv verwendet.*

3.2 Die wichtigsten unregelmäßigen Verben

(Die nicht aufgeführten Formen sind regelmäßig oder können abgeleitet werden)

Es bedeuten:

pres.	= indicativo presente	*cong.i.*	= congiuntivo imperfetto
imp.	= indicativo imperfetto	*cond.*	= condizionale presente
pr.	= passato remoto	*imper.*	= imperativo
fut.	= indicativo futuro	*pp.*	= participio passato
cong.p.	= congiuntivo presente		

(1) accendere [at'tʃɛndere]
pr.: **accesi, accese, accesero** *pp.:* **acceso**

(2) accorgersi [ak'kɔrdʒersi]
pr.: mi **accorsi**, si **accorse**, si **accorsero** *pp.:* **accorto**

(3) andare [an'daːre]
pres.: **vado, vai, va, andiamo, andate, vanno**
fut.: **andrò** *usw.* *cond.:* **andrei** *usw.*
cong.p.: **vada, vada, vada, vadano**
imper.: **va** *oder* **vai** *oder* **va', vada, vadano**

(4) apparire [appa'riːre]
pres.: **appaio, appaiono** *imper.:* **appaia, appaiano**
pr.: **apparii, apparisti, apparì**
cong.p.: **appaia, appaia, appaia, appaiano** *pp.:* **apparso**

(5) aprire [a'priːre]
pr.: **aprii, apristi** *usw. oder:* **apersi, aperse, apersero**
pp.: **aperto**

(6) assolvere [as'sɔlvere]
pr.: **assolsi, assolse, assolsero** *pp.:* **assolto**

(7) assumere [as'suːmere]
pr.: **assunsi, assunse, assunsero** *pp.:* **assunto**

(8) avere [a'veːre]
pres.: **ho, hai, ha, abbiamo, avete, hanno**
pr.: **ebbi, ebbe, ebbero** *pp.:* **avuto**
fut.: **avrò** *usw.* *cond.:* **avrei** *usw.*
cong.p.: **abbia, abbia, abbia, abbiamo, abbiate, abbiano**
imper.: **abbi, abbia, abbiamo, abbiate, abbiano**

(9) bere ['beːre]
pres.: **bevo, bevi, beve, beviamo, bevete, bevono**
imp.: **bevevo** *usw.* *pp.:* **bevuto**
pr.: **bevvi, bevesti, bevve, bevvero** *oder:* **bevetti, bevette, bevettero**
fut.: **berrò** *usw.* *cond.:* **berrei** *usw.*
cong.p.: **beva** *usw.* *cong.i.:* **bevessi** *usw.*

(10) cadere [ka'deːre]
pr.: **caddi, cadde, caddero**
fut.: **cadrò** *usw.* *cond.:* **cadrei** *usw.*

(11) chiedere [ki'ɛːdere]
pr.: **chiesi, chiese, chiesero** *pp.:* **chiesto**

(12) chiudere [ki'uːdere]
pr.: **chiusi, chiuse, chiusero** *pp.:* **chiuso**

(13) cogliere ['kɔːʎere]
pres.: **colgo, colgono** *pr.:* **colsi, colse, colsero**
cong.p.: **colga, colga, colga, colgano** *pp.:* **colto**

(14) compiere ['kompiere]
pres.: **compio, compi, compie, compiamo, compite, com piono**
cong.p.: **compia** *usw.* *cong.i.:* **compissi** *usw. oder:* **compiessi**

(15) concedere [kon'tʃɛːdere]
pr.: **concessi, concesse, concessero** *pp.:* **concesso**

(16) concludere [koŋ'kluːdere]
pr.: **conclusi, concluse, conclusero** *pp.:* **concluso**

(17) condurre [kon'durre]
pres.: **conduco, conduci, conduce, conduciamo, conducete, conducono**
imp.: **conducevo** *usw.* *pp.:* **condotto**
pr.: **condussi, conducesti, condusse, condussero**
fut.: **condurrò** *usw.* *cond.:* **condurrei** *usw.*
cong.p.: **conduca** *usw.* *cong.i.:* **conducessi** *usw.*

(18) conoscere [ko'noʃʃere]
pr.: **conobbi, conobbe, conobbero** *pp.:* **conosciuto**

(19) coprire [ko'priːre]
pr.: **coprii, copristi** *usw. oder:* **copersi, coperse, copersero**
pp.: **coperto**

(20) correggere [kor'rɛddʒere]
pr.: **corressi, corresse, corressero** *pp.:* **corretto**

(21) correre ['korrere]
pr.: **corsi, corse, corsero** *pp.:* **corso**

(22) crescere ['kreʃʃere]
pr.: **crebbi, crebbe, crebbero** *pp.:* **cresciuto**

(23) cucire [ku'tʃiːre]
pres.: **cucio, cuciamo, cuciono** *cong.p.:* **cucia** *usw.*

(24) dare ['daːre]
pres.: **do, dai, dà, diamo, date, danno**
pr.: **diedi, desti, diede, demmo, deste, diedero**
fut.: **darò** *usw.* *cond.:* **darei** *usw.*
cong.p.: **dia, dia, dia, diamo, diate, diano** *pp.:* **dato**
cong.i.: **dessi, dessi, desse, dessimo, deste, dessero**
imper.: **dà** *oder* **dai** *oder* **da', dia, diamo, date, diano**

(25) decidere [de'tʃiːdere]
pr.: **decisi, decise, decisero** *pp.:* **deciso**

(26) difendere [di'fɛndere]
pr.: **difesi, difese, difesero** *pp.:* **difeso**

(27) dipendere [di'pɛndere]
pr.: **dipesi, dipese, dipesero** *pp.:* **dipeso**

(28) dipingere [di'pindʒere]
pr.: **dipinsi, dipinse, dipinsero** *pp.:* **dipinto**

(29) dire ['diːre]
pres.: **dico, dici, dice, diciamo, dite, dicono**
imp.: **dicevo** *usw.* *pp.:* **detto**
pr.: **dissi, dicesti, disse, dissero**
fut.: **dirò** *usw.* *cond.:* **direi** *usw.*
cong.p.: **dica** *usw.* *cong.i.:* **dicessi** *usw.*
imper.: **di** *oder* **di', dica, diciamo, dite, dicano**

(30) dirigere [di'riːdʒere]
pr.: **diressi, diresse, diressero** *pp.:* **diretto**

(31) discutere [dis'kuːtere]
pr.: **discussi, discusse, discussero** *pp.:* **discusso**

(32) distruggere [dis'truddʒere]
pr.: **distrussi, distrusse, distrussero** *pp.:* **distrutto**

(33) dividere [di'viːdere]
pr.: **divisi, divise, divisero** *pp.:* **diviso**

(34) dovere [do'veːre]
pres.: **devo, devi, deve, dobbiamo, dovete, devono**
pr.: **dovei, dovesti** *usw. oder:* **dovetti, dovette, dovettero**
fut.: **dovrò** *usw.* *cond.:* **dovrei** *usw.*
cong.p.: **debba, debba, debba, dobbiamo, dobbiate, debbano**

(35) esprimere [es'priːmere]
pr.: **espressi, espresse, espressero** *pp.:* **espresso**

(36) essere ['ɛssere]
pres.: **sono, sei, è, siamo, siete, sono**
imp.: **ero, eri, era, eravamo, eravate, erano**
pr.: **fui, fosti, fu, fummo, foste, furono**
fut.: **sarò, sarai, sarà, saremo, sarete, saranno**
cong.p.: **sia, sia, sia, siamo, siate, siano**
cong.i.: **fossi, fossi, fosse, fossimo, foste, fossero**
cond.: **sarei, saresti, sarebbe, saremmo, sareste, sarebbero**
imp.: **sii, sia, siamo, siate, siano** *pp.:* **stato**

(37) fare ['faːre]
pres.: **faccio, fai, fa, facciamo, fate, fanno**
imp.: **facevo** *usw.* *pp.:* **fatto**
pr.: **feci, facesti, fece, fecero**
fut.: **farò** *usw.* *cond.:* **farei** *usw.*
cong.p.: **faccia** *usw.* *cong.i.:* **facessi** *usw.*
imper.: **fà** *oder* **fai** *oder* **fa', faccia, facciamo, fate, facciano**

---

(38) giungere ['dʒundʒere]
pr.: **giunsi, giunse, giunsero** *pp.:* **giunto**

---

(39) godere [go'deːre]
fut.: **godrò** *usw.* *cond.:* **godrei** *usw.*

---

(40) leggere ['lɛddʒere]
pr.: **lessi, lesse, lessero** *pp.:* **letto**

---

(41) mettere ['mettere]
pr.: **misi, mise, misero** *pp.:* **messo**

---

(42) mordere ['mɔrdere]
pr.: **morsi, morse, morsero** *pp.:* **morso**

---

(43) morire [mo'riːre]
pres.: **muoio, muori, muore, moriamo, morite, muoiono**
fut.: **morirò** *usw.* *cond.:* **morirei** *usw.*
cong.p.: **muoia, muoia, muoia, moriamo, moriate, muoiano**
imper.: **muori, muoia, muoiano** *pp.:* **morto**

---

(44) muovere [mu'ɔːvere]
pr.: **mossi, mosse, mossero** *pp.:* **mosso**

---

(45) nascere ['naʃʃere]
pr.: **nacqui, nascesti, nacque, nacquero** *pp.:* **nato**

---

(46) nascondere [nas'kondere]
pr.: **nascosi, nascose, nascosero** *pp.:* **nascosto**

---

(47) offendere [of'fɛndere]
pr.: **offesi, offese, offesero** *pp.:* **offeso**

---

(48) offrire [of'friːre]
pr.: **offrii** *usw. oder:* **offersi, offerse, offersero**
pp.: **offerto**

---

(49) perdere ['pɛrdere]
pr.: **persi, perse, persero** *pp.:* **perso** *oder* **perduto**

---

(50) piacere [pia'tʃeːre]
pres.: **piaccio, piacciamo, piacciono**
pr.: **piacqui, piacque, piacquero**
cong.p.: **piaccia, piaccia, piaccia, piacciamo, piacciate, piacciano**

---

(51) piangere [pi'andʒere]
pr.: **piansi, pianse, piansero** *pp.:* **pianto**

(52) porre ['porre]
pres.: **pongo, poni, pone, poniamo, ponete, pongono**
imp.: **ponevo** *usw.* *pp.:* **posto**
pr.: **posi, ponesti, pose, posero**
fut.: **porrò** *usw.* *cond.:* **porrei** *usw.*
cong.p.: **ponga** *usw.* *cong.i.:* **ponessi** *usw.*

(53) potere [po'teːre]
pres.: **posso, puoi, può, possiamo, potete, possono**
fut.: **potrò** *usw.* *cond.:* **potrei** *usw.*
cong.p.: **possa, possa, possa, possiamo, possiate, possano**

(54) prendere ['prɛndere]
pr.: **presi, prese, presero** *pp.:* **preso**

(55) proteggere [pro'tɛddʒere]
pr.: **protessi, protesse, protessero** *pp.:* **protetto**

(56) pungere ['pundʒere]
pr.: **punsi, punse, punsero** *pp.:* **punto**

(57) rendere ['rɛndere]
pr.: **resi, rese, resero** *pp.:* **reso**

(58) ridere ['riːdere]
pr.: **risi, rise, risero** *pp.:* **riso**

(59) riflettere [ri'flɛttere]
pr.: **riflessi, riflesse, riflessero** *pp.:* **riflesso** *oder* **riflettuto**

(60) rimanere [rima'neːre]
pres.: **rimango, rimangono**
pr.: **rimasi, rimase, rimasero** *pp.:* **rimasto**
fut.: **rimarrò** *usw.* *cond.:* **rimarrei** *usw.*
cong.p.: **rimanga, rimanga, rimanga, rimangano**

(61) rispondere [ris'pondere]
pr.: **risposi, rispose, risposero** *pp.:* **risposto**

(62) rompere ['rompere]
pr.: **ruppi, ruppe, ruppero** *pp.:* **rotto**

(63) salire [sa'liːre]
pres.: **salgo, salgono** *imper.:* **salga, salgano**
cong.p.: **salga, salga, salga, salgano**

(64) sapere [sa'peːre]
pres.: **sa, sai, sa, sappiamo, sapete, sanno**
pr.: **seppi, seppe, seppero**
fut.: **saprò** *usw.* *cond.:* **saprei** *usw.*
cong.p.: **sappia, sappia, sappia, sappiamo, sappiate, sappiano**
imper.: **sappi, sappiate**

(65) scegliere ['ʃeːʎere]
pres.: **scelgo, scelgono** *pr.:* **scelsi, scelse, scelsero**
cong.p.: **scelga, scelga, scelga, scelgano** *pp.:* **scelto**

(66) scendere ['ʃendere]
pr.: **scesi, scese, scesero** *pp.:* **sceso**

(67) sciogliere ['ʃɔːʎere]
pres.: **sciolgo, sciolgono** *pr.:* **sciolsi, sciolse, sciolsero**
cong.p.: **sciolga, sciolga, sciolga, sciolgano**
imper.: **sciolga, sciolgano** *pp.:* **sciolto**

(68) sconfiggere [skon'fiddʒere]
pr.: **sconfissi, sconfisse, sconfissero** *pp.:* **sconfitto**

(69) scrivere ['skriːvere]
pr.: **scrissi, scrisse, scrissero** *pp.:* **scritto**

(70) sedere [se'deːre]
pres.: **siedo, siedi, siede, siedono**
cong.p.: **sieda, sieda, sieda, siedano**

(71) sorgere ['sordʒere]
pr.: **sorsi, sorse, sorsero** *pp.:* **sorto**

(72) sottrarre [sot'trarre]
pres.: **sottraggo, sottrai, sottrae, sottraiamo, sottraete, sottraggono**
pr.: **sottrassi, sottraesti, sottrasse, sottrassero**
fut.: **sottrarrò** *usw.* *cond.:* **sottrarrei** *usw.*
cong.p.: **sottragga, sottragga, sottragga, sottraggano**
cong.i.: **sottraessi** *usw.* *imper.:* **sottragga, sottraggano**
pp.: **sottratto**

(73) spegnere ['spɛɲere]
pr.: **spensi, spense, spensero** *pp.:* **spento**

(74) spendere ['spɛndere]
pr.: **spesi, spese, spesero** *pp.:* **speso**

(75) spingere ['spindʒere]
pr.: **spinsi, spinse, spinsero** *pp.:* **spinto**

(76) stare ['staːre]
pres.: **sto, stai, sta, stiamo, state, stanno**
pr.: **stetti, stesti, stette, stemmo, steste, stettero**
fut.: **starò** *usw.* *cond.:* **starei** *usw.*
cong.p.: **stia, stia, stia, stiamo, stiate, stiano**
cong.i.: **stessi, stessi, stesse, stessimo, steste, stessero**
imper.: **sta** *oder* **stai** *oder* **sta', stia, stiamo, state, stiano**
pp.: **stato**

(77) stringere ['strindʒere]
pr.: **strinsi, strinse, strinsero** *pp.:* **stretto**

(78) tacere [ta'tʃeːre]
pres.: **taccio, tacciamo, tacciono**
pr.: **tacqui, tacque, tacquero** *pp.:* **taciuto**
cong.p.: **taccia, taccia, taccia, tacciamo, tacciate, tacciano**

---

(79) tendere ['tɛndere]
pr.: **tesi, tese, tesero** *pp.:* **teso**

---

(80) tenere [te'neːre]
pres.: **tengo, tieni, tiene, teniamo, tenete, tengono**
pr.: **tenni, tenne, tennero**
fut.: **terrò** *usw.* *cond.:* **terrei** *usw.*
cong.p.: **tenga, tenga, tenga, tengano**

---

(81) togliere ['tɔːʎere]
pres.: **tolgo, tolgono** *pr.:* **tolsi, tolse, tolsero**
cong.p.: **tolga, tolga, tolga, tolgano**
imper.: **tolga, tolgano** *pp.:* **tolto**

---

(82) uccidere [ut'tʃiːdere]
pr.: **uccisi, uccise, uccisero** *pp.:* **ucciso**

---

(83) uscire [uʃ'ʃiːre]
pres.: **esco, esci, esce, usciamo, uscite, escono**
cong.p.: **esca, esca, esca, escano**

---

(84) vedere [ve'deːre]
pr.: **vidi, vide, videro** *pp.:* **visto** *oder* **veduto**
fut.: **vedrò** *usw.* *cond.:* **vedrei** *usw.*
ebenso **prevedere** *(aber mit regelmäßigem fut. und cond.)*

---

(85) venire [ve'niːre]
pres.: **vengo, vieni, viene, veniamo, venite, vengono**
pr.: **venni, venne, vennero**
fut.: **verrò** *usw.* *cond.:* **verrei** *usw.*
cong.p.: **venga, venga, venga, vengano** *pp.:* **venuto**

---

(86) vincere ['vintʃere]
pr.: **vinsi, vinse, vinsero** *pp.:* **vinto**

---

(87) vivere ['viːvere]
pr.: **vissi, visse, vissero** *pp.:* **vissuto**
fut.: **vivrò** *usw.* *cond.:* **vivrei** *usw.*

---

(88) volere [vo'leːre]
pres.: **voglio, vuoi, vuole, vogliamo, volete, vogliono**
pr.: **volli, volle, vollero**
fut.: **vorrò** *usw.* *cond.:* **vorrei** *usw.*
cong.p.: **voglia, voglia, voglia, vogliamo, vogliate, vogliano**

REGISTER

Hinter dem italienischen Wort steht die Seitenzahl. Bei den Wörtern, die dem Wortschatz der Wichtigkeitsstufe 1–2000 angehören, ist die Seitenzahl halbfett angegeben, beim Wortschatz der Stufe 2001–4000 ist die Seitenzahl mager.
Nicht ins Register aufgenommen wurden Zahlen.

A

D

J

L

U

V

Z